이한우의 태종실록

재위 3년

새로운 해석, 예리한 통찰

이한우의 **태종실록**

재위 3년

이한우 옮김

삶과 세계에 대한 뿌리 깊은 지혜, 그 치밀한 기록

2001년부터 2007년까지 7년 동안 『조선왕조실록』을 완독했으니 올해가 바로 완독을 끝마친 지 10년이 되는 해다. 그동안 관심은 사서삼경을 거쳐 진덕수(眞德秀)의 『대학연의(大學衍義)』, 『심경부주(心經附註)』에 이어 지금은 『문장정종(文章正宗)』 그리고 반고(班固)의 『한서(漢書)』 번역으로 확장돼왔다.

원점인 2001년으로 돌아가보자. 나는 왜 『조선왕조실록』을 다 읽기로 결심한 것일까? 그것은 다름 아닌 선조들의 정신세계를 탐구해 우리의 정신적 뿌리를 확인해보려는 것이었다. 그런데 정작 7년간의 실록 읽기가 끝났을 때는 이룬 것보다 앞으로 해야 할 일이 많음을 깨달았다. 우리 선조들의 뛰어난 능력과 치열했던 삶의 태도를 확인했지만 그 뿌리를 제대로 알지 못했던 것이다. 그래서 완독을 끝내자마자 시작한 것이 한문(漢文) 공부다. 위에서 언급한 책들은 한문 공부를 마치고서 우리나라에 번역되지 않은 탁월한 한문책들을 엄선해 우리말로 옮긴 것이다. 이때 중요한 것은 '우리말'이다.

우리말이란 대한민국에서 일정한 교육을 받은 사람들이 편안하게 쓰는 말을 뜻한다. 과도한 한자 사용을 극복하고 지나친 순우리말 또한 일정하게 거리를 뒀다. 그리고 쉬운 말로 풀어쓸 수 있는 한자어는 가능한 다 풀어냈다. 그래서 나는 '덕(德)'이라는 말은 '은덕(恩

德)'이라고 할 때 외에는 쓰지 않는다. '다움'이 우리말이다. 부덕(不德)도 그래서 '부덕의 소치'라고 하지 않고 '임금답지 못한 때문'이라고 옮긴다.

특히 정치를 다룬 역사서에서 중요한 용어가 '의(議)'와 '논(論)'이다. 그런데 실록 원문에서는 분명히 이 둘을 엄밀하게 구분해 '의지(議之)', '논지(論之)'라고 표현했는데, 번역 과정에서 의(議)도 의논이라고 번역하고 논(論)도 의논이라 번역하면 이는 원문의 뜻을 크게 왜곡하는 것이다. 의(議)란 책임 있는 의견을 내는 것을 말한다. 의정부(議政府)를 논정부(論政府)라고 해서는 안 되는 것과 같다. 논(論)은 일반적으로 책임을 떠나 어떤 사안에 대한 논리적 진단을 하는 것이다. 오늘날 '논객(論客)'이 그런 경우다. 그러나 '의객(議客)'이란 말은 애당초 성립할 수가 없다. 다만 법률과 관련해서는 의(議)보다 논(論)이 중요하다. 그래서 '논죄(論罪)'나 '논핵(論劾)'이라는 말은 현실적 구속력을 갖는다. 재판은 의견을 내는 것이 아니라 기존 법률에 입각해 죄의 경중을 논리적으로 가려내는 일이라는 점에서 논(論)이지 의(議)가 아닌 것이다. 이처럼 기존의 실록 번역은 예나 지금이나 정치에서 대단히 중요한 역할을 할 수밖에 없는 의(議)와 논(論)을 전혀 구분하지 않아 의미를 제대로 전달하지 못한다. 사실

이런 예는 일일이 거론하기 힘들 만큼 많다.

이런 우리말화(化)에 대한 생각을 직접 번역으로 구현해내면서 다시 실록을 읽어보았다. 기존의 공식 번역은 한자어가 너무 많고 문투도 1970년대 식이다. 이래가지고는 번역이 됐다고 할 수가 없다. 게다가 너무 불친절해서 역주가 거의 없다. 전문가도 주(註)가 없으면 정확히 읽을 수 없는 것이 실록이다. 진덕수의 『문장정종』 번역을 통해 한문 문장의 문체에 어느 정도 눈을 뜨게 된 것도 실록을 다시 번역해야겠다는 결심을 부추겼다. 특히 실록의 뛰어난 문체가 기존의 번역 과정에서 제대로 드러나지 못했다는 인식이 있었기 때문에 이 점을 개선하는 데 많은 노력을 쏟았다. 그리고 사소한 오역은 그냥 두더라도 심한 오역은 주를 통해 바로잡았다. 누구를 비판하려는 것이 아니라 미래를 향한 개선의 기대를 담은 것이다.

물론 이런 언어상의 문제 때문에 실록 번역에 뛰어든 것은 아니다. 실은 삶에 대한, 그리고 세계에 대한 깊은 지혜를 얻고 싶어서다. 이런 기준 때문에 여러 왕의 실록 중에 『태종실록(太宗實錄)』을 번역하기로 결심했다. 일기를 포함한 모든 실록 중에서 『태종실록』이야말로 어쩌면 오늘날 우리에게 반드시 필요한 지혜를 담고 있는지 모른다고 생각했기 때문이다.

지난 10년간 사서삼경과 진덕수의 책들을 공부하고 옮기는 과정에서 공자의 주장에 대해 새롭게 눈뜰 수 있었다. 그것은 다름 아닌 '일[事]'의 중요성이다. 성리학이 아닌, 공자의 주장으로서의 유학은 리더가 일하는 태도를 가르치는 이론이다. 기존의 학계는 성리학의 부정적 영향 때문인지 유학을 철학의 하나로만 국한해서 가르치는 경향이 있다. 그러나 내가 공부한 바에 따르면 공자는 리더의 바람직한 모습 그리고 그런 리더가 되기 위한 수양 과정을 지독할 정도로 치밀하게 이야기하고 가르쳤던 인물이다.

　이런 깨우침에 기반을 두고서 이번에는 공자가 제시했던 지도자상을 태종이 얼마나 체화하고 구현했는지를 확인하고 싶었다. 이런 부분들을 주를 통해 드러낼 것이다. 그렇게 할 때 경학과 역사가 통합된 경사(經史) 통합적인 공부가 될 수 있다.

　그렇다면 '왜 세종이 아니고 태종인가?'라는 질문을 던질 수 있겠다. 물론 세종의 리더십을 탐구하는 것도 대단히 중요하다. 그러나 그의 아버지 태종의 리더십을 충분히 탐구하지 않으면 세종에 대한 탐구는 피상적인 데 그칠 우려가 있다. 따라서 이 작업은 추후 세종의 리더십을 제대로 탐구하기 위한 기초 작업이기도 하다는 점을 밝혀둔다.

이 책에는 새로운 시도가 담겨 있다. '실록으로 한문 읽기'라는 큰 틀에서 번역을 진행했다. 월 단위로 원문과 연결 독음을 붙인 것도 그 때문이다. 번역문 중에도 어떤 말을 번역했는지를 대부분 알 수 있게 표시했고 번역 단위도 원문 단위와 거의 일치하기 때문에 어떤 문장을 어떻게, 심지어 어떤 단어를 어떻게 옮겼는지를 남김 없이 알 수 있도록 했다. 물론 '착할 선(善)', '그 기(其)', '오를 등(登)' 수준의 뜻풀이는 생략했다. 아무런 의미가 없기 때문이다. 이러한 장치를 통해 조금이라도 살아 있는 한문을 익히고 우리 역사와 조상들의 사고방식을 가까이하는 데 도움이 되기를 바란다.

역주는 워낙 방대한 작업이기 때문에 앞에서 언급했다고 해서 다시 언급하지 않는 것이 아니라 그때그때 필요하면 중복되더라도 다시 달았다. 편집의 아름다운 완결성을 다소 희생하더라도 독자들의 읽는 재미와 속도를 감안했기 때문이다.

재위 1년 단위로 한 권씩 묶어 태종의 재위 기간 18년-18권을 기본으로 하고, 태조와 정종 때의 실록에 있는 기록과 세종 때의 실록에 담긴 상왕으로서의 기록을 묶은 2권을 별권으로 삼아 모두 20권으로 구성했다. 이를 통해 우리 사회에 태종의 리더십에 대한 제대로 된 탐구가 시작되기를 기대한다.

21세기북스 김영곤 대표의 결단이 없었다면 이 책은 세상에 나오지 못했을 것이다. 이 자리를 빌려 깊이 감사드린다. 더불어 계획 초기부터 함께 방향을 고민했던 정지은 팀장과 편집 실무자들에게도 고맙다는 말을 전한다. 해박한 지식과 한문 실력으로 이번 작업을 도와준 주태진 편집위원께도 감사드린다. 그리고 함께 공부하는 즐거움을 누리고 있는 우리 논어등반학교 대원들께 진심으로 고맙다는 말을 전하고 싶다. 마지막으로 내 글쓰기 작업의 원동력인 가족들에게도 깊은 감사를 올린다.

2017년 7월 서울 상도동 보심서실(普心書室)에서

탄주(灘舟) 이한우

차례

들어가는 말 4

일러두기 10

태종 3년 계미년
1월

一月

기묘일(己卯日-1일) 초하루에 정삭(正朔)을 하례하고[賀正] 조회를 의례(儀禮)에 따라 받고서 여러 신하들에게 잔치를 베풀었다. 의안대군 화(和)와 상락부원군(上洛府院君) 김사형, 우정승 이무가 만수무강을 비는 술[壽酒]을 올리니 상이 용상(龍床)에서 내려와 잔을 받았다. 잔치가 한창 무르익자[酣] 상이 명해 안우세(安遇世)는 대군 화(和)와 마주하여 춤을 추고[對舞], 최저(崔沮)는 좌사(左使) 이빈(李彬)과 마주하여 춤을 추게 했다. 상이 우세(遇世)와 저(沮) 등에게 말했다.

"너희는 절의를 지킨 신하들이다. 종실(宗室) 및 대신과 마주하여 춤을 추게 한 것은 총애(寵愛)가 특별하기 때문이다. 비록 이미 작질(爵秩)을 받았으나 장차 여기에 그치지 않을 것이다."

각각 옷 두 벌씩을 내려주었다. 우세와 저는 모두 조사의(趙思義)의 난(亂)에서 도망쳐 온 자들이었다. 상이 말했다.

"오늘 내가 경들 및 여러 신하들과 잔치를 열어 함께 즐기는 것은 황음(荒淫)의 즐거움이 아니다. 불과 얼마 전[昨者] 사직(社稷)의 평안함과 위태로움 사이에 터럭을 용납할 틈도 없었는데 지금은 태상왕께서 아무 탈없이[無恙] 돌아오셨고 종사(宗社)가 다시 편안해졌으니 오늘의 즐김이 어찌 우연이겠는가?"

이무가 대답했다.

"전하의 오늘을 있게 한 것은 하늘입니다. 무인년(1398년)에 흉당(凶黨)을 뽑아 없앤 뒤에 상께서 사람을 시켜 상왕(上王-정종)을 맞이하실 때 신이 사뢰기를 '오늘의 일은 전하가 계시니 달리 구할 필요가 없습니다'[1]라고 했더니 상께서 화를 내며 말씀하시기를 '아니, 이게 무슨 말인가? 천륜(天倫)이 차례를 잃어 이런 난(亂)을 불러왔다. 지금 또다시 그렇게 한다면 참으로 무엇이 다르랴?'라고 하시고 드디어 칼을 뽑아 꾸짖는 바람에 신은 감히 더 이상 말하지 못했습니다. 태상(太上)께서 나라를 넘기시는 명[傳國之命]이 상왕께로
전국 지명
돌아가 천륜이 바로잡혔습니다. 전하께서 오늘이 있는 것은 모두 전하의 성대한 다움 덕분입니다."

상이 울고 무(茂)도 울었다.

신사일(辛巳日-3일)에 박영문(朴英文)을 그의 고향으로 내쳤다. 영문(英文)은 상왕전의 내관이다. 대간과 형조가 순위부에서 잡좌(雜坐-공동심문)하여 국문(鞫問)했는데 조사 내용[辭]이 상왕과 연관됐기
사
때문이다. 사간원에서 영문의 죄를 청하니 상이 지사간(知司諫) 김구덕(金九德, ?~1428년)[2]에게 명하여 말했다.

---

1 상왕이 아니라 전하, 즉 태종이 직접 즉위해야 한다는 말이었다.
2 정종 때는 사헌부중승(司憲府中丞)이 되어 당시 삼군부 판사로서 권세를 부리던 최운해(崔雲海)를 탄핵해 음죽(陰竹)으로 유배를 보냈다. 이때 사간원지사(司諫院知事)에 올랐고 다시 외직으로 나가 해주·광주·청주 목사를 지냈다. 이어서 통례문 판사(通禮門判事)가 됐는데 그때 그의 딸이 태종전(太宗殿)에 간택돼 명빈(明嬪)이 되자 벼슬이 올라 우군동지총제가 됐다. 1412년(태종 12년) 한성부윤을 지내고 이어서 강원도 관찰사를 거쳐 돈녕부 판사(敦寧府判事)에 이르렀고 1427년(세종 9년)에는 손녀가 세자빈에 간택됐다. 성품이 온화해 남과 다투지 않았고 사람을 대함에 예로써 했다고 한다.

"내가 영문을 불쌍히 여겨서 그런 것이 아니라 부득이할 뿐이다."

구덕이 말했다.

"만일 그를 죄주지 않으면 어떻게 잘못한 사람을 징계합니까?"

상이 말했다.

"그 죄목을 이름 붙여 사실대로 말할 수 없기 때문에 그의 고향으로 내친 것이니 마땅히 거론해서는 안 될 것이다."

임오일(壬午日-4일)에 대장(隊長)·대부(隊副) 900명을 없애고 갑사(甲士) 500명을 늘렸다.

○ 고(故) 세자(世子)[3]의 빈(嬪) 심씨(沈氏)[4]와 무안군(撫安君)[5]의 처 왕씨(王氏)[6]를 지방으로 내쳤다. 헌사(憲司)에서 말을 올리기를[上言]^{상언} 심씨와 왕씨가 원망하는 말을 했다고 한 때문이다.[7]

을유일(乙酉日-7일)에 경연(經筵)에 나아갔다. 상이 조용히 말했다.

"비상(非常)한 일이 있으면 이를 일러 재변(災變)이라고 한다. 우왕(禹王)[8]이 고요(皐陶)[9]를 임명하자 하늘이 사흘 동안이나 금(金)으로

---

3   1차 왕자의 난 때 죽은 강비 소생 이방석(李芳碩)을 가리킨다.

4   1차 왕자의 난 때 죽임을 당한 심효생의 딸이다.

5   이성계의 7남이자 강비 소생으로 이방석의 동모형이자 이방원의 이모제 이방번(李芳蕃)을 가리킨다.

6   귀의군 왕우의 딸이다.

7   앞의 박영문 사건과 이 일은 연관성이 있어 보인다.

8   순임금에게 천자의 자리를 선양받아 하(夏-크다)나라를 세운 창업 군주다.

9   순임금과 우임금 때의 명재상이다.

비를 내리니 이를 상서(祥瑞)롭다고 한 것은 어째서인가?"

김과(金科)[10]가 대답했다.

"전(傳)[11]에 있는 말인데 그에 따르면 '금은 귀한 물건이다. 오랫동안 가물다가 비가 내리니 그것을 금에 비유하여 금비가 내렸다고 말한 것이다'라고 했습니다."

상이 말했다.

"직(稷),[12] 설(契),[13] 고요(皋陶)는 같은 때의 뛰어난 재상인데 어찌하여 직과 설은 말하지 않고 고요만 말했는가?"

과(科)가 대답했다.

"우(禹)와 고요는 다움이 대등합니다[同德]. 순(舜)임금이 천하를 고요에게 주었는데 고요가 받지 않아 우(禹)에게 전한 것입니다. 우가 천하를 소유할[有天下][14] 수 있었던 것은 오로지 고요에게 맡긴 때문입니다."

상이 말하기를 "직과 설의 후손은 모두 천하를 소유했는데 고요의 후손은 천하를 소유하지 못했으니 어째서인가?"라고 했다.

과가 대답했다.

"고요는 형관(刑官)으로 있으면서 살육(殺戮)을 맡았기 때문에 그후손은 천하를 소유하지 못한 것입니다."

---

10 태종의 가까이에서 늘 경서에 관한 질문에 답을 했던 신하인데 1405년 어떤 일로 김화에 유배를 갔다. 상세한 정보가 전하지 않는다. 그러나 경서에 뛰어났던 것으로 보인다.

11 『서경(書經)』을 가리킨다.

12 농사를 맡았던 순임금의 신하인데 그 후손이 훗날 주나라를 세운다.

13 훗날 은나라를 세우는 탕왕의 조상이다.

14 천자가 됐다는 뜻이다.

상은 그렇다고 여겼다.

병술일(丙戌日-8일)에 햇무리[日纓]가 나타났다.

○ 사헌부에서 (신경인 한양에 새로 세웠던) 종묘(宗廟)와 사직(社稷)을 구경(舊京-개경)으로 옮겨 제사를 친히 지낼 것을 청했으나 윤허하지 않았다.

정해일(丁亥日-9일)에 태백성이 낮에 나타났다.

○ 상이 태상전에 조알했다.

○ 사헌부에 출근을 명했다. 애초에 사헌부에서 의정부의 이방(吏房) 녹사(錄事)[15]가 사한제(司寒祭)[16]의 축사(祝史)[17]를 임명하지[差定] 않은 것에 대해 탄핵했다. 의정부 당상(堂上)이 일을 보지 않자 상이 (사헌부) 장령(掌令) 이담(李擔)을 불러 물었다.

---

15 8~9품의 품관녹사(品官錄事)와 품외녹사(品外錄事) 두 종류가 있었으며 하급 행정 실무를 맡은 녹사는 품외의 녹사로서 대개 집단으로 같은 관서에 있었다. 그 때문에 성격이 같은 내시(內侍), 다방(茶房), 지인(知印)과 함께 성중관(成衆官)으로 호칭되다가 1466년(세조 12년) 내시, 다방, 지인이 폐지된 후 상급 서리는 녹사로 통일하여 『경국대전』에 규정됐다. 녹사는 일반적으로 동반(東班)의 각 아문(衙門)에는 의정부에서, 서반(西班)의 각 아문에는 중추부에서 파견했다. 초기에는 수적으로 가장 많은 가각고녹사(架閣庫錄事), 의정부녹사(議政府錄事), 6명의 6방 녹사(六房錄事), 제처차비녹사(諸處差備錄事), 세종 때의 중추원녹사(中樞院錄事)·중추원 6방 녹사, 태종 때 설치한 6방 녹사 등 세조 초에는 약 200녹사가 있었으나 『경국대전』에는 약 60으로 확정됐다.

16 동빙제(凍氷祭)라고도 한다. 겨울이 너무 따뜻하고 눈이 오지 않을 때, 또는 음력 섣달에 얼음을 떠서 빙고(氷庫)에 넣을 때, 그리고 춘분날 빙고 문을 열 때 등에 지냈는데 대개 동대문 밖에 사한단(司寒壇)을 마련하고 거행했다. 이를 관장하는 기구로 사한서(司寒署)를 두었다.

17 제사를 맡은 관리로 축관(祝官)이라고도 한다.

"무슨 일로 이방 녹사를 탄핵했는가?"

담이 대답했다.

"사한 장빙제(藏氷祭)¹⁸에 축사를 임명하지 않았기 때문입니다."

상이 말했다.

"이방이 개인적인 죄를 범했다면 탄핵하는 것이 옳지만 공사(公事)의 경우 이방이 스스로 하는 것이 아닌데 어째서 그들을 탄핵하는가? 내가 듣건대 이방이 탄핵을 당해 정승들도 합좌(合坐)¹⁹하지 않는다고 한다. 이방을 탄핵했는데 예전에도 이런 법이 있었는가?"

담이 대답했다.

"옛 법[古法]이 있는지 없는지는 신이 알지 못합니다. 애초에 사람을 시켜 물었더니 이방이 대답하기를 '잊어버리고 당상(堂上)에게 고하지 못했다'고 해서 그 때문에 탄핵한 것입니다."

상이 말했다.

"'쥐 잡으려다 장독 깬다'는 말은 그냥 속담이 아니라 옛사람이 한 말이라는 것을 너희도 알 것이다. 의정부는 백관을 총괄하고 호령(號令)을 반포한다. (그런데) 이방을 탄핵해 당상이 혐의를 피하게[避嫌] 했으니 이는 헌사의 잘못이다. 집으로 물러가 출근하지 말라."

그러고 나서 정승들에게 합좌를 명했으나 이무(李茂)가 나오지 않아 이때에 이르러 이 같은 명이 있었다.²⁰

---

18 사한단(司寒壇)에서 추위와 북방의 신인 현명씨(玄冥氏)에게 지내는 제사로 음력 12월에 얼음을 떠서 빙고에 넣을 때 장빙제를 지낸다.

19 나라의 큰일을 둘 이상의 당상관(堂上官)이 한자리에 모여 의논하는 것을 말한다.

20 헌부로 하여금 출근할 것을 명했다는 뜻이다.

신묘일(辛卯日-13일)에 요동(遼東) 천호(千戶) 왕득명(王得名), 백호(百戶) 왕미실첩(王迷失帖) 등이 칙서(勅書)²¹를 받들고 왔기에 상은 면복(冕服) 차림으로 여러 신하를 거느리고 서교(西郊)에서 맞아 대궐에 이르러 개독(開讀)²²했다.

'황제는 동녕위(東寧衛)의 도망쳐 흩어진[漫散] 관원(官員)과 군민(軍民) 등에게 알려 일깨우노라[勅諭]. 태조 고황제(太祖高皇帝-명 태조 주원장)께서 동녕위를 개설(開設)하여 살리기를 좋아하는 다움[好生=好生之德]으로 편안하게 길러주었으나 너희는 언제나 늦게 왔고, 건문(建文) 연간에 너희를 힘들게 했다 하여 언제나 달아나 어떻게 할 수가 없었다. 지금은 천하가 태평스럽고 나는 오로지 태조 황제의 법도를 좇아서 너희를 편안하게 기른다. 너희는 모두 돌아와서 동녕위 안에 거주하여 벼슬하던 사람은 그대로 벼슬하고 군인 노릇하던 사람은 그대로 군인 노릇 하고 백성은 그대로 백성 노릇 하여 사냥하고 농사지어 생업에 종사하되 편할 대로 하라. 그러니 조금도 두려워하고 놀라고 의심할 필요가 없다. 만일 끝내 고집하고 흩어져 도망하여 돌아오지 않는다면 오랜 뒤에 뉘우쳐도 때를 놓칠까 우려된다. 그러므로 알려 일깨우노라.'

상이 호조전서 설미수(偰眉壽, 1359~1415년)²³를 시켜 득명에게 말

---

21 칙서는 황제가 특정인에게 훈계하거나 알릴 내용을 적은 글이나 문서로 다소 사사로운 내용인 데 반해 조서(詔書)는 공적인 성격이 강하다.

22 공개적으로 낭독하는 것이다.

23 원래 원나라의 고창(高昌) 사람으로 고려에 귀화했다. 아버지는 숭문감승(崇文監丞) 손(遜)이며 장수(長壽)의 아우다. 1403년에는 계품사(啓稟使)로, 1406년에는 성절사로, 이 듬해에는 천추사로 명나라에 다녀오고 이어 사은사로 두 차례, 전후 다섯 번에 걸쳐 명

하게 했다.

"이는 우리나라를 향해 일깨우는[諭] 글이 아니고, 또 칙유(勅諭)는 개독(開讀)하는 예(禮)가 없습니다."[24]

사신이 말했다.

"비록 이 나라에 이르는 글은 아니지만 결국 이 나라에 만산군(漫散軍)이 있으니 개독하지 않을 수 없습니다."

상이 말했다.

"이는 그저 칙서(勅書)이고 조서(詔書)가 아니오. 조서를 맞이하는 예[迎詔之禮]로 거행할 수는 없소."

사신이 말했다.

"칙서를 맞이하는 것이나 조서를 맞이하는 것이나 애초에 아무런 차이가 없습니다. 하지만 예(禮)는 인정에 맞게 할 뿐이니 왕께서 그것을 절충하여 행하소서."

이에 상은 사배(四拜)를 행하고 고두(叩頭)는 행하지 않았으며 편전(便殿)에 들어가 면복을 벗고 다시 나와 사례(私禮)를 행하고[25] 이어 잔치를 베풀어 그들을 위로하고 각각 안장 달린 말[鞍馬]을 선물로 주었다. 득명 등이 이에 영조례(迎詔禮)를 행하지 않았다 하여 (얼굴에) 자못 기뻐하지 않는[不懌=不悅] 뜻이 있었다.

○ 사헌부에서 이조전서 김첨(金瞻)과 호조전서 설미수를 탄핵

나라에 다녀왔다. 이는 그가 중국어에 능통했기 때문인데 항상 마필이나 금은 등 공물의 감면을 주선해 외교적 성과를 올렸다.

24 개독은 끝났지만 그것이 예법에 맞지 않음을 따진 것이다.

25 예의 등급을 낮췄다는 말이다.

했다. 칙서(勅書)를 열어 제대로 살피지도 않고 그것을 읽기를 조서(詔書)처럼 했기 때문이다.

○ (명나라) 좌군도독부(左軍都督府)에서 본국(本國)에 자문(咨文)을 넘겼다[移咨].

'근래에 병과(兵科)에 베껴서 보낸 통병관(統兵官) 진동장군(鎭東將軍)의 주문(奏文)에서 이렇게 말했습니다. "조선국(朝鮮國)이 도망친 군사[逃軍] 왕화귀(王和貴) 등 36명을 호송(護送)하여 요동도사(遼東都司)에 이르렀다. 물어보니 삼만(參萬)·요해(遼海) 이위(貳衛)의 군역(軍役)에 소속되어 있었는데 부역(賦役)을 피해 철령위(鐵嶺衛) 군인(軍人)인 고려(高麗) 사람 고안주(高安住) 등과 함께 본국(本國)으로 도망쳐 갔다. 건문(建文) 3년 정월 17일에 화귀 등을 호송해 왔고 함께 도망친 고안주 등 110명은 예전 그대로 저곳에 있다." 또 요동도사가 갖춰[該=具] 올린 보고[呈報]에는 "개원(開原)에서 방어하고 있는 장사(壯士) 찰한첩목(察罕帖木) 등 45명이 올해[本年] 3월 28일에 양장하(羊腸河) 지역[地面]에서 군기(軍器)를 가지고 고려 지역으로 도망쳐 가서 종적을 감추었다[潛躲]" 해서 보고할 내용을 갖춰 부(府)에 보내왔습니다. 건문 3년 6월 12일에 본부관(本府官)이 두 차례 상주(上奏)하고 보고한 내용으로 봉천문(奉天門)에 제주(題奏)하여 성지(聖旨)를 받들었는데 "너 도부(都府)는 곧 문서(文書)를 조선국에서 온 사신에게 주어 이를 싸 가지고 돌아가서 국왕에게 말하여 알리도록 하고, 이들 도망쳐 간 사람들은 저들로 하여금 그곳에서 자세히 조사하여 모조리 잡아내어 사람을 시켜 요동도사에게 돌려보내게 하되 용납하여 머물러 두지 말게 하라"고 했습니다. 지금 갖추어 써서 보내고 이자(移咨)를 행하여 알리니[知會] 삼가 받들어 시행해야 할 것입니다. 모름지기 자문(咨文)하는 것은 한 번에 고안주 등 110명을 보내고 또 한 번에 찰한첩목 등 45명을 보내야 할 것입니다.'

임진일(壬辰日-14일)에 상이 태평관에서 사신에게 잔치를 베풀었다. 애초에 진의귀(陳義貴)가 돌아올 때 팔랄실리(八剌失里)가 칼[枷]을 쓰고 관(館)에 이르니 사신이 그를 보고 상께 고하여 말했다.

"팔랄실리 등이 칼을 써서 매우 괴로워하오니 청컨대 풀어주도록 명하시고 의복을 내려주시어 그 마음을 편안케 해주소서."

상이 말했다.

"애초에 이 사람들이 와서 말하기를 '우리는 본래 조선(朝鮮) 백성입니다. (그런데) 지금 중국에 병란(兵亂)이 일어나고 흉년이 거듭[荐=洊] 이르렀으니 본국(本國)을 버리고 어디로 가겠습니까?'라고 하고는 들어오겠다고 청하기를 매우 간절히 했고 또 흉년의 굶주림으로 인해 강변에서 굶어 죽은 자가 심히 많으니 나라를 소유한[有國]²⁶ 임금으로서 차마 볼 수가 없어 이에 들어오도록 허락하고 여러 고을에 나눠 두어 진휼(賑恤)하여 길렀소이다. (그런데) 그 뒤에 이 사람들이 심양(瀋陽)과 개원(開原)에서 자신들을 쫓는 군사들을 많이 죽였다는 말을 듣고 마침내 이 사람들의 죄가 매우 중하여 머물러 두

---

26 제후의 경우에는 나라를 소유했다고 하고 천자의 경우에는 천하를 소유했다[有天下]고 한다.

며 받아들일 수 없다는 사실을 알고서 먼저 임팔랄실리(林八剌失里) 등을 붙잡아 형조전서 진의귀를 시켜 압령(押領)해가지고 가다가 중로(中路)에서 사신을 만나 도로 온 것이오. 이 사람들이 이미 제 죄를 알고 또 본래 이 나라 사람이니 어찌 친족(親族)이나 옛 친구들 중에 의지할 만한 사람이 없겠소? 만일 칼을 풀어주면 도로 도망칠 변고가 없지 않을 터이니 우리나라에서 장차 어찌하겠소?"

득명이 말했다.

"도망친 사람을 모조리 추쇄(推刷)하여²⁷ 제게 주소서."

상이 말했다.

"애초에 듣건대 도망쳐 온 자가 모두 우리나라 사람이라 하여 입경(入境)하도록 허락했소. (그런데) 뒤에 중국인도 함께 도망쳐 왔다는 것을 듣고서 이제 이에 갖춰 기록하여 돌려보냈는데 어찌 감히 숨기겠소? 일찍이 각 도(各道)에 사람을 보내 초집(招集)하게 했으나 도망쳐 온 사람들이 각 도에 흩어져 있고 사방에 관방(關防)이 없으니, 대인(大人)이 왔다는 말을 듣고 스스로 의심하여 도망쳐 흩어진 자가 있을까 두렵소."

득명이 말했다.

"살아 있는 자, 병들어 죽은 자, 물에 빠져 죽은 자를 명백하게 문서로 만들어 제게 주십시오."

상이 말했다.

"청하거니 대인(大人)께서 도망쳤다가 이미 온 사람들을 데리고 친

---

27 추쇄란 도망친 노비(奴婢)를 수색하여 잡아서 본주인에게 되돌려 주던 일을 가리킨다.

히 추쇄하시오."

○ (여진의) 오도리(吾都里) 사람이 왔다. 애초에 조사의(趙思義)의 병란 뒤로 오도리 등의 사람들이 의심하고 두려워하여 산골짜기에 숨어 감히 나오지 못했다. 찰리사(察理使) 조온(趙溫)이 사람을 시켜 말했다.

"국가가 이미 평안해졌는데 어찌 서둘러 조회하지 않는가?"

그 만호(萬戶)가 내조(來朝)하려고 하여 먼저 사람을 보낸 것이다.

계사일(癸巳日-15일)에 왕득명 등이 대궐에 이르러 위로연(慰勞宴)에 대해 사례하니 임금이 다례(茶禮)를 행했다. 득명 등이 연복사(演福寺)에 들어가 불전(佛前)에 분향하고, 다음에 태상전에 이르렀으나 태상왕이 병(病)으로 사양하자 마침내 그대로 돌아갔다.

○ 왕미실첩이 관반(館伴)[28] 이문화(李文和, 1358~1414년)[29]에게 파옥대(破玉帶)를 주니 문화가 정부(政府)에 고하고 상의원(尙衣院)에 보냈다.

---

28 외국 사신(使臣)의 영접, 접대 임무를 관장하는 영접도감(迎接都監)의 주무관(主務官)인 임시 관직이다.

29 1402년(태종 2년) 경상도 도관찰출척사로 외방에 나가고 이어 의정부 참찬사, 사평부 우사를 거쳐 예문관 대제학, 대사헌을 지냈다. 1405년 예조판서를 거쳐 이듬해 전라도 도체찰사 임무를 대행하고 이어 명나라 황엄(黃儼)의 접반사가 됐다. 1408년 호조판서 등을 역임하고 그해 처녀진헌사(處女進獻使)로 명나라에 갔다. 1409년 형조판서를 거쳐 대사헌에 이르렀으나 민무질(閔無疾) 사건에 연루돼 면직됐다. 1411년 개성유수로 있을 때 저화(楮貨)에 '삼사신판(三司申判)'이라는 글 대신 '호조신판(戶曹申判)'으로 바꿀 것을 주장, 시행하게 했다.

갑오일(甲午日-16일)에 달이 헌원성(軒轅星)의 좌각(左角)을 범(犯)했다.

○ 사신에게 의관(衣冠)을 각각 한 벌[稱]씩 주고 그 수행원[伴人]들에게도 차등 있게 주었다.

○ 대간(臺諫)이 교장(交章)하여 박만(朴蔓)의 죄를 청했으나 윤허하지 않았다. 소는 대략 이러했다.

'지난번에[頃者] 조사의(趙思義) 등이 제 마음대로 군사를 발동해 장차 사직(社稷)을 위태롭게 하려다가 조사의, 강현(康顯) 등 16인이 이미 복주(伏誅)됐습니다. 당시 박만은 한 방면(方面)을 전적으로 맡아[專制] 호령(號令)과 (생사) 여탈(與奪)이 그 손아귀에 있음에도 일찍이 의(義)를 들어 병란을 그치게 하지 못하고 도리어 그 모반에 응했습니다. 임순례(任純禮)도 역시 거진(巨鎭)의 장수로서 군명(君命)을 돌보지 않고 도리어 (저쪽의) 심복(心腹)이 되어 군기(軍機)를 전장(專掌)하고 추잡한 자들[頑醜]을 불러 모아 (저쪽의) 명성과 세력[聲勢]을 도왔습니다. 김덕재(金德載)는 그 도당 수백 명을 거느리고 (저쪽의) 우익(羽翼)이 되어 드디어 난(亂)을 꾸미는 계제가 되었습니다. 이 당시 이들 세 사람이 없었다면 비록 난을 꾸미려 했어도 장차 어떻게 할 수 있었겠습니까? 세 사람의 죄가 지난날에 복주된[伏辜] 사람에 비해 무슨 차이가 있습니까? 막대한 죄를 지었건만 지극히 가벼운 형률의 적용[刑典]을 받았으니 중외(中外)의 신민들 중에 가슴을 치지 않는 사람이 없습니다. 전하께 엎드려 바라건대 장차 위의 세 사람을 극형에 처하여 뒤에 오는 사람들을 경계토록 하소서. 또 그 좌우에서 난을 선동한 자들도 마땅히 율(律)에 의해 단죄(斷罪)해야 하건만 지금 특별히 너그럽고 어진 조치[寬仁]를 베푸시어 장류(杖流)에 그치게 하셨으니 신 등이 가만히 생각건대 악을 징계하는 도리로 합당치 못한 듯합니다. 바라건대 진중거(陳仲擧), 한방(韓邦), 이천기(李天奇), 박휘(朴暉), 박문숭(朴文崇), 허형(許衡), 은실(殷實), 변현(邊顯), 노언(魯彦), 양득춘(楊得春), 김달(金達), 김남승(金南昇), 박산보(朴山甫), 김용기(金龍奇) 등은 직첩(職牒)을 추탈(追奪)하고 가산(家産)을 적몰(籍沒)하며 그 자손들을 금고(禁錮)[30]해야 합니다. 최식(崔湜), 황길지(黃吉至), 박관(朴貫), 김사순(金思純), 배홍점(裵鴻漸), 김갑충(金甲忠), 이양간(李良幹), 권치(權輜), 김영귀(金英貴), 정영(鄭寧), 김용(金龍), 성충(成翀), 어승진(魚承震), 양홍적(楊弘迪), 김복(金福), 주문구(朱文具), 박문실(朴文實), 김만(金萬) 등은 직첩을 추탈하고 가산을 적몰하여 나머지 사람들을 권려(勸勵)하고 동북면(東北面)의 그때의 장무(掌務)와 패두(牌頭) 등은 관직의 높고 낮음을 떠나 모두 진중거와 한방 등의 죄로써 죄를 주어 신민(臣民)의 바람에 답해야 합니다.'

(사헌부) 지평(持平) 김명리(金明理)를 불러 물었다.

"김덕재를 유배 보내지 않은 것은 내가 사사로이 용서한 것이 아니라 물어볼 것[所問][31]이 있기 때문이다. 어째서 (그를) 수직(守直-

---

30 범죄 사실이 있는 사람을 등용하지 못하게 벼슬길을 막는 형벌로, 금고는 본인에 한하는 것과 본인 및 그 자손에게까지 적용하는 두 가지가 있었다. 이 밖에 조선시대에는 서얼(庶孽)의 벼슬길을 막는 서얼 금고, 재가한 여자의 자녀의 벼슬길을 막는 재가여자(再嫁女子) 금고가 있었다.

31 기존의 번역은 '들어볼 것'이라고 옮겼다. 그런데 원문은 所聞이 아니라 所問이다. 원문이 틀린 것이 아니라면 '물어볼 것'이라고 옮겨야 한다.

감시)을 하느냐?"

명리가 대답했다.

"혹시라도 스스로 의심하고 도망갈까 염려되기 때문입니다."

상이 말했다.

"그렇다면 내게 물어서 수직하는 것이 옳다. 어찌하여 헌사(憲司)에서 가끔 일을 처리하는 방식이 이처럼 급박한가? 언관(言官)의 일이라 탓하지는 않겠으니 속히 수직을 풀라."

○ 의주만호(義州萬戶) 조원(趙源)에게 구마(廐馬) 1필을 내려주었다. 상이 말했다.

"의주는 상국의 사신이 오고가는 땅이어서 사무(事務)가 번거롭고 많으니 가서 삼가도록 하라."

을미일(乙未日-17일)에 사면했다[宥].
            유

'영락(永樂) 원년 정월 17일 새벽 이전에 모반대역(謀反大逆)이거나, 조부모·부모를 죽였거나, 처첩이 지아비를 죽였거나, 노비가 상전을 죽였거나, 고독(蠱毒)·염매(魘魅)³²나 고의로 살인하기를 꾀했거나, 강도를 범했거나, 도망 중인 손효종(孫孝宗)·강거신(康居信)·조순화(趙順和)·황사란(黃似蘭)·이언(李彦)·함승복(咸升復), 종 보명(寶明) 등 용서할 수 없는 자를 제외하고 이미 발각되었거나 발각되지 않았거나, 이미 결정(結正)했거나 결정하지 않았거나 죄의 경중에 상관 없이 모두 용서하여 그 죄를 면제한다. 감히 유지(宥旨-사면령) 이전의

---

32 둘 다 다른 사람을 해치려는 주술 행위다.

일을 가지고 서로 고(告)하여 말하는 자는 그 해당한 죄로써 죄를 준다.'

○ 완산군 이천우를 위해 내전(內殿)에서 잔치를 베풀고 또 비단옷을 내려주었다. (조사의의 반란 때) 공격전에 수고했기 때문이다.

○ 사평부 영사 이거이(李居易)에게 안장 갖춘 말을 내려주었다. 거이가 (주나라) 무왕(武王)이 기자(箕子)에게 홍범(洪範)³³을 묻는 그림

---

33 홍범은 대법(大法)을 말하고 구주는 9개 조(條)를 말하는 것으로, 즉 9개 조항의 큰 법이라는 뜻이다. 우왕이 홍수를 다스릴 때 하늘로부터 받은 낙서(洛書)를 보고 만들었다고 한다. 주나라 무왕(武王)이 기자(箕子)에게 선정의 방안을 물었을 때 기자가 이 홍범구주로써 교시했다고 한다. 『서경(書經)』 「주서(周書)」 '홍범'에 수록돼 있다. 9조목은 오행(五行), 오사(五事), 팔정(八政), 오기(五紀), 황극(皇極), 삼덕(三德), 계의(稽疑), 서징(庶徵) 및 오복(五福)과 육극(六極)이다.

① 오행: 수(水), 화(火), 목(木), 금(金), 토(土)를 지칭한다. 물은 물체를 적시고 아래로 흘러가는 성질을 가지고 있고, 불은 물체를 태우고 위로 올라가는 성질이 있으며, 나무는 구부러지고 곧게 자라는 성질이 있고, 쇠는 조작에 의해 자유롭게 변형하는 성질이 있으며, 흙은 곡식을 길러 거두게 하는 성질이 있다.

② 오사: 외모, 말, 보는 것, 듣는 것, 생각하는 것을 지칭한다. 외모는 공손해야 하고, 말은 조리가 있어야 하며, 보는 것은 밝아야 하고, 듣는 것은 분명해야 하며, 생각하는 것은 지혜로워야 한다. 공손함은 엄숙을, 조리가 있음은 이치를, 밝음은 맑음을, 분명함은 도모를, 지혜는 성인을 만드는 것이다.

③ 팔정: 양식 관리, 재정 주관, 제사 관리, 백성 교육, 범죄 단속, 손님 대접, 양병 및 백성의 땅 관리를 말한다.

④ 오기: 해[歲], 달[月], 날[日], 별[辰], 역법(曆法)의 계산을 지칭한다.

⑤ 황극: 임금의 법도로서 임금이 정치의 법을 세우는 것이다. 오복을 백성들에게 베풀어주면 백성들도 왕의 법을 따를 것이다. 백성들이 음모를 도모하지 않고, 관리들이 자기에게 유리한 행정을 하지 않으면 왕은 법을 실행하는 결과가 되는 것이다.

⑥ 삼덕: 정직, 강극(剛克), 유극(柔克)을 말한다. 평화스럽고 안락할 때에는 정직을 중시하고, 강하고 굴복하지 않을 때에는 강극을 중시하며, 화합할 때에는 유극을 중시해야 한다. 침잠할 때에는 강(剛)함으로써 극복하고, 높고 밝음에는 유(柔)함으로써 극복하는 것이다.

⑦ 계의: 복(卜)과 서(筮)의 점을 치는 사람을 임명하고 그들에게 점을 치게 하는 것을 말한다.

⑧ 서징: 비, 맑음, 따뜻함, 추움, 바람 및 계절의 변화를 지칭하는 것이다. 이 다섯 가지 날씨의 변화가 알맞게 조화를 이루면 모든 초목은 무성할 것이다. 다섯 가지 날씨의 변화 가운데 어느 한 가지의 현상만 두드러지게 나타나도 흉하고, 어느 한 가지의 현상이

을 올렸기 때문이다.

병신일(丙申日-18일)에 달이 태미원(太微垣) 좌집법성(左執法星)[34]을 범했다.

○ 태상왕이 내관 만세영(萬歲榮)에게 명해 태평관에서 사신들에게 잔치를 베풀었다. 왕득명이 말했다.

"내가 무진년(戊辰年-1388년)에 방문(枋文)을 반포하러 왔을 때 시중(侍中) 최영(崔瑩)이 나를 죽이려고 했는데 전하께서 의리를 들어 그치게 하여 마침내 살아 돌아갈 수 있었으니 전하의 은혜는 분골난망(粉骨難忘)입니다. (그런데) 지금 또 사람을 시켜 잔치를 베풀어 위로해주시니 감사하기가 이루 말할 수 없습니다."

세영이 돌아와 고하니 태상왕이 말했다.

"그 사람이 정말 무진년에 와서 방문을 반포한 자라면 그 말이 옳다."

기해일(己亥日-21일)에 왕득명, 왕미실첩 등이 대궐에 이르니 상이 다례(茶禮)를 행했다. 득명이 말했다.

"도망쳐 온 군사들을 남김없이[無遺] 추쇄(推刷)할 것을 청합니다."
　　　　　　　　　　　　　　무유

나타나지 않아도 흉한 것이다.

⑨ 오복과 육극: 오복은 수(壽)·부(富)·강녕(康寧)·유호덕(攸好德)·고종명(考終命)을 말하고, 육극은 횡사요절·질병·근심·빈곤·악·약함을 지칭한다.

34 태미원의 동쪽 담장을 구성하는 다섯 별 중에서 첫 번째 별이다. 좌집법성은 태미원의 정문인 단문(端門)의 왼쪽에 있다.

상이 말했다.

"일찍이 각 도 관찰사로 하여금 추쇄하게 했으니 어찌 한 명이라도 남기거나 숨기겠소?"

득명 등은 절하여 사례하고 물러갔다.

○ (중국 조정의 조선인 내관) 정귀(鄭貴) 등 세 사람이 대궐에 나아와 돌아가겠다고 고하니 임금이 잔치를 베풀어 위로하고 또 각각 털옷과 솜옷 각 1벌, 흑마포와 백저포 각 10필씩을 주었다.

○ 지인(知印)[35]을 각 도(各道)에 나누어 보내 도망쳐 온 군사의 추쇄를 독촉했다.

경자일(庚子日-22일)에 사신이 임팔랄실리 등 10여 인을 나눠 보내 도망쳐 온 군사가 있는 각 고을 관아에 칙지(勅旨)를 일깨워주었다.

○ 정귀 등이 태상전과 상왕전에 나아가서 하직을 고하니 상왕은 친히 음식을 대접했고 태상왕은 병(病)으로 사양하고 대신 시위하는 재신(宰臣)과 내관 만세영을 시켜 음식을 대접하게 하고 흑마포와 백저포 6필씩을 내려주었다. 상이 사람을 시켜 서교(西郊)에서 전송하게 했고 상왕도 사람을 보내 그들을 전송했다.

○ 대간이 교장(交章)해 박만과 임순례 등을 극형에 처할 것을 청했으나 윤허하지 않았다.

○ 대간이 종묘(宗廟)를 송도(松都-개경)로 옮기기를 청하니 상이

---

35 지방관의 관인(官印)을 맡아보았다. 녹사(錄事)와 비슷한 신분으로서 토관들 밑에서 주로 지방 행정 및 군사에 관한 일을 담당했다. 함흥부의 지인은 군사정보 전달 및 진상물 수송과 관련된 일을 맡아보았다.

말했다.

"이 일은 부왕(父王)의 의견이 아니고 마땅히 의정부와 토의한 뒤
에 정하겠다."

○ 홍천사(興天寺)[36]의 밭과 노비를 줄였다.

신축일(辛丑日-23일)에 일본국 사자[使]$_{\text{사}}$ 12인이 와서 토산물을 바
쳤다.

임인일(壬寅日-24일)에 태백성이 이틀 동안이나 낮에 나타났다.

계묘일(癸卯日-25일) 밤에 간방(艮方-북동쪽)과 손방(巽方-동남쪽)
에 붉은 기운[赤氣]$_{\text{적기}}$이 있었고 태방(兌方-서쪽)에 흰 기운[白氣]$_{\text{백기}}$이 있
었다.

○ 왕득명이 대궐에 이르러 하직을 고하니 잔치를 베풀어 위로
했다. 득명이 상에게 고하여 말했다.

"제(帝)께서 신 등에게 명령하시기를 곧바로 왕성(王城)으로 가서
추쇄하라고 하셨으나 북방(北方)에 산재(散在)해 있는 도군(逃軍)을
왕성(王城)으로 데려왔다가 다시 북쪽으로 데리고 가는 것이 어렵습

---

36 1395년(태조 4년) 신덕왕후 강씨(神德王后康氏)가 죽자 1396년 능지(陵地)를 정릉(貞陵)
    에 정하여 조영(造營)하고 그 원당(願堂)으로 능 동쪽에 170여 칸의 절을 세워 '홍천사'
    라 칭했으며 조계종의 본산(本山)으로 삼았다. 1398년 6월에는 왕명으로 3층 사리각과
    사리탑을 절의 북쪽에 세웠고 7월에는 우란분재(盂蘭盆齋)를, 8월에는 신덕왕후의 천도
    회(薦度會)를 베풀었다.

니다. 마땅히 다 추쇄하여 직접 평양(平壤)으로 보내면 제가 먼저 평양으로 가서 점고(點考-점검)하여 보내겠습니다."

또 말했다.

"전하께서 일찍이 임팔랄실리 등을 잡아서 먼저 보내셨으니 전하께서 (우리) 조정(朝廷)을 공경하는 뜻이 지극하십니다만 제(帝)께서 어찌 이를 능히 아시겠습니까? 우리가 돌아가서 사실대로 아뢸 터이니 바라건대 전하께서는 도망친 군사를 남김없이 추쇄해주소서."

상이 말했다.

"이것이 내 뜻이오. 애초에 사람들이 서로 잡아먹게 될 지경에 있다는 말을 듣고 불쌍히 여겨 받아들여서 흩어두고 길렀는데, 지금 빼어나신 천자(天子)께서 즉위하셨다는 말을 들었으니 모두 돌려보내겠소. 바라건대 대인(大人)이 잘 아뢰어주시오."

득명이 두 손 모아 절을 하고[拜手] 물러갔다.
_{배수}

○ 황사란을 순위부에 내려보냈다.

갑진일(甲辰日-26일)에 감방(坎方-북쪽)에 밤새도록[竟夜=達夜=_{경야} _{달야} 達宵] 흰 기운이 있었다.
_{달소}

○ 의정부에 명해 왕득명을 영빈관에서 전송하게 했다. (상은) 재계(齋戒) 중이었기 때문이다.

○ 이귀령(李貴齡, 1346~1439년)³⁷을 공안부 판사(恭安府判事),³⁸ 함

---

37 동생이 호조판서 귀산(貴山)이다. 고려 말에 선공시판사(繕工寺判事)와 청주 등지의 관군만호(管軍萬戶)를 지냈다. 1392년(태조 1년) 조선이 개국되어 태조가 즉위하자 잠저 때의 공으로 개국원종공신(開國原從功臣)이 됐다. 태종 때도 원종공신이 돼 두 번이나 명나라

부림(咸傅霖)을 예문관 제학으로 삼았다.

○ 공안부 판사 이귀령을 경사(京師)에 보냈는데 이는 절일(節日)을 하례하기 위함이었다. 애초에 공안부윤(恭安府尹) 김정경(金定卿, 1345~1419년)[39]에게 명해 경사에 가게 했는데 정경이 병을 핑계로 나오지 않았다. 사헌부에서 소를 올려 죄주기를 청했으나 상은 윤허하지 않고 귀령으로 교체했다. 사간원에서 소를 올려 김정경의 죄를 청했으나 상이 윤허하지 않았다. 정경은 공신(功臣)이기 때문이었다.

을사일(乙巳日-27일)에 (함경도) 갑주(甲州-갑산) 땅인 영괴(寧怪), 이라(伊羅) 등지에 반쯤 탄 쑥재[蒿灰]가 비처럼 내려서 두께가 한 치[寸]나 됐는데 5일 만에야 사라졌다.
호회

촌

○ 도망쳐 온 군사[漫散軍] 남녀 총 3,649명을 돌려보냈다.
만산군

정미일(丁未日-29일)에 민진(閔進)에게 공조정랑(工曹正郎)을 제수했다. 진(進)이 이때 응봉사 장무(應奉司掌務)가 돼 안인(安印)의 일로 인해 표문(表文)을 받들고 들어오니 상이 말했다.

　에 사신으로 다녀왔으며 1415년(태종 15년) 검교 우의정(檢校右議政)을 거쳐 이듬해 검교 좌의정(檢校左議政)이 됐다가 곧이어 좌의정으로 사직했다. 관직을 그만둔 뒤 20여 년을 한거하다가 94세로 죽었다.

38　공안부는 조선 초기 정종이 상왕이 되자 그를 위해 설치한 관청이다.

39　일찍이 고려 때에 벼슬을 했으나 새 왕조 창업에 찬성하고 이성계(李成桂)를 지지했다. 1400년 방간(芳幹)의 난이 일어나자 한성부윤으로서 방원(芳遠)에 협력해 이를 진압, 좌명공신 4등에 책록됐고 연성군(蓮城君)에 봉해졌다. 1404년(태종 4년) 좌군도총제, 1408년 개성부유후(開城府留後)를 역임하고, 1410년 성절사로 명나라에 다녀왔다. 용맹하고 매사에 적극적이었으나 재물을 좋아해 사람들로부터 비난을 받았다.

"이 사람이 누구인가?"

좌대언 이승상(李升商)이 대답했다.

"고(故) 민안인(閔安仁, 1343~1398년)[40]의 아들 진입니다."

상이 말했다.

"내가 보고 의심했다. 예전에는 얼굴빛이 맑고 야위었는데 지금은 살이 쪘다. 지금 무슨 벼슬을 받았는가?"

부유후(副留後) 당성(唐誠)이 대답했다.

"전 잡단(雜端)[41]입니다."

곧 명하여 공조정랑을 제수했다.

---

40 문묘(文廟)를 수리하고 학규(學規)를 엄히 하면서 훈회(訓誨)에 전력하는 등 유학 진흥과 유교 의례의 보급에 공헌했다. 1395년 한성에 태묘(太廟-종묘)가 세워지면서 예악 정비 (禮樂整備)가 요청되자 전고(典故)에 밝다 하여 특별히 소환되어 국왕의 친관(親祼) 친제 [親祭]를 위한 대례(大禮)의 완비에 공헌했다.

41 고려시대 사헌대(司憲臺), 감찰사(監察司), 사헌부(司憲府), 어사대(御史臺)의 종5품 관직으로 조선에 들어서면서 지평(持平)으로 명칭이 바뀌었다.

己卯朔 賀正受朝如儀 宴群臣. 義安大君和與上洛府院君
김묘 삭 하정 수조 여의 연 군신 의안대군 화 여 상락 부원군

金士衡 右政丞李茂進壽酒 上下床受杯. 宴酣 上命安遇世與大君
김사형 우정승 이무 진 수주 상 하상 수배 연감 상명 안우세 여 대군

和對舞 崔沮與左使李彬對舞. 上謂遇世 沮等曰 "汝等 守節之
화 대무 최저 여 좌사 이빈 대무 상위 우세 저등왈 여등 수절 지

臣也. 使與宗室及大臣對舞 寵異之也. 雖曾受爵秩 將不止此" 各
신야 사여 종실 급 대신 대무 총 이지 야 수증·수 작질 장 부지 차 각

賜衣二領. 蓋遇世與沮 皆逃思義之亂而來者也. 上曰 "今日 予
사 의 이령 개 우세 여저 개 도 사의 지란 이래자 야 상왈 금일 여

與卿等及群臣開宴同懽 非荒淫之樂也. 昨者社稷安危 間不容髮
여 경등 급 군신 개연 동환 비 황음 지락 야 작자 사직 안위 간 불용 발

今太上王無恙而還 宗社再安 今日之懽 豈偶然哉!" 李茂對曰:
금 태상왕 무양 이환 종사 재안 금일 지환 기 우연 재 이무 대왈

"殿下之有今日 天也.① 歲戊寅拔去凶黨之後 上使人迎上王 臣
전하 지유 금일 천야 세 무인 발거 흉당 지후 상 사인 영 상왕 신

白曰:'今日之事 殿下在焉 不用他求.' 上怒曰:'惡, 是何言!
백왈 금일 지사 전하 재언 불용 타구 상 노왈 오 시 하언

天倫失序 以致此亂. 今又復然 亦何異哉!' 遂拔劍罵之 臣不敢
천륜 실서 이치 차란 금우 부연 역 하이 재 수 발검 매지 신 불감

復言. 太上傳國之命 歸于上王 天倫以正. 殿下之有今日 皆殿下
부언 태상 전국 지명 귀우 상왕 천륜 이정 전하 지유 금일 개 전하

之盛德也."② 上涕泣 茂亦涕泣.
지 성덕 야 상 체읍 무역 체읍

辛巳 放朴英文于其鄉. 英文 上王殿內官也. 臺諫刑曹雜坐
신사 방 박영문 우 기향 영문 상왕전 내관 야 대간 형조 잡좌

巡衛府鞫問 辭連上王故也. 司諫院請英文之罪 上命知司諫
순위부 국문 사련 상왕 고야 사간원 청 영문 지죄 상명 지사간

金九德曰:"予非矜恤英文 不得已耳." 九德曰:"如不罪之 何以
김구덕 왈 여비 긍휼 영문 부득이 이 구덕 왈 여 부죄지 하이

懲惡!" 上曰:"不可名其罪以實之 故放諸鄉曲 宜勿擧論."
징악 상왈 불가 명 기죄 이 실지 고 방제 향곡 의물 거론

壬午 罷隊長 隊副九百人 加甲士五百人.
임오 파 대장 대부 구백 인 가 갑사 오백 인

放故世子嬪沈氏③ 撫安君妻王氏于外. 以憲司上言沈氏 王氏
방고 세자 빈 심씨 무안군 처 왕씨 우외 이 헌사 상언 심씨 왕씨

有怨言故也.
유 원언 고야

乙酉 御經筵. 上從容言曰:"有非常之事 則謂之災變. 禹任
을유 어 경연 상 종용 언왈 유 비상 지사 즉 위지 재변 우 임

皐陶 天雨金三日 謂之祥瑞 何也?"金科對曰:"傳有之 曰:'金
고요 천우금 삼일 위지 상서 하야 김과 대왈 전 유지 왈 금

貴物也. 久旱而雨 比之金 謂之雨金."上曰:"稷 契 皐陶 一時
귀물 야 구한 이우 비지금 위지 우금 상왈 직 설 고요 일시

賢相. 何不言稷 契 而獨言皐陶乎?"科對曰:"禹與皐陶同德.
현상 하 불언 직 설 이독 언 고요 호 과 대왈 우여 고요 동덕

舜與天下於皐陶④ 皐陶不受 故傳之於禹. 禹有天下 專任皐陶
순 여 천하 어 고요 고요 불수 고 전지 어우 우 유 천하 전임 고요

故也."上曰:"稷 契之後 皆有天下 皐陶之後 不有天下 何也?"
고야 상왈 직 설 지후 개유 천하 고요 지후 불유 천하 하야

科對曰:"皐陶居刑官 掌殺戮 故其後不得有天下."上然之.
과 대왈 고요 거 형관 장 살육 고 기후 부득 유 천하 상 연지

丙戌 日纓.
병술 일영

司憲府請移宗廟社稷于舊京 親修祀事. 不允.
사헌부 청이 종묘 사직 우 구경 친수 사사 불윤

丁亥 太白晝見.
정해 태백 주현

上朝太上殿.
상 조 태상전

命司憲府出仕. 初 司憲府劾議政府吏房錄事 以不差司寒祭
명 사헌부 출사 초 사헌부 핵 의정부 이방 녹사 이 불차 사한제

祝史也. 議政府堂上不視事. 上召掌令李擔問曰:"何以劾吏房
축사 야 의정부 당상 불 시사 상소 장령 이담 문왈 하이 핵 이방

錄事乎?"擔對曰:"司寒藏氷祭 闕祝史故也."上曰:"吏房若犯
녹사 호 담 대왈 사한 장빙제 궐 축사 고야 상왈 이방 약 범

私罪 則劾之可也 公事則非吏房自爲也何故劾之? 予聞吏房被劾
사죄 즉 핵지 가야 공사 즉 비 이방 자위 야 하고 핵지 여문 이방 피핵

而政丞亦不合坐. 劾吏房 古有是法乎?"
이 정승 역 불 합좌 핵 이방 고유 시법 호

擔對曰:"古法之有無 臣未知也. 初 使人問之 吏房對以遺忘
담 대왈 고법 지 유무 신 미지 야 초 사인 문지 이방 대이 유망

不告堂上 是以劾之.”上曰:“投鼠忌器 非俚語 古人所言 亦爾等
之所知也. 議政府總百官頒號令. 劾吏房而使堂上避嫌 憲司之過
也. 其⑤退于家 毋出仕.”乃命政丞合坐 李茂不出 至是有是命.

辛卯 遼東千戶王得名 百戶王迷失帖等 奉勅書至 上以冕服
率群臣迎于西郊 至闕開讀:

‘皇帝勅諭東寧衛漫散官員君民人等. 太祖皇帝開設東寧衛
好生安養 爾每後來 建文苦得爾 每沒奈何. 漫散出去 如今天下
太平了. 我只遵着太祖皇帝的法度安養 爾每都回來東寧衛裏
來住 官仍舊做官 軍仍舊做軍 民仍舊做民 打圍種田做生理
聽從所便 休要害⑥怕驚疑. 若一向執迷 漫散不來 恐久後悔時遲
了 故勅.’

上使戶曹典書偰眉壽言於得名曰:“此非諭我國之書 且勅諭無
開讀之禮.”使臣曰:“雖非諭此國之書 此國乃漫散軍之所在 不可
不開讀.”上曰:“此乃勅書 非詔書也. 不可以迎詔之禮行之.”使臣
曰:“迎勅迎詔 初無異也. 然禮稱人情而已 王其折衷行之.”於是
上行四拜不叩頭 入便殿釋服 出行私禮 仍設宴慰之 各贈鞍馬.
得名等乃以不行迎詔禮 頗有不懌之意.

司憲府劾吏曹典書金瞻 戶曹典書偰眉壽 以開勅書不察讀如
詔書故也.

左軍都督府移咨本國曰:

近於兵科抄到總兵官鎭東將軍具奏："朝鮮國差人解送逃軍
근 어 병과 초도 총병관 진동 장군 구주 조선국 차인 해송 도군

王和貴等三十六名 到於遼東都司. 問係參萬 遼海 貳衛軍役
왕화귀 등 삼십육명 도어 요동 도사 문계 삼만 요해 이위 군역

畏避征差 糾同鐵嶺衛軍人原係高麗人民高安住等逃往本國.
외피 정차 규동 철령위 군인 원계 고려 인민 고안주 등 도왕 본국

建文三年正月十七日 將和貴等起解 其同逃高安住等 一百一十
건문 삼년 정월 십칠 일 장 화귀 등 기해 기 동도 고안주 등 일백 일십

名 仍舊在彼." 又該遼東都司呈報："開原備禦壯士察罕帖木等
명 잉구 재피 우 해 요동 도사 정보 개원 비어 장사 찰한첩목 등

四十五名 本年三月二十八日 在於羊腸河地面 將帶軍器 逃往
사십 오명 본년 삼월 이십 팔일 재어 양장하 지면 장 대 군기 도왕

高麗地面潛躱." 備呈到府. 建文三年六月十二日 本府官將二次
고려 지면 잠타 비정 도부 건문 삼년 육월 십이 일 본부 관장 이차

奏呈事理 於奉天門題奏奉聖旨："恁都府便將文書 與朝鮮國
주정 사리 어 봉천문 제주 봉 성지 임 도부 편장 문서 여 조선국

差來使臣齎回去 說與國王知道. 但是這等逃去的人⑦ 着他那
차래 사신 재 회거 설여 국왕 지도 단시 저등 도거 적인 착타 나

裏挨究都拿將出來 差人送與遼東都司 休要容留他."⑧ 欽此. 今
리애구 도나 장출래 차인 송여 요동 도사 휴요용류타 흠차 금

備開前去 合行移咨知會 欽遵施行. 須至咨者. 一起高安住等
비개 전거 합행 이자 지회 흠준 시행 수지 자자 일기 고안주 등

一百一十名 一起察罕帖木等四十五名.'
일백 일십 명 일기 찰한첩목 등 사십 오명

壬辰 上宴使臣于太平館. 初 陳義貴之還也.⑨ 八剌失里着枷
임진 상연 사신 우 태평관 초 진의귀 지 환야 팔랄실리 착가

到館 使臣見之 告于上曰："八剌失里等帶枷甚苦 請命解之 賜
도관 사신 견지 고우 상왈 팔랄실리 등 대가 심고 청명 해지 사

衣服 以寧其心."上曰："初 此人來言曰：'我等本朝鮮之民. 今
의복 이녕 기심 상왈 초 차인 내언 왈 아등 본 조선 지민 금

中國兵興 飢饉荐至 捨本國將何之？'請入懇至 且因飢饉 死於
중국 병흥 기근 천지 사 본국 장 하지 청입 간지 차인 기근 사어

江邊者甚衆 有國之君 不可忍視 兹用許入 分置諸州賑養. 其後
강변 자 심중 유국 지군 불가 인시 자용 허입 분치 제주 진양 기후

得聞此人等 多殺瀋陽 開原追逐之軍 乃知此人之罪甚重 不可
득문 차인 등 다살 심양 개원 추축 지군 내지 차인 지죄 심중 불가

留納 先將林八剌失里等 以刑曹典書陳義貴管押而去 路遇使臣
유납 선장 임팔랄실리 등 이 형조 전서 진의귀 관압 이거 노우 사신

還來. 此人等旣自知其罪 且本爲此國之人 豈無族親故舊之可依
환래 차인 등 기 자지 기죄 차 본위 차국 지인 기무 족친 고구 지 가의

者乎? 若解枷 則不無還逃之變 我國其將何以哉?" 得名曰:

"逃人盡推授我." 上曰:"初聞逃來者 皆我國人 乃許入境. 後聞有

上國人亦來 今乃具錄而還 何敢隱乎? 曾遣人於各道 招集矣. 然

逃人散在各道 四方無關防 聞大人來 恐有自惑逃散者." 得名曰:

"其生存者 病死者 溺死者 明白成書以授我." 上曰:"請大人將

逃人已來者 親自推之."⑩

吾都里來. 初 趙思義兵亂之後 吾都里等疑懼 隱于山谷不敢出.

察理使趙溫使人言曰:"國家已平 何不早朝?" 其萬戶欲來朝 先

遣人.

癸巳 王得名等至闕謝慰宴 上行茶禮. 得名等入演福寺 焚香于

佛前 次至太上殿 太上辭以疾 乃還.

王迷失帖贈館伴李文和以破玉帶 文和告政府 送于尙衣院.

甲午 月犯軒轅左角.

贈使臣衣冠各一稱, 其伴人有差

臺諫交章請朴蔓等罪 不允. 疏略曰:

'頃者 趙思義等擅發兵衆 將危社稷 趙思義 康顯等十六人 旣

伏其辜. 其朴蔓專制一方 號令與奪 在其掌握 而旣不能擧義

息兵 反應其謀: 任純禮亦以巨鎭之帥 不顧君命 反爲心腹 專掌

軍機 招集頑醜 以助聲勢: 金德載率其黨與數百人 以成羽翼 遂

爲作亂之階. 當是時 無此三人 則雖欲爲亂 將若之何? 三人之罪

較之前日服辜之人 何異焉? 以莫大之罪 受至輕之典 中外臣民
교지 전일 복고 지인 하이 언 이 막대 지죄 수 지경 지전 중외 신민

莫不拊心. 伏望殿下 將上項三人 置之極刑 以懲後來. 又其左右
막불 부심 복망 전하 장 상항 삼인 치지 극형 이징 후래 우기 좌우

煽亂者 亦當依律斷罪 今特垂寬仁 止令杖流 臣等竊謂懲惡之
선란 자 역당 의율 단죄 금 특수 관인 지령 장류 신등 절위 징악 지

道 未得其當. 願將陳仲擧 韓邦 李天奇 朴暉 朴文崇 許衡 殷實
도 미득 기당 원장 진중거 한방 이천기 박휘 박문숭 허형 은실

邊顯 魯彦 楊得春 金達 金南昇 朴山甫 金龍奇等 追奪職牒
변현 노언 양득춘 김달 김남승 박산보 김용기 등 추탈 직첩

籍沒家産 禁錮子孫; 崔湜 黃吉至 朴貫 金思純 裵鴻漸 金甲忠
적몰 가산 금고 자손 최식 황길지 박관 김사순 배홍점 김갑충

李良幹 權輜 金英貴 鄭寧 金龍 成翀 魚承震 楊弘迪 金福
이양간 권치 김영귀 정녕 김용 성충 어승진 양홍적 김복

朱文具 朴文實 金萬等 追奪職牒 籍沒家産 以勵其餘; 東北面
주문구 박문실 김만 등 추탈 직첩 적몰 가산 이려 기여 동북면

其時掌務牌頭等 無問大小 竝以陳仲擧 韓邦等罪罪之 以答臣民
기시 장무 패두 등 무문 대소 병이 진중거 한방 등죄 죄지 이답 신민

之望.'
지 망

召持平金明理問之曰: "金德載不流貶者 非我容私 以有所問
소 지평 김명리 문지 왈 김덕재 불 유폄 자 비아 용사 이유 소문

也. 何以守直乎?" 明理對曰: "恐其自惑而逃也." 上曰: "然則問
야 하이 수직 호 명리 대왈 공기 자혹 이도 야 상왈 연즉 문

於我而守直可也. 何憲司往往處事如是急迫乎? 言官之事 故不以
어아 이 수직 가야 하 헌사 왕왕 처사 여시 급박 호 언관 지사 고 불이

爲咎 速解之."
위구 속 해지

賜義州萬戶趙源廐馬一匹. 上曰: "義州 上國使臣往來之地
사 의주 만호 조원 구마 일필 상왈 의주 상국 사신 왕래 지지

事務煩多 往欽哉!"
사무 번다 왕흠 재

乙未 宥. "自永樂元年正月十七日昧爽以前 除謀叛大逆 殺
을미 유 자 영락 원년 정월 십칠 일 매상 이전 제 모반 대역 살

祖父母父母 妻妾殺夫 奴婢殺主 蠱毒魘魅 謀故殺人 但犯强盜
조부모 부모 처첩 살부 노비 살주 고독 염매 모고 살인 단 범 강도

及在逃孫孝宗 康居信 趙順和 黃似蘭 李彦 咸升復 奴寶明等
급 재도 손효종 강거신 조순화 황사란 이언 함승복 노 보명 등

不宥外 已發覺未發覺 已結正未結正 罪無輕重 咸宥除之. 敢以
불유 외 이 발각 미발각 이 결정 미 결정 죄무 경중 함유 제지 감이

42

宥旨前事 相告言者 以其罪罪之."
유지 전사 상 고언 자 이 기죄 죄지

宴完山君李天祐於內殿 且賜段衣. 以其勞於攻戰也.
연 완산군 이천우 어 내전 차 사 단의 이 기노 어 공전 야

賜領司平府事李居易鞍馬. 以居易進武王問洪範於箕子圖也.
사 영사평부사 이거이 안마 이 거이 진 무왕 문 홍범 어 기자 도야

丙申 月犯太微 左執法.
병신 월 범 태미 좌집법

太上王命內官萬歲榮 宴使臣于太平館. 王得名曰: "吾於
태상왕 명 내관 만세영 연 사신 우 태평관 왕득명 왈 오 어

戊辰年 來布枋文 侍中崔瑩欲殺之 殿下擧義止之 乃得生還
무진년 내포 방문 시중 최영 욕 살지 전하 거의 지지 내 득 생환

殿下之恩 粉骨難忘. 今又差人宴慰 感謝難言." 歲榮還 以告
전하 지은 분골 난망 금 우 차인 연위 감사 난언 세영 환 이고

太上王 曰:"是實戊辰年來布枋文者則其言然矣."
태상왕 왈 시실 무진년 내포 방문 자 즉 기언 연의

己亥 王得名 王迷失帖等至闕 上行茶禮. 得名曰: "請逃軍無遺
기해 왕득명 왕미실첩 등 지궐 상 행다례 득명 왈 청 도군 무유

推刷." 上曰:"曾令各道觀察使推刷 安有一名遺匿乎?" 得名等
추쇄 상왈 증영 각도 관찰사 추쇄 안 유 일명 유익 호 득명 등

拜謝而退.
배사 이 퇴

鄭貴等三人詣闕告還 上設宴慰之 且各賜毛衣縣布衣各一
정귀 등 삼인 예궐 고환 상 설연 위지 차 각사 모의 면포 의 각일

黑麻布白苧布各十匹.
흑마포 백저포 각 십 필

分遣知印于各道 督刷逃軍.
분견 지인 우 각도 독쇄 도군

庚子 使臣分遣林八剌失里等十餘人 諭勅旨于逃軍所在各官.
경자 사신 분견 임팔랄실리 등 십여 인 유 칙지 우 도군 소재 각관

鄭貴等詣太上殿及上王殿告辭 上王親餉之; 太上王辭以疾 令
정귀 등 예 태상전 급 상왕전 고사 상왕 친 향지 태상왕 사 이질 영

侍衛宰臣及內官萬歲榮餉之 賜黑麻布白苧布各六匹. 上使人餞
시위 재신 급 내관 만세영 향지 사 흑마포 백저포 각 육 필 상 사인 전

于西郊 上王亦遣人餞之.
우 서교 상왕 역 견인 전지

臺諫交章請置朴蔓 任純禮等於極刑 不允.
대간 교장 청치 박만 임순례 등 어 극형 불윤

臺諫請移宗廟於松都 上曰:"此事非父王之議 當與議政府議
대간 청이 종묘 어 송도 상왈 차사 비 부왕 지의 당 여 의정부 의

而後定.”
이후 정

減興天寺田及奴婢.
감 흥천사 전급 노비

辛丑 日本國使十二人來獻土物.
신축 일본국 사 십이 인 내헌 토물

壬寅 太白晝見二日.
임인 태백 주현 이일

癸卯 夜 艮巽方有赤氣 兌方有白氣.
계묘 야 간손방 유 적기 태방 유 백기

王得名至闕告辭 設宴以慰. 得名告于上曰:“帝命臣等 直歸
왕득명 지궐 고사 설연 이위 득명 고우 상왈 제명 신등 직귀

王城推之 然逃軍之散在北方者 却至王城 而又北還難矣. 宜盡
왕성 추지 연 도군 지 산재 북방 자 각지 왕성 이우 북환 난의 의진

推刷 直送平壤. 我先歸平壤點送.” 又曰:“殿下嘗執林八剌失里
추쇄 직송 평양 아 선귀 평양 점송 우왈 전하 상집 임팔랄실리

等先送 殿下敬朝廷之意至矣 帝豈能知之! 吾等入歸 實以奏聞
등 선송 전하 경 조정 지의 지의 제기 능 지지 오등 입귀 실이 주문

願殿下推刷逃軍無遺.”上曰:“此予意也. 初聞人將相食 憫而
원 전하 추쇄 도군 무유 상왈 차 여의 야 초 문 인 장 상식 민이

收納 散置而養之 今聞聖天子卽位 皆令還送 願大人善爲聞奏.”
수납 산치 이 양지 금문 성천자 즉위 개령 환송 원 대인 선위 문주

得名拜手而去.
득명 배수 이 거

下黃似蘭於巡衛府.
하 황사란 어 순위부

甲辰 坎方有白氣竟夜.
갑진 감방 유 백기 경야

命議政府 餞王得名于迎賓館. 以齋戒也.
명 의정부 전 왕득명 우 영빈관 이 재계 야

以李貴齡爲判恭安府事 咸傅霖藝文館提學.
이 이귀령 위 판 공안부 사 함부림 예문관 제학

遣判恭安府事李貴齡于京師. 賀節日也. 初 命恭安府尹金定卿
견 판 공안부 사 이귀령 우 경사 하 절일 야 초 명 공안부 윤 김정경

如京師 定卿稱疾不出. 司憲府上疏請罪 上不允 以貴齡代之.
여 경사 정경 칭질 불출 사헌부 상소 청죄 상 불윤 이 귀령 대지

司諫院上疏請金定卿之罪 不允. 定卿功臣也.
사간원 상소 청 김정경 지 죄 불윤 정경 공신 야

乙巳 甲州地寧怪 伊羅等處 雨半燒蒿灰 厚一寸 五日而消.
을사 갑주 지 영괴 이라 등처 우 반소 호회 후 일촌 오일 이소

遣還漫散軍男女總三千六百四十九名.
견환 만산군 남녀 총 삼천 육백 사십 구 명

丁未 除閔進工曹正郎. 進時爲應奉司掌務 以安印事 奉表而入
정미 제 민진 공조 정랑 진시위 응봉사 장무 이안인 사 봉표 이입

上曰:"此爲誰?"左代言李升商對曰:"故閔安仁之子進也."上曰:
상왈 차위수 좌대언 이승상 대왈 고 민안인 지 자 진 야 상왈

"予見而疑之 昔顏色淸而瘦 今乃肥矣. 今受何官?"副留後唐誠
여견이의지 석 안색 청이수 금내비의 금수하관 부유후 당성

對曰:"前雜端也." 卽命除之.
대왈 전 잡단 야 즉명 제지

| 원문 읽기를 위한 도움말 |

① 殿下之有今日 天也. 우선 직역을 하면 '전하의 오늘이 있음은 하늘입
   전하 지 유 금일 천 야
니다', 즉 전하의 오늘이 있게 해준 것은 하늘 덕분이라는 말이다. 之는
   지
결과적으로 주격으로 풀이해야 한다.

② 殿下之有今日 皆殿下之盛德也. 이는 이무가 발언을 시작한 殿下之有
   전하 지 유 금일 개 전하 지 성덕 야   전하 지 유
今日 天也와 수미상관의 대조를 이루며 글에 감격을 더한다.
금일 천 야

③ 放故世子嬪沈氏. 죽은 사람은 세자빈이 아니라 세자이기 때문에 世子
   방 고 세자 빈 심씨   世子
와 嬪은 나눠서 읽어야 한다.
   빈

④ 舜與天下於皐陶. 여기서 '與~於~'는 '~를 ~에게 주다'라는 전형적인 표
   순 여 천하 어 고요   여 어
현이다. 與는 '주다'라는 동사다.
   여

⑤ 其退于家. 이때 其는 '그래서' 혹은 '이에[乃]'라는 뜻이다.
   기 퇴 우 가   기   내

⑥ 休要害怕驚疑. 要害는 여기서 일종의 조동사로서 '~할 필요가 있다'는
   휴 요해 파 경의   요 요해 파 경의
뜻이다. 이때 休는 '~하지 말라[勿]'는 뜻이다.
   휴   물

⑦ 但是這等逃去的人. 여기서 的은 之와 같은 뜻으로 옛 한문 문장에서는
   단 시 저 등 도거 적 인   적 지
쓰이지 않았고 송나라를 거치면서 새롭게 자리 잡은 표현이다. 這도 '이
                                                                    저
[是]'를 뜻하는 것이다. 이미 명나라에서는 이런 새로운 표현법들이 많이
   시
등장하고 있었다.

⑧ 休要容留他. ⑥에서 보았던 것과 같은데 여기서는 要害가 要로 압축돼
  휴 요 용 류 타   요해   요
있을 뿐이다.

⑨ 陳義貴之還也. 여기서처럼 也가 문장 끝이 아니라 중간에 있을 때는
  진의귀 지 환야   야
'~이다'라는 종결사가 아니라 '~할 때' 혹은 '~한 경우'의 뜻으로 풀어야

한다.

⑩ 請大人將逃人已來者 親自推之. 여기서 請은 뒤에 있는 推之에 걸린다.
  청 대인 장 도인 이 래자 친자 추지   청   추지

태종 3년 계미년
2월

二月

　무신일(戊申日-1일) 초하루에 왕자가 태어났다. 초7일이 되는 갑인일에 상락부원군(上洛府院君) 김사형(金士衡)에게 명해 개복신(開福神)¹ 초례(醮禮)를 궐내에서 거행하게 했다.

　기유일(己酉日-2일)에 종친 및 여러 군(君)들과 함께 활로 과녁을 쏘았다[射侯].
　○ 황사란을 목벴다[誅=斬].

　경술일(庚戌日-3일)에 벌레가 제릉(齊陵)²의 솔잎을 먹으니 명하여 잡게 했다.
　○ 사신 왕미실첩(王迷失帖)이 영통사(靈通寺)³를 유람했다.

　임자일(壬子日-5일)에 안개가 자욱하게 꼈다.

1　고려 때부터 조선 성종 때까지 대궐에서 모셨던 도교적 귀신이다. 말 그대로 인간에게 복을 열어주는 귀신이다.
2　태조비 신의왕후(神懿王后) 한씨(韓氏)의 능(陵)으로 개성직할시(開城直轄市) 판문군(板門郡) 상도리(上道里)에 있다.
3　영통사는 고려 태조 왕건이 세운 숭복원 자리에 건립한 절이다. 숭복원은 태조 왕건이 증조할아버지가 살던 암자를 확장해 직접 지은 절이다. 이 때문에 영통사는 고려 왕실과 깊은 관련을 가지고 있어 인종을 비롯한 여러 왕이 자주 참배했던 대찰이다.

○ 의정부 참찬사 최유경(崔有慶)에게 명하여 사신 왕미실첩에게 음식을 대접하게 했다. 왕미실첩이 불은사(佛恩寺)[4]에서 과녁을 세워 활쏘기를 하기 때문이었다.

계축일(癸丑日-6일)에 여러 군(君) 및 입직하는 총제(摠制)와 더불어 과녁을 쏘았는데, 세 번 맞힌 자에게는 상을 주었다.

갑인일(甲寅日-7일)에 상이 태상전에서 장수를 비는 잔치를 열었다[獻壽]. 의안대군(義安大君) 화(和),[5] 영안군(寧安君) 양우(良祐),[6] 완성군(完城君) 지숭(之崇),[7] 완천군(完川君) 숙(淑),[8] 청원군(靑原君) 심종(沈淙)[9]이 잔치에서 두 분을 모셨는데 극진히 즐기고 밤에 마쳤다.

○ 각 도(各道)에서 갑옷을 바치는[進甲] 수를 늘려서 정했다[加定].

○ 상이 태상전에 나아가 문안했다. 상이 장차 나가려고 할 때 사간원에서 소를 올려 말했다.[10]

'임금이 들고 날 때 의례와 병장기[儀仗]가 삼엄하고 통행을 금지

---

4 경기도 개성시 서본동 비슬산(琵瑟山)에 있었던 절이다. 고려 광종이 크게 중창하고서 이름을 '불은사'라고 했다고 한다.

5 이성계의 이복동생으로 늘 이방원을 지지했다.

6 완풍대군 이원계의 아들이며 이성계의 조카로 늘 이방원을 지지했다.

7 이화의 아들이다.

8 이화의 아들이다.

9 이성계의 차녀 경선공주의 부군으로 태종의 매제다.

10 현안과 직결된 것이라 태상전 앞에서 소를 올린 것이다.

시켜 길을 깨끗이 비우는 것[警蹕淸道][11]은 임금과 신하의 나뉨[分=分數]을 엄하게 하고 (위를) 업신여겨 가벼이 보는 버릇[漸][12]을 막기 [杜=塞] 위함입니다. (그런데) 지금은 승여(乘輿)가 이미 멍에를 메었는데도[駕] 백관(百官)들이 아직 모이지 않았고 의례와 병장기를 베풀지 않았으니 잘 알지는 못하겠지만 전하께서는 장차 단기(單騎)로 행차하실 것입니까? 전하의 일에 밝고 사람에 밝은[睿智] 자품(資品-자질)과 빼어나고 뛰어나신 배움으로서야 설사 한때의 움직임이 간편한 쪽[簡易]을 따르더라도 일에 해가 될 것은 없겠지만 신 등이 두려워하는 것은 후세의 사군(嗣君)이 만일 전하와 같은 다눔도 없이 한갓 간편한 행동만을 본받는다면 그 폐단이 장차 이루 다 말하지 못할 것이라는 데 있습니다. 바라건대 이제부터 모든 행차가 있을 때에는 비록 가장 가까운 곳이라 해도 반드시 의례와 병장기를 갖추고 백관을 거느리시어 임금과 신하의 나뉨을 엄하게 함으로써 (위를) 업신여기고 가벼이 여기는 버릇을 막아야 할 것입니다.'

그것을 윤허했다. 상이 태상전에 문안하는 것이 혹은 매일 혹은 한 달에 두어 번 이루어져 해가 빨리 지거나 늦게 지는 것에 구애받지 않고, 혹은 안에 들어가서 오랫동안[從容] 있다가 밤이 깊어 돌아오고, 혹은 외차(外次-야외 장막)에 이르러 문안하고 곧장 돌아오기 때문에 각사(各司)가 번거롭게 움직이느라 본래의 사무를 폐기할까

---

11 경(警)이나 필(蹕)은 모두 통행인을 제지한다는 뜻이다. 원래는 중국에서 천자가 밖으로 나갈 때는 경, 안으로 들어갈 때는 필이라 하여 통행을 제지한 데서 온 말이다.
12 원래는 조금씩 조금씩 심해져 간다는 뜻인데 약간의 의역을 가미해 버릇이라고 옮겼다.

염려해 백관의 시위(侍衛)와 의장(儀仗)을 없앴었다. 그리하여 간원(諫院)에서 이 글을 올린 것이다.

병진일(丙辰日-9일)에 상이 사신 왕미실첩에게 활과 화살을 내려주었다. 이튿날 왕미실첩이 대궐에 나와서 사례하니 상이 잔치를 열고[開宴] 말했다.
_{개연}

"우리 같은 작은 나라는 본래 일이 없고, 하물며 지금 빼어나신 천자(天子)께서 즉위하시어 천하가 태평한데 사신께서 성지(聖旨)를 받들고 왔소이다. 내가 하룻저녁 이야기를 나누고 싶어[奉晤] 이에 누추한 집을 부끄럽게 여기지 않고 감히 청하여 들어오게 했소."

그러고 나서 근신(近臣)을 시켜 술잔을 권하니 미실첩이 대답했다.

"전하께서 도망쳐 온 군사들을 죽게 된 즈음에 이미 살려주셨고 또 성지(聖旨)가 있기 전에 돌려보내셨으니 전하의 은택이 어찌 일국(一國)의 신민(臣民)에게만 한정될 뿐이겠습니까?"

상이 말했다.

"이는 빼어나신 천자(天子)의 다움과 위엄[德威]이 미쳐서 그런 것인데 천사(天使)께서 공(功)을 이 사람[寡躬=寡人]에게 돌리시니 감사하기도 하고 부끄럽기도 하오."

미실첩이 말했다.

"제가 요동의 일개 무부(武夫)로서 전하를 모시고 잔치에 참여할 수 있는 것은 칙유(勅諭)를 받들고 왔기 때문입니다. 이는 곧 빼어나신 천자의 덕택입니다."

해가 지도록[竟日] 지극히 즐겼다.

무오일(戊午日-11일)에 여러 관부(官府)의 인신(印信)제도를 정했다. 예조에서 신청(申請)했다.

'옛 제도에 따르면 관부의 인장(印章)은 품(品)에 따라 등급이 있었습니다. 지금 사평부(司平府)에 내려주신 인(印)과 사섬서(司贍署)[13] 제조(提調)[14]의 인은 그 크기가 국새(國璽)를 뛰어넘으니 옛 제도에 어긋나는 바가 있습니다. 바라건대 본조(本曹-예조)로 하여금 중외(中外) 각 아문(衙門)의 인신을 조사하게 하여 만일 제도에 어긋나는 바가 있으면 모두 고쳐 만들게 하소서. 중조(中朝-중국)의 옛 제도에 따르면 제왕(諸王)과 중서문하(中書門下)의 인(印)은 사방 2촌(寸) 1푼(分)이고, 추밀(樞密)·선휘(宣徽)·삼사(三司)·상서성(尚瑞省)[15] 등 여러 사(司)의 인은 사방 2촌이고, 절제사(節制使)는 1촌 9푼이고, 나머지 인은 모두 1촌 8푼이며, 경성(京城) 및 외직사(外職司) 논교(論校) 등의 인은 길이가 1촌 7푼, 너비가 1촌 6푼입니다. 우리나라[本國]의 본국 1품 아문(衙門)은 중조(中朝)의 추밀(樞密)의 예(例)에 의거해 그 인(印)이 사방 2촌, 2품 아문은 1촌 9푼, 3품 아문은 1촌 8푼, 4품 아

---

13 조선시대 저화(楮貨-닥나무 원료의 종이로 만든 지폐)의 발행과 노비가 공납하는 면포를 관장한 관청이다.

14 조선시대에 각사, 원(院)의 관제(官制)상 우두머리가 아닌 종1품(從一品) 또는 정·종2품(正從二品)의 품계(品階)를 가진 사람이 겸직으로 임명되고 그 관아(官衙)의 일을 지휘 감독하게 했다. 제조(提調) 위에 도제조(都提調)를 둘 때에는 정1품(正一品)으로 임명하고 제조 밑에 부제조(副提調)를 둘 때에는 정3품(正三品) 당상관(堂上官)으로 임명했다. 또 나라에 큰일이 있을 때 임시로 설치한 기구에도 도제조, 제조 및 부제조를 두어 그 일을 총괄하게 했다.

15 상서성(尚書省)이나 상서사(尚瑞司)인 듯한데 어느 쪽이건 정무를 담당하는 기관이다.

문은 1촌 7푼, 5품 아문은 1촌 6푼이고, 참외아문(參外衙門)[16]은 1촌 5푼입니다. 그 촌푼(寸分)은 악기(樂器)를 만드는 데 쓰는 자[尺]에 척 의거했습니다. 경외관(京外官)과 출사원(出使員)[17]의 인신이 이 제도에 합치하지 않는 것이 있으면 그 역시 모두 고쳐 만들게 하소서.'

그것을 윤허했다.

기미일(己未日-12일)에 전 삼사판사(三司判事) 최영지(崔永沚)가 졸(卒)했다. 영지(永沚)는 풍해도(豊海道-황해도) 해주(海州) 사람으로 집안이 본래 한미(寒微)하고 병사[行伍]에서 몸을 일으켜세워 두드 항오 러진 명성[顯名]이 있었으나 문자(文字)는 알지 못했다. 일찍이 서북 현명 면 도순문사(西北面都巡問使)가 되어 평양성(平壤城)을 쌓았는데 역 도(役徒)가 선대(先代)의 묘석(墓石)을 팠으나 영지가 이를 알고서도 금하지 않았다 하여 유사(攸司)가 탄핵해 아뢰어 파직시켰다. 그러나 천성(天性)이 굳세고 곧아[剛直] 세력에 굴하지 않았다. 일을 처리할 강직 때에는 사람을 시켜 문안(文案)을 읽게 하여 한 번 들으면 곧 이해 하여 처결(處決)하는 것이 어긋나지 않았다[不差]. 졸했을 때 나이가 불차 70여 세였다. 3일 동안 조회를 정지하고[輟朝] 예장(禮葬)을 내려주 철조 었으며 시호 양무(襄武)를 내려주었다. 세 아들이 있으니 하(河), 저(沮), 택(澤)이다.

---

16 참외란 임금과의 약식 조회인 상참(常參)에 참여할 수 없는 벼슬을 이르는 말이다. 관직 의 종류에 따라서 다르나 대개 7품 이하를 이른다. 참하(參下)라고도 한다.
17 임금의 명령을 받아 지방으로 출장 가는 관원을 가리킨다.

○ 사간원에 명해 호군(護軍) 조주(趙珠)의 고신(告身)[18]에 서경하게 했다. 정언(正言) 문중용(文中庸)을 불러 물었다.

"조주는 임오년 9월에 호군(護軍)을 받았는데 어째서 고신에 서경(署經)하지 않느냐?"

중용이 대답하기를 "전등(前等-전직)에 서경하지 않았기 때문에 신 등도 감히 서경하지 못했습니다"라고 했다.

상이 말했다.

"마땅히 옳고 그름[是非]을 논하면 되지 어찌 쓸데없이 전등만 볼 수 있는가?"

주(珠)는 곧 공신(功臣)의 자제이고 무사(武士) 중에서 걸출한 자[傑者]이기 때문에 이 직을 제수한 것이다.

경신일(庚申日-13일)에 새롭게[新] 주자소(鑄字所)[19]를 두었다. 상은 우리나라에 서적(書籍)이 매우 적어[鮮少] 유생(儒生)들이 폭넓게 볼 수 없는 것을 걱정해 명을 내려 소를 설치하고 예문관 대제학 이직(李稷), 총제 민무질, 지신사 박석명, 우대언 이응(李膺)을 제조(提調)

---

18 고려시대와 조선시대에 관리로 임명된 사람에게 수여하던 증서로 직첩(職牒)이라고도 한다. 이 증서는 서경(署經)을 거친 후에 발급했으며 만약 죄를 범했을 때에는 이를 회수했다. 서경에는 고신서경(告身署經)과 의첩서경(依牒署經)이 있는데, 고신서경은 문무 관리를 임명함에 있어 수직자(受職者)의 자격을 검토해 수직자에게 발급하는 고신에 대간이 서명하는 것을 말하며 의첩서경은 법률의 제정이나 개정 등의 중요 사안에 대간이 서명하는 것을 말한다.
19 그 명칭은 태종이 이때 설치한 주자소에서 비롯한다. 그러나 중앙관서가 주자 인쇄의 업무를 수행한 것은 고려 때의 서적포(書籍鋪)로 거슬러 올라간다. '서적'의 명칭이 붙은 기관은 문종 때 설치된 서적점이 최초다. 주자소에서의 활자 주조는 이해 2월 19일에 시작해 수개월 걸려 수십만 개를 완성했는데 이 활자가 계미자(癸未字)다.

로 삼았다. 내부(內府)[20]의 동철(銅鐵)을 많이 내놓고 또 대소 신료
(臣僚)들에게 명하여 자원해서 동철을 내서 그 쓰임에 도움을 주게
했다.

○ 일본의 대상국(大相國) 대내전(大內殿),[21] 일기도(一岐島) 지좌전
(志佐殿), 대마(對馬) 종도 종부랑(宗島宗府郎) 등의 사인(使人)이 돌
아간다고 고하자 각각 선물을 내려주기를 바친 것보다 두텁게 했다.

계해일(癸亥日-16일)에 태백성이 낮에 보였다. 밤에 동쪽 하늘에 붉
은 기운이 있었다.

병인일(丙寅日-19일)에 소격전(昭格殿)에서 초제(醮祭)를 거행했다.
재변(災變)을 막아달라고 푸닥거리를 한 것이다.

정묘일(丁卯日-20일)에 도망쳐 온 군사가 사들인 말[馬]을 나라에서
거두었다. 왕미실첩이 말했다.

"지금 천하가 이미 한 집안이 됐는데[22] 어째서 도망쳐 온 군사의
말을 거두는가?"

---

20 고려시대와 조선시대에 왕실의 재정이나 물품을 맡아보던 관청을 말한다.
21 조선시대 우리나라에 사신을 보내오던 일본 호족의 하나다. 14세기 중엽부터 일본의 규
   슈(九州) 동북부와 추고쿠(中國) 남부에서 세력을 떨쳤다. 그 가보(家譜)에 따르면 백제의
   시조 온조(溫祚)의 후손으로 백제가 망하자 성명왕(聖明王)의 셋째 아들 임성(林聖)이 일
   본으로 건너가 스오오(周方)의 다다라하마(多多良濱)에 정착했고 그 후손은 오우치무라
   (大內村)에서 살았다고 하여 성(姓)을 '다다라', 씨(氏)를 '오우치'라 했다고 한다. 그 계통
   이 백제에서 나왔기 때문에 우리나라와 친근해 사자를 보내 조공을 바쳤다.
22 명나라와 조선이 가까워졌다는 말이다.

관반(館伴)이 대답했다.

"지금은 천하가 이미 한 집안이 됐는데 어째서 도망쳐 온 군사를 잡아가는가?"

미실첩이 마침내 웃었다. 이무(李茂)가 이런 일을 상에게 아뢰자 상이 빙긋이 웃으며 말했다.

"도망쳐 온 군사를 어찌 반드시[何必] 낱낱이 다 저들에게 줄 필요
가 있겠는가? 마땅히 이름을 기록한 자만 주도록 하라."

무진일(戊辰日-21일)에 함승복(咸升復)을 베었다. 승복은 환자(宦者-
환관)인데 조사의(趙思義)의 난(亂)에 가담한 자다.

경오일(庚午日-23일)에 경연에 나아가 처음으로 『십팔사(十八史)』[23]
를 보았다.

○ 삼부(三府)에서 송경(松京-개경)에 도읍을 정해[都] 건덕전(乾德
殿) 옛터에 궁궐을 짓기로 토의하여 정하니[議定] 이를 윤허했다. 애
초에 삼부에서 추동(楸洞)의 궁터가 비좁고 작으며 낮고 습해 영선
(營繕-수리)하는 것을 그치지 못하자 이에 먼저 도읍을 정하고 궁궐
을 세울 땅을 점을 쳐서 고르자고 청했었는데 이때에 이르러 함께
모여서 토의해 강안전(康安殿)[24]의 옛터에서 합좌(合坐)하여 땅을 본

---

23 중국(中國)에 있어서 십칠사(十七史)에 송사(宋史)를 더한 열여덟 가지의 사서(史書)를 가
　리킨다.
24 고려시대 정궁(正宮)인 연경궁(延慶宮) 내에 있었던 전각이다. 초기에는 중광전(重光殿)
　이라 부르던 것을 1138년(인종 16년)에 이 이름으로 개칭했다. 1171년(명종 1년)에 있었던

[相地] 다음 강안전 왼편 산에 소나무를 심었다.
상지

신미일(辛未日-24일)에 올량합(兀良哈) 여섯 사람이 돌아간다고 고하자 면포(綿布)와 주포(紬布-명주)를 내려주었는데 차등을 두었다.

계유일(癸酉日-26일)에 무일전(無逸殿)에서 왕미실첩에게 잔치를 베풀었다.

갑술일(甲戌日-27일)에 일본 사자(使者)가 와서 토산물을 바쳤다.

정축일(丁丑日-30일)에 상이 여러 신하를 거느리고 의례와 병장기를 갖춰 태상전에 조알(朝謁)했다. 문안(問安)한 것이다.
○ 대마주 수호(守護) 종정무(宗貞茂)가 사자를 보내 예물(禮物)을 바쳤다.
○ 사간원에서 소를 올렸으나 내려보내지 않았다[不下=不答]. 소는
불하   부답
대략 이러했다.
'송나라 유학자[宋儒] 구양수(歐陽修, 1007~1072년)[25]가 말하기를
송유
"천자(天子)가 옳다고 하면 간관(諫官)은 그르다고 하고, 천자가 반드

화재로 소실됐다가 1180년 중건된 이후 여러 차례 중수를 거듭했다. 역대 국왕의 즉위식이 가장 많이 거행되고, 궁궐 내의 연등회(煙燈會)가 주로 개최되던 곳이다.

25 4세 때 아버지를 잃고 가난한 중에서도 어머니의 교육을 받아 1027년에 진사(進士) 시험에 합격, 참지정사(參知政事)에까지 승진했으나 왕안석의 혁신 정치에 반대해 관직에서 물러났다(1071년). 고문(古文)을 부흥, 당대(唐代)의 화려한 시풍에 반대하여 신시풍을 열고, 시·문 양 방면에 송대 문학의 기초를 확립했다. 당송 8대가 중 한 사람이다.

시 행해야 한다고 하면 간관은 반드시 행해서는 안 된다고 하여 대궐과 섬돌 사이에 서서 천자와 옳고 그름을 다투는 것이 간관이다"라고 했고, 소자첨(蘇子瞻, 1037~1101년)[26]이 말하기를 "대간(臺諫)을 가려서 쓰는 것[擢用]이 반드시 다 뛰어난 것은 아니며, (대간이) 말하는 바가 반드시 다 옳은 것은 아니다. 그러나 그들의 예기(銳氣-날카로운 기운)를 길러주고 무거운 권한을 빌려주는 것이 어찌 쓸데없는 일이겠는가? 장차 간신(奸臣)의 싹을 꺾고 안을 무겁게 여기는 [內重] 폐단[27]을 구제하기 위함이다"라고 했습니다. 옛날의 임금들이 대간(臺諫)을 중하게 여긴 것이 이와 같았습니다. 그래서 전조(前朝-고려)의 전성기에는 대간의 서도(胥徒)[28]를 사람들이 감히 꺾지 못했고, 관직에 있는 자는 다투어 서로 절조(節操)에 힘써서 기강(紀綱)을 진작하고 좋은 도리[善道]를 개진(開陳)하는 것을 자신들의 책임으로 삼지 않은 자가 없었습니다. 지난번에 전지(傳旨)가 있기를 "모든 범순(犯巡)하는 자[29]는 대간을 불문하고 모두 법에 처하라"고 하셨으니 사람들이 모두 순작(巡綽)만 두려운 줄 알고 대간이 있는 줄은 알지도 못합니다. 이달 초하룻날 본원(本院)에 숙직하던 아전 조

---

26 소식(蘇軾)을 가리키는 말로 자첨은 그의 자(字)다. 호는 동파거사(東坡居士) 또는 설당(雪堂), 단명(端明), 미산적선객(眉山謫仙客), 소염경(笑髥卿), 적벽선(赤壁仙) 등을 썼으며, 애칭으로 파공(坡公) 또는 파선(坡仙)을 썼다. 소순(蘇洵)의 아들이고 소철(蘇轍)의 형으로 대소(大蘇)라고도 불렸다. 송나라 최고의 시인이며 당송 8대가 중 한 사람이다.

27 외부의 조정 신하가 아니라 궁궐 안의 궁첩이나 환관 등을 더 가까이하는 폐단을 가리킨다.

28 서리(胥吏)의 부류다.

29 통금시간을 위반한 사람을 가리킨다.

양(趙陽)과 임양발(林陽發)이 아문(衙門) 근무로 의막(依幕)[30]에 나가다가 순관(巡官)에게 잡혀 갇혔습니다. 신 등이 생각건대 대간은 전하의 눈과 귀요, 서도는 대간의 손과 발인데 (그 일로 인해) 수족이 꺾이고서 기운이 막히거나 손상되지 않는 자가 없습니다. 바라건대 이제부터 대간의 아전으로 범순하는 자는 곧 본사(本司)에 보내 만일 공무가 아닌데도 함부로 다닌 자는 죄목에 따라 죄를 주고[科罪] 공무로 인한 자는 묻지 말도록 하는 것을 영구적인 항식(恒式)으로 삼아야 합니다.'

---

30 의막은 임금이나 관원이 임시로 머물 수 있도록 마련한 막사를 말한다.

戊申朔 王子生. 越七日甲寅 命上洛府院君金士衡 行開福神
무신 삭 왕자 생 월 칠일 갑인 명 상락 부원군 김사형 행 개복신

醮禮于闕內.
초례 우 궐내

己酉 與宗親諸君射侯.
기유 여 종친 제군 사후

誅黃似蘭.
주 황사란

庚戌 蟲食齊陵松葉 命捕之.
경술 충 식 제릉 송엽 명 포지

使臣王迷失帖遊靈通寺.
사신 왕미실첩 유 영통사

壬子 沈霧.
임자 침무

命參贊議政府事崔有慶 享使臣王迷失帖. 以王迷失帖射侯于
명 참찬 의정부 사 최유경 향 사신 왕미실첩 이 왕미실첩 사후 우

佛恩寺也.
불은사 야

癸丑 與諸君及入直摠制射侯 三中者賞之.
계축 여 제군 급 입직 총제 사후 삼중 자 상지

甲寅 上獻壽于太上殿 義安大君和 寧安君良祐 完城君之崇
갑인 상 헌수 우 태상전 의안대군 화 영안군 양우 완성군 지숭

完川君淑 靑原君沈淙侍宴 極歡夜罷.
완천군 숙 청원군 심종 시연 극환 야파

加定各道進甲之數.
가정 각도 진갑 지수

上詣太上殿問安. 上之將出也① 司諫院上疏曰:
상 예 태상전 문안 상 지 장출 야 사간원 상소 왈

'人君之出入 儀仗森嚴 警蹕淸道 所以嚴君臣之分 杜慢易之漸
인군 지 출입 의장 삼엄 경필 청도 소이 엄 군신 지분 두 만이 지점

也. 今乘輿已駕矣 百官未集 儀仗不陳 不識 殿下將以單騎行幸
야 금 승여 이가 의 백관 미집 의장 부진 불식 전하 장 이 단기 행행

乎? 若以殿下睿智之資 聖賢之學 雖其一時之動靜 或從簡易
호 약이전하예지지자 성현지학 수기일시지동정 혹종간이

無害於事矣 臣等竊恐後世嗣君 苟無殿下之德 徒法簡易之行 則
무해어사의 신등절공후세사군 구무전하지덕 도법간이지행 즉

其弊將有不可勝言者矣. 願自今 凡有行幸 雖其最近 必備儀仗率
기폐장유불가승언자의 원자금 범유행행 수기최근 필비의장솔

百官 以嚴君臣之分 以杜慢易之漸.
백관 이엄군신지분 이두만이지점

允之. 上之問安於太上殿 或每日或一月數行 不拘日之早晚 或
윤지 상지문안어태상전 혹매일혹일월수행 불구일지조만 혹

入內從容 侵夜乃還 或至於外次 問安卽還 故慮各司煩動廢務
입내종용 침야내환 혹지어외차 문안즉환 고려각사번동폐무

除百官侍衛及儀仗 故諫院上此書.
제백관시위급의장 고간원상차서

丙辰 上贈使臣王迷失帖弓矢. 翼日 王迷失帖詣闕謝 上開宴
병진 상증사신왕미실첩궁시 익일 왕미실첩예궐사 상개연

曰: "我小邦本無事 況今聖天子卽位 天下太平 使臣奉聖旨而
왈 아소방본무사 황금성천자즉위 천하태평 사신봉성지이

來. 予欲一夕奉晤 玆不愧陋屋 敢請而入." 乃以近臣進酌 迷失帖
래 여욕일석봉오 자불괴누옥 감청이입 내이근신진작 미실첩

對曰: "殿下旣活漫散軍於垂死之際 又先聖旨而遣還 殿下之澤
대왈 전하기활만산군어수사지제 우선성지이견환 전하지택

豈特一國臣民而已哉!" 上曰: "是聖天子德威所及 天使歸功於
기특일국신민이이재 상왈 시성천자덕위소급 천사귀공어

寡躬② 且感且愧."③ 迷失帖曰: "予以遼東一武夫 侍殿下而與宴
과궁 차감차괴 미실첩왈 여이요동일무부 시전하이여연

以奉勅諭而來也. 是乃聖天子之德也." 竟日極懽.
이봉칙유이래야 시내성천자지덕야 경일극환

戊午 定諸官府印信之制. 禮曹申請:
무오 정제관부인신지제 예조신청

'古制 官府印章 隨品有等. 今司平府宣賜之印及司贍署提調之
고제 관부인장 수품유등 금사평부선사지인급사섬서제조지

印 其大踰於國璽 有違古制. 願令本曹考中外各衙門印信 如有違
인 기대유어국새 유위고제 원령본조고중외각아문인신 여유위

制者 一皆改鑄. 中朝古制 諸王及中書門下印 方二寸一分; 樞密
제자 일개개주 중조고제 제왕급중서문하인 방이촌일분 추밀

宣徽三司尙瑞省諸司印 方二寸; 節制使 一寸九分; 餘印 並一寸
선휘삼사상서성제사인 방이촌 절제사 일촌구분 여인 병일촌

八分; 京外及外職司 論校等印 長一寸七分 廣一寸六分. 本國
팔분 경외급외직사 논교등인 장일촌칠분 광일촌육분 본국

一品衙門 依中朝樞密例印 方二寸; 二品衙門 一寸九分; 三品
衙門 一寸八分; 四品衙門 一寸七分; 五品衙門 一寸六分; 參外
衙門 一寸五分. 寸分依用造樂器尺. 京外官及出使員印信 有不合
此制者 亦皆改鑄.'

允之.

己未 前判三司事崔永沚卒. 永沚 豐海道海州人 世本寒微
出身行伍 有顯名 不解文字. 嘗爲西北面都巡問使 築平壤城
役徒發先代墓石 永沚知而不禁 攸司劾聞罷之. 然天性剛直 不屈
於勢. 當處事 使人讀文案 一聽便解 處決不差. 卒年七十餘
輟朝三日 賜禮葬 贈諡襄武. 三子 河 沮 澤.

命司諫院署護軍趙珠告身. 召正言文中庸問曰: "趙珠於壬午
九月受護軍 何不署告身?" 中庸對曰: "前等不署 故臣等亦不敢
署." 上曰: "當論是非 豈可徒視前等也哉?"④ 珠乃功臣子弟
武士之傑者 故命除是職.

庚申 新置鑄字所. 上慮本國書籍鮮少 儒生不能博觀 命置所
以藝文館大提學李稷 摠制閔無疾 知申事朴錫命 右代言李膺爲
提調. 多出內府銅鐵 又命大小臣僚自願出銅鐵 以支其用.

日本大相國大內殿 一岐島志佐殿 對馬宗島宗府郞等使人告還
各賜物厚於⑤所獻.

癸亥 太白晝見. 夜東方有赤氣.

丙寅 行醮於昭格殿. 禳災變也.
병인 행초 어 소격전 양 재변 야

丁卯 取漫散軍所買馬.⑥ 王迷失帖言:"今天下已一家 何以
정묘 취 만산군 소매 마 왕미실첩 언 금천하 이 일가 하이

取漫散軍之馬乎?" 館伴對曰:"天下一家 何以推漫散軍乎?"
취 만산군 지마 호 관반 대왈 천하 일가 하이 추 만산군 호

迷失帖乃笑. 李茂以啓 上哂之曰:"逃軍何必枚擧而與之乎? 宜
미실첩 내소 이무 이계 상신지왈 도군 하필 매거 이 여지 호 의

以錄名者與之."
이 녹명 자 여지

戊辰 誅咸升復. 升復宦者 與於趙思義之亂者也.
무진 주 함승복 승복 환자 여어 조사의 지 난자 야

庚午 御經筵 始覽十八史.
경오 어 경연 시람 십팔사

三府議定都于松京 營宮闕于建德殿古基. 允之. 初 三府以楸洞
삼부 의정 도 우 송경 영 궁궐 우 건덕전 고기 윤지 초 삼부 이 추동

宮基狹小卑濕 而營繕不輟 請先定都邑 乃卜建宮闕之地 至是
궁기 협소 비습 이 영선 불철 청 선정 도읍 내복건 궁궐 지지 지시

會議合坐 於康安殿古基相地 裁松於康安殿左臂山.
회의 합좌 어 강안전 고기 상지 재송 어 강안전 좌비 산

辛未 兀良哈六人告還 賜緜布紬布有差.
신미 올량합 육인 고환 사 면포 주포 유차

癸酉 宴王迷失帖于無逸殿.
계유 연 왕미실첩 우 무일전

甲戌 日本使來獻土物.
갑술 일본 사 내헌 토물

丁丑 上率群臣 備儀仗朝太上殿. 問安也.
정축 상 솔 군신 비 의장 조 태상전 문안 야

對馬州守護宗貞茂 使人獻禮物.
대마주 수호 종정무 사인 헌 예물

司諫院上疏 不下. 疏略曰:
사간원 상소 불하 소 약왈

'宋儒歐陽脩曰:"天子曰是 諫官曰非 天子曰必行 諫官曰必
송유 구양수 왈 천자 왈시 간관 왈비 천자 왈필행 간관 왈필

不可行 立殿階之間 與天子爭是非者 諫官也." 蘇子瞻曰:"擢用
불가행 입 전계 지간 여 천자 쟁 시비 자 간관 야 소자첨 왈 탁용

臺諫 未必皆賢 所言未必皆是. 然須養其銳氣 借其重權者 豈
대간 미필 개현 소언 미필 개시 연수 양 기 예기 차 기 중권 자 기

徒然哉! 將以折奸臣之萌 而救內重之弊也." 古之人君 重臺諫
도연 재 장 이 절 간신 지 맹 이 구 내중 지 폐야 고지 인군 중 대간

如是 故前朝盛時 臺諫胥徒 人莫敢挫·居是官者 爭相勵節 莫
여시 고 전조 성시 대간 서도 인 막감 좌 거 시관 자 쟁 상려 절 막

不以振紀綱陳善道爲任. 頃者旨曰:"凡犯巡者 不問臺諫 咸置於
불이 진 기강 진 선도 위임 경자 지왈 범 범순 자 불문 대간 함치 어

法." 人皆知巡綽之可畏 不復知有臺諫也. '今月初一日 直宿本院
법 인개지 순작 지 가외 불부 지유 대간 야 금월 초 일일 직숙 본원

之吏趙陽及林陽發 以衙仕詣依幕 爲巡官所執見囚.⑦ 臣等竊謂
지리 조양 급 임양발 이 아사 예 의막 위 순관 소집 견수 신등 절위

臺諫 殿下之耳目 胥徒 臺諫之手足. 未有手足摧折而氣欲然者
대간 전하 지 이목 서도 대간 지 수족 미유 수족 최절 이 기 감연 자

也. 願自今臺諫之吏犯巡者 卽付本司 若非公務而濫行者 科罪
야 원자금 대간 지리 범순 자 즉부 본사 약비 공무 이 남행 자 과죄

其因公務者 不問 永爲恒式.'
기 인 공무 자 불문 영위 항식

| 원문 읽기를 위한 도움말 |

① 上之將出也. 여기서 之는 주격 조사다. 아래에도 비슷한 표현이 나온다.
상지장출야　지
그리고 '~也'는 보기 드물게 '~할 때'로 옮겨야 한다.
야

② 天使歸功於寡躬. '歸~於~'는 '~를 ~탓으로 돌리다'라는 구문이다.
천사 귀공 어 과궁　귀　어

③ 且感且愧. '且~且~'는 '~하기도 하고 ~하기도 하다'라는 구문이다.
차 감 차 괴　차　차

④ 豈可徒視前等也哉? '헛되이', '쓸데없이'를 뜻하는 徒가 可視의 사이에
기 가 도 시 전등 야재　　　　　　도　가시
들어갔다. 그리고 문장을 哉로 맺지 않고 也哉로 맺은 것은 어감의 차
재
이가 있다. 즉 哉로 끝났으면 '~는가?'이고 也哉로 끝났으면 '~라는 것인
재　　　　　　　　　　　　　　야재
가?'라고 해야 也의 의미도 살릴 수 있다.
야

⑤ 各賜物厚於所獻. 여기서 於는 '~보다'라는 비교급이다.
각 사물 후 어 소헌　어

⑥ 取漫散軍所買馬. '명사-所동사-명사'의 표현으로 '만산군이 사들인 말'
취 만산군 소매 마　소
이라는 뜻이다. 所동사의 경우 '동사-所동사'일 때에는 所동사가 주로
소　　　　　　　　　　소　　　　　소
목적어가 된다.

⑦ 爲巡官所執見囚. '명사-所동사-동사'인 데다가 앞에는 '~에게'를 뜻
위 순관 소집 견수　소

하는 爲가 있고 동사는 수동태를 만들어주는 見이 있다. 그래서 '순관
[巡官]에게[爲] 붙잡혀[所執] 갇혔다[見囚]'라는 문장구조를 보인다.

태종 3년 계미년
3월

三月

무인일(戊寅日-1일) 초하루에 송충이가 제릉(齊陵)의 솔잎을 갉아 먹으니 명하여 잡게 했다.

기묘일(己卯日-2일)에 사헌부에서 마구간 짓는 역사를 정지할 것을 청해 말했다.

"궁궐을 건덕전(乾德殿) 옛터로 옮기려면 마구간을 반드시 추동(楸洞)에다 지을 필요는 없습니다."

상이 말했다.

"사복(司僕)의 살찐 말을 항상 깊숙하고 답답한 곳에다 두기만 하고 타지를 않아 이 때문에 병이 많이 생겨 지난해에 죽은 말들이 매우 많다. 그래서 통풍이 잘되는 곳에다 마구간을 지어서 말들을 편안하게 해주려는 것이다."

지평(持平) 박도홍(朴道弘)이 대답했다.

"금수(禽獸)처럼 미천한 것까지도 편안하게 살도록 해주시려 하니 전하의 어진 마음[仁心]¹은 지극하시나 다만 두 곳에 역사를 일으키면 반드시 백성을 수고롭게 하고, 재물(財物)을 낭비하게 될까 두려운 것입니다."

---

1   이는 동물에게까지도 미치는, 『맹자(孟子)』에 나오는 측은지심으로서의 어진 마음이다.

상이 말했다.

"만일 묵은 마구간을 헐지 않았다면 내 마땅히 정지하겠지만 이미 헐었으니 역사를 정지할 수 없다."

경진일(庚辰日-3일)에 고(故) 부정(副正) 오지계(吳之界)의 처 한씨(韓氏)의 상(喪)에 부의(賻儀)를 내려주고 그 문려(門閭-마을 어귀의 문)에 정표(旌表-깃발 표시)했다[旌閭]. 서북면 찰리사가 보고했다.
_{정려}

"안주(安州)의 오지계가 지난해 11월에 애전(艾田)의 역(役)[2]에서 죽었습니다. 그 아내가 몹시 애통해하며 음식을 끊으니 친척들이 모여 먹기를 권했으나 듣지 않고 마침내 죽었습니다."

그래서 이런 명령이 있었다.

○ 사간원에서 시무 몇 조목을 올리니 그것을 따랐다. 소(疏)는 대략 이러했다.

'하나, 옛날의 빼어난 왕[聖王]은 감히 스스로 빼어나다고 여기지 않아 사부(師傅)의 직이 있었는데 후세로 내려오면서 사부의 직(職)을 없애고 경연(經筵)의 관(官)을 두었으니 그렇다면 경연에서 잘 가려야 할 것은 경사(經史)를 암송하기 위한 것뿐 아니라 장차 뛰어난 선비를 예로써 접하고 가까이 총애하는 사람을 함부로 대하지 않아[不狎] 강론할 때에는 도탑게 노닐고 도리와 다움의 적중함[道德之中]에 푹 빠져 그것을 길러내는 것[涵養]입니다. 그렇기에 경연에 임하는 것은 하루라도 폐기할 수 없는 것입니다. (그런데) 지금 전하

___
2   조사의의 난으로 인한 전투를 가리킨다.

께서는 경연에 임하시지 않은 지가 이미 일정한 시기를 뛰어넘었습니다[踰時].³ 신 등이 속으로 두려워하건대 뒤를 잇게 될 사군(嗣君)이 이를 본받아서 마침내 경연을 폐기한다면 이는 작은 일[細故]이 아닙니다. 엎드려 바라옵건대 전하께서는 계속하여 오늘부터 경연에 임하시어 시독(侍讀)하는 선비를 예모(禮貌)로써 대우하고 항상 더불어 성학(聖學-유학)을 연구하며 다스리는 도리[治道]를 담론하여 시종일관 배움에 뜻을 두시어[典學] 광명(光明)한 데로 계속 나아가시면 장차 다스리는 도리의 융성함[隆=盛]이 삼대(三代)⁴를 앞지르게[軼] 될 것입니다.

하나, 태자(太子)는 나라의 근본[國本]이므로 그 가르치는 바를 삼가지 않을 수 없고 또 가르치는 요체는 일찍 가르쳐 일깨우고[敎諭] 좌우를 잘 고르는 데 있을 뿐입니다. 이 때문에 주나라 성왕(成王)⁵이 강보(襁褓-포대기)에 있을 때에 마침내 소공(召公)⁶을 태보(太保)

---

3 아주 오래됐다는 뜻이다.

4 하·은·주 시대를 가리킨다.

5 이름은 송(誦)이며 무왕(武王)의 아들이다. 무왕이 죽었을 때 성왕이 어렸으므로 무왕의 아우 주공 단(周公旦)이 섭정(攝政)이 됐다. 이를 계기로 상(商)나라의 왕족 무경(武庚)과 무왕의 아우인 관(管), 채(蔡) 형제의 반란이 일어났다. 주공은 이를 진압하고 다시 성왕과 함께 동이(東夷)로 원정했다고 한다. 성왕은 귀환한 뒤 하남(河南)의 낙읍(洛邑)에 새로 동도(東都)를 정하고 동방제국(東方諸國) 지배의 중진으로서 주공을 그곳에 있게 했다. 주공은 섭정 7년에 성왕에게 정사를 넘겨주었다. 성왕은 미자계(微子啓)를 송(宋)나라에, 강숙(康叔)을 위(衛)나라에 봉하는 등 기초를 다지고 주공 단과 소공 석(召公奭)의 보좌를 받아 치세에 힘써 그로부터 강왕(康王) 시대에 걸쳐 주나라의 성시(盛時)를 실현했다.

6 문왕(文王)의 서자(庶子)로 성왕(成王) 때 주공(周公)과 함께 삼공(三公)이 돼 섬서성(陝西省) 이서(以西)의 땅을 다스렸는데, 선정(善政)을 베풀었다.

로 삼고, 주공(周公)⁷을 태부(太傅)로 삼고, 태공(太公)⁸을 태사(太師)로 삼아 그를 가르쳐서 마침내 성주(成周)⁹의 훌륭한 임금[令王]이 됐습니다. 가의(賈誼, 기원전 200~168년)¹⁰가 말했습니다. "태자가 나서부터 바른 일을 보고, 바른 말을 듣고, 바른 도리를 행하고, 좌우전후(左右前後)가 모두 바른 사람들이면 바르게 되지 않을 수가 없으니 이는 마치 제(齊)나라에서 나고 자라면 제나라 말을 잘하지 않을 수 없는 것과 같다." 지금 원자(元子)의 나이 이미 10세인데, 보부(保傅)도 세우지 않고 학궁(學宮)에도 들어가지 않았으며 일찍이 명하여 사(師-스승)로 삼은 자가 모두 당시에 다움과 지위[德位]가 높은 사람도 아니요 좌우전후 또한 모두 바른 사람도 아닙니다. 바라건대 전하께서는 곧 원자를 입학시키고 나이와 다움[年德]이 고매하여 일국(一國)의 중망(重望)을 지닌 자를 골라 빈사(賓師)로 삼고 무릇 좌우에 있는 자는 한결같이 정자(程子)¹¹의 경연(經筵) 차자

7 주공은 문왕과 무왕을 도와 은나라의 마지막 왕 주(紂)를 치고, 조카인 성왕(成王)을 도와 왕실의 기초를 세우고 제도와 예악을 정해 주(周)나라의 문화 발전에 이바지한 바가 크다. 공자가 그를 모범으로 삼았다.

8 성(性)은 강(姜), 이름은 여상(呂尙)이다. 우리가 흔히 강태공이라고 부르는 그 사람이다.

9 주(周)나라의 수도가 낙읍(洛邑)에 있었을 때의 칭호다. 곧 주나라의 국운이 융성했던 시기를 말한다. 성왕이 낙읍을 수도로 정했기 때문이다.

10 시문에 뛰어나고 제자백가에 정통하여 18세 때 벌써 문명(文名)을 떨쳤다. 전한(前漢) 문제(文帝)의 총애를 받아 약관의 나이로 최연소 박사가 됐다. 1년 만에 태중대부(太中大夫)가 돼 진(秦)나라 때부터 내려온 율령(律令)과 관제(官制), 예악 등의 제도를 개정하고 전한의 관제를 정비하기 위한 많은 의견을 상주했다. 그러나 주발(周勃)과 관영(灌嬰) 등 당시 고관들의 시기를 받아 장사왕(長沙王)의 태부(太傅)로 좌천됐다. 저서에 『신서(新書)』 10권과 『가장사집(賈長沙集)』이 있다. 진(秦)나라가 망한 까닭을 논한 「과진론(過秦論)」은 널리 알려져 있다. 가태부(賈太傅) 또는 가장사(賈長史), 가생(賈生)으로도 불린다.

11 중국 송나라의 정명도(程明道, 1032~1085년)와 정이천(程伊川, 1033~1107) 두 형제를 말

(箴字)¹²에 의해 모두 노성(老成)한 사람으로 쓰고, 간사한 소인이 그 사이에 끼어들지 말게 하여 시서(詩書)¹³의 동산[圃] 속에서 함영(涵泳-함양)하게 하고 예법(禮法)의 장소에서 장성하게 하면 습관과 지혜가 함께 자라나고 교화(敎化)가 마음과 함께 이루어져서 다움[德]의 성취되는 바가 깨닫지도 못하는[罔覺] 사이에 이루어질 것입니다.

하나, 정자(程子)가 말하기를 "천하를 다스리는 근본은 인륜(人倫)을 밝히는 데가 있다. (그리고) 인륜을 밝히려고 하면서 학교를 내버린다는 것은 들어본 바 없다"고 했고 맹자(孟子)가 말하기를 "삼대(三代) 시절의 배움은 모두 인륜을 밝히는 데 있었다"고 한 것은 이를 가리키는 것입니다. 국가가 양경(兩京-개경과 한양)을 왔다 갔다 함으로 인해 배움을 폐기한 지가 10년이 되었습니다. 전하께서 즉위하심[踐祚]에 미쳐 곧 유사(攸司)에 명해 학궁(學宮)을 수리하고 생도(生徒)를 모아 길렀으니 이는 인륜을 밝히는 근본을 안 것이라 하겠습니다. 그러나 입학한 생원(生員)이 수십 명을 채우지 못하고, 가르치는 방법이 마땅함을 얻지 못해 그것이 주현(州縣)의 학교와 다를 바가 별로 없습니다. 죽은 한산백(韓山伯) 이색(李穡, 1328~1396년)¹⁴

하며 이(二)정자라고도 한다. 모두 유교 철학자다. 주염계(周簾溪)에게서 배우고 이(理)를 최고의 범주로 삼아 도학(道學)을 체계화하고 발전시켰다.

12 약식 상소다.

13 좁게는 『시경(詩經)』과 『서경(書經)』이지만 실은 유학의 경전 전반을 가리킨다.

14 호는 목은(牧隱)이다. 포은(圃隱) 정몽주(鄭夢周), 야은(冶隱) 길재(吉再)와 함께 삼은(三隱)의 한 사람이다. 아버지는 찬성사 이곡(李穀)이며 이제현(李齊賢)의 제자다. 1341년(충혜왕 복위 2년)에 진사(進士)가 되고, 1348년(충목왕 4년) 원나라에 가서 국자감(國子監)의 생원(生員)이 되어 성리학을 연구했다. 1351년(충정왕 3년) 아버지상을 당해 귀국했다. 1352년(공민왕 1년) 전제(田制)의 개혁, 국방 계획, 교육의 진흥, 불교의 억제 등 당면한

은 우리 동방(東方)의 대유(大儒)입니다. 전조(前朝)의 공민왕(恭愍王)이 성균대사성(成均大司成)을 겸하게 하고 날마다 경사(經史)를 강론(講論)하여 고무하고 진흥시키니 인재가 배출되어 성리(性理)

여러 정책의 시정개혁에 관한 건의문을 올렸다.

이듬해 향시(鄕試)와 정동행성(征東行省)의 향시에 1등으로 합격해 서장관(書狀官)이 됐다. 원나라에 가서 1354년 제과(制科)의 회시(會試)에 1등, 전시(殿試)에 2등으로 합격해 원나라에서 응봉 한림문자 승사랑 동지제고 겸국사원편수관(應奉翰林文字承事郎同知制誥兼國史院編修官)을 지냈다. 귀국해 전리정랑 겸 사관편수관 지제교 겸예문응교(典理正郎兼史館編修官知製敎兼藝文應敎), 중서사인(中書舍人) 등을 역임했다. 이듬해 원나라에 가서 한림원에 등용됐으나 나음 해 귀국해 이부시랑 한림직학사 겸사관편수관 지제교 겸병부낭중(吏部侍郎翰林直學士兼史館編修官知製敎兼兵部郎中)이 돼 인사 행정을 주관하고 개혁을 건의해 정방(政房)을 폐지했다.

1357년 우간의 대부(右諫議大夫)가 돼 유학에 의거한 삼년상 제도를 건의해 시행하도록 했다. 이어 추밀원 우부승선(樞密院右副承宣), 지공부사(知工部事), 지예부사(知禮部事) 등을 지내고 1361년 홍건적의 침입으로 왕이 남행할 때 호종해 1등공신이 됐다. 그 뒤 좌승선(左承宣), 지병부사(知兵部事), 우대언(右代言), 지군부사사(知軍簿司事), 동지춘추관사(同知春秋館事), 보문각(寶文閣)과 예관(禮官)의 대제학(大提學) 및 판개성부사(判開城府事) 등을 지냈다.

1367년 대사성(大司成)이 돼 국학의 중영(重營)과 더불어 성균관의 학칙을 새로 제정하고 김구용(金九容), 정몽주(鄭夢周), 이숭인(李崇仁), 등을 학관으로 채용해 신유학(주자학, 정주학, 성리학의 이칭)의 보급과 발전에 공헌했다. 1373년 한산군(韓山君)에 봉해지고, 이듬해 예문관 대제학(藝文館大提學), 지춘추관사 겸 성균관대사성(知春秋館事兼成均館大司成)에 임명됐으나 병으로 사퇴했다. 1375년(우왕 1년) 왕의 요청으로 다시 벼슬에 나아가 정당문학(政堂文學), 판삼사사(判三司事)를 역임했고 1377년에 추충보절동덕찬화공신(推忠保節同德贊化功臣)의 호를 받고 우왕(禑王)의 사부(師傅)가 됐다. 1388년 철령위문제(鐵嶺衛問題)가 일어나자 화평을 주장했다. 1389년(공양왕 1년) 위화도회군(威化島回軍)으로 우왕이 강화로 쫓겨나자 조민수(曺敏修)와 함께 창왕(昌王)을 옹립, 즉위하게 했다. 판문하부사(判門下府事)가 돼 명나라에 사신으로 가서 창왕의 입조와 명나라의 고려에 대한 감국(監國)을 주청해 이성계(李成桂) 일파의 세력을 억제하려 했다. 이해에 이성계 일파가 세력을 잡자 오사충(吳思忠)의 상소로 장단(長湍)에 유배됐다. 이듬해 함창(咸昌)으로 옮겨졌다가 이초(彝初)의 옥(獄)에 연루돼 청주의 옥에 갇혔는데 수재(水災)가 발생해 함창으로 다시 옮겨져 안치(安置)됐다. 1391년에 석방돼 한산부원군(韓山府院君)에 봉해졌으나 1392년 정몽주가 피살되자 이에 연루돼 금주(衿州-현재 서울시 금천구 시흥)로 추방됐다가 여흥(驪興-현재 경기도 여주), 장흥(長興) 등지로 유배된 뒤 석방됐다. 1395년(태조 4년)에 한산백(韓山伯)에 봉해지고 이성계의 출사(出仕) 종용이 있었으나 끝내 고사하고 이듬해 여강(驪江)으로 가던 도중에 죽었다.

의 배움과 문장의 융성함이 비록 중국의 선비라 할지라도 앞서지
[先=軼] 못했습니다. 지금 참찬 겸 대사성(參贊兼大司成) 권근(權近,
1352~1409년)[15]은 색(穡)의 문하에서 배워 그 종지(宗旨)를 얻은 자입
니다. 바라건대 이제부터 권근은 군국(軍國)의 중대 사안에 대한 회
의를 제외하고는 날마다 성균관에 나아가 근무하게 하고, 또 교관(教
官)이 아문(衙門)에 출근하는 것도 매월 초하루 이외에는 회조(會朝)
하지 말게 해 강론(講論)하고 권학(勸學)하는 임무를 오로지하게 하
고, 또 유신(儒臣) 중에서 경학(經學)을 전훈(傳訓)할 만한 자와 명민
하여 수학할 만한 자를 택해 모두 교관을 겸하게 해서 경학을 강의
하여 밝히면[講明] 장차 진유(眞儒)가 나와서 도학(道學)이 밝아지고
이륜(彝倫-떳떳한 인륜)이 베풀어져 풍속이 두터워질 것입니다.'

그것을 윤허했다. 상이 사간원 장무(掌務)를 불러 명하여 말했다.

"지금 소 안에 있는 말이 다 내 뜻에 합치하므로 내가 다 윤허
했다. 다만 매일 경연에 임하는 일만은 내가 장차 늙어가니 이미 더
진보될 리도 없고, 또 병(病)만 될까 두렵다."

---

15 1390년(공양왕 2년) 윤이(尹彝), 이초(李初)의 옥사에 연루되어 한때 청주 옥에 구금되
기도 했다. 석방되어 충주에 우거(寓居)하던 중 조선왕조의 개국을 맞았다. 1393년(태조
2년) 왕의 특별한 부름을 받고 계룡산 행재소(行在所)에 달려가 새 왕조의 창업을 칭송
하는 노래를 지어 올리고, 왕명으로 정릉(定陵-태조의 아버지 환조(桓祖)의 능침)의 비문
을 지어 바쳤다. 그런데 이 글들은 모두 후세 사람들로부터 유문(諛文) 곡필(曲筆)이었다
는 평을 받았다. 정종 때는 정당문학(政堂文學), 참찬문하부사(參贊門下府事), 대사헌 등
을 역임하면서 사병제도(私兵制度)의 혁파를 건의, 단행하게 했다. 성리학자이면서도 사
장(詞章)을 중시해 경학과 문학을 아울러 연마했다. 이색(李穡)을 스승으로 모시고 그 문
하에서 정몽주, 김구용(金九容), 박상충(朴尙衷), 이숭인(李崇仁), 정도전 등 당대 석학들
과 교유하면서 성리학 연구에 정진해 고려 말의 학풍을 일신하고 이를 새 왕조의 유학계
에 계승시키는 데 크게 공헌했다.

석명은 명을 전하는 일[傳命]을 마치자 몰래 정언(正言) 문중용(文
中庸)[16]에게 말했다.

"비록 경연에 임하시지 않더라도 상께서 배우고 묻기[學問]를 그치
지 않으시는 것[不輟]은 많은 사람이 모두 아는 바[衆所共知也]요."

사간원에서 또 소를 올려 말했다.

'신 등이 지난번에 날마다 경연에 임하시라고 천총(天聰)[17]에 아뢰
어, 곧 성자(聖慈)[18]께서 아름답게 여기시고 받아들였사온데 해가 기
울기도 전에 신(臣) 문중용을 부르시어 마침내 명하기를 "날마다 경
연에 임하면 병이 생길까 두렵다. 내가 배우고 묻는 것은 사람들이
다 아는 바이다[予之學問 人所共知]. 또 내 나이 이미 때가 지났으니
경연에 임하는 것은 다시 아뢰어 청하지 말라"고 했습니다. 이는 위
징(魏徵, 580~643년)[19]이 말한 바 "간언하는 자의 입을 막는다[杜]"

---

16 문익점의 아들이다.
17 임금의 귀 밝음을 이렇게 표현했다.
18 임금이나 왕비를 높여 부르는 말로 주로 임금이나 왕비의 인자함을 강조할 때 사용한다.
19 수나라 말 혼란기에 무양군승(武陽郡丞) 원보장(元寶藏)의 전서기(典書記)가 되었다가
원보장을 따라 이밀(李密)에게 귀순했다. 다시 이밀을 따라 당 고조(唐高祖)에게 귀순하
여 고조의 장자 이건성(李建成)의 측근이 됐다. 비서승(秘書丞)이 돼 여양(黎陽)에서 이
적(李勣) 등에게 항복을 권했다. 두건덕(竇建德)에게 포로로 잡혔다가 두건덕이 패한 뒤
당나라로 돌아와 태자세마(太子洗馬)가 되었다. 황태자 이건성이 동생 이세민(李世民)
과의 경쟁에서 패했지만 그의 인격에 끌린 태종 이세민의 부름을 받아 간의대부(諫議
大夫) 등의 요직을 역임한 뒤 나중에 재상으로 중용됐다. 정관(貞觀) 2년(628년) 비서감
으로 옮겨 조정에 참여했다. 학자를 불러 사부서(四部書)를 정리할 것을 건의했다. 7년
(633년) 왕규(王珪)를 대신해 시중(侍中)이 되었다. 평소 담력과 지략을 가져 굽힐 줄 모
르고 직간(直諫)을 거듭해 황제의 분노를 샀지만 조금도 흔들림이 없었다. 16년(642년)
태자태사(太子太師)가 되고 문하사(門下事) 일도 그대로 맡았다. 병으로 죽자 황제가
"무릇 구리로 거울을 만들면 의관을 단정히 할 수 있고, 옛날로 거울을 삼으면 흥망을
알 수 있으며, 사람으로 거울을 삼으면 득실을 밝힐 수 있다. 짐은 일찍이 이 세 가지를

76

는 것입니다. 대개 빼어나고 뛰어난 임금은 비록 연안(燕安)[20]한 곳에 있더라도 항상 임(臨)한 바가 있는 것같이 하여[21] 상제(上帝)를 대하는 듯이 조금도 안일할 때가 없습니다. 또 군자의 배움은 몸이 늙는 것을 잊어 연수(年數-남은 나이)의 부족함을 알지 못하고 힘쓰되 날마다 부지런히 하여 죽은 뒤에야 그치는 것입니다. 전하께서 나이 불혹(不惑-마흔 살)이 못 되시었으니 지금이야말로 도리[道]가 밝아지고 다움[德]이 설 때인데 나이가 이미 때가 지났다고 말씀을 하시니, 전하께서 장차 조금 이루는 것[小成]에 만족하시느라 능히 분발하여 크게 이루시지는[大成] 못할 것입니다.

옛적에 정자(程子)가 시강(侍講)이 되어 상께 말하기를 "인주(人主-임금)가 하루 동안에 뛰어난 사대부를 접견하는 때가 많고 환관(宦官)이나 궁첩(宮妾)을 가까이하는 때가 적으면 다움과 본성[德性]을 함양하고 기질을 훈도(薰陶)할 수가 있습니다"라고 했는데 당시에는 쓰이지 못해 식자(識者)들이 한스럽게 여겼습니다. 전하께서 비록 깊은 궁중에 처하여 강독을 그치시지 않는다고 하더라도 뛰어난 선비[賢士]를 접견하고 도리와 덕성을 함양하는 뜻에서는 어떠합니까? 이것이 신 등이 죽음을 무릅쓰고[昧死] 감히 말하는 것입니다. 지금 전하께서 매양 무사(武士)와 더불어 과녁[侯]을 베풀고 이를 쏘는 것

가져 내 허물을 막을 수 있었다. 지금 위징이 세상을 떠나니 거울 하나를 잃어버렸도다" 라고 애석해했다. 그가 한 말은 간언의 중요성을 잘 정리한 『정관정요(貞觀政要)』에 잘 나와 있다.

20 몸과 마음이 한가하고 편안함을 말한다.

21 사사로운 공간에 있을 때에도 공적인 마음을 잃지 않는다는 뜻이다.

은 싫어하지 않으시면서 신 등의 경연에 납시라는 청은 물리치시니 전하의 뜻이 일예(逸豫-안일과 놀이)에 빠지고 빼앗겨 점점 도학(道學)²²에서 멀어질까 두렵습니다.

옛사람의 말 중에 "뜻이 있는 사람은 일이 결국 이루어진다"라는 게 있습니다. 전하께서는 귀 밝고 눈 밝고 굳세고 든든하신[聰明剛毅] 자품(資品)을 갖고 계시니 만일 이제삼왕(二帝三王)의 배움²³에 뜻이 있으시다면 이제삼왕의 다스림을 기대할 수 있습니다. 바라건대 전하께서 그대로 윤허하시어[兪允] 시행하소서.'

상이 문중용을 앞으로 나오게 해 캐물어[歷問] 말했다.

"내가 배우고 묻기를 그치지 아니함은[予之學問不輟] 사람들이 다 아는 바[人所共知]라고 한 말은 내가 한 말이 아닌데 어찌하여 망령되게 소(疏)에 적어서 아뢰었는가?²⁴ 소 가운데에 뛰어난 사대부를 접견한다는 말이 있는데 누가 뛰어난 사대부이며 접견할 수 없는 사람이란 누구인가?"

중용이 대답했다.

"배우고 묻기를 그치지 않는다는 말[學問不輟]은 전일에 (박석명으로부터) 명령을 받을[承命] 때 잘못 듣고 시행했사오니 신에게 죄가 있습니다. 뛰어난 사대부를 접견한다는 말은 아무개는 뛰어나고 아

---

22 정자(程子)를 강조하는 데서 알 수 있듯이 이는 유학 일반이 아니라 성리학을 가리킨다.

23 요순과 우왕, 탕왕, 문왕 혹은 무왕을 가리키는데 이 또한 유학 중에서도 성리학을 염두에 둔 것이다. 성리학자들의 상투적 표현이다.

24 태종의 예리함을 볼 수 있는 장면이다. 이 말을 단서로 이후 태종은 여러 가지 문제를 점검하고 있다.

무개는 뛰어나지 못하다고 지적한 것이 아니라 다만 날마다 경연에 납시어 경사(經史)를 강론(講論)하여 뛰어난 사대부를 접견하시기를 원했기 때문에 말한 것일 뿐입니다. 과녁을 쏘는 것을 파하자고 청한 것은 전하께서 배우고 묻는 일에 온 마음을 다하시기를 원했기 때문에 말한 것입니다."

중용이 물러가자 상이 근신(近臣)에게 일러 말했다.

"궐내(闕內)의 일은 간관(諫官)이 알 수는 없는 것이니, 반드시 사관(史官)이 그것을 말한 것이다."

명하여 사관(史官)의 입시(入侍)를 폐지하라고 했다. 사헌부 장무(掌務)를 불러 명하여 말했다.

"(내가) 배우고 묻는 것을 그치지 아니함[學問不輟]은 여러 사람이 다 함께 아는 바[衆所共知]라고 한 말은 내가 한 말이 아닌데 정언 문중용이 내가 한 말이라고 동료들에게 고하고 간언하는 소[諫疏]에 실었으니 이를 심문하고 추문(推問)하라."

사헌부에서 중용(中庸)과 석명(錫命)을 논핵(論劾)하니 여러 간관(諫官)이 모두 출근하지 않았다. 사헌부에서 중용과 석명의 말을 갖추어 아뢰니 임금이 대사헌 박신(朴信)과 지평 박도홍(朴道弘)을 앞으로 나오게 하고 가르쳐[敎] 말했다.

"배우고 묻는 것을 그치지 않는 것은 사람들이 다 아는 바[人所共知]라고 한 말은 내가 참으로 부끄럽다. 헌부에서 이미 내가 한 말이 아니라는 것을 알았으니 마음이 조금 풀린다."

박신이 말했다.

"중용은 성품이 본래 옹졸하고 곧아서[拙直] 석명의 말을 잘못 전

했으니 황공함이 실로 깊습니다. 만약 그것이 지어낸 말[造言]이라면
어찌 감히 상소에 적어 올렸겠습니까?"

상이 말했다.

"그렇다."

마침내 석명과 중용에게 명해 모두 출사(出仕)하게 했다.

신사일(辛巳日-4일)에 시가(市街)의 동랑(東廊) 27칸(間)이 불탔다.

계미일(癸未日-6일)에 크게 바람이 불고 비가 내렸으며 우레와 번
개가 쳐서 졸지에 죽은[卒死=猝死] 사람이 있었다.

을유일(乙酉日-8일)에 태상왕이 덕수궁(德壽宮)²⁵으로 이어(移御)
했다. 애초에 태상왕이 덕수궁으로 이어하려 하니 대간이 교장(交章)
하여 말씀을 올려 말했다.

"덕수궁은 정성(定省)²⁶하기에 멀리 떨어져 있고 또 신암사(神庵寺)
와 가까워[邇=近] 승도(僧徒)들이 들고 나면서 혹은 천당(天堂)과 지
옥(地獄)을 논하고, 혹은 산수(山水)의 빼어남[勝]을 논해²⁷ 성총(聖
聰)을 현혹시킬 것입니다. 바라건대 이제부터 승도의 출입을 일절 금
해야 합니다."

---

25 1400년(정종 2년) 6월에 상왕(上王)인 태조를 위해 개성에 건립했던 궁궐이다.
26 자식이 저녁에는 잠자리를 봐드리고 아침에는 문안을 드리는 일이다. 혼정신성(昏定晨省)
   의 줄임말이다.
27 유학과는 맞지 않는 풍수지리를 논하게 될 것을 말한 것이다.

상이 말했다.

"그렇다. 하지만 지금 계신[御處] 곳이 매우 좁고 누추하여[窄陋] 마음의 답답함[湮鬱=堙鬱]을 확 펼 수가 없으므로 다리와 무릎이 붓고[浮腫] 얼굴 모양이 점점 쇠하신다. 나야 간혹 높은 집에 거처하고 간혹 누각(樓閣)에 올라 마음에 하고 싶은 것이 다 채워지지 못하는 바가 없으니 내 어찌 마음이 편안하겠는가? 덕수궁은 불당(佛堂)과 누각(樓閣)도 있고 옛날에 거처하시던 마음에 맞는 땅이라 그 때문에 이어(移御)를 청하신 것이니 그 뜻을 좇으려 한다. 너희들은 그리 알라."

이때에 이르러 이어했다.

○사신 왕득명(王得名)이 평양에서 돌아오니 상이 태평관에 나아가 잔치를 열어 위로하고 드디어[遂] 태상전에 나아가 문안하고 돌아왔다.

정해일(丁亥日-10일)에 경연에 나아가 시독관 김과(金科)로 하여금 시도 때도 없이[無時=無常時] 소대(召對)[28]하게 했다. 이때 경연관이 궐원(闕員)이 많고 오직 김과만이 항상 대궐 안에[闕下] 있었다. 상이 매일 정사(政事)를 듣는 여가에 편전(便殿)[29]에 나아가 시도 때도 없이 불러들여 조용히 시강(侍講)하게 하고 술을 내려주며 강론(講論)

---

28 임금의 부름에 응해 묻는 바에 의견을 말하는 것이다.
29 임금이 평상시에 거처하면서 정사(政事)를 보는 궁전이다. 경복궁의 경우 근정전(勤政殿)이 정전(正殿)이고 사정전(思政殿)이 편전이다.

하니 과(科)도 역시 아는 바를 남김없이 다[竭] 대답하고[30] 만일 알
지 못하는 것이 있으면 물러가서 저 권근(權近)에게 물어가지고 나
아가서 대답했다.

○ 사신에게 저마포(紵麻布)와 백저포(白紵布) 각각 5필, 흑마포(黑
麻布) 각각 5필씩을 주고 수행원[伴人]에게는 백저포 각각 1필, 흑마
포 각각 1필씩을 주었다.

○ 우인렬(禹仁烈)을 검교(檢校)[31] 좌정승, 남재(南在, 1351~1419년)[32]
를 예문관 대제학, 이직(李稷)을 사평부 판사, 조박(趙璞)을 사평부
좌사, 이빈(李彬)을 사평부 우사로 삼았다.

○ 삼부(三府)가 태평관에 모여 사신을 전별했다[餞].[33]

---

30 앞서 태종이 경연에 임하는 열렬함이 잘 표현됐기 때문에 '역시', '남김없이 다' 등의 표현
   이 사용됐다.
31 정원 이외에 임시로 증원할 때나 실지 사무는 보지 않고 이름만 가지고 있게 할 때에 그
   벼슬 이름 앞에 붙이는 말이다.
32 아버지는 검교시중(檢校侍中) 남을번(南乙蕃), 어머니는 최강(崔茳)의 딸이다. 1차 왕자의
   난 때 정도전 편에 섰다가 이방원에게 죽은 남은(南誾)의 형이다. 이성계가 위화도에서
   회군하자 윤소종(尹紹宗)과 함께 비록 행군에는 참여하지 않았으나 사직(社稷)의 대계(大
   計)를 의논하고 계책을 도왔다. 1398년 정당문학(政堂文學)이 되어 하륜(河崙)과 함께 정
   안군이 왕위에 오르는 데 큰 공을 세웠다. 1403년(태종 3년) 경상도 도관찰사가 되어 시
   무를 조정에 보고하니 그대로 시행했고 1404년 찬성사(贊成事)에 임명됐다. 1408년 대사
   헌이 되었다가 1414년 우의정·의령부원군(宜寧府院君)에 제배(除拜)됐고 또 하륜과 함께
   『고려사』를 개수했다. 그해 좌의정에 임명됐다가 1415년 좌의정에서 물러나고 수문전 대
   제학 겸 세자부(修文殿大提學兼世子傅)가 됐다. 1416년 영의정에 임명되었다가 사면했다.
   성품이 활달하고 도량이 넓었으며 마음가짐을 지극히 삼가면서도 바깥 형식에 거리낌이
   없었다. 산술에 능했으므로 남산(南算)이라는 별명이 있었다.
33 전(餞)은 주로 전별식을 뜻한다. 그러나 전송(餞送)은 바로 떠나는 것이기 때문에 전별과
   전송은 상황에 따라 다르게 옮겨야 한다.

경인일(庚寅日-13일)에 왕득명(王得名)과 왕미실첩(王迷失帖)이 궐에 이르러 하직을 고하고 다음에 태상전에 나아가니 태상왕이 다례(茶禮)를 행했다. 상은 영빈관(迎賓館)에서 전송했고[餞=餞送] 의정부는 서보통(西普通)³⁴에서 전송했다.

○ 거가(車駕)를 움직였다. 강무(講武)하기 위함으로 나아가 산대암(山臺巖)³⁵에 머물렀다.

신묘일(辛卯日-14일)에 여러 공신에게 각각 말 1필씩을 내려주었는데 이무(李茂), 이거이(李居易), 조영무(趙英茂), 민무질(閔無疾)이다. 또 민무구(閔無咎), 마천목(馬天牧, 1358~1431년),³⁶ 한규(韓珪)에게 각각 말 1필씩을 내려주며 말했다.

"경들이 말이 없어서가 아니라 내구(內廐-궐내 마구간)를 잘 감독해 지었기 때문이다."

계사일(癸巳日-16일)에 거가(車駕)가 송림현(松林縣) 판적촌(板積村)에 머물렀다[次]. 의정부에서 잔치를 베풀었으나 상은 초례(醮禮)

---

34 한양의 서대문에 해당하는 곳이다.

35 개성시 용흥동 동남쪽 하대원동 개울 옆에 있는 높은 절벽바위다. 고려의 임금들이 이곳에서 자주 격구를 즐겼다는 기록이 있다.

36 1398년(태조 7년) 1차 왕자의 난 때에는 정안군(靖安君)을 도와 공훈을 세웠고 1399년(정종 1년) 상장군(上將軍)에 승진했다. 이듬해 2차 왕자의 난이 발생하자 다시 정안군의 선봉이 돼 크게 공헌했다. 1424년 3월 편모를 봉양하기 위해 고향인 곡성현으로 내려갔으며 곧 어머니상을 치렀다. 1428년 7월 장흥군에 복직됐다. 이듬해에 연로를 이유로 치사를 청했으나 도리어 장흥부원군(長興府院君)에 진봉(進封)됐고 부원군으로서 죽었다. 무략이 있어 시위와 국방에 공헌이 있었다.

로 인해 재계 중이라 받지 않았고 명하여 여러 군(君)에게 먹였다
[餉=饋].
  향 궤

갑오일(甲午日-17일)에 궁으로 돌아왔다. 상이 하등극사(賀登極使)
하륜 및 부사 이첨과 하정사(賀正使) 조박 등이 중국 조정 사신 여
섯 명과 함께 고명(誥命)과 인장(印章)을 싸 가지고[齎] 온다는 말을
                                        재
들었기 때문이다.

을미일(乙未日-18일)에 눈이 조금 내렸다[微雪].
                              미설
  ○ 공사(公私)의 술잔치를 금지했다. 사헌부에서 곡식이 잘되지 못
하고[不登] 벌레가 솔잎을 먹고 시전(市廛)에 불이 나서 (하늘이) 꾸
    부등
짖고 경고하는[譴告] 바가 거듭 이르렀다고 글을 올려 술을 금지할
              견고
것을 청했기 때문이다.

기해일(己亥日-22일)에 동북면에 재가 비처럼 내렸다.
  ○ 의정부 참지사 황거정(黃居正, ?~?)³⁷을 명나라 서울[京師]에 보
                                                경사

---

37 배극렴(裵克廉), 조준(趙浚) 등과 같이 이성계를 왕으로 추대했고 조선이 건국된 뒤 전
  라도 판군기감사에 서임되고 개국공신에 녹훈됐다. 개성유후로 재임 중 1401년(태종
  1년) 박포(朴苞)의 난(2차 왕자의 난)을 평정하는 데 공을 세워 익대좌명공신(翊戴佐命功
  臣) 3등에 책록됐다. 1408년 명나라에 천추사(千秋使)로 다녀왔다. 1409년 관직을 남용
  한 이지성(李之誠)을 탄핵하고 이듬해에는 좌군도총제(左軍都摠制)로서 저화(楮貨)를 관
  장했다. 1411년 부인이 죽자 대신들의 반대를 무릅쓰고 태종은 공신의 처임을 들어 쌀
  20석과 종이 100권을 하사했다. 그러나 그해 8월 손흥종(孫興宗)이 이숭인(李崇仁), 이종
  학(李種學)을 죽인 혐의로 사헌부의 탄핵을 받아 서인(庶人)으로 폄출되고 자손들은 금
  고형(禁錮刑)을 받았다가 1416년(태종 16년) 6월에 금고형에서 해제됐다.

냈다. 뿔뿔이 흩어진 군인들을 풀어서 보내는[解送] 주본(奏本)을 올리기 위함이었다. 주본(奏本)은 이러했다.

'홍무(洪武) 35년 월일(月日)에 동서북면(東西北面) 연강(沿江)을 파수(把守)하는 군민관(軍民官) 등의 정보(呈報-보고) 절차를 갖춘 의정부 장계(狀啓)에 따르면 "도망쳐 온 군민(軍民)과 가속(家屬)[家小]들을 각 주(州)·군(郡)·현(縣)에 수용·감금하여 감시하고 있사오니 빌건대 조험(照驗)하소서. 장계합니다"라고 했습니다. 이것에 입각해 홍무 35년 12월 21일에 가속들은 따뜻한 봄을 기다려서 따로 풀어서 보내기로 하고, 먼저 도망쳐 온 두목 임천(林泉) 등 29명을 칼[枷]을 씌우고 손에 수갑[杻]을 채워 호조전서 진의귀(陳義貴)를 시켜 압령(押領)해가지고 요동도사(遼東都司)로 호송해 보낸 뒤에 진의귀의 장계에 따르면 "명령을 받고 도망쳐 온 두목 임천 등을 압령 호송하던 도중에 영락(永樂) 원년(元年) 정월 초3일에 선주(宣州) 지방의 임반참(林畔站) 북쪽에 이르러 흠차관(欽差官)을 만났는데 의귀를 알아보고 압령해가지고 가던 두목 임천 등 29명을 거듭 도로 회환(回還)하게 했습니다"라고 했고 올해 정월 23일에 이르러 천호(千戶) 왕득명(王得名) 등 관원이 동녕위(東寧衛)의 도망친 관원과 군민 등에게 칙유(勅諭)하는 성지(聖旨)를 받들고 와서 개독(開讀)했습니다. 병방녹사(兵房錄事) 김대현(金臺賢)의 정초(呈抄)에 의거한 의정부 장계에 의하면 "흠차관(欽差官)의 안험(案驗)을 받들어 본국 각 도의 부·주·군·현에 이문(移文)하여 도망쳐 온 군민과 가속을 찾아내 흠차관에게 서류를 넘기고 이를 호송해 먼저 보내고 장계합니다"라고 했습니다. 지금 상항(上項)의 호송하는 도망쳐 온 군민과 가속의 총수를 주본(奏本)에

갖춰 올립니다. 도망쳐 온 군민[漫散軍民]의 총계 1만 3,641명 중에 현
재 호송하는 남녀 가속이 모두 1만 920명이고, 도망 중에 있는 사람
이 2,225명이며, 병고(病故)가 496명입니다.'

갑진일(甲辰日-27일)에 사관(史官)에게 명해 예전대로 입시(入侍)하
도록 했다. 상이 몰래 김과(金科)에게 일러 말했다.

"지난번에[向者=向日] 몇몇 종친과 함께 청화정(淸和亭)에서 과녁
을 쏘았는데 간원(諫院)에서 소를 올려 말하기를 '날마다 무신(武臣)
과 더불어 과녁을 쏜다'고 했으니 종친이 그것을 들으면 어찌 마음에
불쾌함[歉]이 들지 않겠는가? 그리되면 문무(文武) 사이에 혐의와 틈
[嫌隙]이 생기게 된다. 내가 이러한 뜻으로 사관의 입시를 금한 것인
데 이는 유생(儒生)을 어루만져주고 혐의와 틈을 막으려는 것이지 사
관을 꺼려서가 아니다."

또 우대언(右代言) 이응(李膺)에게 말했다.

"이색(李穡)은 동방의 큰 유학자[鉅儒=大儒]다. 그러나 대장경(大藏
經)을 보기를 좋아해 여러 선비의 웃음거리가 됐다. 지금 불사(佛事)
를 행하지[作佛] 않는 자는 아마도 유일하게 하륜(河崙)뿐이요, 그
나머지 유자(儒者)는 몰래[陰=竊] 불사를 행하지 않는 자가 없을 것
이다. 불씨(佛氏)의 보응(報應)의 설(說)은 모두 명명(冥冥)한 가운데
에 있어서 명백한 증험이 없으니 어찌 믿을 수 있겠는가?"[38]

---

38 아버지 이성계의 숭불(崇佛)과 달리 현실주의자 태종 이방원의 불교에 대한 인식이 분명
하게 드러나는 발언이다.

戊寅朔 蟲食齊陵松葉 命捕之.
무인 삭 충 식 제릉 송엽 명 포지

己卯 司憲府請止作廐之役. 其言曰: "欲移宮闕於乾德殿古基
기묘 사헌부 청지 작구 지역 기언 왈 욕이 궁궐 어 건덕전 고기

不必作廐於楸洞." 上曰: "司僕肥馬 常置幽鬱之處而不騎 是多
불필 작구 어 추동 상왈 사복 비마 상치 유울 지처 이불기 시다

發病 往歲死者甚多. 欲作廐於通風之地 以安其生." 持平朴道弘
발병 왕세 사자 심다 욕 작구 어 통풍 지지 이안 기생 지평 박도홍

對曰: "至於禽獸之微 欲安其生 殿下之仁心至矣 但恐兩處興役
대왈 지어 금수 지미 욕안 기생 전하 지인심 지의 단공 양처 흥역

則必至於勞民傷財也." 上曰: "若不破舊廐 予當寢之 今已破矣
즉 필 지어 노민 상재 야 상왈 약 불파 구구 여당 침지 금이 파의

役不可止."
역 불가 지

庚辰 賜賻故副正吳之界妻韓氏之喪 旌其門閭. 西北面察理使
경진 사부 고 부정 오지계 처 한씨 지상 정 기문려 서북면 찰리사

報: "安州 吳之界 往歲十一月 死於艾田之役. 其妻哀毀絶飮食
보 안씨 오지계 왕세 십일월 사어 애전 지역 기처 애훼 절 음식

親戚聚而勸之 不聽乃死." 故有是命.
친척 취이 권지 불청 내사 고유 시명

司諫院進時務數條 從之. 疏略曰:
사간원 진 시무 수조 종지 소 약왈

'一 古之聖王 不敢自以爲聖 而有師傅之官 降及後世 廢師傅
일 고지 성왕 불감 자이위성 이유 사부 지관 강급 후세 폐 사부

之職 而設經筵之官 則經筵之選 非爲記誦經史而已① 將以禮接
지직 이설 경연 지관 즉 경연 지선 비위 기송 경사 이이 장이 예접

賢士 不狎近幸 優游乎講論之際 涵養於道德之中也. 故經筵之
현사 불압 근행 우유 호 강론 지제 함양 어 도덕 지중 야 고 경연 지

御 不可一日而廢. 今殿下不御經筵 已踰時矣 臣等竊恐後之嗣君
어 불가 일일 이폐 금 전하 불어 경연 이유시 의 신등 절공 후지 사군

效之 而遂廢經筵 則非細故也. 伏望殿下 繼自今日 御經筵 侍讀
효지 이수 폐 경연 즉 비 세고 야 복망 전하 계자 금일 어 경연 시독

之士 待以禮貌 常與研窮聖學 談論治道 終始典學 而俾緝熙于
光明 則將見治道之隆 軼於三代矣.

一 太子國本 其教不可不謹 而教之之要②在於早教謹選左右
而已. 是故周成王在襁褓之時 乃以召公爲太保 周公爲太傅 太公
爲太師以教之 卒爲成周之令王. 賈誼曰:"太子生而見正事 聞
正言行正道 左右前後皆正人也 不能無正 猶生長於齊不能不
齊語也." 今元子年已十歲 不立保傅 不入學宮 而嘗命爲師者 皆
非當時德位之尊 而左右前後 亦非皆正人也. 願殿下卽令元子
入學 而擇年德高邁 爲一國之望重者 命作賓師; 凡在左右者
一依程子經筵箚子 皆用老成 而勿以憸小間之 使之游泳乎詩書
之囿 長成於禮法之場 則習與智長 化與心成德之成就 造於罔覺.

一 程子曰:"治天下之本在乎明人倫. 欲明人倫而捨學校 未之
聞也." 孟子曰:"三代之學 皆所以明人倫也" 此之謂也. 國家因
兩京遷徙 廢學于十年 及殿下踐阼 卽命攸司修葺學宮 聚養生徒
可謂知明人倫之本矣. 然而入學生員 未滿數十; 教之之術 未得
其當 其與州縣之學 異者幾希. 卒韓山伯李穡 吾東方大儒也.
前朝恭愍王 使之兼成均大司成 日講經史 鼓舞作興 人材輩出
性理之學 文章之盛 雖中國之士 未能或之先也. 今參贊兼大司成
權近 游穡之門 而得其宗者也. 願自今 權近除會議軍國重事外
日仕成均 且其教官衙仕每月初一日外 勿令會朝 以專講勸之

任 又擇儒臣中經學可以傳訓者 明敏可以受學者 皆兼敎官 講明
임 우택유신중경학가이전훈자 명민가이수학자 개겸교관 강명

經學 則將見眞儒出而道學明 彝倫敍而風俗厚矣.'
경학 즉장견진유출이도학명 이륜서이풍속후의

允之. 上召司諫院掌務 命曰: "今疏內之言 皆合予意 予皆
윤지 상소사간원장무 명왈 금소내지언 개합여의 여개

允之 獨每日經筵之事 則予將老矣 旣無加進之理 又恐成病."
윤지 독매일경연지사 즉여장노의 기무가진지리 우공성병

錫命傳命畢 私謂正言文中庸曰: "雖不御經筵 上之不輟學問 衆
석명전명필 사위정언문중용왈 수불어경연 상지불철학문 중

所共知也." 司諫院又上疏言:
소공지야 사간원우상소언

'臣等頃以日御經筵 聞于天聰 則蒙聖慈俯賜嘉納 未及日昃 而
신등경이일어경연 문우천총 즉몽성자부사가납 미급일측 이

召臣文中庸 乃命曰: "日御經筵 則恐疾作 予之學問 人所共知.
소신문중용 내명왈 일어경연 즉공질작 여지학문 인소공지

且予年旣過時 經筵之御 毋更啓請." 此魏徵所謂杜諫者之口也.
차여연기과시 경연지어 무갱계청 차위징소위두간자지구야

大抵聖賢之君 雖居燕安之地 常若有臨 而對越上帝 無時焉少逸
대저성현지군 수거연안지지 상약유임 이대월상제 무시언소일

也. 且君子之學 忘身之老也 不知年數之不足 勉焉惟日孜孜 斃
야 차군자지학 망신지로야 부지연수지부족 면언유일자자 폐

而後已. 殿下年未不惑 正道明德立之時 而乃以年旣過時爲辭 則
이후이 전하연미불혹 정도명덕립지시 이내이년기과시위사 즉

殿下將安於小成 不能振拔而大有爲也. 昔程子爲侍講 言於上曰:
전하장안어소성 불능진발이대유위야 석정자위시강 언어상왈

"人主一日之間 接賢士大夫之時多 親宦官宮妾之時少 則可以
인주일일지간 접현사대부지시다 친환관궁첩지시소 즉가이

涵養德性 薰陶氣質." 時不能用 識者恨之. 殿下雖處深宮 講讀
함양덕성 훈도기질 시불능용 식자한지 전하수처심궁 강독

不輟 其於日接賢士涵養道德之義何? 此臣等所以昧死而敢言也.
불철 기어일접현사함양도덕지의하 차신등소이매사이감언야

今殿下每與武士張侯而射 不以爲厭 却臣等經筵之請 竊恐殿下
금전하매여무사장후이사 불이위염 각신등경연지청 절공전하

之志 潛奪於逸豫 而漸離於道學也. 古人有言曰: "有志者事竟
지지 잠탈어일예 이점리어도학야 고인유언왈 유지자사경

成." 殿下以聰明剛毅之資 苟有志於二帝三王之學 則二帝三王之
성 전하이총명강의지자 구유지어이제삼왕지학 즉이제삼왕지

治 可立而待也. 伏望殿下兪允施行.'
치 가립이대야 복망전하유윤시행

上進文中庸 歷問曰:"予之學問不輟 人所共知之語 予所不言
상진 문중용 역문 왈 여지학문 불철 인 소공지 지어 여 소불언

何其妄錄以啓耶? 疏有接賢士大夫之語 孰謂賢士大夫 孰謂不可
하 기 망록 이계야 소유접현 사대부 지어 숙위현 사대부 숙위불가

接者?"中庸對曰:"學問不輟之語 前日承命之際 誤聽施行 臣
접 자 중용 대왈 학문 불철 지어 전일 승명 지제 오청 시행 신

有罪矣. 接賢士大夫之言 非指某爲賢 某爲不賢 但願日御經筵③
유죄 의 접현 사대부 지언 비지모 위현 모위 불현 단원 일어 경연

講論經史 而接賢士大夫 故云然耳. 若請罷射侯 則願殿下專心
강론 경사 이접현 사대부 고운연 이 약청파 사후 즉원 전하 전심

於學問 故言之也."中庸退 上謂近臣曰:"闕內之事 非諫官所得
어 학문 고언지 야 중용 퇴 상위 근신 왈 궐내 지사 비간관 소득

而知 必史官言之也."命罷史官入侍. 召司憲府掌務命曰:"不輟
이 지 필사관 언지 야 명파 사관 입시 소 사헌부 장무 명왈 불철

學問 衆所共知之語 非予所言 正言文中庸以爲予言 而告諸
학문 중 소공지 지어 비여 소언 정언 문중용 이위 여언 이고 제

同僚 載於諫疏 其審推之."司憲府劾中庸及錫命 諸諫官皆不仕.
동료 재어 간소 기심 추지 사헌부 핵 중용 급 석명 제 간관 개 불사

司憲府具中庸 錫命之辭以聞 上進大司憲朴信 持平朴道弘教曰:
사헌부 구 중용 석명 지사 이문 상진 대사헌 박신 지평 박도홍 교왈

"不輟學問 人所共知之語 予甚愧恥. 憲府旣知非予所言 心稍解
불철 학문 인 소공지 지어 여심 괴치 헌부 기지 비여 소언 심 초해

矣."朴信曰:"中庸性本拙直 誤傳錫命之言 惶恐實深. 若其造言
의 박신 왈 중용 성본 졸직 오전 석명 지언 황공 실심 약기 조언

何敢錄於疏而上之乎?"上曰:"然."乃命錫命 中庸皆出仕.
하감 록어 소이 상지 호 상왈 연 내명 석명 중용 개 출사

辛巳 市街東廊二十七間災.
신사 시가 동랑 이십 칠간 재

癸未 大風雨雷電 人有卒死者.
계미 대풍 우 뇌전 인유 졸사 자

乙酉 太上王移御德壽宮. 初 太上王欲移御德壽宮 臺諫交章
을유 태상왕 이어 덕수궁 초 태상왕 욕 이어 덕수궁 대간 교장

上言以爲:"德壽宮阻於定省 且邇神庵寺 僧徒出入 或論天堂
상언 이위 덕수궁 조어 정성 차 이 신암사 승도 출입 혹 논천당

地獄 或言山水之勝 眩惑聖聰. 願自今一禁僧徒出入."上曰:"然.
지옥 혹언 산수 지승 현혹 성총 원 자금 일금 승도 출입 상왈 연

然今所御處甚窄陋 無以宣暢湮鬱 脚膝浮腫 顏容漸衰. 予則或
연 금 소어처 심 착루 무이 선창 인울 각슬 부종 안용 점쇠 여 즉 혹

居崇宇 或登樓閣 心志所欲 無不具足 予豈安焉! 若德壽宮則
거 승우 혹 등 누각 심지 소욕 무불 구족 여기 안언 약 덕수궁 즉

有佛堂 有樓閣 昔日所御適情之地 故請移御 所以養志也. 爾等
유 불당 유 누각 석일 소어 적정 지지 고 청 이어 소이 양지 야 이등

知之." 至是移御.
지지 지시 이어

使臣王得名回自平壤 上詣太平館宴慰 遂詣太上殿問安而還.
사신 왕득명 회자 평양 상 예 태평관 연위 수예 태상전 문안 이환

丁亥 御經筵 令試讀官金科 無時召對. 時 經筵官多闕惟科
정해 어 경연 영 시독관 김과 무시 소대 시 경연관 다궐 유과

常在闕下. 上每日聽政之餘 御便殿 無時召引 侍講從容賜酒
상재 궐하 상 매일 청정 지여 어 편전 무시 소인 시강 종용 사주

講論. 科亦竭其所知以對④ 如有所不知 退而問諸權近進對.
강론 과역 갈기 소지 이대 여유 소부지 퇴이 문저 권근 진대

贈使臣紵麻布白紵布各五匹 黑麻布各五匹 伴人白紵布各一匹
증 사신 저마포 백저포 각 오 필 흑마포 각 오 필 반인 백저포 각 일필

黑麻布各一匹.
흑마포 각 일필

以禹仁烈爲檢校左政丞 南在藝文館大提學 李稷判司平府事
이 우인렬 위 검교 좌정승 남재 예문관 대제학 이직 판 사평부 사

趙璞司平府左使 李彬司平府右使.
조박 사평부 좌사 이빈 사평부 우사

三府會太平館 餞使臣.
삼부 회 태평관 전 사신

庚寅 王得名 王迷失帖至闕告辭 次詣太上殿 太上王行茶禮.
경인 왕득명 왕미실첩 지궐 고사 차예 태상전 태상왕 행 다례

上餞于迎賓館 議政府餞于西普通.
상 전우 영빈관 의정부 전우 서보통

動駕. 以講武 出次山臺巖也.
동가 이 강무 출차 산대암 야

辛卯 賜諸功臣馬各一匹 李茂 李居易 趙英茂 閔無疾也. 又
신묘 사 제 공신 마 각 일필 이무 이거이 조영무 민무질 야 우

賜閔無咎 馬天牧 韓珪馬各一匹曰: "非謂卿等無馬 善監造內廏
사 민무구 마천목 한규 마 각 일필 왈 비위 경 등 무마 선 감조 내구

故也."
고야

癸巳 駕次于松林縣 板積村. 議政府設享 上以醮禮齋戒不受
계사 가 차우 송림현 판적촌 의정부 설향 상 이 초례 재계 불수

命餉于諸君.
명 향우 제군

甲午 還宮. 上聞賀登極使河崙 副使李詹 賀正使趙璞等 與
갑오 환궁 상 문 하등극사 하륜 부사 이첨 하정사 조박 등 여

朝廷使臣六人 齎誥命印章而來也.

乙未 微雪.

禁公私宴. 司憲府以禾穀不登 蟲食松葉 市廛失火 譴告荐臻
上書請禁酒也.

己亥 東北面雨灰.

遣參知議政府事黃居正于京師. 進解送漫散軍人奏本也. 奏本
曰:

'洪武三十五年月日不等 據議政府狀啓備東西北面沿江把截
軍民官等呈報: "節次擒獲到漫散逃來軍民幷家小等 於各州郡
縣 收禁聽候 呈乞照驗 得此狀啓施行." 據此 於洪武三十五年
十二月二十一日 除家小等候春和另行解送外 先將見獲逃來頭目
林泉等二十九名 行枷杻手 責差戶曹典書陳義貴 管押解赴遼東
都司去後 回據陳義貴狀啓: "承差管押逃來頭目林泉等依上解送
間 永樂元年正月初三日 行到宣州地面林畔站北 迎見欽差官
等 省會義貴各將押去頭目林泉等二十九名 仍領回還." 得此. 至
本年正月二十三日 欽差 千戶王得名等官 欽奉勅諭 東寧衛漫散
官員軍民人等聖旨到來 開讀. 欽此. 行據議政府狀啓: "據兵房
錄事金臺賢呈抄 奉欽差官案驗 就行移本國各道府州郡縣 取發
到漫散逃來軍民幷家屬等 交付欽差官 起解前去 狀啓施行." 據
此 今將上項起解漫散逃來軍民幷家小摠數 開具奏本. 漫散軍民

摠計一萬三千六百四十一名內　見解男女家小共一萬九百二十名,
총계　일만　삼천　육백　사십　일명내　견해　남녀　가소　공일만　구백　이십　명

在逃二千二百二十五名　病故四百九十六名.'
재도　이천　이백　이십　오명　병고　사백　구십　육명

甲辰　命史官入侍如故. 上私謂金科曰:"向者　與二三宗親　射侯
갑진　명　사관　입시　여고　상　사위　김과　왈　향자　여　이삼　종친　사후

於淸和亭　諫院上疏以爲:'日與武臣射侯.'宗親聞之　豈不有歉於
어　청화정　간원　상소　이위　일여　무신　사후　종친　문지　기　불유　겸어

心哉? 然則文武之間　嫌隙生矣. 予以此意　禁史官入侍　是所以撫
심재　연즉　문무지간　혐극　생의　여이　차의　금　사관　입시　시　소이무

儒生而防嫌隙　非憚史官也." 又謂右代言李膺曰:"李穡　東方鉅儒
유생이　방혐극　비탄　사관　야　우위　우대언　이응　왈　이색　동방　거유

也. 然好覽大藏經爲諸儒所笑. 今之不作佛者　其惟河崙乎! 其他
야　연　호람　대장경　위제유　소소　금지부　작불　자　기유　하륜　호　기타

儒者不無陰作佛者也. 佛氏報應之說　皆在冥冥之中　未有明驗　豈
유자　불무　음　작불　자야　불씨　보응　지설　개재　명명　지중　미유　명험　기

可信哉?"
가신　재

───────────

│원문 읽기를 위한 도움말│

① 非爲記誦經史而已. '非~而已'는 '~뿐만 아니라'라는 뜻이다.
비 위 기송 경사 이 이   비 이이

② 敎之之要. 직역하면 '태자를 가르치는 것의 요체'가 된다. 앞의 之는 '태
교지 지 요   지
자', 뒤의 之는 '의'라는 뜻이다.
      지

③ 非指某爲賢　某爲不賢　但願日御經筵. '非~但~'은 '~가 아니라 다만
비지모 위현　모위 불현　단원 일어 경연   비　단
~이다'라는 구문이다.

④ 科亦竭所知以對. 이 문장의 동사는 竭로 '다하다[盡]'라는 뜻이다.
과 역 갈 소지 이 대   갈   진

태종 3년 계미년
4월

四月

정미일(丁未日-1일) 초하루에 도총제(都摠制)¹ 곽충보(郭忠輔, ?~1403년)²의 상(喪)에 부의(賻儀)를 내려주도록 명했다. 충보(忠輔)는 청주(淸州) 사람이다. 상이 말했다.

"충보는 일찍이 왜구(倭寇)를 막아 여러 번 싸워 승리를 거둔[獻捷] 공(功)이 있고 또 부왕(父王) 때에 복무하여 수고한 지가 오래다. 마땅히 은례(恩禮)를 가해야 한다."

지신사에게 물었다.

"대신(大臣)의 부의는 얼마인가?"

대답했다.

---

1 조선 초기의 중앙군은 중·좌·우의 3군으로 편제되어 각 군의 도총제(都摠制), 총제(摠制), 동지총제(同知摠制) 등이 삼군부 또는 승추부로부터 군령을 전달받아 다시 각 군에 소속된 하급 부대에 전달했다.

2 고려 말부터 이성계의 측근으로 활약해 1388년 위화도회군 때 개성에서 최영(崔瑩)의 군대를 격파하고 궁중으로 들어가 화원(花園)의 팔각전(八角殿)을 포위해 최영을 붙잡아 유배시켰으며 우왕을 폐하고 창왕을 옹립하는 데 공을 세웠다. 1389년(창왕 1년) 11월에 당시 황려(黃驪-지금의 경기도 여주)에 유배돼 있던 우왕이 최영의 생질인 김저(金佇), 정득후(鄭得厚)와 함께 이성계를 제거할 모의를 한 뒤 그에게 이를 부탁하자 거짓으로 이를 승낙하고 곧 이성계에게 밀고해 이들을 소탕했다. 이로 인해 우왕은 강릉으로 유배돼 폐서인됐다. 1392년 조선이 개국하자 중추원 상의사(中樞院商議事)로서 개국원종공신이 됐고 이듬해 중추원 동지사 장사길(張思吉)과 함께 문화현(文化縣), 영녕현(永寧縣)에 침입한 왜구를 격파해 공을 세웠다. 1399년(정종 1년)에 그의 아들 승우(承祐)와 함께 사사로운 감정으로 황문(黃文) 등을 처벌한 일로 탄핵을 받아 고향인 청주에 유배됐으나 곧 소환돼 1402년에 도총제(都摠制)가 됐다가 이때 세상을 떠났다.

"3등급이 있사온데 상등은 100석이고, 중등은 50석이고, 하등은 30석입니다."

50석으로 부의할 것을 명하고 사람을 시켜 조문했다. 아들이 하나인데 승우(承祐)다.

무신일(戊申日-2일)에 하등극사(賀登極使) 서장관 조말생(趙末生, 1370~1447년)[3]이 (명나라에서) 돌아와 아뢰어 말했다.

"제(帝)가 명하여 좌통정(左通政)[4] 조거임(趙居任)에게 고명(誥命)을, 도지휘(都指揮) 고득(高得)에게 인장(印章)을 싸 가지고 (우리 조선에) 가게 하여 이미 의주(義州)에 이르렀습니다."

애초에 하륜(河崙), 이첨(李詹), 조박(趙璞) 등이 경사(京師)에 이르니 제가 륜(崙) 등을 불러 말했다.

"너희들은 짐(朕)이 즉위하게 된 까닭을 아느냐? 건문(建文)이 고황제(高皇帝)의 뜻을 돌보지 않고 마침내 숙부 주왕(周王)을 쫓아내고 골육을 잔혹하게 해쳤으며, 또 짐을 해치려 하여 군사를 일으켰기에 짐도 역시 죽을까 두려워 어쩔 수 없이[不得已] 군사를 일으켰다. 그러나 짐은 두 번이나 화친(和親)하려고 했건만 건문(建文)이 듣지 않아 이에 군사를 들어 그 일을 꾸미는 신하들을 치고자 했다.

───────

3   조용(趙庸)의 문인이다. 1401년(태종 1년) 문과에 장원급제한 후 요물고부사(料物庫副使)에 임용됐고, 감찰·정언·헌납 등 청요직(清要職)을 역임했다. 1407년 문과 중시(文科重試)에 둘째로 급제하고 전농시부정(典農寺副正)이 됐으며 이듬해 장령(掌令)을 거쳐 주로 예문관, 승정원에서 근무했다. 1418년 이조참판에 제수되고 이해에 형조판서로 승진했다. 태종이 아꼈던 인물로 판서는 두루 역임했으나 끝내 의정부 재상에는 오르지 못했다.

4   상주문을 취급하는 명나라 관원이다.

건문은 서로 만나기를 부끄러워하여 궁문(宮門)을 닫고 스스로 불타 죽었다.[5] 주왕(周王)과 대신(大臣)이 짐(朕)에게 '고황제(高皇帝)의 적장자(嫡長子)이니 마땅히 제위(帝位)에 올라야 된다'고 하므로 어쩔 수 없이 자리에 나아온[即位] 것이다. 애초에 어찌 (황제의) 자리를 얻는 데 뜻이 있었겠는가?"

류이 고명과 인장을 예부시랑(禮部侍郞) 조례(趙禮)에게 청하니 례(禮)가 말했다.

"정보(呈報-공식 보고)하는 것이 좋다."

이에 곧 정보하니 예부에서 이를 주문(奏聞)하자 제(帝)가 이를 주라고 명했다.

기유일(己酉日-3일)에 의정부 영사(議政府領事-영의정) 성석린(成石璘)을 사은사(謝恩使)로 삼았다. 사헌부에서 소를 올려 말했다.

'전하께서 천자가 즉위했다는 말을 듣고 좌정승 하륜을 보내 등극(登極)을 축하하니 천자가 아름답게 여겨 고명과 인장을 주어 각별한 총애를 베풀었는데 지금은 의정부 영사 성석린으로 하여금 경사(京師)에 가서 사은하게 하셨습니다. 영의정(領議政)은 비록 상부(相府-의정부)의 우두머리에 있기는 하나 실은 나라의 정치를 잡은 신하[執政之臣]는 아닙니다.[6] 과거에[頃者] 중국[朝廷] 사신으로 왕래한

5　외국 사신에게까지 자신이 권력을 탐해 건문황제를 죽인 것은 아님을 강변하고 있는 장면이다. 특히 자신은 결코 죽이려는 생각이 없었음을 강조하고 있다.

6　우리는 흔히 의정부의 최고 실권자를 영의정으로 생각하는데 여기서 보듯이 그렇지 않다. 일반적으로는 좌의정이 실권자다.

자가 한 사람이 아니니 어찌 (중국 조정에서) 우리 조정의 집정(執政) 신하를 알지 못하겠습니까? (그런데) 지금 갑자기 다른 신하를 보내면 신 등은 사은하는 정성에 지극하지 못함이 있을까 두렵습니다. 전에 이미 좌정승을 보내 성은(聖恩)을 입은 바가 이와 같이 지극하오니 이번에도 마땅히 집정대신을 보냄으로써 막대한 은혜에 감사하고 사대(事大)하는 정성을 다해야 합니다.'

경술일(庚戌日-4일)에 성석린을 우정승으로 삼고, 이거이를 서원부원군(西原府院君), 이무를 단산부원군(丹山府院君) 겸 중군도총제, 함부림(咸傅霖)을 의정부 참지사, 황거정(黃居正)을 승추부 참지사로 삼았다.

○ 우정승 성석린, 승추부 제학(提學) 이원(李原), 예문관 제학 이정견(李廷堅)에게 새 누각(樓閣)에서 잔치를 베풀었다.[7] 석린 등이 장차 경사(京師)에 가니 전별연을 행한 것이다. 의안대군 화(和), 완산군 천우(天祐)와 의정부 찬성사 이저(李佇)가 잔치를 모셨고[侍宴], 연구(聯句)로 창화(唱和)하면서 밤늦게야 마침내 끝났다. 상이 지신사 박석명을 시켜 (사신단이 지나가게 될) 풍해도 관찰사 한상경(韓尙敬)에게 명을 전했다[傳命].

"성 정승(成政丞)이 사명(使命)을 받들고 입조(入朝)하니 지금은 비록 술을 금하고 있지만 술잔치를 베풀어 위로하여 보내도록 하라."

---

7 사신단을 언급하면서 이렇게 3명을 거론할 경우 정사(正使), 부사(副使), 서장관(書狀官) 순이다.

○사간원에서 시무(時務) 몇 조목을 올렸다. 소(疏)의 대략은 이러했다.

'전하께서는 귀 밝고 눈 밝고 일에 밝고 사람에 밝은[聰明睿知]⁸ 자품으로 소의한식(宵衣旰食)⁹하여 다스림을 도모하면서 움직임 하나하나가 매사 옛 도리를 따르시니 그 다스리는 도리[治道]의 융성함이 참으로[眞=誠] 가까운 옛날[近古]에 없던 바입니다. 그러나 상례(喪禮)가 이미 정해졌으나 미비한 절목이 있고, 제도가 이미 이루어졌으나 어지러이 고치는 조짐이 있으며, 또 사유(赦宥-사면령)를 행하는 것은 빼어나거나 뛰어난 임금이라면 싫어하는 바라 경솔히 할 수 없기 때문에 이에 삼가 관견(管見)¹⁰을 가지고 아래에 조목조목 열거하오니 엎드려 생각건대 빼어난 안목[聖鑑](聖鑑)으로 유의하시기를 바랍니다.

지금의 삼년상(喪)은 공경(公卿)부터 사대부에 이르기까지 모두[悉=皆] 그 제도를 좇고 있지만 법을 세운 지가 오래지 않아 간혹[間=或] 미비한 것이 있습니다. 옛날에 부녀자의 상제(喪制)는 출가한 자가 본종(本宗)¹¹을 위해 한 등(等)을 줄인 것을 제외하고는 남자와 같았

---

8 『중용(中庸)』 제31장에 나오는 말로 뛰어난 임금의 특출난 네 가지 자질을 가리킨다. "오직 천하 제일의 성스러운 임금만이 능히 귀 밝고 눈 밝고 일에 밝고 사람에 밝아 [聰明睿知] 족히 '제대로 된 다스림[臨]'이 있다."
9 임금이 정사(政事)에 골몰하여 여가가 없음을 이르는 말로 새벽에 일어나 정복(正服)을 입고 해가 진 후에야 저녁밥을 먹는다는 뜻에서 온 말이다.
10 "소견이 바늘구멍 같다"라는 속담의 말과 같은 뜻이다. "붓대롱의 구멍을 통해 하늘을 보는 것과 마찬가지니 저의 소견은 넓지 못합니다"라고 자기를 겸손하게 말할 때도 쓰인다.
11 동성동본의 친족으로 친정 집안을 가리킨다.

습니다. (그런데) 지금은 삼년상에 남자는 모두 본복(本服)을 좇지만 부녀자는 아직도 전조(前朝-고려)의 폐습(弊習)을 따라 모두 100일(百日)을 한계로 삼아 복(服)을 벗고, 혹은 자식은 아비상의 복을 입어 바야흐로 최질(衰経)[12] 중에 있는데, 계모(繼母)된 자는 겨우 백일만 지나면 복을 벗고 (그사이에) 개가(改嫁)하더라도 전혀 부끄러워하지 않습니다. 남녀 상복의 같지 않은 것이 처음에는 작은 잘못[小失] 같으나 그 말류(末流)의 폐단이 이와 같은 데 이르렀으니 얼마나 탄식할 일입니까? 이것이 그 미비한 것의 한 가지입니다.

옛날에는 대상(大喪)[13]의 복(服)에 남녀가 다름이 없었습니다. 전조(前朝)에서는 부녀(婦女)의 경우 추포(麤布)[14]를 입지 않았으나 입모(笠帽)[15]는 오히려 생추포(生麤布)를 썼기 때문에 참최(斬衰)[16]했던 흔적을 오히려 볼 수가 있습니다. (그런데) 지금은 부녀가 출입하는 데에 참최의 복을 입지 않을 뿐 아니라 입모(笠帽)에 이르러서도 또한 세숙저포(細熟苧布)를 쓰고 간혹 빈천(貧賤)한 자가 전과 같이 추포를 쓰면 부자들이 웃기 때문에 또한 모두 힘써서 따르고 있습니다. 무릇 예(禮)가 변하는 것은 모두 아주 미미한 데서 일어납니다.

---

12 최와 질은 다 상복으로 상중(喪中)이라는 뜻이다.

13 임금의 상을 가리킨다.

14 발이 굵고 바탕이 거친 베를 가리킨다.

15 갈대로 만든 모자다.

16 옛 상례(喪禮)의 복상(服喪)제도에서 상제가 상복을 입는 제도는 참최(斬衰), 재최(齋衰), 소공(小功), 시마(緦麻), 대공(大功)의 5복으로 나누어진다. 그중 참최는 정상적인 친족관계에 있는 사람이 부친상을 당했을 때, 혹은 아버지가 안 계시는 아들이 할아버지상을 당했을 때 3년 동안 입는 상복이다.

만일 이것을 고치지 않으면 부녀의 참최복이 또한 장차 변하여 시마(緦麻)[17]가 될까 진실로 두렵습니다. 이것이 미비한 것의 두 번째입니다.

옛날에는 부모의 상중에 있는 자는 거친 나물밥만 먹고 맹물만 마시기 때문에 지팡이를 짚어야만 일어날 수 있었습니다. 만일 상장(喪葬)의 부득이한 일을 만나면 말을 타지 않고는 갈 수가 없어 그 때문에 소박한 말[樸馬]을 타고 베로 안장과 고삐[鞍轡]를 둘러싼다는 글이 『예서(禮書)』에 실려 있습니다. (그런데) 지금 사람들은 종종 술을 마시고 쌀밥을 먹어 평소[平昔]와 다름이 없기 때문에 그 기력이 반드시 지팡이를 짚을 필요가 없는데 마침내 박마(樸馬)를 탄다는 글로 인해 상사(喪事)로 인한 것이 아닌데도 살찐 말을 타고 조정 길[朝路]을 내달리는 자가 있습니다. 이것이 미비한 것의 세 번째입니다.

『문공가례(文公家禮)』[18]에는 어미가 같고 아비가 다른 형제자매를 위해 바로 소공(小功)[19] 오월(五月)의 복을 입게 되어 있는데 지금은

---

17 삼베의 질로 구분해 가까운 관계일수록 질이 나쁜 옷을 입었는데 상제들은 죄인이라는 관념에서 비롯된 것이다. 시마는 5복 중 가장 낮은 등급이고 복상 기간은 3개월이다.

18 『주자가례(朱子家禮)』라고도 한다. 관(冠), 혼(婚), 상(喪), 제(祭) 사례(四禮)에 관한 예제(禮制)로서의 이 『문공가례』는 조선시대에 이르러 주자학이 국가 정교(政教)의 기본 강령으로 확립되면서 그 준행(遵行)이 강요돼 처음에는 왕가와 조정 중신에서부터 사대부(士大夫)의 집안으로, 다시 일반 서민에까지 보편화되기에 이르렀다. 그러나 송대(宋代)에 이루어진 이 가례가 한국의 현실과 맞지 않아 많은 예송(禮訟)을 야기시키는 원인이 됐다.

19 소공은 종조부모(從祖父母)와 종조고(從祖姑), 형제의 손자, 형제의 처, 종형제(從兄弟)의 아들, 재종형제(再從兄弟)의 상에 입는 상복이다. 백숙조부모(伯叔祖父母), 외조부와 외숙(外叔), 생질(甥姪)의 상에도 마찬가지다. 남편 형제의 손자, 남편 종형제의 아들을 위해 입는다. 형제의 부인과 남편 형제, 남편 형제의 부인, 즉 맏동서와 손아랫동서끼리도 역시 소공복을 입는다.

이 조목이 『육전(六典)』에 실려 있지 않습니다. 이것이 미비한 것의 네 번째입니다.

『문공가례』에 따르면 자기를 젖 먹여 길러준 서모(庶母)를 위해 소공 오월의 복을 입고, 유모(乳母)를 위해 시마(緦麻) 삼월(三月)의 복을 입게 돼 있습니다. 그런데 유모가 비록 아비의 첩이 아니라도 복을 입어야 하는 것은 분명합니다. (그런데) 지금 『육전(六典)』 안에는 유모를 풀이하기를 "아비의 첩 중에서 젖 먹인 자라야 이를 유모라 하니 반드시 아비의 첩인 뒤에야 복을 입을 수 있다"고 돼 있어 아비의 첩이 아닌 자는 복을 입어서는 안 됩니다[無服]. 사마온공(司馬溫公, 1019~1086년)[20]은 유모를 고르는 일을 논하여 "먹여 기른 자식으로 하여금 품성과 행실[性行]이 또한 닮게 한다"라고 했으니 아비의 첩이 아니라고 하여 젖 먹여 기른 은혜와 의리[恩義]를 잊는 것이 되겠습니까? 이것이 미비한 것의 다섯 번째입니다.

바라건대 지금부터 모든 여자가 부모와 시부모[舅姑]와 남편의 상(喪)에 상복을 입는 것은 종실(宗室)로부터 사대부의 집에 이르기까지 100일 만에 복을 벗는 것[釋服]을 허용치 마시고 한결같이 예문(禮文)에 의거해 3년의 상을 마치게 해야 합니다. 그리고 그 상복의 제도는 입모(笠帽)와 장삼(長衫)을 모두 생추포(生麤布)로 만들게 하

20 사마광(司馬光)을 가리킨다. 송나라 인종 보원(1038~1040년) 초에 진사가 되었다. 신종 때 왕안석이 신법을 실시하자 뜻이 맞지 않아 관직을 떠났으나 철종(哲宗)이 등극하자 상서좌복야(尙書左僕射)에 임용돼 신법당을 축출했다. 태사온국공(太師溫國公)에 추증됐고 속수향(涑水鄕)에 거주하여 세상 사람들이 속수선생(涑水先生)으로 불렀다. 저서에 『자치통감(資治通鑑)』이 있다.

여 저포(苧布)를 쓰는 것을 금지해야 합니다. 모든 남자 중에 참최(斬衰)를 입는 자는 비록 급한 때를 당하더라도 말을 타고 조정 길에 들어오지 못하도록 해야 합니다. 어미가 같고 아비가 다른 형제자매는 『문공가례』에 의해 소공(小功)을 입는 것을 허용하고, 유모에 이르러서도 또한 『문공가례』에 의해 비록 아비의 첩이 아니더라도 시마 삼월을 입게 하여 풍속을 두텁게 해야 합니다. 만일 (이상의 것들을) 어기는 자가 있으면 헌사(憲司)에서 엄격하게 다스리게[痛理=嚴治] 해야 합니다. 지금 사대부의 상장(喪葬)의 예(禮)가 모두 『문공가례』를 쓰고 있지만 그 사이의 제도가 고금(古今)의 마땅함이 차이가 있어 실제로 거행하기 어렵습니다. 또 사람의 자식으로서 상사(喪事)를 당한 처음에 애통하고 슬퍼 망연자실 어찌할 바를 알지 못해 오직 경사(經師)의 말만 옳다고 따르고 있습니다. 바라건대 지금부터는 예관(禮官)이 『가례』의 절목(節目)들 중에서 지금에 마땅한 것을 추려내어 경사에게 가르쳐 무릇 상장(喪葬)을 만나면 한결같이 『가례』에 의거해 거행하게 한다면 거의[庶=幾] 옛 제도에 부합할 것입니다.

『전(傳)』[21]에 이르기를 "제도(制度)를 고치는 것과 정령(政令)을 바꾸는 것은 예전 것보다 10배 이롭지 않으면 고칠 수 없다"고 했습니다. 하물며 예전 것보다 못한 것이겠습니까? 옛날에 조참(曹參, ?~기원전 190년)[22]

---

21 당나라 문인 한유(韓愈)의 문집을 가리킨다.

22 원래 진(秦)나라의 옥리(獄吏)였지만 소하(蕭何)가 주리(主吏)로 삼았다. 진나라 말 소하와 함께 유방(劉邦)을 따라 병사를 일으켜 한신(韓信)과 더불어 주로 군사 면에서 활약했다. 몸에 70여 군데의 상처가 있으면서도 진군(秦軍)을 공략해 한나라의 통일 대업에 이바지한 공으로 건국 후인 고조 6년(기원전 201년) 평양후(平陽侯)에 책봉되고, 진희(陳豨)와 경포(黥布)[英布]의 반란을 평정했다. 제(齊)나라의 상(相)으로 있을 때 개공(蓋公)이

이 소하(蕭何, ?~기원전 193년)[23]의 법을 바꾸지 아니함으로써 한(漢)나라 400년의 기반을 이루었고, 왕안석(王安石, 1021~1086년)[24]이 조종(祖宗)의 법(法)을 가볍게 바꿈으로써 송(宋)나라 왕실[宋室]이 남쪽으로 옮겨가야 하는 화(禍)를 불러들였습니다. 이것으로 말미암아 살펴본다면 이미 이루어진 법을 어지러이 고칠 수 있겠습니까? 이 때문에 전조(前朝-고려) 때에 무릇 하나의 법(法)을 세우고 하나의 벼슬을 베풀려면 반드시 대성(臺省)으로 하여금 완전히 토의하고 자세하게 살펴 진실로 의리에 합당한 연후에 의첩(依牒)[25]을 내어 시

말한 황로지술(黃老之術)을 써서 청정무위(淸淨無爲)한 자세로 백성들과 함께 휴식을 취했다. 고조가 죽은 뒤 소하의 추천으로 상국(相國)이 되어 혜제(惠帝)를 보필했다. 소하가 만든 정책을 그가 충실히 따라 소규조수(蕭規曹隨)라는 말이 나왔다.

23 유방(劉邦)을 따라 입관(入關)해 혼자 진상부(秦相府)의 율령과 도서를 수장해 천하의 요충지와 지세, 군현(郡縣)의 호구(戶口)를 소상하게 알게 됐다. 유방이 한중(漢中)에서 왕이 되자 승상에 올랐다. 또 한신(韓信)을 천거해 대장으로 삼았다. 초한(楚漢)이 서로 대치할 때 관중(關中)을 지키면서 양식과 군병의 보급을 확보하여 군수품이 부족하지 않도록 했다. 유방이 황제가 된 뒤 논공행상에서 으뜸가는 공신이라 하여 찬후(鄼侯)로 봉해지고 식읍 7,000호를 하사받았고, 일족 수십 명도 각각 식읍(食邑)을 받았다. 나중에 율령제도를 정하고, 고조와 함께 진희(陳豨)와 한신, 경포(黥布) 등을 제거한 뒤 상국(相國)에 봉해졌다. 고조가 죽자 혜제(惠帝)를 섬겼고, 병이 들어 죽을 때 조참(曹參)을 재상으로 천거했다.

24 신법당의 영수로 구법당의 사마광과 대립했다. 휘녕(熙寧) 2년(1069년) 참지정사(參知政事)가 돼 변법을 강력하게 주장한 것이 신종의 뜻과 일치해 역사적으로 유명한 파격적인 개혁정책을 실시하게 됐다. 삼사조례사(三司條例司)를 설치해 재정과 군사 제도를 정비하면서 부국강병(富國强兵)의 방안을 모색했다. 청묘법(靑苗法)과 시역법(市易法), 모역법(募役法), 보갑법(保甲法), 보마법(保馬法)을 실시했다. 다음 해 동중서문하평장사(同中書門下平章事)가 되었다. 과거(科擧)와 학교 제도를 개혁했다. 7년(1074년) 사마광(司馬光)과 문언박(文彦博), 한기(韓琦) 등의 강력한 반대에 부딪혀 재상 자리를 사직하고 강녕부로 옮겼다. 이듬해 다시 복직했지만 다음 해 다시 파직돼 강녕부로 나갔다. 그의 신법은 국가 재정의 확보와 국가행정의 효율성 증대 등에서 일정한 실적을 거두었지만 원래 취지인 농민과 상인의 구제라는 면에서는 결과적으로 세역(稅役)의 증대, 화폐경제의 강요 등으로 영세 농민층의 몰락을 가속화시킨 문제점도 있었다.

25 관원을 임명할 때 서경(署經)을 받기 위해 예조(禮曹)에서 대간(臺諫)에 보내던 공첩(公

행했습니다. 이 때문에 비록 지혜를 쓰고 새것을 좋아하는[用智喜新] 무리들이 예전 법장을 바꿔 그 재주를 팔려고 해도 결국은 이루지 못했습니다. 고려가 500년이나 오래도록 유지한 것은 바로[良=正] 이 때문이었습니다.

아! 우리 태상왕께서 천운(天運)에 응하여 나라를 열고 제도를 창건하며 법을 세워[創制立法]『경제육전(經濟六典)』을 완성하셨으니 참으로 자손만대의 귀감(龜鑑)입니다. 공손히 생각건대 전하께서 성대하게 넘치는 운수를 만나[撫] 밤낮으로 삼가고 두려워하여[寅畏] 차례를 잇고 잊지 않아서 늘 교조(教條)를 내리실 때『육전(六典)』을 거행하는 것이 반드시 한결같으니 이를 통해 전하께서 선대의 뜻을 잘 이어받아 선대의 일을 성공시키려는[善繼善述]²⁶ 왕성한 마음을 알겠습니다. 그러나 의첩(依牒)의 법을 다시 거행하지 않으면 지혜를 쓰고 새것을 좋아하는 안석(安石)의 무리 같은 자가 있어 후세에 나와 옛 법을 바꾸고 어지럽힐지[變亂] 알 수가 없습니다. 바라건대 지금부터는 비록『육전(六典)』에 실리지 않은 것이라 해도 이미 이루어진 법은 어지러이 바꿔서는 안 됩니다. 만일 부득이하여[不獲已] 고치고 바꾸거나 무릇 새로운 법을 세울 것이 있으면 크고 작음을 막론하고 전조(前朝)의 옛 제도에 의거해 반드시 대간(臺諫)으로 하여

牒)이다. 의첩(依貼)이라고도 한다.

26 『중용(中庸)』 제19장에 나오는 말을 압축한 것이다. 공자가 말했다. "무왕과 주공은 아마도 달효(達孝)를 보여주었다고 할 수 있으리라! 무릇 효라는 것은 아버지[人]의 뜻을 잘 계승하고 아버지의 일을 (후대에) 잘 전하는 것이다[武王周公 其達孝矣乎! 夫孝者 善繼人之志 善述人之事者也]."

금 의첩을 내어 시행하게 해야 합니다. 사면이란 소인(小人)의 다행이요, 군자(君子)의 불행이라 그 때문에 (주나라) 문왕(文王)[27]이 벌을 만들 때 형벌을 함에 있어 사면함이 없었고, 공자(孔子)가 『춘추(春秋)』를 지을 때 대과[大眚]를 사면한 것은 반드시 기록했으니[28] 빼어난 이들[聖人]이 가볍게 사면하지 않았던 것이 이와 같습니다. 그러나 임금된 자[王者]가 천명(天命)을 받는 처음에 만일 대사(大赦)하지 않으면 그 잠자는 것[反側]을 편안히 할 수 없기 때문에 한 고조(漢高祖)가 진(秦)나라의 폐단을 이어 삼장(三章)의 법을 베풀어서 대사(大赦)의 영(令)을 시행했고 (후한을 세운) 광무제(光武帝)[29]가 난(亂)을 평정한 뒤에 또한 사유(赦宥)의 법을 시행했습니다.

이는 모두 더러운 것을 씻어내고 백성들과 더불어 다시 새롭게 시작하는 것[更始]이니 실로 부득이한 데서 나온 것이지 사사로운 은혜를 베푼 것이 아닙니다. 후세에 이 뜻을 제대로 살피지 못하고 비록 대를 계승하여 습봉(襲封)한 임금이라도 즉위하는 처음을 당하

---

27 상(商)나라 때 사람이며 주족(周族)의 우두머리였다. 성(姓)은 희(姬)씨이고, 이름은 창(昌)이다. 고공단보(古公亶父)의 손자이자 무왕(武王)의 아버지이고 계력(季歷)의 아들이다. 상주(商紂) 때 주변의 여러 부족을 멸하고 서백(西伯)이라 했다. 숭후호(崇侯虎)의 참언을 받아 주(紂)임금에 의해 유리(羑里)에 갇혔다. 그의 신하 태전(太顚)과 굉요(閎夭), 산의생(散宜生) 등이 주임금에게 미녀와 명마를 바쳐 석방될 수 있었다. 나중에 또 여(黎)나라와 우(邘)나라, 숭(崇)나라 등을 공격해 멸망시켰다. 섬서성 기산(岐山)에서 장안(長安) 부근 풍읍(豐邑)으로 도읍을 옮겼다. 현인(賢人)과 인재를 널리 받아들여 동해의 여상(呂尙)과 고죽국(孤竹國)의 백이·숙제(伯夷叔齊), 은신(殷臣) 신갑(辛甲) 등이 찾아왔다. 50년 동안 재위했다. 다움으로 만민(萬民)을 다스려 제후와 천하의 백성들이 모두 그를 따랐다고 한다.

28 그 같은 사면이 잘못된 것임을 드러내기 위해 반드시 기록했다는 것이다.

29 후한의 초대 황제(재위 25~57년)로 왕망의 군대를 격파하고 즉위해 한왕조를 재건했고 36년에 전국을 평정했다.

면 반드시 사유를 내리니 이것은 이미 의(義)가 아닙니다. 하물며 경사(慶事)와 복(福)을 구하기 위해 자주 사면하는 것이겠습니까! 이 때문에 당 태종(唐太宗)이 말하기를 "무릇 사유(赦宥)의 은혜가 오직 불궤(不軌)한 무리에게만 미치니 한 해에 두 번 사면하면 좋은 사람도 벙어리가 된다. 낭유(稂莠)[30]를 기르는 자는 곡식을 상하고, 간궤(奸宄)[31]에게 은혜롭게 하는 자는 양민을 해친다. 그래서 제갈량(諸葛亮, 181~234년)[32]이 촉(蜀)을 다스릴 때에 10년 동안 사면하지 않았더니 촉이 크게 교화됐고, 양 무제(梁武帝, 464~549년)[33]가 매년 여러 차례 사면했더니 결국 기울어져 패망하는 데에 이르렀다. 그래서 나는 천하를 차지한 이래로 절대로 놓아주거나 사면하지 않는다"고

---

30 강아지풀로, 곧 해초(害草)를 말한다.

31 간악한 사람을 말한다.

32 중국 삼국시대 촉한(蜀漢)의 정치가 겸 전략가로 명성이 높으며 와룡선생(臥龍先生)이라 일컬어졌다. 유비(劉備)를 도와 오(吳)나라의 손권(孫權)과 연합해 남하하는 조조(曹操)의 대군을 적벽(赤壁)의 싸움에서 대파하고 형주(荊州)와 익주(益州)를 점령했다. 221년 한나라의 멸망을 계기로 유비가 제위에 오르자 승상이 됐다.

33 남조 양나라의 초대 황제(재위 502-549년)다. 박학하고 문무에 재질이 있었다. 제(齊)나라에서 벼슬해 옹주자사(雍州刺史)가 되어 양양(襄陽)을 지켰다. 제나라 말인 영원(永元) 2년(500년) 황실이 어지러워지자 동혼후(東昏侯)에 대한 타도군을 일으켜 도읍인 건강(建康-난징)을 함락시킨 뒤 남제를 멸망시키고 정권을 장악하면서 양왕(梁王)에 봉해졌다. 이어 제나라 화제(和帝)를 폐위하고 제위에 올라 국호를 '양'이라 했다. 즉위한 뒤 유학(儒學)을 중흥시키고 백가보(百家譜)를 개정하면서 방목(謗木)을 설치하고 공헌(貢獻)을 폐지하는 등 괄목할 만한 정치를 펼쳤다. 나중에는 사족(士族)을 중용하고 불교를 신봉하여 사원을 대대적으로 건축하는 한편 세 번이나 동태사(同泰寺)에 몸을 바쳤다. 치세는 50년에 이르는데, 전반은 정치에 정진했지만 후반에는 불교신앙이 정치 면에도 나타났다. 불교사상사의 황금시대를 이루었지만 조금씩 파국의 징조를 보이기 시작했다. 중대동(中大同) 2년(547년) 동위(東魏)의 반장(叛將) 후경(侯景)이 투항했는데 얼마 뒤 동위와 화친을 구하자 이를 의심한 후경이 다음 해 반란을 일으켜 수도 건강(建康)이 함락되고 자신은 굶주림과 곤궁 속에 병사했다.

했습니다. 태종의 말은 뜻이 깊고 절실하며 사리에 훤히 밝아서 실로 만세(萬世) 임금의 규범(規範)입니다.

지금은 국가가 태평한[昇平] 지 여러 해인데 자주 사유(赦宥)의 영을 시행하십니다. 신 등은 죄가 있어도 벗어날 수 있어 징계함이 없으므로 악한 짓을 할 마음이 자꾸 생겨 그치지 않을까 진실로 두려워하고 있습니다. 어찌 밝은 때의 한 가지 잘못이 아니겠습니까? 전하께 바라건대 옛날의 빼어난 이들[先聖]이 남기신 뜻을 본받고 당 태종의 고사에 의거해 비록 경사(慶事)가 있더라도 가볍게 사유(赦宥)하지 않음으로써 간사스러운 자들이 악한 짓을 하는 마음을 막아야 할 것입니다.'

명하여 의정부에 내려서 헤아려 토의한 다음에 시행토록 했다.

갑인일(甲寅日-8일)에 도지휘(都指揮) 고득(高得), 통정사(通政司) 좌통정(左通政) 조거임(趙居任)과 환관태감(宦官太監) 황엄(黃儼)[34] 조천보(曹天寶)와 본조(本朝)의 환관 주윤단(朱允端)·한첩목아(韓帖木兒) 등이 고명(誥命) 인장(印章)과 칙서(勅書)를 싸 가지고 이르니 산붕(山棚)을 베풀고, 결채(結彩)하고, 나례(儺禮)를 갖추었다. 상이 면복(冕服) 차림으로 여러 신하를 거느리고 서교(西郊)에서 맞아 궐에 이르러 예(禮)를 행하고 고명과 인장을 받았다. 봉천승운황제(奉天承運皇帝)는 다음과 같이 제(制)했다.[35]

---

34 태종 때 가장 자주 조선을 찾게 되는 환관 출신 사신으로 많은 일화를 남겼다.
35 황제의 명령을 제(制)라 한다.

'짐(朕)이 생각건대 왕자(王者-임금된 자)가 천명(天命)을 받아 육합(六合-천지 사방)을 통일해 한집[一家]이 되고 천도(天道)는 똑같이 사랑하여[同仁] 만방(萬方)을 일체로 보아 땅의 멀고 가까움이 없으니 사람들은 모두 기꺼이 따른다[景從]. 우리 황고(皇考) 태조 고황제(太祖高皇帝)께서 크게 천명에 응하시어 환구(寰區)³⁶를 처음으로 만드시니 온 세상 안팎이 모두 신하로서 순종했다. 너희 조선국은 동번(東藩)에 있어 먼저 성교(聲敎-교화)를 입어 직공(職貢)의 예(禮)를 건위(愆違-어기다)한 것이 적었으니 그러므로 우리 조정에서 여러 번 은총의 물품을 내려주었다. 바야흐로 짐(朕)이 통어(統御)하던 처음에 너【諱(휘)】가 깊이 황고(皇考)의 은혜를 생각하고 내부(乃父)³⁷의 가르침을 이어받아 곧 표주(表奏-표문과 주문)를 진달하여 직공을 다해 조정으로 찾아왔다. 이 충성을 생각할 때 참으로 가상하다. 이에 너를 명하여 조선 국왕으로 삼고 인장(印章)을 주어 길이 모토(茅土)³⁸로 갚는다. 아아! 나라를 보전하고 백성을 편안히 하여 삼가 하늘을 두려워하는 도리를 지키도록 하라. 울타리가 되고 병풍이 되어 [作藩樹屛](작번 수병) 후손에게 남길 규모(規模)를 꾀하도록 하라. 그 위(位)란 실로 어려우니 짐의 말을 믿어 게으르지 말고 황음에 빠지지 말아서 [毋怠毋荒](무태 무황) 너는 이에 삼가야 할 것이다.'

---

36 천지(天地), 곧 나라를 가리킨다.

37 너[乃=爾(내 이)]의 아버지라는 뜻이다.

38 옛날 제왕(帝王)으로부터 받는 영지(領地)를 말한다. 한대(漢代)에 임금이 제후(諸侯)를 봉(封)할 때 오행설(五行說)에 따라 그 방면(方面)의 색깔의 흙을 흰 띠풀로 싸서 주었다는 고사에서 유래한 말이다. 동쪽은 청색, 서쪽은 백색, 남쪽은 적색, 북쪽은 흑색이다.

○ 칙유(勅諭)는 아래와 같다.

'황제는 조선 국왕【휘(諱)】에게 칙유한다. 짐이 생각건대 하늘은 밝은 도리[顯道]가 있어 그것을 고분고분 따르는 자는 번창하고 그것을 거스르는 자는 망한다. 그 응험(應驗)은 그림자나 메아리[影響]와 같아서 그 훤히 밝음[昭然]은 심히 두려워할 만하다. 옛날에 우리 황고(皇考) 태조 고황제(太祖高皇帝)께서 화하(華夏)[39]에 임금으로 임하시어 만방(萬方)을 다 소유하시고[奄有] 하늘을 공경하고 백성에게 부지런하여 공(功)을 이루시고 다스림에 이르셨다. 해와 달이 비치는 모든 땅에서 혈기가 있는 자라면 그를 높이고 제 몸과 같이 여기지 않음이 없었다. 아! 조선은 바다 귀퉁이[海隅]에 가까이 붙어 있으면서도 성교(聲教)를 먼저 입어 위엄을 두려워하고 다움을 품어 직공(職貢)을 다하기를 한결같이 하니 우리 황고께서 회유(懷柔)의 은총을 베풀고 물품을 주기를 거듭하셨다. 바야흐로 짐이 즉위한 초기에 곧바로 조유(詔諭)를 보냈더니 너【휘(諱)】가 과연 하늘과도 같은 도리[天道]를 공손하게 따르고 우리 황고의 깊은 은혜를 생각해 곧장 배신(陪臣)을 보내 표문(表文)을 받들어 조공(朝貢)했으니 예의(禮意)의 부지런함이 참으로 칭찬할 만하다. 지금 특별히 사신을 보내 조선 국왕의 금인(金印)과 고명(誥命)을 주어 너로 하여금 은총과 영광을 빛나게 하노라. 아아! 오직 덕망과 고분고분함[德順]만이 자기를 바르게 규율할 수 있고 오직 삼감과 조심함[敬謹]만이 하늘을 감동시킬[格天] 수 있도다. 결코 속임수[謠詐]를 행하지 말고, 사치

_____

39 제하(諸夏)와 마찬가지로 중국을 통칭하는 말이다.

[浮華]를 숭상하지 말고, 귀 밝고 눈 밝은[聰明] 척하느라 전장(典章)을 폐기하지 말고, (중국에서) 도망친 사람을 받아들여 예전의 가르침을 어기지 말라. 대대로 번방(藩邦)[40]을 지켜 네 땅을 다스려 편안케 하여 동방[東表]의 신민(臣民)으로 하여금 모두 복택(福澤)에 젖게 한다면 어찌 바르지[釐=正] 않겠는가! 그래서 이에 칙유(勅諭)하는 것이니 마땅히 (짐의) 지극한 회포를 몸으로 받아들여야[體=體認]할 것이다.'

사신 황엄(黃儼) 등이 싸 가지고 온 선유(宣諭)[41]의 성지(聖旨)는 내용이 이러했다.

'영락(永樂) 원년 2월 초8일 봉천문(奉天門)의 이른 조회[早朝] 때에 성지(聖旨)를 선유(宣諭)하기를 "건문(建文) 때에 도망쳐 흩어진 사람이 많은데 다른 곳으로 도망간 사람이 많고 약간은 그곳으로 도망간 사람도 있다. 네가 그들에게 말하여 알리되, 돌아가 국왕에게 말하여 하나하나 모두 보내오게 하라. 같은 날에 예부상서(禮部尙書) 이지강(李至剛)은 본부(本部)에서 상위(上位)의 성지(聖旨)가 있다고 말했는데, 조선의 일로서 인신(印信)·고명(誥命)·역일(曆日)은 너 예부에서 모두 주선하여 저들에게 주어서 가져가게 하라. 바깥 나라가 비록 많으나 너희 조선은 다른 곳과 비교할 수 없다. 군신간과 부자간이 모두 같으니 효도하고 순종하여 도리를 아는 자식이 있고, 오

---

40 '울타리 같은 나라'라는 뜻이다.
41 유지(諭旨)나 훈유(訓諭)를 백성에게 널리 알려 공포(公布)하는 것을 말한다.

역(五逆)⁴² 불효(不孝)하고 도리를 알지 못하는 자식이 있다. 도리를 알지 못하는 자식은 옳지 않은 것이 있으면 꾸짖어도 이상하지 않지만 도리를 아는 자식은 아홉 번 지극한 마음으로 효도하고 순종하더라도 한 번만 조금 잘못한 곳이 있어 꾸짖으면 아홉 번 효순(孝順)한 마음까지 모두 소용이 없게 된다. 지금 상위(上位)가 한 가지, 한 가지 일들을 모두 태조를 본받아서 행하니 매일 홍무(洪武) 2년, 3년 이래의 외방(外邦)에 보낸 문서(文書)와 외방에서 온 문서, 태조(太祖)가 지은 시(詩)를 가져다가 모두 매일 본다. 너희도 그곳에서 홍무 2년, 3년 이래의 문서를 가져다가 어느 때 문서에는 좋은 말이 있고, 어느 때 문서에는 괴이한 말이 있고, 두려워하여 도망간 소인이 있는 것을 자세히 보라. 조금만 옳지 못한 곳이 있으면 종전에 효순(孝順)했던 것까지 모두 소용이 없게 된다. 이것이 가장 긴요한 일이다. 네가 이 뜻의 말로써 국왕에게 말하여 상위(上位)의 후한 은혜를 잊지 말라"고 하셨습니다.'

예(禮)를 마치자 엄(儼)이 말했다.

"황후(皇后)께서 현비(賢妃)에게 내린 교(敎)가 있으니 궁에 들어가서 친히 전하겠습니다."

상이 말했다.

"비자(妃子)가 해산한 뒤에 병이 낫지 않았으니 낫는 대로 마땅히 명(命)대로 하겠소."

---

42 불가(佛家)의 말로 지옥(地獄)에 갈 원인이 되는 다섯 가지의 악행(惡行)이다. 곧 아버지를 죽이는 것, 어머니를 죽이는 것, 아라한(阿羅漢)을 죽이는 것, 중의 화합(和合)을 깨뜨리는 것, 불신(佛身)을 상(傷)하게 하는 것 등이다.

사신이 궐을 나가 태평관에 이르니 상이 태평관에 나아가 잔치를 베풀었다.

○ 하륜(河崙), 이첨(李詹), 조박(趙璞) 등이 경사(京師)에서 돌아와 상에게 복명하여[復] 말했다.

"제(帝)가 륜(崙) 등을 보고 기뻐하며 말하기를 '(우리) 사신이 도착한 이튿날에 곧 (출발해서) 왔구나'라고 하고서 표리(表裏-옷감) 6벌과 초(鈔-지폐) 305정(錠-덩이)을 주고 두텁게 위로하여 보내주었습니다."

이에 병부주사(兵部主事) 육옹(陸顒)이 부쳐 보낸 부자도(夫子圖), 삼원연수도(三元延壽圖), 조정 묘휘(朝廷廟諱)를 올렸다. (이에 따르면) 인묘(仁廟)[43]의 휘(諱)는 세진(世珍)이고, 고황제(高皇帝)의 휘는 원장(元璋), 자(字)는 국서(國瑞)이며, (지금) 황제(皇帝)의 휘는 체(棣)이고, 제왕(諸王)의 휘는 상(樉)·강(棡)·숙(橚)·정(楨)·단(樽)·재(梓)·기(杞)·단(檀)이었다.

○ 예부(禮部)에서 (고명 등을) 내려준 일에 관한 문건이다.

'황제가 파견하는[欽差] 내관태감 황엄(黃儼) 등은 정부사(正副使) 도지휘사(都指揮使) 고득(高得) 등과 함께 고명(誥命), 금인(金印)과 영락(永樂) 원년 대통력(大統曆)을 싸 가지고 조선국에 가게 한 것 외에 마땅히 본국(本國-조선)에 자문(咨文)을 보내어 알리는 바입니다. 이에 먼저 준 고명, 구인(舊印), 인지(印池)[44]를 철회합니다. 모름

_____

43 주원장의 아버지로 추존하여 묘호를 올린 것이다.
44 인주를 담는 용기를 말한다.

지기 자문하는 바입니다. 조선 국왕 고명(誥命) 1통[道], 금인(金印) 1과(顆), 금인지(金印池) 1과(顆)를 주는 것입니다.'

○ 병부(兵部)에서 마필(馬匹)을 무역하기 위한 일에 관한 문건이다.

'돌이켜보면 지난번에 태복시소경 축맹헌(祝孟獻) 등을 보내어 단필(段匹) 등의 물건을 가지고 조선국에 가서 말 1만 필을 바쳤습니다. 이미 사 온 마필을 제외하고도 본국에서 이미 받은 단필 등의 물건이 있습니다. 일찍이 아직 사지 않은 말이 2,193필입니다. 지금 조선국에서 보낸 사신이 경사(京師)에 와서 조공을 바치고 돌아가는 편에 본국(本國)에 이자(移咨)하는 바입니다. 문서(文書)가 이르는 날에 곧 전항(前項)의 마필을 사서 요동도사(遼東都司)에 보내어 교부하고, 산 마필의 털빛과 나이를 갖추어 회보(回報) 바랍니다. 모름지기 자문하는 바입니다.'

○ 원자가 입학하여 학생복을 입고 문묘(文廟)[45]에 배알하고서 작(爵-술잔)을 올렸으며 박사(博士)에게 속수(束脩)의 예(禮)[46]를 행했다. 성균 사성(成均司成) 설칭(薛偁)과 사예(司藝) 김조(金稠)를 박사로 삼아서 그것을 받았다. 속백(束帛) 한 광주리[篚], 술 한 병[壺], 육포[脩] 한 소반[案]이었다. 이에 앞서 지신사 박석명이 원자의 입학

---

45 유교를 집대성한 공자(孔子)나 여러 성현들의 위패를 모시고 제사를 드리는 사당을 말한다.

46 제자가 될 때에 스승에게 예물로 육포를 올리는 것을 말한다. 이는 『논어(論語)』 「술이(述而)」편에 나오는 공자의 다음과 같은 말에서 비롯된 것이다. "자기 스스로 찾아와서 육포 한 속(10개) 이상을 내놓으며 배움을 청하는 사람이 있으면 내 일찍이 가르쳐주지 않은 적이 없었다." 배우고자 하는 자발성을 강조하는 표현이다.

의(入學儀-입학 의례)를 아뢰자 상이 말했다.

"지금 아직 이름을 이루지[成名] 못하고 다만 글을 읽는 것일 뿐
이다. 위의(威儀-의례)를 갖추지 말고 청양산(靑陽傘)⁴⁷ 등의 의례용
물품은 없애라."⁴⁸

○ 다시 진헌 관마색(進獻官馬色)⁴⁹을 두었다.

○ 면류관과 곤룡포[冠袍]를 갖춰 입고 하례(賀禮)를 받았다.

○ 정부(政府-의정부)에서 백관을 거느리고 전(箋-글)을 올려 고명
과 인장을 받은 것에 대해 축하한 때문이다.

병진일(丙辰日-10일)에 사신 조거임(趙居任)이 문묘(文廟)에 알현(謁
見)했다.

○ 상이 태평관에 나아가 사신에게 잔치를 베풀었다. 환관 황엄(黃
儼) 등의 행동거지[擧止]가 무례하여 상의 뜻에 맞지 아니하니[不愜=
不快] 잔치를 서둘러 끝냈다. 이튿날 주윤단, 한첩목아 등이 대궐에
나와 사사로이 예(禮)를 행하니 상이 예(禮)로 대접했다. 윤단(允端)
이 사뢰어 말했다.

"지난번에 온전(溫全)이 돌아와서 제(帝)께 호소하기를 '조선 국왕
이 성질[性氣]이 고항(高亢)⁵⁰하여 신을 거만스레 대접했고 노왕(老王-
태상왕)은 그렇지가 않아 신을 예(禮)로 대접했습니다. 이는 다름 아

---

47 의장(儀仗)의 한 가지로 푸른 빛깔의 양산이다.

48 원자, 즉 훗날의 양녕대군은 1394년생이므로 이때 만 10세였다.

49 명나라에 진헌할 말을 모으기 위해 임시로 두었던 관청을 가리킨다.

50 뜻이 높아 남에게 굽신거리지 않는다는 말이다.

니라 폐하(陛下)를 향한 정성이 두텁고 엷음(의 차이)이 있기 때문입니다'라고 하니 제께서 도리어 온전을 나무라기를 '네가 내신(內臣)으로서 마땅히 어사(御史)의 위에 앉아야 할 것인데 도리어 그 아래에 앉아서 마침내 그와 같이 된 것이다. 그것은 단지 국왕의 허물일 뿐 아니라 네가 결국 자초한 것이다'라고 하셨습니다. 지금 신 등은 질(秩-품계)이 낮은 환관(宦官)임에도 도지휘(都指揮)의 위를 차지합니다."

상이 대답했다.

"빼어나신[聖] 천자(天子)께서 즉위하시던 처음에 온전이 조서를 받들고 우리 누방(陋邦-누추한 나라)에 왔다. 기쁘고 감사한 마음을 이길 수가 없었는데 어찌 무시하고 거만한 뜻이 있었겠는가! 오직 (황제에게) 잘 주달(奏達)해주기 바라네."

다례(茶禮)를 행했다.

무오일(戊午日-12일)에 황엄, 조천보, 고득 등이 남교(南郊)에서 사냥을 구경했다. 엄(儼) 등이 사냥 구경[觀獵]을 청하므로 상이 의안대군 화와 이숙번에게 명해 군사 천기(千騎)를 거느리고 남교에서 사냥하게 했다. 엄 등이 그 날래고 용맹스러움[驍勇]을 칭찬했고 잡은 새도 정말 많았다. 의정부에서 남대문 밖에 장막을 베풀고 잔치를 벌여 위로하고 저물 무렵에 (궁으로) 돌아왔다.

○ 경상도 안동(安東), 상주(尙州), 영천(榮川) 등 아홉 고을에 모두 닷새 동안 서리가 내렸고[隕霜] 또 가물어서 초목이 말랐다.

기미일(己未日-13일)에 상이 무일전(無逸殿)에서 사신에게 잔치를 베풀었다. 황엄, 조천보, 주윤단, 한첩목아 등이 대궐에 이르니 상이 함께 안으로 들어갔다. 엄 등이 비자(妃子-왕비)를 알현코자 했으므로 상이 답례(答禮)를 물으니 윤단이 말했다.

"사신이 알현하면 비자께서는 손을 들어 조금 굽힙니다[小屈]."
_{소굴}

상이 말했다.

"비자는 이런 예(禮)를 익히지 못했으니 나는 우리나라의 예(禮)를 행하고 싶소."

마침내 답배(答拜)하니 엄 등이 웃었다. 상이 다례를 행하고 이내 잔치를 베풀었다. 엄과 천보의 성품과 행실[性行]이 매우 거만하고,
_{성행}
거임(居任)도 그대로 자리에 앉아 있었다. 상이 매번 수라를 들 때마다 그들과 눈이 마주치니[擊目] 엄 등이 조금은 편치 않아 하는
_{격목}
기색이 있었다. 포구락(抛毬樂)⁵¹을 베풀었는데 동쪽 편 기생은 맞히는 자[中者]가 4명이었고 서쪽 편에는 맞히는 자가 없었다. 엄 등이
_{중자}
즐거워하며 사람을 시켜 상에게 말했다.

---

51 송나라에서 전래한 당악정재(唐樂呈才)의 하나다. 중국에 있어서 이 포구락은 고대 경기(競技) 중의 하나인 축국(蹴鞠)으로 거슬러 올라갈 수 있다. 송대(宋大) 심괄(沈括)의『몽계필담(夢溪筆談)』에 의하면 중국에서도 이 포구(抛毬) 놀이는 민간에서 많이 유행했던 것 같다. 포구락은 포구문(抛毬門)을 가운데에 놓고 편을 갈라 노래하고 춤추며 차례로 공을 던지는데, 구멍에 넣으면 봉화가 상으로 꽃을 주고 넣지 못하면 봉필이 벌로 붓에 먹을 찍어 얼굴에 묵점(黙點)을 찍어주는 놀이다. 춤의 진행은 먼저 화봉삼축지곡(華封三祝之曲)을 연주하는데 이때 죽간자가 나아가 포구문 좌우에 서서 구호를 하고 물러선다. 전대(全隊) 12인이 포구문 좌우로 나아가고 전대 2인이 꿇어앉아 엎드려 채구(彩毬)를 잡고 일어서 창사한 다음 진퇴하여 풍류안(風流眼)에 던져 넣으면 북향 염수(斂手)하고 엎드렸다가 꽃을 받아 물러난다. 만약 넣지 못하면 염수하고 오른쪽 볼에 묵점이 찍힌다. 계속하여 좌우 2인씩 놀이를 진행한 다음 죽간자가 앞으로 나아가 구호한다. 12인이 모두 춤추면 악사가 포구문을 거느리고 퇴장한다.

"우리 쪽은 다 맞히는데, 국왕 쪽은 어째서 맞히지 못합니까?"

상이 웃었다. 매번 술이 나올 때면 엄 등이 상께 권하여 반드시 마시게 하는데 거임만은 오직 그렇게 하지 않고 상에게 말했다.

"자기가 하고 싶지 않은 것은 남에게 베풀지 말아야 합니다[己所不欲勿施於人]."[52]
_{기소불욕물시어인}

상이 말했다.

"빼어나신 천자(天子)께서 즉위하시어 대인(大人)에게 명해 만리(萬里)나 되는 곳에 역마(驛馬)를 달려 고명과 인장을 주게 하셨으니 나의 자손이 마땅히 황손(皇孫)과 더불어 함께 부귀(富貴)를 누리기가 천만세(千萬世)에 이를 것입니다. 비록 술을 권하지 않더라도 내가 어찌 감히 사양하겠소?"

거임이 말했다.

"국왕께선 항상 이 마음을 간직하셔야 합니다."

극진히 즐기고 마쳤다. 이튿날 엄 등이 윤단을 보내 말했다.

"우리는 어제 크게 취하여 몹시 피곤한데 국왕의 안부는 어떠하십니까?"

상이 박석명을 시켜 대답했다.

"나도 역시 매우 피곤하여 나가보지 못했으니 크게 예의(禮意)를 잃었소."

상이 사신에게 옷과 모자와 가죽신을 주었는데 오직 거임만이 받

---

52 『논어(論語)』「안연(顏淵)」편과 「위령공(衛靈公)」편에 나오는 말이다. 공자의 핵심 개념인 '서(恕)'를 풀이한 말로 제자 중궁과 자공에게 인(仁)을 실천하는 방법으로 일러준 것이다. 그래서 자신은 억지로 술을 권하지 않는다는 말이다.

지 않았다. 거임이 말했다.

"지난번에 이곳에 사신으로 왔던 자들이 모두 나이 어린 무리들이어서 주색(酒色)에 빠져 조정을 욕되게 했기 때문에 이번에는 늙은 신하를 보낸 것입니다."

수염과 귀밑털이 모두 희었다. 엄이 옷과 모자가 매우 아름답지 못하다 하여 만족하게 여기지 않고 또 항상 말했다.

"국왕께서 어찌 내구마(內廐馬) 한두 필을 주지 않을라고? 노왕(老王)과 병든 왕께서도 어찌 말 한 필씩을 아니 주겠나? 그러면 한 네 필이 되겠지!"

도리어 통사(通士)에게 이르기를 "이 말[言]을 밖으로 내지 말라"고 했으니 실은 말하게 하려 한 것이었다.

임술일(壬戌日-16일)에 사간원에서 소(疏)를 올렸다. 소는 대략 이러했다.

'이미 이루어진 법전은 가벼이 바꿀 수가 없습니다. 하물며 사전(祀典)은 나라의 큰일이니 더욱더 살펴서 늘리거나 줄이거나[增損]하지 않을 수 없습니다. 건문(建文) 원년(1399년) 정월 30일에 성균관에서 송조(宋朝-송나라)의 고사(故事)에 의거해 글을 올려 신청하여 증자(曾子)와 자사(子思)를 안자(顏子)와 맹자(孟子)의 열(列)에 배향(配享)했으니[53] 참으로 성대한 시절의 아름다운 법입니다. 겸 예조

---

53 문묘(文廟) 배향의 문제를 말하고 있다. 증자와 자사는 각각 사서(四書) 중에서 『대학(大學)』과 『중용(中庸)』의 편찬자이기 때문에 다른 제자들보다 높이 받들어진다. 안자는 수제자이고 맹자는 주희 등에 의해 후대에 높이 받들어진 인물이다. 공자를 비롯해 이들

지사(兼禮曹知事) 김첨(金瞻), 예조의랑(禮曹議郎) 장자숭(張子崇) 등
이 원자께서 입학하는 예(禮)를 상정(詳定)함에 있어 작헌의(爵獻
儀)[54]에 증자와 자사를 빠뜨리고 거행치 않았으니 뜻을 두어 정밀하
게 살피지 못한 죄가 큽니다. 빌건대 파직(罷職)하여 삼가지 않은 죄
[不恪=不敬]를 징벌하시고 예관(禮官)에 거듭 명하여 그 예법을 다
시 정해 증자와 자사를 예전과 같이 배향(配享)하게 하시면 사도(斯
道)[55]가 심히 다행이겠습니다.'

(유사에) 내리지 않았다[不下].

계해일(癸亥日-17일)에 성절일(聖節日)[56]이라 사신이 대궐에 나아와
하례(賀禮)를 행했다. 상이 면복(冕服) 차림으로 여러 신하를 거느리
고 하례를 행하여 마치고 나서 사신과 더불어 잔치를 베풀었는데 거
임(居任)만이 병을 핑계로 관(館-태평관)으로 돌아갔다.

○ 황엄, 조천보, 고득 등이 장차 금강산(金剛山)에 놀러가려고 하

4명을 합쳐 오성(五聖)이라 한다.

54 작을 올리는 의례를 가리킨다.

55 유가(儒家)에서 유교의 도덕을 이르는 말로, 특히 공맹(孔孟)의 가르침이라고 풀이한다.
그러나 이 글은 기본적으로 공자의 유학과는 동떨어진 주희의 성리학 또는 도학을 특정
해서 가리키는 말로 보아야 한다. 지금 이 글은 송나라 주희에 의해 소위 도통(道統)의
한 자리를 갖게 된 사서의 편찬자 증자와 자사의 홀대 문제에 대한 반격이기 때문이다.
특히 이 점을 간파한 태종이 이 상소를 받아들이지 않는다는 사실에 주목할 필요가
있다.

56 중국 황제의 생일을 가리키는 말이다. 당나라 태종(太宗) 때까지는 황제의 생일을 그냥
생일(生日)이라고만 했는데 당나라 현종(玄宗)의 생일을 처음으로 천추절(千秋節)이라고
한 데서부터 황제의 생일을 절(節)이라고 칭했다. 이후로 황제와 황태후의 생일을 성절
(聖節), 황태자의 생일을 천추절, 임금과 왕비의 생일을 탄일(誕日), 왕세자의 생일을 생신
(生辰)이라고 불렀다.

자 거임(居任)이 엄 등에게 일러 말했다.

"그대들은 어째서 금강산 구경을 하려고 하는가?"

엄 등이 말했다.

"금강산은 모양이 불상(佛像)과 같다길래 보려고 하는 것이오."

거임이 말했다.

"산은 천지가 개벽(開闢)할 초기에 이루어졌고 부처는 산이 생긴지 훨씬 뒤에 태어났다."

윤단(允端)과 첩목아(帖木兒)가 친척을 방문하고 조상들의 묘소[先墳=先墓]에 참배하기 위해 그들의 고향으로 돌아갔는데 상이 편치 못해[不豫] 대언과 의정부를 보내 문밖에서 전송했다.

을축일(乙丑日-19일)에 경연에 나아갔다. 상이 말했다.

"대간(臺諫)이 사람의 죄를 청함에 있어 반드시 정직(停職)이니, 속산(屬散)[57]이니, 원방유배(遠方流配)니 하는 등의 말이 있는데 그냥 의율논죄(依律論罪)[58]라고만 칭하는 것이 참으로 마땅치 않은가? 옛날 사람들이 말하기를 '임금이 일단 말을 하면 스스로 옳게 여기어 경대부(卿大夫)가 감히 그 잘못을 바로잡지 못한다'고 했는데 경들은 이를 결코 본받지 말고 곧게 말해야 할[直言] 것이다."

좌우가 모두 말했다.

"전하의 말씀이 참으로 옳습니다."

---

57 관인(官人)으로서 관직 없이 산직(散職)에 속해 있는 것이다.
58 말 그대로 법률에 따라 죄를 논한다는 뜻이다.

이에 사헌부, 사간원, 형조의 장무(掌務-실무 담당)를 불러 명했다.

"지금 이후로는[今後=自今] 죄주기를 청하는 소(疏)는 처치(處置)의 조목(條目)은 거론하지 말고 다만 의율논죄라고만 말하라."

○ 명하여 날고기 반찬[生肉膳]을 없애도록 했다. 상이 말했다.

"태상전과 상왕전에 올리는[供上] 것 외에 날고기 반찬을 모두 없애도록 하라. 한 달 동안에 한 전(殿)에 올리는 노루가 30마리이니 네 전(殿)에 공상하는 것이 120마리나 된다. 비록 1,000만 명의 사람이 사냥한다 하더라도 하루에 잡는 것은 많지가 않은데 어찌 아파치(阿波赤)[59]가 능히 이를 지탱하겠느냐?"

박석명이 대답했다.

"한 나라에서 하루에 한 마리의 노루를 올리는데 무엇이 어려울 것이 있습니까?"

상이 말했다.

"내 뜻이 이미 정해졌으니 내일 아침부터 올리지 말라."

병인일(丙寅日-20일)에 조박(趙璞)을 의정부 참찬사로 삼고 사헌지

---

59 정역호(定役戶)의 하나다. 정부의 특정 기관에 예속돼 생업에 따라 공물과 진상품을 납부하던 민가다. 정역호는 특수한 물품을 공물과 진상으로 상납하는 대신 전세 이외의 여러 잡역을 모두 면제받았다. 응사(鷹師), 채약인[藥夫], 정상탄정역호(正常炭定役戶), 염간(鹽干), 생안간(生雁干), 생선간(生鮮干), 산정간(山丁干), 포작간(鮑作干), 소유치(酥油赤), 아파치[阿波赤], 재인(才人), 화척(禾尺) 등이 정역호에 속했다. 이외에도 특수한 물자를 생산하기 위해 일반인 혹은 군사를 동원하여 정역호와 같이 그 의무를 명시해서 모모군(某某軍)으로 부르는 경우도 있었다. 소목군(燒木軍), 해작군(海作軍), 취련군(吹鍊軍), 채포군(採捕軍) 등이 그런 예다. 문맥상 아파치는 사냥꾼으로 보인다.

평 박도홍(朴道弘)을 해풍군지사(海豊郡知事)[60]로, 좌헌납(左獻納) 한고(韓皐)를 인동감무(仁同監務)로 삼았다. 애초에 헌부에서 사람을 시켜 장흥고(長興庫)에 장인(匠人)을 독촉했는데, 고(庫)에서 전례(前例)가 없다는 이유로 응하지 않았다. 지평 박도홍이 고(庫)의 아전에게 볼기를 쳤는데 (그날이) 마침 조회를 정지하고 형벌을 금한 날이었다. 고사(庫使) 김섭(金涉)이 헌납 한고에게 말했다.

"고(庫)에 본래 사무가 많은데 도홍(道弘)이 형벌을 금한 날에 아전을 형벌했으니 자네는 도홍과 친척이므로 의리로 책망하라."

고(皐)가 말하니 도홍이 피혐(避嫌)하고 출근하지 않았다. 헌부에서 섭(涉)을 탄핵하고 수직(守直)하며, 직첩(職牒)을 거두고 그 죄를 국문할 것을 청했다. 상이 장무(掌務)인 지평 김명리(金明理)를 불러 말했다.

"장인을 보내지 않은 것이 어찌 국문할 죄이냐? 작은 일을 가지고 경솔히 조사(朝士-조정 관리)를 죄주는 것은 매우 옳지 않다."

명리가 말했다.

"장인을 보내지 않은 것으로 죄를 삼는 것이 아니고, 간원(諫院)에 촉탁하여 도홍을 탄핵하고자 한 것을 죄로 삼는 것입니다. 대간(臺諫)이 서로 미워한 지가 오래입니다. 지금 신 등이 특별히 전하의 가르치심을 받아서 거의 화목(和睦)하는 데에 이르려고 하는데, 섭(涉)이 선동하여 어지럽히려고 하니 신 등은 그 때문에 죄주기를 청한 것입니다."

---

60 경기도 개풍 지역의 옛 지명이다. 지금은 개성에 속한다.

상이 말했다.

"그럴 수는 없다. 어찌 그 사실을 알지 못하고 갑자기 죄줄 수 있느냐? 그 처음의 근원으로 올라가 보면 실로 작은 일이다. 다시 청하지 말라."

이때에 이르러 두 사람을 외임(外任)으로 내보냈다.

정묘일(丁卯日-21일)에 우정승 성석린, 승추부 제학 이원(李原), 예문관 제학 이정견(李廷堅)을 보내 경사(京師)에 가게 했다. 석린(石璘)과 원(原)은 고명과 인장을 내려준 것을 사례하기 위함이다. 건문(建文)이 내려준 고명과 인장은 되돌려 바쳤다[繳納=還納]. 사례하는 표문[謝表]은 이러했다.

'윤언(綸言)[61]으로 바르게 일깨워주시어 권면하고 징계하는 바를 밝게 보여주셨고 보명(寶命)[62]이 새로워졌으니 감격스러움과 부끄러움이 삼가 더합니다. 보답하여 선양(宣揚)하기를 오직 조심스럽게 하여 분골쇄신(粉骨碎身)으로도 갚기가 어려울 것입니다. 외람되게[猥] 용렬한 자질로 멀리 황복(荒服)[63]에 머물러 있습니다. 기쁘게도 밝은 시대[昭代=明代]를 만나 바야흐로 집양(執壤)[64]의 의례(儀禮)를 닦

---

61 황제가 아랫사람에게 내리는 말이다.
62 천자(天子)의 명령을 가리킨다.
63 중국 요순시대(堯舜時代)의 제도로 왕기(王畿)를 중심으로 하여 주위를 매복(每服) 500리씩 순차적으로 나눈 다섯 구역이다. 상고에는 전복(甸服), 후복(侯服), 수복(綏服), 요복(要服), 황복(荒服)을 오복이라 했다. 황복이 가장 멀다. 그래서 천자(天子)의 감화가 미치지 않는 먼 나라라는 뜻이 담겨 있다.
64 지방에서 나는 방물(方物)로 드리는 예물(禮物)을 가리킨다.

고 크게[誕] 덕음(德音)을 내리셨으니 이에 분모(分茅)[65]의 은총을 주셨습니다. 하물며[矧=況] 가르쳐주시고 일깨워주심[誨諭]을 입었으니 늘 마음에 새겨 잊지 않기를 더욱[采] 간절히 하겠습니다. 도량(度量)이 넓어 두루 포용하시고 어짊[仁]은 누구에게나 미루어 헤아려[推] 똑같이 사랑을 베푸십니다. 제후(諸侯)를 세우는 일은 희역(羲易)[66]에서 본받고, 서옥(瑞玉)을 반사(頒賜)하는 것은 우서(虞書)[67]에서 상고하셨습니다. 드디어[遂] 보잘것없는 자질(의 이 사람)[瑣末之資]로 하여금 나라를 보전하고 다스리는 부탁을 떠맡게 해주셨습니다. 아름답게 부로(父老)들과 더불어 성수(聖壽-황제의 수명)가 하늘과 가지런하기를 빌고, 맹세코[誓] 자손들에 이르도록 후의 도리[侯度]를 영원토록 부지런히 하겠습니다.'[68]

석린에게 구마(廐馬) 한 필을 내려주었다. 정견(廷堅)은 중궁(中宮)의 책봉을 하례하기 위함이었다. 조거임(趙居任)이 석린 등과 함께 가려고 하다가 상이 만류해 그만두었다. 이튿날 거임이 운암사(雲巖寺)[69]에 가서 놀다가 돌아오니 상이 태평관에 가서 잔치를 베풀었다.

○ 검교 좌정승 우인렬(禹仁烈)이 졸했다. 인렬(仁烈)은 단양(丹陽)

---

65 제후로 봉해주는 것을 뜻한다.

66 복희(伏羲)의 역을 가리킨다.

67 『서경(書經)』의 편이름이다.

68 감사의 마음을 표현하기 위해 평소에 잘 쓰지 않는 부사적 표현들이 많이 사용됐음을 볼 수 있다.

69 개경 인근 봉명산에 있던 절로 고려 공민왕의 능인 현릉(玄陵)의 원찰로도 유명하다. 창건연대 및 창건자는 미상이나 원래 시흥종(始興宗)에 소속되어 있었으며, 광암사(光巖寺) 또는 운암사(雲巖寺)로 불렸다.

사람인데 도평의녹사(都評議錄事)로 벼슬길에 나왔다. 기해년에 홍건
적(紅巾賊)이 와서 침공하니 한방신(韓方信)을 원수(元帥)로, 인렬을
장무(掌務)로 삼았다. 하루는 원수가 종사군관(從事軍官)에게 군사를
나누어 주는데 인렬이 받기를 청했다. 원수가 말했다.

"장무(掌務)는 부서(簿書)를 맡을 뿐인데 군사는 받아서 무엇 하려
는가?"

군이 청하니 원수가 허락하고 마음속으로 기이하게 여겼는데 전투
를 하기에 이르러 몸소 사졸(士卒)들에 앞장서서 여러 차례 공을 세
웠다. 드디어 조정에 천거되어 감찰어사(監察御史)를 제수받고 여러
벼슬을 거쳐 문하찬성사(門下贊成事)에 이르렀다. 임신년에 우리 태상
왕(太上王)께서 원종공신(原從功臣)의 녹권(錄券)을 주었고 기묘년에
삼사판사(三司判事)에 제수됐으며 계미년에 검교 좌정승에 올랐는데
병으로 집에서 죽으니 나이가 67세였다. 부음이 들리자 조회를 3일
동안 정지하고 치제(致祭)했으며 시호를 정평(靖平)이라 했다. 인렬은
관후(寬厚)하고 충직(忠直)하여 일찍이 합포원수(合浦元帥)가 되어 힘
써 싸워 적을 물리쳤고 전후(前後)로 경사(京師)에 입조(入朝)한 것이
모두 다섯 번이었다. 아들이 두 사람이니 양선(良善), 양수(良壽)다.

○ 명을 내려 송충(松蟲)을 잡았다. 승추부·순위부·유후사·오부
(五部)와 군기감(軍器監)의 장인(匠人) 및 백관(百官)이 품등(品等-품
계)에 따라 사람을 내어 모두 1만여 명이었는데 총제·상호군·대호
군으로 하여금 나누어 거느리고 송충을 잡게 했다. 한 사람당 석 되
[升] 정도 잡아 땅에 묻게 했다. 이때 송충이 온 산에 가득하니 상이
그것을 근심해 좌우에 일러 말했다.

"송충이는 어느 시대부터 있던 것인가?"

좌부대언(左副代言) 김한로(金漢老)가 대답했다.

"전조(前朝)의 원종(元宗) 때에 300명의 사람을 시켜 잡아서 강물에 던졌습니다."

상이 박석명에게 말했다.

"송충의 재앙은 기운이 그렇게 만드는 것이라 인력(人力)으로 얼마든지 이길 수 있는 것이다. 경들은 어째서 이 점을 생각지 않는가? 벌레가 잎을 먹으면 소나무는 반드시 말라 죽을 것이다."

수일 뒤에 상이 조영무에게 물었다.

"송충잡이 어떻게 되었는가?"

영무가 대답하기를 "거의 다 잡고 오직 송악산(松岳山)의 여러 골짜기만 다 잡지 못한 곳이 있습니다"라고 했다.

상이 말했다.

"벌레 잡는 것은 승추부의 책임인데 내가 명하지 않았더라면 어찌 됐겠는가?"

영무가 대답했다.

"신(臣)이 (일하는) 재기(材器)가 없어 미처 인부(人夫)가 나올 곳에 생각이 미치지 못했습니다."

상이 말했다.

"재기(材器)라고 하는 것은 어떤 일이 일어나기에[未然] 앞서 그것을 헤아려 꾀하는 것이다. (그런데) 지금 송충이 소나무를 해치고 나서야 그것을 잡는 것도 역시 반드시 재기가 있는 자라야 잘할 수 있는 것이냐?"

제릉(齊陵)의 소나무에 송충 하나가 있었는데 크기가 팔뚝 같고 길이가 한 자[尺]나 됐다.

○ 순위부 제공(提控)[70] 김이공(金理恭)을 가두었다. 애초에 도망쳐 온 군사와 남녀 60명을 조신(朝臣-조정 신하)에게 나누어 주었다. 김이공이 송철(宋哲)이라는 자를 얻어서 잘 대우했다. 이공의 아내가 말하기를 "옷과 밥을 줘봤자 결국 어디다 쓸 것인가?"라고 했다.

마침내 그를 미워했다. 철(哲)이 가만히 사신을 만나보고 그 까닭을 말하니 거임(居任)이 영접도감(迎接都監)에게 말했다.

"전하께서는 이미 빠짐없이 (중국으로) 보내게 했는데 어찌하여 이러한가?"

드디어 상에게 고하게 하니 상이 말했다.

"천사(天使) 왕득명(王得名)이 중로(中路)에 사람을 시켜 내게 이르기를 '만일 빠트린[遺漏] 자가 있으면 뒤따라서 다 뽑아 보내라'고 했으니 경중(京中)의 오부(五部)와 외방(外方)의 주현(州縣)으로 하여금 다시 추쇄(推刷)하게 하겠소."

거임이 말했다.

"전하의 말씀이 옳습니다. 일월(日月)이 비추는 것도 오히려 미치지

---

70 본래 원나라에서 서(署), 국(局) 등 말단 행정기관에 두어졌던 하급 관직으로 고려에 이 관직이 설치된 것은 원나라 관제의 영향으로 보인다. 1300년(충렬왕 26년)부터 1307년 사이에 순마소(巡馬所)가 순군만호부로 개편됨과 동시에 그 최하위 관직으로 처음 설치됐으며 품계와 정원은 확인되지 않는다. 그 뒤 1369년(공민왕 18년)에 순군만호부가 폐지되고 대신 사평순위부(司平巡衛府)가 설치되면서 두어지지 않았으며 우왕 때 다시 순군만호부가 복치됐지만 그 직제로 부활됐는지는 분명하지 않다. 따라서 이것도 공식 명칭인지, 관례적인 명칭인지는 불분명하다.

못하는 곳이 있는데 전하께서 그것들을 어찌 다 아실 수 있겠습니까?"

○ 사평부판사(司平府判事) 이직(李稷)이 전(箋)을 올려 사임(辭任)했으나 윤허하지 않았다.

경오일(庚午日-24일)에 김승주(金承霔)를 승추부 참지사로 삼았다.

○ 조영무와 더불어 (중국) 조정과 말을 무역하여 바꾸는 일을 상의했다. 박석명을 시켜 정부(政府)에 뜻을 전하게 했다.

"제(帝)의 은혜가 매우 무거우니 말을 교역하는 일을 비록 당장 갖추지는[辦] 못하더라도 7~8월 사이에는 수효대로 다 들여보내도록 하라."

○ 이조에 명해 시산(時散-현직과 전직) 각 품계의 세계(世系)와 벼슬의 경력[歷仕]을 기록해 문부(文簿-문서)를 만들게 했다. 현임(見任)은 판사(判事) 이하 9품 이상, 전함(前銜-전직)은 전서(典書) 이하 6품 이상의 성명(姓名)·연기(年紀)·출신(出身)·역사(歷仕)·사조(四祖)와 처부(妻父)의 직명(職名), 내외향(內外鄕)·시거향(時居鄕-현재 살고 있는 곳)을 아울러 기록해 책을 만들어 상서사(尙瑞司)에 보내 인재를 골라 쓸 때 근거 자료로 삼게 했다[憑=憑據].

○ 왜적이 전라도와 경상도의 해변 주군(州郡)을 도적질했다.

신미일(辛未日-25일)에 황엄 등이 금강산(金剛山)에서 돌아왔다.

○ 통사 장홍수(張弘壽)가 도망쳐 온 군인과 남녀 60명을 거느리고 요동(遼東)으로 갔다.

임신일(壬申日-26일)에 상이 태평관에 가서 사신에게 잔치를 베풀고 말 두 필씩을 선물로 주었다. 황엄(黃儼), 고득(高得) 등이 대궐에 이르러 금강산에 갔다 온 것을 사례하니 상이 말했다.

"내가 관(館)에 나가 금강산의 경치를 물으려고 했는데 지금 천사께서 먼저 오셨으니 마음속[中心]이 황송하오."

엄 등이 말했다.

"금강산에 갔다 올 때[往還=往返=往復] 전하께서 사람을 시켜 궁시(弓矢)를 갖추어 호위하게 하시고 선수(膳羞-음식)를 갖추어 먹여주셨으니 우리는 참으로 감동했습니다."

상이 다례를 행했다. 이미 돌아간 뒤에 (다시) 상이 관(館)에 나아가 잔치를 베풀고 말과 흑마포(黑麻布), 백저포(白苧布), 인삼(人蔘), 화석(花席-돗자리) 등을 주니 거임(居任)만 받지 않았다. 엄(儼)이 말했다.

"말 한 필이 좋지 못합니다."

상이 명해 좋은 말로 바꿔주었다. 조천보(曹天寶)가 마음속으로 불평하자 엄이 천보(天寶)에게 마시기를 권하니 천보가 잔치상을 가리키며 말했다.

"상에 가득한 일흔 두 그릇에 먹을 만한 것이 없다."

엄이 말했다.

"국왕께서 성심으로 자네를 대접하는데 자네가 이런 말을 하니 개나 말과 다를 바가 없다."

천보가 화내며 말했다.

"나도 역시 황제의 명령을 받고 왔는데 자네가 어찌 나를 모욕하는가?"

사모를 벗어 엄의 앞에다 던졌다. 엄이 한참 있다가[旣而] 말했다.
_{기이}

"이런 애숭이[兒]를 어찌 따질 수 있겠는가?"
_아

○ 고득이 통사 조사덕(曹士德)에게 말했다.

"조 통정(趙通政-조거임)이 받지 않는 물건은 상부(上副) 천사에게 나눠 주는 게 좋다."

사덕(士德)이 말했다.

"금교(金郊)를 지난 뒤에야 통정이 과연 받지 않는지를 알 수 있다."

고득이 다시 말했다.

"황제께서는 우리들로 하여금 물건을 얻어 쓰게 했으니 설사 많이 주더라도 역시 거절하지 않는다."

사덕이 말했다.

"제께서 물건을 얻어 쓰게 하셨다면 통정은 왜 받지 않는가?"

고득이 말했다.

"통정은 유자(儒者)라서 반드시 받지 않을 것이니 그가 받지 않는 물건은 우리들에게 주는 것이 좋다."

○ 전 개성유후(開城留後) 성석용(成石瑢)이 졸했다. 석용의 자(字)는 자옥(自玉)이고 창녕(昌寧) 사람이다. 과거에 올라 서사(筮仕)하여[71] 밀직부사(密直副使)에 제수됐다. 우리 태상왕(太上王)께서 원종공신(原從功臣)의 녹권을 주었으며, 벼슬이 개성유후(開城留後)에 이

---

71 처음으로 벼슬한 것을 말한다.

르고, 계급은 자헌(資憲-자헌대부)인데 병으로 집에서 죽었다. 부음이 들리니 중관(中官)을 보내 치제(致祭)하고 부의(賻儀)와 증직(贈職)에 있어 등수를 더했다. 석용은 순실(淳實)하고 단아(端雅)하여 말이 적으며 마음을 다해 직무를 받들었다. 또 글씨를 잘 썼다. 세 아들이 있으니 달생(達生),[72] 개(槪), 허(栩)다.

계유일(癸酉日-27일)에 문가학(文可學)에게 명해 송림사(松林寺)에서 청재(淸齋)[73]하고서 비를 빌게 했다.

○ 좌정승 하륜이 황엄 등을 자기 집에 청해 잔치를 베풀었다. 엄 등이 또 의정부 지사 이첨(李詹)의 집을 보고 싶어 하니 첨(詹)이 또한 청해 잔치를 베풀었다.

○ 의정부 참지사 함부림(咸傅霖)이 병으로 전(箋)을 올려 사직(辭職)했다.

갑술일(甲戌日-28일)에 여흥부원군 민제(閔霽)가 황엄 등을 청해 자기 집에서 잔치를 베풀었다.

을해일(乙亥日-29일)에 상이 태평관에 가서 잔치를 베풀었다. 황엄 등이 5월 1일에 떠나려고 하기 때문이었다. 총제(摠制) 이종무(李從

---

72 달생의 손자가 성삼문(成三問)이다.
73 마음을 깨끗이 하여 재계(齋戒)하는 일로 산재(散齋)와 치재(致齋)를 아울러 일컫는 말이다.

茂, 1360~1425년)⁷⁴가 아뢰어 말했다.

"오늘 노루가 불은사(佛恩寺) 솔숲 사이로 들어와 갑사들이 잡았습니다."

상이 웃으며 말했다.

"작은 백성들이 변괴(變怪)라고 하지 않겠는가? 전조(前朝) 때에 노루가 용화지(龍化池)⁷⁵에 들어왔는데 변괴라 하여 크게 법석(法席)을 베풀어 빌었으나 참으로 언급할 가치도 없다[無謂].

종무가 말했다.

"오늘 잔치에 써도 좋겠습니까?"

상이 말했다.

"쓰지 않고 무얼 하느냐?"⁷⁶

---

74 1400년(정종 2년) 상장군으로 2차 왕자의 난 때 방간(芳幹)의 군사를 무찔러 좌명공신(佐命功臣) 4등에 녹훈되고 통원군(通原君)에 봉해졌다. 의주의 병마절제사를 거쳐 1406년(태종 6년) 좌군총제(左軍摠制)가 되고 이어 우군총제를 겸했으며 이해 장천군(長川君)으로 개봉(改封)됐다. 1419년(세종 1년) 삼군도체찰사에 올랐다. 이해 조정에서는 적의 허점을 틈타 왜구의 소굴인 대마도(對馬島)를 공격하기로 결정하고 그에게 전함 227척, 군량 65일분, 군졸 1만 7,285명을 거느리고 대마도를 정벌하도록 했다. 이에 정벌군을 지휘해 대마도를 공략, 대소 선박 129척과 가호(家戶) 1,940여 호를 소각했으며, 적 114급(級)을 참수하는 등 대승을 거두었다. 귀환한 뒤 찬성사에 승진했으나 불충한 김훈(金訓), 노이(盧異) 등을 정벌군에 편입시켰다는 대간의 탄핵을 받아 삭직되어 상원(祥原)에 유배됐다.

75 개성부 동쪽 7리에 있었던 연못으로 크기가 대략 100무(畝) 정도였다. 주변의 산세가 수려하여 곽예(郭預)와 최해(崔瀣)가 시를 남기기도 했다.

76 불교뿐만 아니라 재이설(災異說) 등에 대한 태종의 합리적 태도를 보여주는 일화다.

丁未朔 命賻都摠制郭忠輔之喪. 忠輔 淸州人. 上曰：“忠輔曾
정미 삭 명부 도총제 곽충보 지상 충보 청주인 상왈 충보 증

禦倭寇 屢戰獻捷有功 且父王時服勞久矣. 宜加恩禮” 問知申事
어 왜구 누전 헌첩 유공 차 부왕 시 복로 구의 의 가 은례 문 지신사

曰：“大臣之賻 幾何？” 對曰：“有三等 上百石 中五十石 下三十
왈 대신 지부 기하 대왈 유 삼등 상 백석 중 오십 석 하 삼십

石.” 命賻以五十石 使人弔之. 一子承祐.
석 명부 이 오십 석 사인 조지 일자 승우

戊申 賀登極使書狀官趙末生還 啓曰：“帝命左通政趙居任齎
무신 하등극사 서장관 조말생 환 계왈 제명 좌통정 조거임 재

誥命 都指揮高得齎印章來 已至義州矣.” 初 河崙 李詹 趙璞等
고명 도지휘 고득 재 인장 래 이지 의주 의 초 하륜 이첨 조박 등

至京師 帝召崙等曰：“汝等知朕卽位之故乎？ 建文不顧高皇帝
지 경사 제 소 륜 등 왈 여등 지 짐 즉위 지 고호 건문 불고 고황제

之意 乃放黜叔父周王 殘害骨肉 又欲害朕而起兵 朕亦畏死
지 의 내 방출 숙부 주왕 잔해 골육 우 욕해 짐 이 기병 짐 역 외사

不得已而起兵. 然朕再欲和親 而建文不聽 於是擧兵 欲伐其謀事
부득이 이 기병 연 짐 재욕 화친 이 건문 불청 어시 거병 욕벌 기 모사

之臣. 建文恥與相見 闔宮自焚. 周王與大臣 謂朕高皇帝嫡長 宜
지신 건문 치 여 상견 합궁 자분 주왕 여 대신 위 짐 고황제 적장 의

卽帝位 不得已而卽位. 初 豈有意於得位乎？” 崙等請誥命印章于
즉 제위 부득이 이 즉위 초 기 유의 어 득위 호 륜 등 청 고명 인장 우

禮部侍郎趙禮 禮曰：“呈報可矣.” 乃卽呈報 禮部奏聞 命錫之.
예부 시랑 조례 례왈 정보 가의 내 즉 정보 예부 주문 명 석지

己酉 以領議政府事成石璘爲謝恩使. 司憲府上疏曰:
기유 이 영의정부 사 성석린 위 사은사 사헌부 상소 왈

‘殿下聞天子卽位 遣左政丞河崙賀登極 天子嘉之 錫以誥命
전하 문 천자 즉위 견 좌정승 하륜 하 등극 천자 가지 석 이 고명

印章以寵異之 今以領議政府事成石璘赴京謝恩. 領議政雖首居
인장 이 총 이지 금 이 영 의정부 사 성석린 부경 사은 영의정 수 수거

相府 實非當國執政之臣. 頃者 朝廷使臣往來非一 豈不知我朝
상부 실 비 당국 집정 지신 경자 조정 사신 왕래 비일 기 부지 아조

執政之臣哉？ 今遽遣他臣 則臣等恐謝恩之誠 有未至也. 前旣遣
左政丞 得蒙聖恩如此其至 今亦宜遣執政之臣 以謝莫大之恩 以
盡事大之誠.①

庚戌 以成石璘爲右政丞 李居易西原府院君 李茂丹山府院君
兼中軍都摠制 咸傅霖參知議政府事 黃居正參知承樞府事.

宴右政丞成石璘 承樞府提學李原 藝文館提學李廷堅于新樓.
石璘等將如京師 餞之也.② 義安大君和 完山君天祐 議政府
贊成事李佇侍宴 聯句唱和 侵夜乃罷. 上使知申事朴錫命 傳命
于豐海道觀察使韓尙敬曰：“成政丞奉使入朝 時雖禁酒 宴慰以
送.”

司諫院進時務數條. 疏略曰：

‘殿下以聰明睿知之資 宵旰圖治 動遵古昔 其治道之隆 眞近古
所未有也. 然喪禮旣定 而有未備之節；制度已成 而有紛更之
漸. 且赦宥之擧 聖賢所惡 不可輕也 故謹以管見 條列于後 伏惟
聖鑑留意焉.

今三年之喪 自公卿至于士大夫悉遵其制 然而立法未久 間
有未備者焉. 古者 婦女喪制 除出嫁者爲本宗減一等外 與男子
同也. 今三年之喪 男子皆從本服 而婦女尙循前朝之弊 皆以百日
爲限而釋服 或子服父喪 方居衰絰 而爲繼母者 纔過百日 釋服
改嫁 恬不爲愧. 男女喪服之不同 初若小失 而其流之弊至於如此

可勝歎哉! 此其未備者一也.
가승 탄재 차기 미비 자 일야

古者大喪之服 男女無異也. 其在前朝 婦女則不服麤布 然而
고자 대상 지복 남녀 무이 야 기재 전조 부녀 즉 불복 추포 연이

笠帽尙用生麤布 故其服斬衰之跡 猶可見也. 今婦女出入 非唯
입모 상용 생 추포 고 기복 참최 지적 유 가견 야 금 부녀 출입 비유

不着斬衰之服 至於笠帽亦用細熟苧布③ 間有貧賤者依舊用麤布
불착 참최 지복 지어 입모 역용 세숙 저포 간유 빈천 자 의 구용 추포

則富者笑之 故亦皆勉爲. 凡禮之變 皆起於微. 若此不革 竊恐
즉 부자 소지 고 역개 면위 범예 지변 개기 어미 약차 불혁 절공

婦女斬衰之服 亦將變爲緦麻矣 此其未備者二也.
부녀 참최 지복 역장 변위 시마 의 차기 미비 자 이야

古者居父母之喪者 蔬食水飮 杖而後起. 若遇喪葬不得已之事
고자 거 부모 지상 자 소식 수음 장 이후 기 약우 상장 부득이 지사

非騎馬不能行 故乘樸馬布裹鞍彎之文 載於禮書. 今人往往飮酒
비 기마 불능 행 고 승 박마 포과 안비 지문 재어 에서 금인 왕왕 음주

食稻 無異平昔 則其氣力不須杖矣 乃因乘樸馬之文 不因喪事而
식도 무이 평석 즉기 기력 불수 장의 내인 승 박마 지문 불인 상사 이

乘肥馬, 奔馳朝路者有之 此其未備者三也.
승 비마 분치 조로 자 유지 차기 미비 자 삼야

文公家禮 爲同母異父之兄弟姊妹 正服小功五月 今此條不載
문공 가례 위 동모 이부 지 형제 자매 정복 소공 오월 금 차조 부재

六典 此其未備者四也.
육전 차기 미비 자 사야

文公家禮 爲庶母之乳養己者 服小功五月 爲乳母緦麻三月.
문공 가례 위 서모 지 유양 기자 복 소공 오월 위 유모 시마 삼월

然則乳母雖非父妾 有服明矣. 今六典內釋乳母曰: "父妾之乳哺
연즉 유모 수비 부첩 유복 명의 금 육전 내석 유모 왈 부첩 지 유포

者則是乳母 必父妾而後有服." 其非父妾者 無服也. 司馬溫公論
자 즉시 유모 필 부첩 이후 유복 기비 부첩 자 무복 야 시마온공 논

擇乳母曰: "令所飼之子 性行亦類之." 以非父妾而忘其乳哺之
택 유모 왈 영 소사 지자 성행 역유지 이비 부첩 이망 기 유포 지

恩義可乎? 此其未備者五也.
은의 가호 차기 미비 자 오야

願自今凡女子服父母舅姑與夫之喪 自宗室至于士大夫之家
원 자금 범 여자 복 부모 구고 여 부지상 자 종실 지우 사대부 지가

不許百日釋服 一依禮文 終其三年之喪: 其服之制 笠帽及長衫
불허 백일 석복 일의 예문 종기 삼년 지상 기복 지제 입모 급 장삼

皆以生麤布爲之 禁用苧布; 凡男子服斬衰者 雖當緩急之際 毋得
개이 생 추포 위지 금용 저포 범 남자 복 참최 자 수당 완급 지제 무득

騎馬入于朝路; 同母異父之兄弟姉妹 依文公家禮 許服小功;

至於乳母 亦依文公家禮 雖非父妾 令服緦麻三月 以厚風俗. 如

有違者 憲司痛理. 今士大夫喪葬之禮 皆用文公家禮 然其間制度

古今異宜 難於擧行. 且人子遭喪之初 哀痛慘怛 茫然不知所措

唯經師之說是從. 願自今禮官抄其家禮節目之宜於今者 以訓經師

凡遇喪葬 一依家禮行之 則庶合古制矣.

傳曰: "制度之改 政令之變 利於其舊不十倍 則不可爲已." 又

況不如其舊哉! 昔者 曹參不變蕭何之法 以成漢家四百年之基;

王安石輕變祖宗之法 以致宋室南渡之禍. 由此觀之 已成之法 其

可紛更乎? 是故前朝凡立一法設一官 必令臺省完議參詳 允合於

義 然後出其依牒而施行. 是以雖有用智喜新之輩 欲變舊章 以售

其才 然卒莫能遂. 其所以維持五百年之久者 良以此也.

惟我太上王 應運開國 創制立法 以成經濟六典 誠子孫萬世之

龜鑑也. 恭惟殿下撫盈成之運 夙夜寅畏 繼序不忘 每降敎條擧行

六典必居其一 于以見殿下善繼善述之盛心也.

然而依牒之法 不復擧行 則有用智喜新安石之輩者 出於後世

變亂舊章 未可知也. 願自今雖六典所不載 其已成之法 毋得紛更.

如有不獲已而更易 與夫立新法 則莫論大小 依前朝舊制 必令

臺諫出其依牒而施行. 赦者 小人之行 君子之不幸 故文王作罰

刑玆無赦: 孔子修春秋 必書肆大眚 聖人所以不輕赦者如是. 然

王者受命之初 若不大赦 無以安其反側 故漢祖承秦之弊 設三章

之法 行大赦之令 及光武撥亂之後 亦行赦宥之典. 此皆蕩滌穢流

與民更始 實出於不得已者 非所以施其私惠也. 後世不察此義 雖

繼世襲封之君 當踐祚之初 必降赦宥 已爲非義. 況因慶事因徼福

而數赦者乎! 是故唐太宗曰: "凡赦宥之恩 惟及不軌之輩 一歲

再赦 好人喑啞. 凡養粮莠者傷禾稼 惠奸宄者賊良民 故諸葛亮治

蜀 十年不赦 而蜀大化; 梁武帝每年數赦 卒至傾敗 故我有天下

以來 絶不放赦." 太宗之言 深切著明 實萬世人主之規範也. 今

國家昇平有年矣 而數行赦宥之令. 臣等竊恐有罪得脫 無所懲艾

而爲惡之心 囂然未已也. 豈非明時之一失也? 願殿下 體先聖之

遺意 依唐宗之故事 雖有慶事 無輕赦宥 以杜奸宄爲惡之心.'

命下議政府擬議施行.

甲寅 都指揮高得 通政司左通政趙居任及宦官太監黃儼

曹天寶. 本朝宦者朱允端 韓帖木兒 等 齎誥命印章勅書至 設

山棚結綵備儺禮 上具冕服 率群臣迎于西郊 至闕行禮 受誥命

印章.

奉天承運皇帝制曰:

'朕惟王者受命 混六合爲一家 天道同仁 視萬方爲一體 所以地

無遐邇 人咸景從 我皇考太祖高皇帝 誕膺天命 肇造寰區 薄海

內外 悉皆臣順 爾朝鮮國 居東藩 聿先聲教 職貢之禮 少有愆違

故在朝廷屢降寵錫. 肆朕通御之始 爾【諱】深念皇考之恩 遵承
乃父之訓 卽陳表奏 效職來庭. 眷此忠誠 良足嘉尙. 茲用命爾爲
朝鮮國王 錫以印章 永胙茅土. 於戲! 保國安民 恪守畏天之道:
作藩樹屛 式謀貽後之規. 厥位寔艱 朕言惟允 母怠母荒 爾其欽
哉!'

'皇帝勅諭朝鮮國王【諱】. 朕惟天有顯道 順之者昌 逆之者亡.
其應猶影響 昭然可畏之甚也. 昔我皇考太祖高皇帝 君臨華夏
奄有萬方 敬天勤民 成功致治. 凡日月照臨之地 有血氣者 莫不
尊親. 惟朝鮮 密邇海隅 聲敎先被 畏威懷德 效職如常 我皇考
式用懷柔 良申賚予. 肆朕卽位之初 卽遣詔諭. 爾【諱】果能恭順
天道 念我皇考深恩 卽遣陪臣 奉表貢獻 禮意之勤 足有可嘉. 今
特遣使 賚朝鮮國王金印及誥命 使爾用昭寵榮. 於戲! 惟德順
可以律己 惟敬謹可以格天. 母爲譎詐 母尙浮華 母作聰明以廢
典章 母納逋逃以乖舊訓. 世守藩邦 又寧爾土 使東表臣民 咸霑
福澤 豈不韙歟! 故兹勅諭 宜體至懷.'

使臣黃儼等齎來宣諭聖旨內:

'永樂元年二月初八日 奉天門早朝宣諭聖旨:"建文手裏 多
有逃散的④人 也多有逃去別處的 有些走在爾邦裏. 爾對他每說
知道 回去對國王說 一介介都送. 同日禮部尙書李至剛於本部
說道上位有聖旨 但是朝鮮的事 印信誥命曆日. 恁禮部都擺布與

他去 外邦雖多 爾朝鮮不比別處 君臣之間 父子之際 都一般有
타거 외방 수다 이 조선 불비 별처 군신 지간 부자 지제 도 일반 유

孝順識理的孩兒 有五逆不孝不識理的孩兒. 不識理的孩兒 有
효순 식리 적 해아 유 오역 불효 불 식리 적 해아 불 식리 적 해아 유

不是處呵不怪他 識理的孩兒 九遍至心孝順呵一遍有些不是處
불시처 가 불괴 타 식리 적 해아 구편 지심 효순 가 일편 유사 불시처

連那九遍的心 都不見了. 如今上位件件事 都依效着太祖行 每日
연 나 구편 적 심 도 불견료 여금 상위 건건 사 도 의효착 태조 행 매일

把那洪武二年三年以來發去外邦的文書. 外邦來的文書 太祖做
파 나 홍무 이년 삼년 이래 발거 외방 적 문서 외방 래 적 문서 태조 주

的詩 都每日看爾那裏 也將洪武二年三年以來文書字細看 幾時
적 시 도 매일 간 이 나리 야 장 홍무 이년 삼년 이래 문서 자 세간 기시

的文書有好話 幾時的文書有怪的話 恐怕因走去的小人兒有些
적 문서 유 호화 기시 적 문서 유괴 적 화 공파 인 주거 적 소인 아 유사

不是處 把從前的孝順 都不見了. 這件最是打緊的事 爾把這旨意
불시처 파 종전 적 효순 도 불견료 저건 최시 타긴 적 사 이 파 저 지의

的話 對國王說 休要撤了上位的厚恩.'"
적 화 대 국왕 설 휴요 철료 상위 적 후은

禮畢 儼曰: "皇后有教於賢妃 入宮親傳." 上曰: "妃子産後疾
예필 엄왈 황후 유교 어 현비 입궁 친전 상왈 비자 산후 질

未差 差則當依命." 使臣出至太平館 上詣太平館設宴.
미차 차즉당 의명 사신 출지 태평관 상 예 태평관 설연

河崙 李詹 趙璞等回自京師 復于上曰: "帝見崙等 喜曰: '使
하륜 이첨 조박 등 회자 경사 복우 상왈 제 견 륜 등 희왈 사

到翌日卽來矣.' 賜六表裏, 鈔三百五錠 厚慰而送." 乃進兵部主事
도 익일 즉래 의 사 육 표리 초 삼백 오정 후위 이송 내 진 병부 주사

陸顒所寄夫子圖 三元延壽圖 朝廷廟諱. 仁廟諱世珍; 高皇帝諱
육옹 소기 부자도 삼원 연수도 조정 묘휘 인묘 휘 세진 고황제 휘

元璋 字國瑞; 皇帝諱棣; 諸王諱棡 橚 楨 樽 梓 杞 檀.
원장 자 국서 황제 휘 체 제왕 휘 상 강 숙 정 단 재 기 단

禮部爲給賜事:
예부 위 급사 사

'欽差內官太監黃儼等 同正副使都指揮使高得等 齎奉誥命
흠차 내관 태감 황엄 등 동 정부사 도지휘 사 고득 등 재봉 고명

金印幷永樂元年大統曆 前去朝鮮國外 擬合移咨本國知會. 仍
금인 병 영락 원년 대통력 전거 조선국 외 의합 이자 본국 지회 잉

將先與誥命舊印 幷印池繳回. 須至咨者.⑤ 一給賜朝鮮國王誥命
장 선여 고명 구인 병 인지 격회 수지 자자 일 급사 조선 국왕 고명

一道, 金印一顆, 金印池一顆.'
일도 금인 일과 금 인지 일과

142

兵部爲易換馬匹事:
병부 위 역환 마필 사

'該照先差太僕寺少卿祝孟獻等 將運段匹等物 前往朝鮮國
해조 선차 태복시 소경 축맹헌 등 장운 단필 등물 전왕 조선국

易換馬一萬匹. 除已買到馬匹外 有本國已收過段匹等物 未曾
역환 마 일만필 제 이매 도 마필 외 유 본국 이 수과 단필 등물 미증

買馬二千一百九十三匹. 今朝鮮國見差使臣 赴京進貢回還 合就
매마 이천 일백 구십 삼필 금 조선국 견차 사신 부경 진공 회환 합취

移咨本國. 文書到日 卽請買完前項馬匹 就送遼東都司交割 具
이자 본국 문서 도일 즉청 매완 전항 마필 취송 요동 도사 교할 구

買完馬匹毛色齒歲回報. 須至咨者.'
매완 마필 모색 치세 회보 수지 자자

元子入學 服學生服 謁文廟奠爵 行束脩禮于博士. 以成均
원자 입학 복 학생복 알 문묘 전작 행 속수 례 우 박사 이 성균

司成薛偁 司藝金稠爲博士受之 束帛一篚 酒一壺 脩一案. 前此
사성 설칭 사예 김조 위 박사 수지 속백 일비 주 일호 수 일안 전차

知申事朴錫命啓元子入學儀 上曰:"如今未成名 但讀書耳. 勿備
지신사 박석명 계 원자 입학의 상왈 여금 미성명 단 독서 이 물비

威儀 除靑陽傘等物."
위의 제 청양산 등물

復設進獻官馬色.
부설 진헌 관마색

服冠袍受賀. 以政府率百官上箋 賀受誥命印章也.
복 관포 수하 이 정부 솔 백관 상전 하 수 고명 인장 야

丙辰 使臣趙居任謁文廟.
병진 사신 조거임 알 문묘

上詣太平館宴使臣. 宦官儼等擧止無禮 上意不愜 促宴而
상 예 태평관 연 사신 환관 엄 등 거지 무례 상의 불협 촉연 이

罷. 翌日 朱允端 韓帖木兒等詣闕行私禮 上禮接之. 允端白曰:
파 익일 주윤단 한첩목아 등 예궐 행 사례 상 예접 지 윤단 백왈

"向者溫全旣還 訴于帝曰:'朝鮮國王性氣高亢 待臣以慢 老王
향자 온전 기환 소 우 제왈 조선 국왕 성기 고항 대신 이만 노왕

則不然 待之以禮. 此無他 向陛下之誠 有厚薄故也.'帝反勑溫
즉 불연 대지 이례 차 무타 향 폐하 지성 유 후박 고야 제 반 칙온

曰:'爾以內臣 宜坐御史之上 反坐其下 遂致如此. 非獨國王之過
왈 이 이 내신 의좌 어사 지상 반좌 기하 수치 여차 비독 국왕 지과

爾乃自取之也.'今臣等以秩卑宦官 居都指揮之上."上答曰:"聖
이 내 자취 지야 금 신등 이 질비 환관 거 도지휘 지상 상 답왈 성

天子卽位之初 全奉詔來我陋邦. 不勝喜感之心 安有侮慢之意!
천자 즉위 지초 전 봉조 래 아 누방 불승 희감 지심 안유 모만 지의

惟望善爲奏達." 乃行茶禮.

戊午 黃儼 曹天寶 高得等 觀獵于南郊. 儼等請觀獵 上命

義安大君和及李叔蕃 率軍士千騎 獵于南郊. 儼等嘆其驍勇 獲禽

亦多. 議政府設帳幕于南大門外宴慰 暮還.

慶尙道安東 尙州 榮川等九邑 隕霜凡五日 且旱 草木枯.

己未 上宴使臣于無逸殿. 黃儼 曹天寶 朱允端 韓帖木兒等

至闕 上與入內. 儼等欲謁妃子 上問答禮 允端曰:"使臣謁妃子

擧手小屈." 上曰:"妃子不習此禮 予欲行本國禮." 乃答拜 儼等

笑之. 上行茶禮 乃設宴. 儼及天寶性行甚倨 居任亦在坐. 上每

御膳 與之擊目 儼等稍有不平之色. 進抛毬樂 東邊妓中者四 西

無中者. 儼等樂 使人言於上:"吾邊皆中 國王邊如何不中乎?"

上笑. 每酒進 儼等勸上必飮 居任獨不然 言於上曰:"己所不欲

勿施於人." 上曰:"聖天子卽位 命大人馳驛萬里 來錫誥命

印章 我子孫當與皇孫 共享富貴於千萬世矣. 雖不勸酒 我何敢

辭!" 居任曰:"惟國王常存此心." 極歡而罷. 翌日 儼等遣允端曰:

"吾等前日大醉困甚 國王安否如何?" 上使錫命對曰:"我亦困甚

未能出見 殊失禮意." 上贈使臣衣帽及靴 唯居任不受. 居任曰:

"向者使于此者 皆年少之輩 沈於酒色 以辱朝廷 故今使老臣也."

其鬚鬢盡白. 儼以衣帽不盡美少之⑥ 且常言:"國王豈不與廐馬

一二匹? 老王與病王豈不各與馬一匹乎? 則四馬矣." 反謂通事曰:

"毋出此言." 其實欲使言之也.

壬戌 司諫院上疏. 疏略曰:

'已成典之不可輕變. 況祀典 國之大事 尤不可不審而增損之也.

建文元年正月三十日 成均館依宋朝故事 上章申請 以曾子 子思

配食於顏孟之列 誠盛時之美典也. 兼知禮曹事金瞻 禮曹議郞

張子崇 詳定元子入學之禮 至於爵憲之儀 曾子 子思 遺而不擧

其不致意精察之罪大矣. 乞令罷職 以懲不恪 申命禮官 更定其禮

使曾子 子思 依舊配享 斯道幸甚.'

不下.

癸亥 聖節日 使臣詣闕行賀禮. 上以冕服 率群臣行賀禮畢 與

使臣設宴 居任獨以病還館.

黃儼 曹天寶 高得等 將遊金剛山 居任謂儼等曰: "君輩何欲觀

金剛山乎?" 儼等曰: "金剛山形如佛像 故欲見之." 居任曰: "山

成於開闢之初 佛之生 後於山遠矣." 允端 帖木兒以訪親戚拜

先墳還其鄕 上以不豫 遣代言與議政府餞于門外.

乙丑 御經筵. 上曰: "臺諫請人之罪 必有停職 屬散 遠方流配

等語 只稱依律論罪 不亦宜乎! 古人曰: '君出言 自以爲是 而

卿大夫莫敢矯其非.' 卿等勿效此 直言之." 左右皆曰: "殿下之言

誠是." 乃召司憲府司諫院刑曹掌務 命曰: "今後請罪之疏 毋擧

處置條目 但言依律論罪."

命除生肉膳. 上曰:"太上殿 上王殿供上外 生肉膳悉除之.

一朔一殿供上獐三十口 則四殿所供一百二十口矣. 雖千萬人獵之

一日所獲不多 豈阿波赤所能支乎?" 朴錫命對曰:"以一國供

一日一口之獐 何難之有!"上曰:"予意已定 自明朝勿進"

丙寅 以趙璞參贊議政府事 司憲持平朴道弘爲知海豐郡事

左獻納韓皐爲仁同監務. 初 憲府使人督匠人於長興庫 庫以無

前例不應. 持平朴道弘笞庫吏 適停朝禁刑之日也. 庫吏金涉言於

獻納韓皐曰:"庫本多務 道弘刑吏於禁刑之日. 子於道弘 親也 請

以義責之."皐以言 道弘避嫌不仕. 憲府劾涉守直 請收職牒 鞫問

其罪. 上召掌務持平金明理曰:"不送匠人 是豈鞫問之罪乎? 以

小事而輕罪朝士 甚不可也."明理曰:"非以不送匠人爲罪 乃以

囑諫院⑦ 欲劾道弘爲罪耳. 臺諫交惡久矣. 今臣等特承殿下之敎

庶底和睦 而 涉乃欲煽亂 臣等以故請罪."上曰:"不可. 豈可不知

其實 而遽罪之乎? 原其初 亦小事也 勿再請."至是 出二人于外.

丁卯 遣 右政丞成石璘 承樞府提學李原 藝文館提學李廷堅如

京師. 石璘 原謝賜誥命印章也. 繳納建文所錫誥命印章. 謝表曰:

'綸言是訓 明示勸懲. 寶命惟新 祗增感愧. 對揚惟謹 麋粉

難酬. 猥以庸資 邈居荒服. 欣逢昭代 方修執壤之儀; 誕降德音

爰錫分茅之寵. 矧蒙誨諭 采切佩銘. 度擴兼容 仁推一視. 體建侯

於義易 稽頒瑞於虞書. 遂令瑣末之資 獲守保釐之寄. 嘉與父老

146

祝聖壽於齊天: 誓至子孫 勤侯度於永世.'
축 성수 어 제천 서지 자손 근 후도 어 영세

賜石璘廐馬一匹. 廷堅賀册封中宮也. 趙居任欲與石璘等偕行
사 석린 구마 일필 정견 하 책봉 중궁 야 조거임 욕 여 석린 등 해행

上留之 乃止. 翌日 居任遊雲巖寺而還 上如太平館設宴.
상 류지 내지 익일 거임 유 운암사 이환 상여 태평관 설연

檢校左政丞禹仁烈卒. 仁烈丹陽人 出身都評議錄事. 歲己亥
검교 좌정승 우인렬 졸 인렬 단양 인 출신 도평의 녹사 세 기해

紅賊來寇 以韓邦信爲元帥 仁烈爲掌務. 一日 元帥分兵于從事
홍적 내구 이 한방신 위 원수 인렬 위 장무 일일 원수 분병 우 종사

軍官 仁烈請受之 元帥曰: "掌務 任簿書耳. 何受兵爲!" 固請
군관 인렬 청 수지 원수 왈 장무 임 부서 이 하 수병 위 고청

元帥許之 心以爲奇 及其接刃 身先士卒 屢致成功. 遂薦于朝
원수 허지 심 이위 기 급기 접인 신선 사졸 누치 성공 수천 우조

拜監察御使 歷官至門下贊成事. 壬申 我太上賜原從功臣之券
배 감찰어사 역관 지 문하찬성사 임신 아 태상 사 원종 공신 지권

己卯 除判三司事 癸未 陞檢校左政丞 以疾卒于第 年六十七.
기묘 제판 삼사 사 계미 승 검교 좌정승 이질 졸우제 연 육십 칠

訃聞 輟朝三日 賜祭 諡靖平. 仁烈寬厚忠直. 嘗爲合浦元帥 力戰
부문 철조 삼일 사제 시 정평 인렬 관후 충직 상위 합포 원수 역전

却賊 前後朝京師者凡五. 子二人 良善 良壽.
각적 전후 조 경사 자 범오 자 이인 양선 양선

命捕松蟲. 發承樞府 巡衛府 留後司 五部及軍器監匠人及
명포 송충 발 승추부 순위부 유후사 오부 급 군기감 장인 급

百官 隨品出人摠萬餘 使摠制 上大護軍分率捕蟲. 一人捕蟲三升
백관 수품 출인 총 만여 사 총제 상 대호군 분솔 포충 일인 포충 삼승

許瘞之. 時 松蟲遍山 上憂之 謂左右曰: "松蟲自何代而有?"
허 예지 시 송충 편산 상 우지 위 좌우 왈 송충 자 하대 이유

左副代言金漢老對曰: "前朝元宗代 以三百人捕之 投諸江水."
좌부대언 김한로 대왈 전조 원종 대 이 삼백 인 포지 투저 강수

上謂朴錫命曰: "松蟲之災 氣之使然 人力可勝. 卿等何不慮此
상 위 박석명 왈 송충 지재 기지 사연 인력 가승 경등 하 불려 차

乎? 蟲食葉則松必枯矣." 後數日 上問趙英茂曰: "捕松蟲何如?"
호 충 식엽 즉 송필 고의 후 수일 상 문 조영무 왈 포 송충 하여

英茂對曰: "幾盡矣 唯松岳山諸谷 有未盡處." 上曰: "捕蟲是
영무 대왈 기 진의 유 송악산 제곡 유 미진 처 상왈 포충 시

承樞府之任也. 非予命之則如之何?" 英茂對曰: "臣無材器 未能
승추부 지 임야 비여 명지 즉 여지하 영무 대왈 신 무 재기 미능

慮及人夫出處." 上曰: "材器云者 見於未然之前而謀之者也. 今
려 급 인부 출처 상왈 재기 운자 견어 미연 지전 이 모지 자야 금

蟲害松而捕之 亦必有材器者能之乎?" 齊陵松有一蟲大如臂 長
一尺.

囚巡衛府提控金理恭. 初 以漫散軍男女六十口 分與朝臣.

金理恭得名宋哲者 善遇之. 理恭之妻曰: "給衣食 終奚用?" 乃

惡之. 哲潛見使臣 言其故 居任言於迎接都監曰: "殿下旣令無遺

發送 何其若是乎?" 遂使告于上 上曰: "天使王得名 中路使人

謂予曰: '若有遺漏者 隨後盡抄送.' 京中五部及外方州縣 更令

推刷." 居任曰: "殿下之言 然矣. 日月之照 猶有未及處 殿下焉得

盡知之哉?"

前判司平府事李稷上箋辭. 不允.

庚午 以金承霔爲參知承樞府事.

與趙英茂議朝廷易換馬事. 使朴錫命傳旨政府曰: "帝恩甚重.

易換馬事 雖未能卽辦 七八月間 盡數入送."

命吏曹 將時散各品世系歷仕置簿. 以見任判事以下九品以上

前衛典書以下六品以上 姓名年紀出身歷仕 四祖及妻父職名

內外鄕時居鄕 幷開寫成册 納尙瑞司 以憑選用.

倭寇全羅慶尙道海邊州郡.

辛未 黃儼等來自金剛山.

通事張弘壽率漫散軍男女六十名 赴遼東.

壬申 上如太平館 宴使臣 贈馬各二匹. 黃儼 高得等至闕 謝

金剛山之行 上曰:"予欲詣館 問金剛山景槪 今天使先來 中心是
_{금강산 지행 상왈 여욕 예관 문 금강산 경개 금 천사 선래 중심 시}

惶." 儼等曰:"金剛山往還 殿下使人備弓矢以捍衛 具膳羞以饋餉
_{황 엄 등 왈 금강산 왕환 전하 사인 비 궁시 이 한위 구 선수 이 궤향}

吾誠感之."上行茶禮. 旣還 上詣館設宴 贈馬及黑麻布白苧布
_{오성 감지 상 행 다례 기환 상 예관 설연 증 마 급 흑마포 백저포}

人蔘花席等物 獨居任不受. 儼曰:"馬一匹不善."上命換以善馬.
_{인삼 화석 등물 독 거임 불수 엄왈 마 일필 불선 상 명환 이 선마}

曹天寶心不平 儼勸天寶飮 天寶指其案曰:"滿案七十二器 無
_{조천보 심 불평 엄 권 천보 음 천보 지 기안 왈 만안 칠십 이 기 무}

可食者." 儼曰:"國王誠心饋汝 汝言如此 與犬馬無異." 天寶
_{가식 자 엄왈 국왕 성심 궤여 여언 여차 여 견마 무이 천보}

怒曰:"我亦承帝命而來 汝何辱我乎?"脫其帽投之儼前. 儼旣而
_{노왈 아 역승 제명 이래 여 하욕 아 호 탈 기모 투지 엄 전 엄 기이}

言曰:"此兒安足數也!"
_{언왈 차아 안족 수야}

　高得謂通事曹士德曰:"趙通政不受之物 則分給上副天使可也."
_{고득 위 통사 조사덕 왈 조 통정 불수 지물 즉 분급 상부 천사 가야}

士德曰:"過金郊而後 知通政果不受也."高得又言:"皇帝使吾等
_{사덕 왈 과 금교 이후 지 통정 과 불수 야 고득 우언 황제 사 오등}

欲其得物而用之也 雖多惠亦不拒."士德曰:"帝欲得物而用之
_{욕 기 득물 이용 지야 수다 혜 역 불거 사덕 왈 제욕 득물 이용 지}

通政何不受?"高得曰:"通政儒者 必不受. 其不受之物 贈我等
_{통정 하 불수 고득 왈 통정 유자 필 불수 기 불수 지물 증 아등}

可也."
_{가야}

　前開城留後成石瑢卒. 石瑢字自玉 昌寧人. 登第筮仕 拜
_{전 개성 유후 성석용 졸 석용 자 자옥 창녕 인 등제 서사 배}

密直副使. 我太上賜原從功臣之券 官至開城留後 階資憲. 以疾
_{밀직부사 아 태상 사 원종 공신 지권 관지 개성 유후 계 자헌 이질}

卒于第. 訃聞 遣中官致祭 賻贈加等. 石瑢淳雅寡言 盡心奉職
_{졸 우제 부문 견 중관 치제 부증 가등 석용 순아 과언 진심 봉직}

又工書. 三子 達生 槪 栩.
_{우 공서 삼자 달생 개 허}

　癸酉 命文可學 淸齋于松林寺禱雨.
_{계유 명 문가학 청재 우 송림사 도우}

　左政丞河崙 請黃儼等於其第設宴. 儼等又欲見知議政府事
_{좌정승 하륜 청 황엄 등 어 기제 설연 엄 등 우 욕견 지 의정부 사}

李詹家 詹亦請而宴之.
_{이첨 가 첨 역 청 이 연지}

參知議政府事咸傅霖 以病上箋辭.
참지 의정부 사 함부림 이병 상전 사

甲戌 驪興府院君閔霽 請黃儼等宴于其第.
갑술 여흥 부원군 민제 청황엄 등연우 기제

乙亥 上如太平館設宴. 以黃儼等欲以五月一日發程也. 摠制
을해 상여 대평관 설연 이 황엄 등욕이 오월 일일 발정 야 총제

李從茂啓曰: "今日獐入佛恩寺松間 甲士等獲之." 上笑曰: "小民
이종무 계왈 금일 장입 불은사 송간 갑사 등 획지 상소왈 소민

無乃以爲怪乎? 前朝時 獐入龍化池 乃以爲怪 大設法席以禳之
무내 이위 괴호 전조 시 장입 용화지 내 이위 괴 대설 법석 이 양지

甚無謂也." 從茂曰: "今日宴用之可乎?" 上曰: "不用何爲!"
심 무위 야 종무 왈 금일 연 용지 가호 상왈 불용 하위

| 원문 읽기를 위한 도움말 |

① 以謝莫大之恩 以盡事大之誠. 여기서 以는 둘 다 앞의 내용을 이어받아
이사 막대 지은 이진 사대 지성 이
서 '~함으로써'라는 뜻을 갖는다.

② 石璘等將如京師 餞之也. '~也'는 단순한 종결사가 아니라 이 문장이 그
석린 등장 여 경사 전지 야 야
앞 내용에 대한 설명이다. 따라서 '~했다는 것이다'라고 옮겨야 한다.

③ 非唯不着斬衰之服 至於笠帽亦用細熟苧布. '非唯~亦~'의 구문으로
비유 불착 참최 지복 지어 입모 역용 세숙 저포 비유 역
'~뿐만 아니라 ~도 또한'으로 옮긴다.

④ 多有逃散的人. 함께 보내온 글인데 칙유와 선유에는 중국어 문어와 구
다 유 도산 적 인
어의 차이가 확연하다. 전형적인 경우가 之를 대신하여 的을 쓰는 것인
지 적
데 이 문장이 바로 그런 경우다. 그 밖에도 선유에는 些, 對他, 一介介
사 대타 일개개
등 고대 한문에는 거의 쓰이지 않았던 표현들이 대거 등장하고 있다.
太祖做的詩도 예전에는 없던 표현이다. 그것들은 대부분 현대 중국어에
태조 주 적 시
도 이어진 것들이다.

⑤ 須至咨者. 이는 외교문서상의 상투적인 표현으로 '자문을 보냈습니다'
수지 자자
혹은 '자문을 보내주기를 요청합니다' 등의 뜻을 갖는다. 상황에 따라
풀이해야 한다.

⑥ 儼以衣帽不盡美少之. 여기서는 황엄이 옷과 모자를 다 만족스러워하지
_{엄 이 의 모 부 진미 소지}
않고[不盡美] 하찮게 여겼다[少之]는 말이다. 즉 不는 盡美에만 걸린다.
_{부 진미} _{소지} _부 _{진미}
뉘앙스를 고려한 조심스러운 풀이가 필요한 문장이다.

⑦ 非以不送匠人爲罪 乃以囑諫院. '非以~乃以~'는 '~때문이 아니라 ~때
_{비 이 불송 장인 위죄 내 이 촉 간원} _{비 이 내 이}
문이다'라는 구문이다.

태종 3년 계미년
5월

五月

정축일(丁丑日-1일) 초하루에 상이 사신을 청해 청화정(淸和亭)에서 잔치를 베풀었다. 조거임(趙居任)이 말했다.

"황제께서 작은 나라를 길러주시는[字小] 어짊[仁]과 국왕께서 큰
        _{자소}   _인
나라를 섬기는[事大] 열렬함[誠]이 순일(純一)하여 서로 간에 조금의
        _{사대}   _성
틈도 없습니다[無間]. 우리가 오늘 이 정자에 들어오니 마치 당(堂)
    _{무간}
에 오르고[升堂] 또 실(室)에 들어온[入室] 것 같습니다."[1]
      _{승당}   _{입실}

무인일(戊寅日-2일)에 태상왕이 사신 황엄, 조천보, 고득 등에게 잔
치를 베풀었다. 엄 등이 태상전에 이르니 태상왕이 말했다.

"내가 병이 있어서 한 번도 관(館)에 나아가지 못했소. 오늘 이렇게
오셨으니 천사께서는 비록 천 잔, 백 잔이라도 사양하지 마시오. 내
아들이 들으면 또한 기뻐할 것이오."

엄 등이 하직하려고 하자 태상왕이 말했다.

"내가 교외(郊外)에 나가 전송하고 싶으나 병이 있어 그럴 수가 없
으니 너그럽게 용서한다면 다행이겠소."

---

1 도리에 들어가는 절차와 수준을 이야기하고 있다. 첫 번째 단계는 입문(入門)이고, 두 번
째 단계는 승당(升堂)이며, 최고의 단계는 입실(入室)이다. 극찬을 하고 있는 것이다. 이와
관련된 이야기는 『논어(論語)』 「향당(鄕黨)」편에 나온다.

기묘일(己卯日-3일)에 강릉도(江陵道)에 강릉에서부터 삼척(三陟), 울진(蔚珍)에 이르기까지 눈이 내렸고[雨雪] 이튿날에도 얼음이 녹지 않았다[不釋].

○ 조거임, 고득, 황엄, 조천보 등이 돌아가니 상이 영빈관(迎賓館)에서 전별하고 엄, 천보, 득에게 가는 백저포와 흑마포 각각 10필씩을 주었고 태상왕은 백저포와 흑마포 각각 5필씩을 주었으며 상왕도 각각 2필씩을 주었다. 상이 애초에 각각 안마(鞍馬-안장 얹은 말)를 주었는데 작별에 임하여 또 1필(匹)을 주고 반인(伴人) 열 사람에게도 각각 말 1필씩을 주었다. 조거임은 받지 않고 다만 종이 두어 장을 청하며 말했다.

"시축(詩軸)을 만들려고 합니다."

좌정승 하륜이 인삼을 주었는데 거임 홀로 받지 않고는 말했다.

"전하께서 주신 것도 받지 않았는데 경이 주는 것을 받을 수 있겠소?"

경진일(庚辰日-4일)에 비가 내렸다.

○ 상이 친히 인소전(仁昭殿)² 에 제사하고 드디어 태상전에 나아가 헌수(獻壽)했다. 안평부원군(安平府院君) 이서(李舒), 상당군(上黨君) 이저(李佇), 사평부 참판사 최유경(崔有慶), 승추부 참판사 윤저(尹柢)가 시중을 들었고 연구(聯句)를 지어 창화(唱和)하고 끝까지 즐겼다

---

2   태조 이성계의 비(妃)이자 태종 이방원의 친어머니 신의왕후 한씨(神懿王后韓氏)를 모신 혼전(魂殿)이다.

[馨懽].
경환

○ 형조정랑 조사(趙師)를 회안대군 방간(芳幹)에게 보냈다. 사(師)는 고종사촌 동생[表弟]이었기 때문에[3] 집안 사람들[家人]의 소식을
표제   가인
전하고 문안하게 한 것이다.

신사일(辛巳日-5일)에 경상도의 조운선(漕運船)[4] 34척이 바다 가운데 침몰돼 죽은 사람이 대단히 많았다. 만호(萬戶)가 사람을 시켜 수색하니 섬에 의지해 살아난 한 사람이 이를 보고 도망쳤기에 쫓아가서 붙잡아 그 까닭을 물었다. 그가 대답했다.

"도망쳐서[遯去=遁居] 머리를 깎고[薙髮] 이 고생에서 벗어나려고
        둔거   둔거   치발
한다."

상이 듣고 탄식하며 말했다.

"책임은 곧 나에게 있다. 만인(萬人)을 내몰아 사지(死地)로 나가게 한 것 아닌가? 닷샛날은 음양(陰陽)에 수사일(受死日)이고, 또 바람의 기운이 대단히 심하여 행선(行船)할 날이 아니다. 바람이 심한 것을 알면서도 배를 출발시켰으니 이는 실로 백성을 몰아서 사지로 나가게 한 것[驅民而就死地]이다."
                          구민 이 취 사지
좌우에게 물었다.

---

3 사의 아버지 조인벽이 이성계의 누이와 혼인했다.

4 삼남지방(충청, 전라, 경상)의 세곡(稅穀)을 서울까지 운반할 때 사용했던 선박을 조선(漕船)이라고 하는데 또 다른 표현으로 조운선(漕運船)이라고도 했다. 일반적으로 경상도와 전라도 남부 지방의 세곡을 이 조운선에 싣고서 한양의 한강 하류에 있는 서강(西江)으로 운반한 후 경창으로 납곡(納穀)을 하게 된다.

"죽은 사람은 얼마이며 잃은 쌀은 얼마인가?"

좌우가 대답을 하지 못했다. 상이 말했다.

"대략 얼마인가?"

좌우가 대답했다.

"쌀은 1만여 석이고, 사람은 1,000여 명입니다."

상이 말했다.

"쌀은 아무리 많더라도 아까울 것이 없지만 사람 죽은 것이 너무나도 가련하다. 그 부모와 처자의 마음이 어떠하겠는가? 조운(漕運)하는 고통이 이와 같으니 선군(船軍)이 그 고통을 견디지 못하여 도망쳐 흩어지는 것은 당연하다."

우대언 이응(李膺)이 말했다.

"육로(陸路)로 운반하면[陸轉] 어려움이 더 심합니다."
<small>육전</small>

상이 말했다.

"육로로 운반하는 것의 어려움은 겨우 우마(牛馬)의 수고뿐이니 사람이 죽는 것보다는 낫지 않겠느냐?"[5]

계미일(癸未日-7일)에 우레가 치고 비가 내렸다. 풍해도(豊海道) 봉주(鳳州)에서 사람과 소가 벼락을 맞았다[震]. 어떤 사람이 소를 끌
<small>진</small>
고 가다가 벼락을 맞아 죽었다. 죽은 자의 두 손가락과 음경(陰莖)

---

5 태종은 여기서 두 차례에 걸쳐 인명(人命) 중시를 강조한다. 이는 『논어(論語)』 「향당(鄉黨)」편에 나오는 공자의 말과 그 정신이 통하는 것이다. 마구간에 불이 나서 다 타버리자 공자는 마침 조정에 갔다가 퇴청하여 "사람이 상했느냐?"고 묻고는 말에 대해서는 일절 묻지 않았다.

을 잘라[截] 간 사람이 있었다. 관찰사가 율(律)에 비추어 논죄(論罪)
절
했다.

○ 달이 태미성(太微星)⁶으로 들어갔다.

정해일(丁亥日-11일)에 좌정승 하륜, 의정부 지사 이첨, 의정부 참찬
사 조박(趙璞)에게 교서(敎書)를 내려주었다. 륜(崙)에게 준 글은 이
러했다.

'생각건대 경은 도리가 크고 다움이 넓으며[道大德博] 본 것이 높
                                    도대 덕박
고 아는 것이 밝아[見高識明] 지난번[向=向者] 위란(危亂)한 때를 당
          견고 식명   향 향자
했을 때[値=當=遇] 몸의 위험을 잊고[忘身] 의로움을 떨쳐 사직을 바
        치 당 우   망신
로잡고[定社]⁷ 천명을 도와[佐命]⁸ 그 공(功)이 맹부(盟府)⁹에 보존돼
    정사   좌명
있다. 지금 천자(天子)가 새로 보위(寶位)에 올라 사신을 보내 알려
왔으니[來告] 돌아보건대 (우리와 명나라 사이에) 도적떼가 그치지 않
    내고
고 도로[道途=道路]는 많이 막혀[梗=塞] 한 나라의 신료들이 그 때
    도도 도로   경 색
문에[爲之] 의심하고 두려워하여 표문(表文)을 받들고 가서 칭하(稱
위지
賀)하기에 실로 그 적임자[其人]를 찾기 어려웠는데 경은 앞장서 몸
                    기인

---

6   북극을 중심으로 천체(天體)를 크게 자미원(紫微垣), 태미원(太微垣), 천시원(天市垣)의
    세 구역으로 나누었는데 그중의 하나다. 이 세 개의 원(垣-담) 안에 다시 작은 별자리를
    두었다.
7   1차 왕자의 난을 가리킨다.
8   2차 왕자의 난을 가리킨다.
9   중국에서는 원래 나라의 도서관이었다. 그곳에 공신들의 명부를 보관했다. 조선시대에는
    정1품 아문(正一品衙門)으로 공신(功臣)들의 관부(官府)다. 1392년(태조 1년)에 설치한 공
    신도감(功臣都鑑)을 1414년(태종 14년)에 충훈사(忠勳司)로 고쳤다가 세조 때에 충훈부
    (忠勳府)로 고친다.

을 던져[挺身] 나라를 위해 온 힘을 다하고[許國]¹⁰ 두 번, 세 번 굳
이 청해[固請] 만 리 길을 달려가서 친히 천일(天日)¹¹을 우러러보고
용지(龍墀)¹²에 하례를 올렸다. 그러고 나서 하정사(賀正使) 의정부
참찬사 조박(趙璞), 부사(副使)[副介]¹³ 의정부 지사 이첨(李詹)과 더
불어 상의하여 말하기를 "천자가 이미 천하와 더불어 다시 시작했
으니[更始] 우리 임금의 작명(爵命)과 인장(印章)만 홀로 예전 것을
그냥 이어받을 수 없다"하여 이에 예부(禮部)에 의견을 올려[申呈=
上言] 신청(宸聽)¹⁴에 전달하니 천자께서 때를 알고 변화에 적응하는
것[識時通變]을 아름답게 여겨 총애하고 대접하는 것이 넉넉하고 두
터워 마침내 고명(誥命)과 인장(印章)을 정신(廷臣)¹⁵ 도지휘사(都指
揮使) 고득(高得)과 좌통정(左通政) 조거임(趙居任)에게 주어 이들이
와서 명을 내렸으니[錫命] 처음부터 끝까지 공을 세운 바를 진실로
대대로[帶礪]¹⁶ 잊기 어려울 것이다. 그래서[用=以] 밭 100결(結), 종

---

10 기존 번역은 그냥 직역해서 "나라에 허락하고"라고 돼 있다. 직역이라기보다는 오역이다.
   허(許)에는 '허락하다' 이외에 '바치다[獻]'라는 뜻이 있는데 그 뜻을 취해야 한다.
11 '하늘의 해'란 천자를 가리키는 존칭이다.
12 대궐의 섬돌[陛] 위를 가리킨다. 지(墀)란 '계단을 다 올라가서 평평한 곳'을 뜻한다.
13 개(价) 혹은 개(介)를 보좌하는 부개(副介)가 있었고 전권을 지닌 대표 정사(正使) 혹은
   전개(專价)를 보좌한다고 하여 찬개(贊价)라 했다.
14 천총(天聰)과 같은 말로 임금의 귀 밝음을 뜻한다. 즉 천자의 귀를 말한다.
15 실록에서 그냥 조정(朝廷)은 곧 중국의 조정을 가리킨다. 여기서도 조정 신하라는 뜻이
   니 명나라 조정 신하를 말한다.
16 나라에서 공신의 집안을 자손 대대로 변하지 않고 대접하는 일. 한(漢)나라 고조(高祖)
   유방(劉邦)이 중국을 재통일한 뒤 공신들을 봉작(封爵)하면서 "황하가 띠[帶]같이 가늘
   어지고 태산이 숫돌[礪]같이 작아질 때까지 나라에서 영구히 보존하리라"라고 한 데서
   유래한 말이다.

[奴] 10구(口)를 내려준다. 오직 성의만을 기억할 것이니 어찌 물건이 귀한 것이겠는가? 나의 지극한 뜻을 몸으로 간직해[體=體認] 영원토록 그것을 전하라.'

박(璞)과 첨(詹)에게 교서와 밭 각각 60결, 종 각각 6구를 내려주었다. 서장관(書狀官) 조말생(趙末生)·이적(李迹, ?~?)[17]과 압물(押物)[18] 방사량(房士良), 통사(通事) 조사덕(曹士德)·매원저(梅原渚)·강방우(康邦祐)·선존의(宣存義) 등에게 각각 밭 15결을 내려주었다. 박석명을 시켜 그들에게 명하여 말했다.

"경들의 공(功)은 처음부터 끝까지[終始] 갚기가 어려워 밭과 종 약간을 주는 것이고 이것으로 그 공을 갚기에 족하다고 여기지 않는다."

륜(崙) 등이 사양하여 말했다.

"이번의 고명과 인장은 모두 주상의 덕(德)이십니다. 신 등이 어찌 거기에 끼어들겠습니까? 또 신 등의 오늘의 일은 신하의 일입니다. 어찌 감히 내려주신다 하여 받겠습니까?"

상이 말했다.

"경들이 (명나라 조정에) 들어가 천자께 아뢰어 내 자손만대에 끝없는 아름다움[休]을 남겨주었으니 경들에게 밭과 종을 주어 자손

---

17 대제학을 지낸 이행(李行)의 아들이다. 생원시에 이어 1401년(태종 원년) 증광문과에 을과 2등으로 급제하여 경기감사를 지냈다. 세종 때 대사헌을 지내다 역학(易學)에 전념하기 위해 사직하고 지금의 경기도 가평군 상면과 하면에 해당하는 조종현(朝宗縣)에서 만년을 보냈다. 세종이 연로한 그를 부르지 않고 신하를 보내 『주역』에 대한 의문점을 묻고는 했는데 이때 이적은 나무 밑에 의자를 가져다 앉아서 『주역』을 풀이했다. 사람들이 이 나무를 『주역』을 강의하는 정자라는 뜻으로 강역정(講易亭)이라고 불렀다.

18 외국에 사신(使臣)이 갈 때 수행하여 조공(朝貢)하는 물건과 교역(交易)하는 물건들을 맡아 관리하는 관원으로, 이들도 통역을 맡았다. 말을 담당하는 관원은 압마(押馬)라고 했다.

에게 전하게 하는 것이다. 내가 천자의 비상(非常)한 명령을 받았으니 감사한 마음을 무엇으로 나타내겠는가? 경들이 굳이 사양하면 [固辭] 내가 부끄럽다."
고사

류 등이 마침내 받았다. 또 류 등에게 안장 달린 말을 내려주고 청화정(清和亭)에서 잔치를 베풀었다. 의안대군 화(和), 안평부원군 이서, 사평부 판사 이직, 의정부 참찬사 권근 등이 잔치를 모시며 연구(聯句)를 지어 창화(唱和)하며 극진히 즐기고서 밤에 끝마쳤다. 이튿날 류 등이 대궐에 나아와 사은(謝恩)했다.

○ 왜의(倭醫) 평원해(平原海)[19]에게 노비 2구를 내려주었다. 그 내려준 패문(牌文)[20]은 이러했다.

'네가 마침내 의로움을 사모해[慕義] 이 나라에 와서 몸을 던져
모의
[來投=歸順] 내가 잠저(潛邸)에 있을 때부터 지금에 이르기까지 내
내투 귀순
곁을 떠나지 않고서 증상(症狀)을 진찰하고[診候=診察] 약을 지었으
진후 진찰
며 날이 갈수록 더욱 근신(謹慎)하여 일찍이 조금도 게을리한 적이 없다. 또 우리나라 사람들에게 병이 있으면 즉시 가서 치료하여 자못 효험이 있었으니 공과 노고가 상을 줄 만하다.'

경인일(庚寅日-14일)에 가랑비가 왔다. (동북면) 길주(吉州)의 아간

---

19 1397년(태조 6년) 8월 본래 일본의 승려로 처자를 거느리고 조선에 귀화했으며 태조로부터 머리를 길러 환속할 것을 명받았고 의술(醫術)에 정통한 관계로 전의박사(典醫博士)의 관직과 평씨(平氏)를 사성받았다. 1401년(태종 1년) 3월에는 태종으로부터 양홍달(楊弘達)과 함께 매일 대궐에 입궐하라는 지시를 받았다.

20 제반 사항을 기록하여 사전에 보내던 통지문(通知文)이다. 일반적으로 나무패에 기록했다.

리(阿干里) 석벽(石壁) 가운데에 불(기운)이 생겨났는데 넓이가 8척, 깊이가 1척이었고 초목(草木)을 가져다 대면 곧바로[輒] 타올랐다. _첩 4월 갑술일부터 이날까지 무릇 17일 동안 타다가 비로 인해 마침내 사라졌다[滅]. _멸

○ 연안부(延安府)²¹에서 사람과 우마(牛馬)가 벼락을 맞았다.

신묘일(辛卯日-15일)에 임피(臨陂)²²에서 여인이 벼락을 맞았다.

임진일(壬辰日-16일)에 상이 조금 편치 않아[少不豫]²³ 하례(賀禮)를 _{소 불예} 받지 않았는데 이날은 탄신일이었다. 태상왕과 상왕이 내신(內臣)을 보내 술과 안주[酒饌=酒肴]를 주니 상이 내루(內樓)에 나아와 의안 _{주찬   주효} 대군 화(和), 상당군 이저 등과 더불어 술자리를 가졌다. 경기좌우도 도관찰사 이래(李來, 1362~1416년)²⁴가 서족(書簇-족자) 한 쌍을 바

---

21 고려 초에 염주(鹽州), 고종 때 영응현(永膺縣) 복주(復州), 원종 때 석주(碩州), 충렬왕 때 온주(溫州) 등으로 고쳐 내려오다가 충선왕 때 연안부로 고쳤다. 조선 태종 때는 연안도 호부로 올려 경기도에서 황해도로 이관하고 1895년 군(郡)으로 됐으며 1914면 배천군(白川郡)을 합하고 평산군(平山郡)의 일부를 편입해 연백군이 됐다.

22 조선시대에도 계속 현으로 있다가 1895년(고종 32년) 군이 되었고 1914년 행정구역 개편 때 옥구군에 병합됐으며 1995년 옥구군과 군산시가 통합돼 군산시가 됐다.

23 불예(不豫)란 임금이나 왕비가 편치 않거나 죽는 것을 가리킨다. 그냥 즐겁지 않다[不樂]는 뜻으로도 사용된다.

24 아버지는 고려 공민왕 때 신돈(辛旽)을 요승이라 부르며 탄핵했던 우정언(右正言) 존오(存吾)이며 우현보(禹玄寶)의 문인이다. 1371년(공민왕 20년) 아버지 존오가 신돈의 처벌을 주장하다가 유배되어 울화병으로 죽고 이어 신돈이 처형되자 10세의 어린 나이로 전객녹사(典客錄事)에 특입됐다. 1383년(우왕 9년) 이방원과 함께 문과에 급제하고 공양왕 때에 우사의대부(右司議大夫)에 올랐다. 1392년(공양왕 4년) 정몽주(鄭夢周)가 살해되자 그 일당으로 몰려 계림(鷄林)에 유배됐다가 곧 풀려나서 공주에 은거했다. 1399년(정종 1년) 좌간의대부로 등용되고 이듬해인 1400년 방간(芳幹)의 난을 평정하는 데 공을 세워 좌명공신

쳤는데 하나는 단서(丹書)의 계(戒)[25]이고, 하나는 『시경(詩經)』의 「억(抑)」편[26]이었다. 상이 아름답게 여겨 그것을 받았다.

○ 가벼운 죄인들을 사면해주었다.

○ 순관(巡官)인 호군(護軍) 이봉(李奉)을 옥에 내렸다. 사간원지사 김구덕(金九德, ?~1428년)[27]이 일찍 대궐로 나오는데 봉(奉)이 그를 보자 잡아 가두었다. 우사간대부 구종지(具宗之, ?~1417년)[28] 등이 대

(佐命功臣) 2등에 책록됐다. 곧 좌군동지총제가 됐고, 계림군(鷄林君)으로 봉작(封爵)됐다. 1402년(태종 2년) 승추부 첨서사(承樞府僉書事)가 됐다가 그해 대사간을 거쳐 공조판서에 승진됐다. 1404년 정조사(正朝使)가 돼 명나라에 다녀왔으며 곧 대사헌이 되었다. 이듬해에 예문관 대제학이 됐고 1407년 경연관을 거쳐 세자 양녕의 스승인 좌빈객(左賓客)을 지냈으며 1408년에 의정부 지사 겸 경승부 판사에 이르렀다. 태종 묘정에 배향됐다.

25 주나라 무왕(武王)이 왕위에 오른 지 사흘째 되는 날 스승인 태공망(太公望) 여상(呂尙)을 불러 정치하는 도리를 묻자 단서(丹書)에 있다고 말하며 이렇게 말했다. "삼감이 게으름을 이기면 길하고, 게으름이 삼감을 이기면 멸하며, 의로움이 욕심을 이기면 순리대로 되고, 욕심이 의로움을 이기면 흉하다[敬勝怠者吉 怠勝敬者滅 義勝欲者從 欲勝義者凶]고
　　　　　　　　　　　　　　　　　경 승 태 자 길　태 승 경 자 멸　의 승 욕 자 종　욕 승 의 자 흉
했습니다." 이것이 단서의 계이며 『예기(禮記)』에 실려 있다.

26 「대아(大雅)」에 실려 있다. 이는 위(衛)나라 무공(武公)이 여왕(厲王)을 풍자하고 또한 스스로를 경계한 시다. 늘 삼가며 도리를 지키지 않으면 나라를 잃을 수 있음을 일깨워주는 시다.

27 정종 때는 사헌부중승(司憲府中丞)이 되어 당시 삼군부 판사로서 권력을 부리던 최운해(崔雲海)를 탄핵해 음죽(陰竹)으로 유배를 보냈다. 이어 사간원 지사(知司諫院事)에 올랐고 외직으로 나가 해주·광주·청주 목사를 지냈다. 이어서 통례문 판사(通禮門判事)가 되었는데 이때 그의 딸이 태종전(太宗殿)에 간택돼 명빈(明嬪)이 되자 벼슬이 올라 우군동지총제(右軍同知摠制)가 됐다. 1412년(태종 12년) 한성부윤(漢城府尹)을 지내고 이어 강원도 관찰사를 거쳐 이듬해 의정부 참지사가 됐다. 이듬해 다시 한성부윤을 역임했으며 천추사(千秋使)로 명나라에 다녀왔다. 1427년(세종 9년)에는 손녀가 세자빈에 간택됐다. 성품이 온화하여 남과 다투지 않았고 사람을 대함에 예로써 했다고 한다.

28 1407년 호조참의가 됐다. 이때 평소 친하게 지내던 민무질(閔無疾)이 왕족 간의 이간을 꾀했다 하여 하옥되는데 이와 관련돼 국문을 받았다. 1416년 호조참판이 됐는데 아우 구종수(具宗秀)가 왕명을 어기고 여색으로 세자를 자기 집에 유인해 향응을 베푸는 데 참석해 갖은 방법으로 아첨하며 세 형제의 뒷날을 부탁한 사실이 발각돼 이듬해 아우 구종유(具宗猷), 구종수와 함께 대역죄인으로 참수당했다.

궐에 나아와 아뢰어 말했다.

"김구덕이 하례(賀禮)를 위해 일찍 조정에 나오는데 이봉이 연유도 살피지 않고 함부로[濫] 그를 가두었습니다."

남

명하여 구덕을 풀어주고 봉을 가두었다.

정유일(丁酉日-21일)에 김승주(金承霔)를 의정부 참지사로 삼았다. 승주(承霔)가 (서북면) 강계(江界)에서 돌아오니 상이 말했다.

"듣건대 경이 지난해 겨울에 눈물을 흘렸다던데 그랬는가?"

대답했다.

"그렇습니다. 군사를 이구철(李龜鐵)에게 나누어 보냈는데 신을 따르는 자는 겨우[纔] 140여 명뿐이었습니다. 애전(艾田)의 병세(兵勢)

재

가 매우 성대하다고 들었는데 목숨이 순간에[須臾] 달려 있어 어찌

수유

그렇지 않을 수 있었겠습니까? 오늘 용안(龍顔)을 뵈올 줄 어찌 생각이나 했겠습니까?"

상이 "그렇구나"라고 했다. 승주가 말했다.

"군사가 나아갈 때에 독(纛-군대의 큰 기)²⁹이 꺾어지는 것은 길조입니다."

상이 말했다.

"어째서인가?"

승주가 말했다.

"무진년(戊辰年-1388년)에 시중(侍中) 심덕부(沈德符)의 군사가 도

─────────

29 '둑'으로도 읽는다.

성(都城) 문(門)을 나서는데 독(纛)이 꺾어지는 일이 있어 덕부가 독을 잡은 자를 베었습니다. 지난해 겨울에도 신의 독이 출병할 때 역시 꺾어지는 일이 있어 신도 덕부를 본받아 또한 독을 잡은 자를 베었더니 조금 뒤에[俄而] 사람이 와서 '조사의(趙思義)의 군사가 저절로 궤멸(潰滅)되었다'고 말했습니다. 독이 꺾어지는 것은 군대가 해산할 조짐입니다."

임금이 말했다.

"독이 꺾어져서 군대가 해산하는 것은 단지 요행일 뿐이니 독을 잡은 사람은 죄 없이 죽었다."

○ 청성군(淸城君) 정탁(鄭擢, 1363~1423년)³⁰을 해풍(海豊)³¹으로 내쳤다[放]. 애초에 탁(擢)이 내시별감(內侍別監) 노적(盧績)의 노비를 빼앗으니 적(績)이 신문고(申聞鼓)를 쳤다. 상이 사헌부로 하여금 다스리게 하니 헌부에서는 적을 옳다[直]고 보고 탁에게 죄줄 것을 청했다. 상이 박석명에게 일러 말했다.

"탁(擢)은 개국공신이고, 또 경연(經筵)에서 시강(侍講)했으니³² 공(功)이 죄(罪)를 덮을 만하다[可掩]. 그러나 법(法)도 폐기할 수 없다.

---

30 1382년(우왕 8년) 문과에 급제했고 이성계의 추대를 제일 먼저 발의한 공로로 개국공신 1등에 책록됐다. 1398년(정종 즉위년) 10월 방간(芳幹)의 난 평정에 대한 공로로 정사공신(定社功臣) 2등에 책록돼 곧 중추원 첨서사(中樞院簽書事)가 됐고 1403년(태종 3년) 한성부 판사가 됐으며 1405년 살인죄로 직첩을 몰수당하고 영해로 유배되었으나 공신이라 하여 곧 사면됐다. 1408년 태조가 죽자 고부청시사(告訃請諡使)가 되어 명나라에 다녀왔다. 1415년 청성부원군(淸城府院君)에 진봉됐고 1421년 진하사(進賀使)로 명나라에 다녀온 뒤 이듬해 우의정에 올랐다. 태종의 묘정에 배향됐다.

31 지금의 황해도(黃海道) 개풍군(開豊郡)을 뜻한다.

32 이것을 거론했을 정도면 두드러진 공은 없었다는 뜻이기도 하다.

만일 농장(農庄)이 도성 문밖에 있는 것이 있으면 그곳으로 내쳐라."

석명이 대답했다.

"해풍(海豊)에 농사(農舍)가 있는데 도성에서 30리입니다."

상이 "아주 좋다"고 했다. 사헌부에서 소를 올려 말했다.

'청성군 정탁은 두 번이나 공신이 되었고 벼슬이 재보(宰輔)[33]에 이르렀으니 녹질(祿秩)의 풍부함과 토전(土田) 및 장획(臧獲)[34]의 많음이 그에 비할 자가 없습니다. 죽은 검교시중(檢校侍中) 한천(韓蕆, ?~?)[35]이 거부(巨富)이면서도 아들이 없었는데 탁이 여러 조카 중의 한 명으로 형제의 차례도 돌아보지 않고 오직 위력(威力)으로 그의 전장(田庄)과 재물(財物)을 빼앗아 점유하고서도 뻔뻔하게[恬] 조금 ᅟ염ᅟ도 부끄러워하지 않고 오히려 부족하게 여겨 마침내 미천하고 힘없는[微劣][36] 노적의 노비를 한천의 천안(賤案)에 억지로 집어넣어 권력 ᅟ미열ᅟ을 믿고 함부로 빼앗았습니다. 그 음흉하고 기만적이며[陰譎] 탐욕스 ᅟ음휼ᅟ럽고 더러운[貪冒=貪汚] 죄를 징계하지 않을 수 없어 그 때문에 신 ᅟ탐모ᅟᅟ탐오ᅟ등이 전일에 아뢰어 보고하여[啓聞] 죄줄 것을 청했는데 전하께서는 ᅟ계문ᅟ

---

33 재상(宰相)을 뜻하기도 하고 재상 바로 아래의 찬성사나 참찬사를 가리키기도 한다.

34 노비를 가리킨다.

35 1365년(공민왕 14년) 전리판서(典理判書-이조판서)로서 고부(古賦)로 민안인(閔安仁) 등 55인, 십운시(十韻詩)로 임한(林翰) 등 41인을 뽑았으며 1371년 경상도 도순문사가 됐다. 1391년(공양왕 3년) 개성부 판사를 거쳐 이듬해 예문관 대제학으로 찬성사 성석린(成石璘) 등과 함께 이성계(李成桂)에 의해 유배됐다. 뒤에 풀려나와 조선 건국 후 1393년(태조 2년) 태조로부터 전조대신(前朝大臣) 71인을 포상하라는 명에 의거해 개국원종공신(開國原從功臣)이 돼 원종공신전 15결과 노비 2명을 받았다. 1400년(정종 2년) 권희(權禧) 등과 함께 삼사판사로 치사했다.

36 노적이 환관이라 이렇게 표현한 것이다.

공신이라는 이유로 농장(農庄)에 안치(安置)하는 것에 그치셨으니 어찌 징계하여 다스리겠다[懲艾=懲治]는 마음이 있다 하겠습니까? 전하께서 차마 법으로 그를 잡아넣지[繩] 못하시겠다면 그의 직첩을 빼앗고 변방 고을에 안치하도록 허락하시어 스스로 다스리기[自艾]를 기다림으로써 그 밖의 다른 사람들에게 경계를 내려야 할 것입니다.'

회답하지 않았다.

○ 상서사(尙瑞司)[37]에 명해 『대학연의(大學衍義)』[38]의 서문(序文)과 (명나라에) 올린 표문(表文)을 써서 병풍을 만들어 관람했다.

○ 상이 태상전에 나아가 잔치를 베풀었다.

기해일(己亥日-23일)에 상이 (조선인 출신 명나라 환관) 주윤단(朱允端), 한첩목아(韓帖木兒)를 숭인문(崇仁門) 밖에서 맞아 위로했다. 윤단 등이 그들의 고향에서 돌아왔기 때문이다.

○ 전조(前朝-고려)의 장수 정지(鄭地, 1347~1391년)[39]의 후손을 서

---

37 조선 태조 원년(1392년) 7월에 설치돼 부인(符印)과 제배(除拜) 등의 일을 맡아본 관청이다. 세조 12년(1466년) 1월에 상서원(尙瑞院)으로 개칭했다.

38 송나라 정치가이자 유학자 진덕수(眞德秀)가 쓴 책으로 왕권 중심의 제왕학이다. 태종과 세종이 가장 좋아했던 책이다.

39 고려 말의 무신이다. 1381년 밀직(密直)으로 해도원수(海島元帥)가 되어 서해와 남해에서 수차에 걸쳐 왜구를 소탕해 많은 전공을 세우고 이듬해 문하부지사로서 해도도원수 양광전라경상강릉도 도지휘처치사(楊廣全羅慶尙江陵道都指揮處置使)가 됐다. 1384년 문하평리(門下評理)에 임명되어 보다 근원적인 방왜책으로서 왜구의 소굴인 대마도(對馬島)와 일기도(壹岐島)의 정벌을 건의했다. 1388년 최영(崔瑩) 등을 중심으로 요동정벌이 추진되자 우군도통사 이성계(李成桂) 휘하에 예속돼 안주도 도원수로 출전했으나 이성계의 위화도회군 때 동참했다. 이때 다시 왜구가 창궐하므로 양광전라경상도 도절제체찰사(楊廣

168

용(敍用)⁴⁰하라고 명했다. 상이 박석명 등과 더불어 전조 말년에 왜구가 침략해 인민들이 생업(生業)을 잃었던 것을 논하다가 관련해서 말했다[因言].
인언

"그때 장수 정지가 처음으로[肇] 병선(兵船)을 만들어 백성에게 공
조
(功)이 있었다. 지에게 후손이 있는가, 없는가?"

석명이 대답했다.

"아들 하나가 있는데 경(耕)이라고 합니다."

상이 말했다.

"백성에게 공로와 다움[功德]이 있을 경우 그 자손을 마땅히 서용
공덕
해야 하는 것[敍]이니 정사(政事)⁴¹가 있을 때에 아뢰라."
서

경자일(庚子日-24일)에 충주(忠州)의 객사(客舍)⁴² 기둥에 벼락이 쳤다.

全羅慶尙道都制體察使)가 되어 남원 등지에서 적을 대파하는 공을 세웠다. 이듬해 우왕의 복위를 모의한 김저(金佇), 변안열(邊安烈)의 사건에 연루돼 경주(慶州), 횡천(橫川)으로 유배됐으나 곧 풀려나 위화도회군의 공으로 2등공신에 봉해졌다. 1391년에는 윤이(尹彝), 이초(李初)의 옥사에 연루돼 청주 옥에 갇혔으나 홍수로 풀려났다. 그 뒤 광주(光州)에 물러나 있던 중 개성부 판사로 부름을 받았으나 부임하지 않고 별세했다.

40 파면했던 사람을 다시 불러 쓰는 것을 '서용'이라 한다.

41 인사(人事)를 가리킨다.

42 객사는 임금의 위패(位牌)를 모시고 있는 건물로서 수령의 집무실인 동헌(東軒)보다도 격이 높았으며 그런 만큼 관아 시설 중에서 규모가 제일 크고 화려하며 전망이 가장 좋은 곳에 자리 잡고 있다. 객사는 신성한 건물로서의 위엄을 드러내기 위해 설계됐는데, 가운데 채가 좌우채보다 한 단 높은 솟을대문 형식의 독특한 지붕이다. 전패(殿牌)를 모시고 있는 가운데 채가 전청(殿廳)이며 부사(府使)가 정기적으로 예(禮)를 올리면서 임금에 대한 충성을 다짐하는 곳이었다. 좌우의 익사(翼舍)는 중앙에서 내려온 사신의 접대와 숙소로 이용되었다.

임인일(壬寅日-26일)에 주윤단의 친족 60여 인에게 관직을 제수 했다. 윤단의 청을 들어준 것이다. 상이 사헌부, 사간원, 이조, 병조의 장무(掌務-담당 실무자)를 불러 명했다.

"사신(使臣)의 친족으로 관직을 얻은 사람의 고신(告身-관리 신분 증)을 내일 모두 서경하라[署]."
서

계묘일(癸卯日-27일)에 가뭄으로 인해 물을 낭비하는 것을 금지 했다.

○ 오부(五部)[43]에 영을 내려[下令] 부부가 침실을 따로 쓰게 했다.[44]
하령
예조(禮曹)에서 월령(月令)으로 청한 때문이다.

갑진일(甲辰日-28일)에 주윤단, 한첩목아 등이 대궐에 이르니 상이 청화정(淸和亭)에서 잔치를 베풀었다.

병오일(丙午日-30일)에 좌정승 하륜에게 명해 비밀스러운 일로[密事]
밀사
입대(入對)[45]하게 했다.

○ 근신(近臣)들과 함께 남도(南道) 쌀의 운반을 수로(水路)로 할 것

---

43 수도 개경에 설치한 행정 구역 및 행정 관아다. 개경을 동·남·서·북·중부의 오부(五部)
   로 나누고 그 부내의 소송(訴訟), 도로(道路), 금화(禁火), 택지(宅地) 등의 일을 관리하기
   위해 관아(官衙)를 베풀고 이 관아도 부(部)라 일컬었다. 곧 개경부의 산하 행정 관아를
   모두 묶어서 말하는 것이다. 이는 한양으로 천도한 이후에도 그대로 적용됐다.
44 유교 의식의 강화에 따른 조치다. 남녀가 따로 거처하게 됨에 따라 남자의 거처인 사랑채
   와 여자의 거처인 안채가 만들어지게 됐다.
45 궁중에 들어가 임금을 뵙고 자문에 응하는 것을 말한다.

170

인지[漕轉], 육로(陸路)로 할 것인지[陸輸]의 가부(可否)를 상의했는데 석명 등이 모두 말했다.

"육로로 운반하는 어려움이 수로로 운반하는 것보다 심합니다. 조운(漕運)은 바람과 물만 살피면 근심이 없을 수 있습니다. 간혹 침몰되는 것은 전수자(典守者)[46]가 바람과 물을 살피지 않고 일의 앞뒤도 없이[顚倒] 배를 띄우기[發船] 때문입니다."

상이 말했다.

"육전(陸轉)이 비록 힘들겠지만 인명(人命)은 다치지 않는다."

○ 임주군(林州郡)[47]을 높여 부(府)에 해당하는 관(官)으로 삼고 김제현(金堤縣)을 높여 지(知-지사)가 담당하는 관(官)으로 삼았다. 임주는 주윤단의 고향이요, 김제는 한첩목아의 고향이어서 그 청을 따른 것이었다.

○ 전라도 무안포(務安浦)와 경상도 진양(晉陽)의 소남포(召南浦)에서 물이 사흘 동안 붉고 양주(梁州)[48]의 대천(大川)이 하루 동안 붉었다.

○ 서울과 지방에 크게 역질이 돌았다.

○ 일기도(一岐島)의 지주(知州) 원량희(源良喜)가 잡혀간 인구(人口)들을 돌려보내고 예물(禮物)을 바쳤다.

○ 병조에서 중외(中外)의 군사 수를 올렸는데 총 29만 6,310명이었다.

---

46 어떤 일을 맡아 전담하여 지키는 사람을 가리킨다.
47 오늘날의 충청남도 부여군 임천면을 가리킨다.
48 오늘날의 경상남도 양산시를 가리킨다.

丁丑朔 上請使臣 宴于淸和亭. 趙居任曰:"皇帝字小之仁 國王
정축 삭 상청 사신 연우 청화정 조거임 왈 황제 자소 지인 국왕

事大之誠 純一無間. 吾等今日入此亭 如升堂又入室矣."
사대 지성 순일 무간 오등 금일 입 차정 여 승당 우 입실 의

戊寅 太上王享使臣黃儼 曹天寶 高得等. 儼等至太上殿
무인 태상왕 향 사신 황엄 조천보 고득 등 엄 등 지 태상전

太上王曰:"予有疾 未得一詣于館. 今日來臨 願天使雖千百杯
태상왕 왈 여 유질 미득 일예 우관 금일 내림 원 천사 수 천백배

勿辭. 吾子聞之 亦喜." 儼等將辭 太上王曰:"予欲餞于郊 有疾
물사 오자 문지 역희 엄등 장사 태상왕 왈 여 욕전 우교 유질

未能 幸寬赦."
미능 행 관서

己卯 江陵道雨雪. 自江陵至三陟 蔚珍 翌日氷尙不釋.
기묘 강릉도 우설 자 강릉 지 삼척 울진 익일 빙 상 불석

趙居任 高得 黃儼 曹天寶等還 上餞于迎賓館 贈儼 天寶 得細
조거임 고득 황엄 조천보 등 환 상 전우 영빈관 증 엄 천보 득 세

白紵布黑麻布各十匹; 太上王贈白紵布黑麻布各五匹; 上王贈各
백저포 흑마포 각 십필 태상왕 증 백저포 흑마포 각 오필 상왕 증 각

二匹. 上初各贈鞍馬 臨別又贈一匹 又賜伴人十馬各一匹. 趙居任
이필 상 초 각 증 안마 임별 우증 일필 우사 반인 십마 각 일필 조거임

不受 但請紙數張曰:"欲爲詩軸也." 左政丞河崙贈以人蔘 居任獨
불수 단 청지 수장 왈 욕위 시축 야 좌정승 하륜 증이 인삼 거임 독

不受曰:"不受殿下之贈 而受卿之贈乎?"
불수 왈 불수 전하 지증 이수 경지 증호

庚辰 雨.
경진 우

上親祭于仁昭殿 遂詣太上殿獻壽. 安平府院君李舒 上黨君
상 친제 우 인소전 수 예 태상전 헌수 안평 부원군 이서 상당군

李佇 參判司平府事崔有慶 參判承樞府事尹柢侍宴 聯句唱和
이저 참판 사평부 사 최유경 참판 승추부 사 윤저 시연 연구 창화

罄懽.
경환

遣刑曹正郞趙師于懷安大君芳幹. 師 上之表弟也 故授以家人

消息問安.

辛巳 慶尙道漕運船三十四隻 沒于海中 人死者甚衆. 萬戶

使人搜之 依島而生者一人 見之而走 追執之 問其故 答曰: "欲

遯去薙髮 離此苦也." 上聞之 嘆曰: "責乃在予. 豈非驅萬人就

死地乎? 五日 於陰陽爲受死 且風氣甚惡 非行船日也. 知其風惡

而發船 此實驅民而就死地也." 問左右曰: "人之死者幾 米之失

幾?" 左右不能對. 上曰: "大槪幾何?" 左右對曰: "米則萬餘石

人則千餘名." 上曰: "米雖多 不足惜也 人之死者 甚可憫也. 其

室家之心 爲如何也? 漕運之苦如此 船軍不堪其苦 而逃散宜矣."

右代言李膺曰: "陸轉則其難尤甚." 上曰: "其爲陸轉之難者 乃以

牛馬之勞耳 不猶愈於人之死乎?"

癸未 雷雨. 震人及牛于豐海道鳳州. 有人牽牛而行 震死. 人有

截死者兩指及陰者 觀察使照律論罪.

月入太微.

丁亥 賜敎書于左政丞河崙及知議政府事李詹 參贊議政府事

趙璞. 賜崙書曰:

'惟卿道大德博 見高識明 向値危亂 忘身奮義 定社佐命 功在

盟府. 今天子新卽寶位 遣使來告 顧以群盜未息 道途多梗 一國

臣僚爲之疑懼 奉表稱賀 實難其人 而卿挺身許國 再三固請

奔走萬里 親瞻天日 陳賀龍墀. 遂與賀正使參贊議政府事趙璞
분주 만리 친첨 천일 진하 용지 수여 하정사 참찬 의정부 사 조박

副介知議政府事李詹議曰: "天子旣與天下更始 則吾王之爵命
부개 지 의정부 사 이첨 의왈 천자 기여 천하 갱시 즉 오왕 지 작명

印章 獨不可因舊也." 於是申呈禮部 轉達宸聽 天子嘉其識時
인장 독 불가 인구 야 어시 신정 예부 전달 신청 천자 가 기 식시

通變 寵待優厚 乃以誥命印章 授廷臣都指揮使高得 左通政
통변 총대 우후 내 이 고명 인장 수 정신 도지휘사 고득 좌통정

趙居任來錫命 其有功於初終 誠帶礪而難忘. 用錫田一百結 奴十
조거임 내 석명 기 유공 어 초종 성 대려 이 난망 용 석전 일백 결 노 십

口. 惟志其誠 豈貴於物! 體予至意 傳之永世.'
구 유지 기성 기귀어물 체 여 지의 전지 영세

又賜璞及詹書 田各六十結 奴各六口; 書狀趙末生 李迹, 押物
우 사박 급 첨서 전 각 육십 결 노 각 육구 서장 조말생 이적 압물

房士良 通事曹士德 梅原渚 康邦祐 宣存義 各賜田十五結. 使
방사량 통사 조사덕 매원저 강방우 선존의 각 사전 십오 결 사

朴錫命命之曰: "卿等之功 終始難報.① 賜以田民若干 非以此爲
박석명 명지 왈 경등 지공 종시 난보 사 이 전민 약간 비 이차 위

足以報其功也." 崙等辭曰: "今誥命印章 皆上之德也. 臣等何與
족이 보 기공 야 륜등 사왈 금 고명 인장 개 상지덕 야 신등 하여

焉! 且臣等今日之事 臣之職也. 何敢受賜!" 上曰: "卿等入奏
언 차 신등 금일 지사 신지직 야 하감 수사 상왈 경등 입주

天子 以遺我子孫萬世無疆之休 是賜卿等田口 使之傳諸子孫. 予
천자 이유 아 자손 만세 무강 지휴 시 사 경등 전구 사지 전제 자손 여

受天子非常之命 感謝之心 何以著之! 卿等固辭 予可慼矣" 崙等
수 천자 비상 지명 감사 지심 하이 저지 경등 고사 여 가참 의 륜등

乃受.
내 수

又賜崙等鞍馬 設宴于淸和亭. 義安大君和 安平府院君李舒 判
우 사 륜등 안마 설연 우 청화정 의안대군 화 안평 부원군 이서 판

司平府事李稷 參贊議政府事權近等侍宴 聯句唱和 極懽夜罷.
사평부 사 이직 참찬 의정부 사 권근 등 시연 연구 창화 극환 야파

翌日 崙等詣闕謝恩.
익일 륜등 예궐 사은

賜倭醫平原海奴婢二口. 其賜牌曰:
사 왜의 평원해 노비 이구 기 사패 왈

'爾乃慕義來投 自予潛邸以至于今 不離予側 診候劑藥 日加
이 내 모의 내투 자여 잠저 이 지우 금 불리 여측 진후 제약 일가

謹愼 未嘗少怠. 且國人有疾 隨卽醫療 頗有其效 功勞可賞.
근신 미상 소태 차 국인 유질 수즉 의료 파유 기효 공로 가상

174

庚寅 微雨. 吉州 阿干里石壁中火生 廣八尺 深一尺 以草木
着之輒燒. 自四月甲戌至是日凡十七日 因雨而滅.

震延安府人及牛馬.

辛卯 震臨陂女.

壬辰 上少不豫不受賀 誕辰也. 太上王及上王 遣內臣致
酒饌 上御內樓 與義安大君和 上黨君李佇等設酌. 京畿左右道
都觀察使李來獻書簇一雙 一丹書之戒 一詩之抑篇 上嘉納之.

宥輕罪.

下巡官護軍李奉于獄. 知司諫院事金九德早詣闕 奉遇而囚之.
右司諫大夫具宗之等詣闕啓曰: "金九德因賀禮早朝 李奉不察而
濫囚之." 命釋九德囚奉.

丁酉 以金承霆爲參知議政府事. 承霆回自江界 上曰: "聞卿
於前年冬涕泣 然乎?" 對曰: "然. 軍士分送于李龜鐵 隨臣者
纔一百四十餘人. 聞艾田兵勢甚盛 命在須臾 安得不爾! 何圖
今日得見龍顏!" 上曰: "然." 承霆曰: "師出纛折 吉兆也." 上曰:
"何故?" 承霆曰: "戊辰年 侍中沈德符 出兵都門而纛折 德符斬
持纛者. 前年冬 臣之纛 出時亦折 臣效德符 亦斬持纛者 俄而人
來曰: '思義兵自潰.' 纛之折 兵解之兆也." 上曰: "纛折而兵解 特
幸耳 持纛者無罪而死矣."②

放淸城君鄭擢于海豊. 初擢奪內侍別監盧績奴婢 績擊

申聞鼓. 上使司憲府治之 憲府直績③ 請罪擢. 上謂朴錫命曰:
선문고　상사　사헌부　치지　헌부　직적　청죄　탁　상위　박석명　왈

"擢 開國功臣 且於經筵侍講 功可掩罪. 然法亦不可廢也 如有
탁　개국공신　차어　경연　시강　공가엄죄　연법역불가폐야　여유

農庄在都門外者 放之." 錫命對曰: "海豊有農舍 去都城三十里."
농장재도문외자　방지　석명　대왈　해풍유농사　거도성삼십리

上曰 "甚可." 司憲府上疏曰:
상왈　심가　사헌부　상소　왈

'清城君鄭擢 再爲功臣 致位宰輔 其祿秩之豊 土田臧獲之
청성군　정탁　재위　공신　치위재보　기녹질지풍　토전　장획지

多 無與比者. 卒檢校侍中韓蕆 巨富而無嗣 擢在諸姪之中 不顧
다　무여비자　졸검교시중한천　거부이무사　탁재제질지중　불고

兄弟之序 惟以威力 奪占其田庄財物 恬不爲愧 猶以爲不足 乃以
형제지서　유이위력　탈점기전장재물　념불위괴　유이위부족　내이

微劣人盧續之奴婢 接續韓蕆之賤案 恃力擅奪. 其陰謀貪冒之罪
미열인노적지노비　접속한천지천안　시력천탈　기음흉탐모지죄

不可不懲 故臣等前日啓聞請罪 殿下以功臣之故 止置農庄 豈有
불가부징　고신등전일계문청죄　전하이공신지고　지치농장　기유

懲艾之心哉? 殿下不忍繩之以法 則許令奪其職牒 置之邊鄙 以
징애지심재　전하불인승지이법　즉허령탈기직첩　치지변비　이

待自艾 以警其他. 不報.
대　자애　이경기타　불보

命尙瑞司 書大學衍義序及進表 作屛而觀之.
명　상서사　서대학연의　서급진표　작병이관지

上詣太上殿設宴.
상예　태상전　설연

己亥 上迎慰朱允端 韓帖木兒于崇仁門外. 允端等回自其鄕.
기해　상영위　주윤단　한첩목아　우　숭인문　외　윤단등회자기향

命敍前朝將帥鄭地之後. 上與朴錫命等論前朝之末 倭寇侵掠
명서전조　장수　정지지후　상여박석명등논전조지말　왜구침략

人民失業 因言: "其時將帥鄭地肇造兵船 有功於民. 地有嗣否?"
인민　실업　인언　기시장수정지조조병선　유공어민　지유사부

錫命對曰: "有一子曰耕." 上曰: "有功德於民者 其子孫當敍 有政
석명　대왈　유일자왈경　상왈　유공덕어민자　기자손당서　유정

則啓."
즉계

庚子 震忠州客舍柱.
경자　진충주객사주

壬寅 除朱允端族親六十餘人職. 從允端之請也. 上召司憲府
임인　제주윤단족친육십여인직　종윤단지청야　상소사헌부

司諫院吏曹兵曹掌務 命曰: "使臣之族 得官者告身 明日皆署."

癸卯 以旱禁費水.

下令五部 夫婦別寢. 禮曹以月令請之也.

甲辰 朱允端 韓帖木兒等至闕 上宴于淸和亭.

丙午 命左政丞河崙入對密事.

與近臣議南道運米漕轉陸輸可否 錫命等皆曰: "陸轉之難 甚

於漕運. 漕運則審風水而可以無患. 往往沈溺 乃典守者不審風水

顚倒發船故也." 上曰: "陸轉雖難 不傷人命."

陞林州郡爲府官 金堤縣爲知官. 林州 朱允端之鄕; 金堤

韓帖木兒之鄕 從其請也.

全羅道務安浦及慶尙道晋陽召南浦 水赤三日; 梁州大川赤

一日.

中外大疫.

一岐州知主源良喜 發回被擄人口 獻禮物.

兵曹上中外軍數 摠二十九萬六千三百單十.

| 원문 읽기를 위한 도움말 |

① 終始難報. 여기서 難은 일종의 조동사로 '~하기 어렵다'는 뜻이다.

② 纛折而兵解 特幸耳 持纛者無罪而死矣. 이 문장에서 번역의 관건은 特

幸耳다. 우선 기존의 번역을 보자. "둑(纛)이 꺾어져서 군사가 풀리는 것

은 매우 다행한 일이나, 둑을 잡은 사람은 죄 없이 죽었다." 우선 幸을

다행으로 풀이했고 '뿐'을 뜻하는 耳를 번역하지 않았다. 耳는 幸을 다

행으로 옮길 것인지, 요행으로 옮길 것인지를 결정하는 열쇠다. '뿐[耳=

也而已=而已=爾已]'이 있기 때문에 여기서는 요행으로 옮겨야 한다. 그러

면 特도 여기서는 '특별히'가 아니라 '단지[但]'로 옮겨야 한다. 그러면 이

렇게 된다. "독(纛)이 꺾어져서 군사가 해산하는 것은 단지 요행일 뿐이

니 둑을 잡은 사람은 죄 없이 죽었다."

③ 憲府直績. 이는 憲府以績爲直, 즉 헌부는 적이 곧다고 여겼다는 말인데

直을 '곧다고 여기다'라는 동사적 의미로 써서 直績이라 한 것이다.

태종 3년 계미년
6월

六月

정미일(丁未日-1일) 초하루에 상이 태평관에 가서 사신에게 잔치를 베풀었다. 주윤단, 한첩목아 등이 장차 돌아가기 때문이었다. 백저포와 흑마포 각 20필과 인삼 20근, 말 1필, 의복(衣服)과 화석(花席) 등의 물건을 내려주었다.

기유일(己酉日-3일)에 상이 주윤단, 한첩목아 등을 영빈관에서 전송했다.

○ 병조전서 설미수(偰眉壽)가 바꾼 말을 몰고서 경사(京師)에 갔는데 2,548필이었다.

○ 각 도의 도관찰사가 임시로[權] 수령을 임명하는 법을 없앴다. 의정부의 말을 따른 것이다.

경술일(庚戌日-4일)에 사헌부가 소를 올려 삼도체찰사(三道體察使) 임정(林整)과 경상도 수군절제사 노중제(盧仲濟)의 죄를 청했으나 그들을 풀어주었다[原=敕]. 소는 대략 이러했다.

'정(整)과 중제(仲濟)는 마땅히 조운(漕運)을 감독했어야 할 것인데 마침내 육로로 왔기 때문에'[1] 조선(漕船) 30척이 바다 가운데에 빠져

---

1 두 사람은 함께 배를 타고 감독하지 않고 따로 육로를 통해 올라왔다는 말이다.

사람 1,000여 명이 빠져 죽고 쌀 1만 석을 잃게 만들었습니다. 율(律)을 살펴 조목에 맞도록 처벌할 것을 청합니다.'

상이 의정부에 명해 조율(照律)하게 하니 의정부에서 아뢰었다.

"율문(律文)에 '바람을 만나서 실종되었거나 혹은 불이 났거나, 도적에게 해를 당한 것은 모두 면죄된다'고 했습니다."

상이 정 등을 불러 말했다.

"내가 경들에게 죄를 주려고 한 것이 아니라 유사(攸司)가 죄를 청했기 때문에 의정부로 하여금 조율하게 했는데 마침내 무죄가 됐다. 든건대 경들이 논핵(論劾)을 당하자 선군(船軍)들이 속속 달아나 운반하던 녹(祿)과 각 도의 공물(貢物)을 강변에 버려두었다고 하니 경들은 빨리 일을 보라."

정 등이 머리를 조아려[頓首] 사은(謝恩)하니 명하여 술을 내려주었다.
_{돈수}

신해일(辛亥日-5일)에 비가 내렸다.

○ 의정부, 사평부(司平府), 승추부(承樞府)가 기로(耆老-원로) 및 재추(宰樞)² 그리고 각사(各司)와 더불어 의정부에서 모여 경상도 조세(租稅)를 육로로 운반할 것인지, 수로로 운반할 것인지의 가부(可否)를 토의했다.

"하나, 경상도 하도(下道-남도)의 조운 수(漕運數)는 4만여 석에 지나지 않는데 종종 바람과 물이 순조롭지 못해[失利=不順] 배가 깨지
_{실리   불순}

---

2 2품 이상의 관원을 이르는 말이다.

고 사람이 빠져 죽으며 또 해마다 선군(船軍)이 한 번(番)은 조전(漕轉)으로 인해 서울로 올라오고 한 번(番)은 방어(防禦)로 인해 결국 둘 다 농사철을 잃는다. 지금 그 도(道)의 밭 19만 5,000여 결(結)로 따져보면 충주(忠州)·김천(金遷)³까지 3~4일 정도(程途-여정질) 되는 것이 2분의 1이고, 5~6일 정도 되는 것이 3분의 1이고, 7~8일 정도 되는 것이 4분의 1이고, 9~10일 정도 되는 것이 5분의 1이다. 백성들로 하여금 그 경작(耕作)하는 것의 많고 적음[多少]에 따라 10월부터 2월까지 각자가 김천(金遷)에 싣고 와서 내도록 하고[輸納] 그런 뒤에 조운선과 사선(私船)으로 서울까지 수운(輸運)하면 그냥 조운(漕運)하는 수보다 조금 많을 것이니 지금부터는 여기에 입각해 수운하는 것이 어떠한가?

하나, 백성들로 하여금 김천(金遷)에 수납하게 하면 연호(烟戶-민가)가 모두 다 동원되어야 하니 예전대로 조운(漕運)하는 것이 어떠한가?"

삼부(三府)와 각사(各司)의 의논(議論)이 이리저리 어지러웠다[紛紜]. 경진년(庚辰年-1400년) 하륜(河崙)이 좌정승이 되었을 때는 육로 운송이 편하다고 했고 신사년(辛巳年-1401년) 가을 이무(李茂)가 우정승이 되었을 때는 수로 운송이 이롭다 하여 임오년(壬午年-1402년) 임정(林整)을 삼도체찰사로 삼아 조운(漕運)을 감독하게 했다. 이번에 배가 깨지고 사람이 죽었기 때문에 륜(崙)이 육운(陸運)의 계책을 단행코자 하여 각사를 모아 그 가부(可否)를 알아

─────────

3 지금의 경상북도 김천(金泉)이다.

본 것이다. 사헌부의 장무(掌務) 지평(持平)이 대궐에 나와 아뢰어 말했다.

"헌부는 백료(百僚)를 규찰합니다. (그런데) 지금 의정부에서 각사를 모았으니 더불어 본부(本府)에도 아울러 일러주셨더라면 어떠했겠습니까?"

상이 말했다.

"의정부는 백관을 통솔하니 크게 토의할 일이 있으면 마땅히 각사를 모아야 한다. 헌부가 정부(政府-의정부)에 모이는 것 또한 무슨 해가 되겠는가? 짐작하여 스스로 알아서 하도록 하라[自裁]."

○ 갑사(甲士) 정습지(鄭習之) 등 40여 명을 옥에 가두고 장을 때렸다. 애초에 내관(內官) 이만년(李萬年)의 집이 갑사 나유인(羅有仁)의 집과 가까운데 두 집이 함께 도둑을 맞았다. 도둑이 다시 올까 두려워한 마음으로 감시했다. 밤에 어떤 사람이 유인의 집에 이르러 유인이 그를 붙잡았더니 바로 좌군갑사 정습지였다. 마침[會] 3경(更)이라 순관(巡官)이 와서 잡아다 가두었다. 다음 날 만년(萬年)이 순위부에 고하여 말했다.

"지금 정습지가 밤에 유인의 집에 이르렀다가 붙잡혀 갇혔습니다. 청컨대 도둑맞은 물건을 되찾아 돌려주시오."

순위부에서 습지에게 물으니 습지가 말했다.

"도둑질을 한 것이 아니라 유인의 처를 간통하려고 한 것일 뿐입니다."

순위부에서 유인의 아내를 잡아다 물으니 마침내 털어놓자[服] 순위부에서는 습지를 풀어주었다. 습지가 갑사 40여 명을 거느리고 만년의 집에 찾아가 장항아리[醬瓿]와 술독[酒甕]을 때려 부수고 베틀[機] 위의 직포(織布)를 끊어버렸으며 사람을 다치게 했다[戕害=傷害]. 다른 날에 또 시위갑사(侍衛甲士) 한 패(牌)를 청하여 만년의 집을 찾아가니 이웃 사람들이 그 횡포를 두려워하여 모두 도망쳐 숨었다. 성균 서리(成均書吏) 김호인(金好仁)이 자신의 집과 만년의 집이 가깝기 때문에 혼자 붙잡혀 수없이[無算=無數] 매를 맞았다. 만년이 상께 고하니 상이 말했다.

"네 말은 거짓이다. 습지가 비록 도둑질한 것이 아니라도 남의 아내를 간통하려 했고 또 범순(犯巡)했다. 순위부에서 어찌 갑자기 그를 석방했겠느냐?"

만년이 말했다.

"소인이 어찌 감히 상의 귀 밝으심[上聰]을 망령되이 속이겠습니까?"

상이 말했다.

"네가 만일 거짓말을 했다면 마땅히 무고죄(誣告罪)를 받을 것이다."

순위부 장무(掌務)를 불러서 박석명을 시켜 물었다.

"무슨 까닭으로 습지를 석방했느냐?"

대답하여 말했다.

"습지를 도둑으로 고발했는데 습지의 속뜻[情]은 도둑질이 아니라 유인의 아내를 간통하려고 한 것뿐이었습니다. 그래서 내보냈습니다."

상이 불쾌한 속내를 낯빛에 드러내며[作色] 말했다.

"만년의 집과 습지의 집이 상호 거리가 가깝지 않은데[不邇=不近]
남의 아내를 간통하려고 하여 범순(犯巡)한 자가 죄가 없단 말이냐?
순위부 만호는 다 괜찮은 사람[可人]들인데 어째서 일 처리하는 것
이 이 따위냐?"

석명에게 물었다.

"장무(掌務)가 누구냐?"

대답하여 말했다.

"이지(李漬, ?~?)⁴입니다."

상이 말했다.

"소요산(逍遙山)에 갔을 때에 윤인(尹嶙)을 붙잡은 자인가?"⁵

"그렇습니다."

상이 말했다.

"소유(所由)⁶로 하여금 4품 관원을 묶게 한 것은 적중해야 할 도리
[中道]에 지나쳤고[過] 습지를 석방한 것은 적중해야 할 도리에 미치
지 못했으니[不及]⁷ 이 사람은 그냥 평범한 사람[凡人]이다."

---

4   1402년(태종 2년) 사헌부 지평 당시 왕이 행차하는데 군사들이 민가에 들어가서 폐단을
    일으키자 그 소임을 게을리했다 하여 책임을 지고 사직했다. 그 직후 집의 윤창(尹彰)을
    두둔한 죄로 다시 탄핵되었다. 1409년에는 경력으로 압록강 변에 명나라 사신의 영봉(迎
    逢)을 위해 파견됐는데, 당시 요동 군인이 야심을 틈타서 민가에 들어가 강제로 면포(綿
    布)를 주고 소 116두와 말 8필을 빼앗아 가자 명나라 사신을 설득하여 되돌려 받은 적이
    있다. 1418년(세종 즉위년) 종부시 판사를 거쳐 1429년 해주목사를 지냈다. 크게 두드러
    진 업적은 내지 못했다.
5   태종 2년에 있었던 일을 상기시키고 있다.
6   사헌부에 속한 형관(刑官)의 졸도(卒徒)다. 조선시대 죄인을 잡아들이는 일을 맡아보았다.
7   중용(中庸)의 중(中)은 '가운데' 중이 아니라 '적중할' 중이고 용(庸)은 '오래 지속할' 용
    이다. 그리고 적중한다는 것은 도리를 지나쳐도 안 되고 못 미쳐도 안 된다는 것이다. 그

석명에게 명했다.

"지(漬)는 순위부에 가두고 습지 그리고 함께 만년의 집에 갔던 갑사 40여 사람은 모두 옥에 내려보내도록 하라."

이숙번(李叔蕃)과 석명이 아뢰어 말했다.

"장무(掌務)가 갇히면 만호(萬戶)가 감히 출근하여 일을 보지 못하니 습지 등을 누가 처결합니까?"

상이 말했다.

"만호는 일을 보지 못하더라도 그 나머지 관원은 어디에 있는가?"

숙번 등이 말했다.

"모두 나와서 일을 보지 못합니다."

상이 말했다.

"장무는 가둘 수 없다. 장무를 가두면 이는 곧 만호를 욕되게 하는 것이다. 만일 습지의 일을 형조로 옮기고 순위부 장무를 가두면 이 또한 만호를 욕하는 것이다. 내가 갑사를 아끼고 보호하는 것은 위급할 때에 적을 깨트려 수모를 막아주기 때문이다. (그러나) 갑사들의 포학스러움이 이와 같다면 왜(倭)와 다를 바가 없으니 징벌하지 않을 수가 없다. 모두 조율(照律)하여 결장(決杖)하라."

끝내 지(漬)는 가두지 않았다.

○ 평양부원군(平壤府院君) 조준(趙浚, 1346~1405년)[8]에게 육선(肉

것이 바로 과유불급(過猶不及)은 다 잘못된 것이고 도리에 적중해야 한다는 뜻이다. 여기서 태종은 중용(中庸)의 중(中)을 정확하게 사용하고 있음을 볼 수 있다.

8 문하시중 조인규(趙仁規)의 증손으로 아버지는 판도판서 조덕유(趙德裕)다. 아들 조대림(趙大臨)이 태종의 둘째 딸 경정공주(慶貞公主)와 혼인해 태종과는 사돈이 된다. 원래 고

膳-고기 반찬)을 내려주었다. 상이 일찍이 김과(金科)를 불러 말했다.

"평양군은 뛰어난 재상[賢相]이다. 지금 병이 있고 게다가 처상(妻喪)을 당해 초췌함이 더욱 심해졌다. 빼어난 이[聖人]의 제도에는 비록 임금의 상[大喪]이라 해도 늙고 병든 사람은 마땅히 육즙(肉汁)을 먹도록 돼 있다. 하물며 준(浚)은 지위가 지극히 높고 나이도 많으며 또 병까지 있음에랴! 육선을 주어 건강을 원래대로 회복시키려고 [平復] 하는데 혹시라도 복제(服制)를 마칠 때까지 정말로 먹지 않으려고 하지 않을는지?"

과(科)가 대답했다.

"임금이 내려주시는데 어찌 감히 사양하겠습니까?"

이때에 이르러 또 조계(朝啓)⁹하는 여러 신하와 더불어 상의하고서 관련하여 말했다.

"이씨(李氏)가 개국한 공(功)은 오로지 조준(趙浚)과 남은(南誾,

려 때 평양 조씨는 이름 없는 집안이었으나 조인규의 대에 이르러 몽골어를 잘하여 역관(譯官)으로서 출세해 충선왕의 국구(國舅-장인)가 되면서 귀족으로 발돋움했다. 그는 6형제 중의 5남으로 태어났는데, 형제가 아무도 과거에 급제하지 못하여 어머니가 항상 개탄했으므로 어려서부터 힘써 공부했다. 이성계는 1388년 위화도에서 회군한 뒤 중망(重望)이 있는 조준을 불러 일을 논의하고는 지밀직사사 겸 대사헌(知密直司事兼大司憲)에 발탁해 크고 작은 일을 일일이 자문했다. 이에 그는 크게 감격해 아는 것을 모두 이성계에게 이야기하는 등 개혁의 방향을 제시했다. 조선 개국 후 정치적 실권이 점차 정도전에게 집중되자 그와 정치적 의견을 달리하게 되었다. 세자 책봉에 대해 정도전은 이방석(李芳碩)을 지지했으나, 조준은 이를 반대하여 개국에 공이 많은 이방원(李芳遠)을 지지했다. 조준의 정치적 입장은 자연히 이방원과 가까워져서 그와 친교가 두터웠고 평소 방원에게 『대학연의(大學衍義)』를 주고 읽기를 권장했다. 1398년(태조 7년) 1차 왕자의 난 때 백관을 이끌고 적장(嫡長)을 후사로 정할 것을 건의한 후에 정종이 왕위에 오르는 것을 도와 정사공신(定社功臣) 1등에 책록됐다.

9 매일 아침 문무백관이 상복(常服) 차림으로 임금을 조알하는 상참(常參)을 마친 후 조신(朝臣)들이 임금에게 국사(國事)를 아뢰는 정규 회의를 가리킨다.

1354~1398년)[10]에게 있을 뿐이다. 정도전(鄭道傳)은 언사(言辭)를 잘하여 공신(功臣)의 열(列)에 올랐다. 그가 공신(功臣)이 된 것은 참으로 마땅하나 공(功)을 갖고서 논한다면 마땅히 5등과 6등 사이일 것이다. 이미 세상을 떠난 사람들을 오늘에 생각지 않을 수 없다. 남은이 만약에 살아 있다면 어찌 즐겁지 않을 수 있겠는가? 부왕(父王) 때에 양정(兩鄭)이라고 일컬었으니 하나는 몽주(夢周)요, 하나는 도전(道傳)이다. 몽주는 왕씨(王氏)의 말년에 시중(侍中)이 되어 충성을 다했고[盡忠], 도전은 부왕의 은혜에 감격해 온 힘을 다했으니[竭力] 진충   갈력
두 사람의 도리는 다 옳은 것이다."

또 말했다.

"부왕께서 즉위하시던 초창기에 용병(勇兵)들을 모두 내게 맡기시고 늘 인견(引見)하여 일을 상의했다. 정희계(鄭熙啓, ?~1396년)[11]가

---

10 형은 영의정 재(在), 아우는 우상절도사(右廂節度使) 지(贄)다. 1388년(우왕 14년) 요동정벌 때 이성계를 따라 종군했으며, 조인옥(趙仁沃) 등과 이성계에게 회군할 것을 진언했고, 회군 뒤 이성계의 왕위 추대 계획에 참여했다. 1389년(공양왕 1년) 응양군상호군 겸 군부판서(鷹揚軍上護軍兼軍簿判書)가 되고 이듬해 밀직부사로 승진했다. 1391년 정몽주(鄭夢周)에 의해 조준(趙浚), 윤소종(尹紹宗), 조박(趙璞), 정도전 등과 함께 탄핵을 받고 멀리 유배됐다. 이듬해 정몽주가 살해되자 풀려나 밀직사동지사(密直司同知事)가 되어 정도전, 조준, 조인옥 등 52인과 함께 이성계를 왕위에 추대해 조선의 개국에 공을 세웠다. 1398년 1차 왕자의 난 때 정도전, 심효생(沈孝生) 및 아우 지와 함께 살해당했다.

11 부인은 태조의 계비 신덕왕후 강씨(神德王后康氏)의 질녀다. 우왕 때 최영(崔瑩)의 막하에 들어가서 서북면 도순문사를 거쳐 밀직사에 이르렀다. 최영이 패한 뒤 이성계가 실권을 잡자 그의 인친(姻親)임을 고려해 자혜부 판사(慈惠府判事)에 등용됐다. 그러나 1390년(공양왕 2년) 이성계를 해치려는 이른바 이초(李初)의 옥(獄)에 연루돼 안변에 유배됐다가 이듬해 풀려났다. 1392년 이성계의 도움으로 개성부 판사에 이어 문하평리로서 응양위상호군(鷹揚衛上護軍)을 겸임했다. 이해 이성계를 추대하는 데 참여해 개국공신 1등으로 참찬문하부사(參贊門下府事)·팔위상장군(八衛上將軍)에 올라 계림군(鷄林君)에 봉해졌다.

늘 나를 부왕께 참소하는[搆=讒] 바람에 그 후에 입궐하려고 하면
문지기[閽者]까지 비난을 했다. 그래서 설사 고할 일이 있어도 나는
들어갈 수가 없었다. 마음속으로 가만히 생각하기를[心竊] 틈을 타
서[乘間] 들어가기만 한다면 일일이 고하겠다고 했었다. 마침 하루
는 명소(命召)하여 말씀하시기를 '이런 때를 당해 국가의 이해(利害)
를 어째서 고하지 않느냐?'고 하셨다. 내가 대답하기를 '비록 들어와
서 고하려고 해도 문지기가 비난을 하여 들어올 수가 없었습니다'라
고 했더니 태상전(太上殿)께서 무안한 기색[慙色]이 있으시며 말씀하
시기를 '반드시 사람을 시켜 앉으라고 해야 앉느냐?'고 하셨다."

또 말했다.

"태상전께서 계룡산(鷄龍山)의 터를 보고[相] 돌아오실 때에 내가
남은의 장막(帳幕)에 들어가니, 은(誾)이 흔쾌해하지 않으며[不肯] 말
하기를 '지금부터는 내 장막에 들어오지 마시오'라고 하기에 내가 드
디어 나와서 들어가지 않았다. 이때 태상전께서 세자(世子)를 남은에
게 부탁하셨다."

숙번이 말했다.

"근자에 남재(南在)를 만났는데 재(在)가 말하기를 '태상전께서 세
자를 은에게 부탁하셨으면 은(誾)의 죽음은 마땅한 것이지만 진실로
부탁하신 일이 없었다'고 했습니다."

상이 말했다.

"은(誾)은 곧은 사람[直者]이니 나이 어린 후사(後嗣)[六尺之孤][12]를

---

12 『논어(論語)』 「태백(泰伯)」편에 나오는 증자의 말이다. 증자는 말했다. "육척의 어린 임금

부탁할 만하기 때문에 부탁하셨던 것이다."

○ 경서(經書)를 문신(文臣)들에게 나누어 주었다. 상이 일찍이 김과에게 말했다.

"각 도(各道)에서 올린 서책(書册)들이 왕부(王府-도서관)에 간직돼 있는데 결국 쓸 데가 없다. 문신들에게 나누어 주는 것이 어떻겠는가?"

과가 좋다고 했다.

임자일(壬子日-6일)에 사간원에서 시무에 관한 몇 가지 조목을 올렸다. 소(疏)는 대략 이러했다.

'의정부에서 경상도의 조운과 육전 두 조목을 가지고 각사로 하여금 가부(可否)를 말하게 했으니 장차 위에 보고하려는 것입니다. 신등이 가만히 생각건대 조운할 때에 배가 깨어지고 사람이 빠져 죽는 것은 해마다 없었던 때가 없으니 조운을 수행하기가 어려운 것은 한마디 말로 할 수가 있습니다. 『육전』에 이르러서는 도정(途程)의 멀고 가까운 것으로 수조(收租)의 많고 적음을 정해 10월부터 2월까지 경작하는 자로 하여금 스스로 충주(忠州)나 김천(金遷)에 운반하게 하면 그 일은 마땅히 시행될 듯합니다. 그렇지만[然而] 연해(沿海)의 여러 고을에서 김천에 이르자면 그 거리가 10여 일이나 걸

을 부탁할 만하고, 백 리 되는 제후국의 흥망을 맡길 만하며, 국가의 위기상황에 임해서는 (그 절개를) 빼앗을 수 없다면 이는 군자다운 사람입니다." 육척의 어린 임금이란 부왕이 죽고 아직 성인이 되지 못해 신하의 보필을 받아야 하는 임금을 가리킨다. 이럴 경우 권력을 제 마음대로 하지 않을 신하라야만 제대로 위기를 극복할 수 있다. 태종은 자신이 죽이기는 했지만 남은이야말로 육척의 어린 임금을 맡아 제대로 보필할 수 있는 충직한 신하임을 강조하고 있다.

리고 또 그 중간에 큰 고개[大嶺]가 가로막고 있습니다. 만일 한 도
(道)로 하여금 온 민가를 총동원하여 험한 곳을 지나 10일이 걸리는
곳에다 운반하여 납부하게 하면 부유한 자는 비록 운송할 능력은
있다 해도 조세(租稅)가 지극히 많고 가난한 자는 조세는 비록 적으
나 또 운송할 능력이 없습니다. 하물며 겨울에 얼음이 어는 때를 당
해 등에 지고 수레에 싣고 하여[負載] 오갈 때에 인민이 원망하고 탄
식하며[怨咨] 우마(牛馬)가 힘들어 죽는 것을 어찌 다 말할 수 있겠
습니까! (이렇게 할 경우) 가만히 두렵건대 수년 안에 경상(慶尙) 일
개 도(道)가 반드시 장차 피폐해질 것입니다. 이로 말미암아 보건대
조운과 육전은 둘 다 폐단이 있어 시행할 수가 없습니다. 신 등이 삼
가 좁은 소견[管見]으로 아래에 조목들을 열거해보았습니다. 만일
(전하의) 빼어남과 자애로움[聖慈]에 힘입어 그대로 윤허하시어[兪允]
시행한다면 조운과 육전을 거행하지 않더라도 1년의 수입이 마땅히
4만 석 아래로 내려가지 않을 것입니다. 전조(前朝) 때의 전제(田制)
가 기내(畿內-경기도)의 땅은 사대부의 구분전(口分田)[13] 이외에는 공
전(公田)이었고 사전(私田)은 모두 하도(下道-충청·전라·경상)에 두었
습니다. 그렇게 한 까닭[所以然]은 모두 공전의 조세는 반드시 민력
(民力)을 써서 수송하므로 경기(京畿)는 쉽고 하도(下道)는 어렵기 때
문입니다. 사전은 비록 하도에 있더라도 그 밭의 주인이 각자 임의

---

13 구분전은 '구(口-인구)에 따라 나눈 전답'이라는 뜻으로 중국의 수(隋)·당(唐) 시대에 실
시된 균전제(均田制)에서 영업전(永業田)과 달리 세습이 허용되지 않고 국가에 반환하도
록 정해진 토지를 가리킨다. 고려에서 구분전은 관리나 군인의 유가족, 퇴역 군인 등의
생활 보장을 위해 지급되던 토지의 명칭으로 쓰였다.

로 그 잡물(雜物)을 거두어들이기 때문에 밭을 경작하는 사람[佃客= 佃戶-소작인]은 운반하는 폐단이 없고 밭 주인 또한 무역(貿易)의 번거로움이 없었습니다.

지금 경기의 과전(科田)[14]이 8만 4,100여 결(結)이고, 공신전(功臣田)이 2만 1,200여 결이니 이를 합하면 10만 5,000여 결입니다. 바라건대 유사(攸司)로 하여금 그 반(半)을 나누어서 그 반인 5만 2,000여 결은 예전과 같이 시행하고 나머지 반인 5만 2,000여 결은 공전(公田)에 붙여 경상 한 도의 5만 2,000여 결과 바꾸어 필요에 충당하고 그 상도(上道) 각 고을의 종전에[在前] 육전하던 조세는 전과 같이 하여 고치지 말아야 합니다.

하나, 녹전(祿轉)[15]은 관리를 대우하는 것이고 군자(軍資)는 사졸을 기르는 것입니다. 이 둘은 모두 국가의 중대사로 군자의 비축은 더욱 많이 하지 않으면 안 되기 때문에 국가에서 전제(田制)를 정하던 처음에 군자에 속한 밭을 녹봉전(祿俸田)보다 2배가 되게 했는데 근년(近年) 이래로 늘 묵어서 손실이 생겨남[陳損]으로 인해 녹봉이 이

---

14 과전은 문무관료에게 경제적 기반을 보장하기 위해 시관(時官), 즉 현직자, 산관(散官), 다시 말해 퇴직자 및 대기발령자를 막론하고 18과로 나누어 15~150결의 전지를 분급했다. 과전은 일대에 한해 분급됐으나 수신전(守信田), 휼양전(恤養田)으로 세습할 수 있었다. 그리고 사전기내(私田畿內)의 원칙에 따라 경기도 내에만 분급됐다. 과전법의 조세 규정에 따르면 공전, 사전을 막론하고 수조권자에게 바치는 조는 매 1결당 10분의 1조인 30두(斗)였다. 그리고 전주(田主)가 국가에 바치는 세는 매 1결당 2두였다. 조의 부과는 경차관(敬差官)이나 사전의 전주가 매년 농사의 작황을 실제로 답사해 정하는 답험손실법(踏驗損實法)이었다.

15 고려와 조선 때 녹봉(祿俸)에 충당된 민전(民田)의 조세다. 고려 때는 각 지방에서 개경(開京)으로 보내온 민전조(民田租) 중 우창(右倉)으로 들어가 국용(國用)으로 사용되는 것을 제외하고 좌창(左倉)으로 들어와 녹봉의 재원을 이루는 것을 말한다.

전의 액수에 차지 못해 번번이[輒] 군자의 전조(田租)로 채우고 있습니다. 그래서 1년의 녹봉 수는 무려 12만여 석(石)이 되고, 군자의 수입은 기묘년부터 신사년에 이르기까지 3년을 합쳐 계산해도 오히려 2만 석도 채우지 못합니다. 그러므로 본원(本院)에서 건문(建文) 4년 3월 초6일에 소를 올려 군자전(軍資田)의 소출(所出)로 녹봉전의 진손(陳損)된 액수를 채우지 말 것을 청했고 전하께서는 곧 그대로 윤허하셨습니다. 그런데 올해 조세를 거두게 되자 다시 군자로 녹봉의 진손수(陳損數)를 충당했습니다. 충성스럽고 신망 있는 신하들[忠信]에게 많은 녹봉[重祿]을 주는 뜻은 두텁다 하겠으나 군국(軍國)의 식량을 풍족하게 하는 방법에 있어서는 어떻겠습니까? 바라건대 신 등이 지난날에 아뢴 바에 의거해 쓸데없는 관원[冗官]들 중에서 없앨 것[可汰]은 없애고 합병할 것은 합병해 관리의 액수를 줄이고 또 본원에서 건문 4년 3월 초6일에 신청한 바에 의거해 녹봉의 진손수를 군자로 채워서는 안 될 것입니다.

하나, 본조(本朝-조선)에서 (불교의) 오교(五教)와 양종(兩宗)의 토지와 노비[臧獲]를 모두 예전 그대로 둔 것은 죄를 두려워하고 복을 받고자[畏慕罪福] 부처에게 아첨하려는[求媚] 것이 아니라 다만 전조(前朝-고려)의 폐단을 이어받아 그대로 두고서 아직 없애지 못한 것일 뿐입니다. 무식한 승도(僧徒)들이 그 뜻을 살피지 못하고 토지와 노비를 본래 자신들의 것[本分]으로 여겨 수조(收租)와 납공(納貢)을 자신들의 사용(私用)으로 삼아 정욕(情欲)을 마구 자행하여 못 하는 짓이 없으니 국가를 좀먹고 해치는 것이 이보다 더 심할 수 없습니다. 바라건대 제릉(齊陵)의 재궁(齋宮)과 흥천사(興天社) 및 오대사(五大寺),[16] 십대사(十大寺)를 제외한 서울과 지방의 사사(寺社)에 속한 전지(田地)는 일절 모두 혁파하여 군자(軍資)에 소속시켜야 합니다. 또 오대사와 십대사가 받는 전지(田地)도 모두 100결로 한정하고 기내(畿內-경기도 내)에 있는 것은 모두 군자에 소속시키고 경상하도(慶尙下道)의 밭으로 바꿔서 절급(折給)하고,[17] 또 내원당(內願堂) 감주(監主) 요(料)는 전조(前朝) 때의 여습(餘習)이 지금까지 고쳐지지 못한 것인데 받는 수량이 매월 10석이나 되니 헛되이 나가는 비용이 이와 같은 것이 없습니다. 바라건대 이제부터 삭료(朔料-다달이 지급하는 급료)를 없애 지난 여러 해 동안[積年]의 폐단을 없앰으로써 군국(軍國)의 수요에 채워 넣어야 합니다.

하나, 무릇 공신이란 충성을 다하고 힘을 바쳐 일대(一代)의 공(功)을 세웠으니 실로 전하께서 중하게 여기는 바이고 인민들도 아름답게 여기는 바이니 비록 만금(萬金)의 상을 주더라도 넘친다고 할 수 없습니다. 그러나 우리 국가는 땅이 작고 토지가 척박해 조세의 수입이 경비(經費)의 액수를 감당하기에도 오히려 염려되는 것은 진실로 전하께서도 평소에 아시는 바입니다. 또 공신은 과전(科田) 이외에 또한 공신전(功臣田)을 갖고 있으니 바라건대 지금부터는 무릇 공신들 중에서 군(君)을 봉작받았으나 직사(職事-직책)가 없는 자는 등수를 깎아서 녹을 주어야 합니다.'

---

16 개성 송악산(松岳山) 기슭에 있던 사찰이다. 고려 태조 2년(919년)에 창건한 것으로 추정되며 몽골의 병란으로 불타버린 뒤 충렬왕 원년(1275년) 제상궁(堤上宮)을 폐하고 왕륜사(王輪寺)를 중건할 때 이 절도 중수했다.

17 국가가 토지 또는 수조권(收租權)의 일부를 떼어 개인이나 관청에 주는 것을 말한다.

(소를) 궐내에 머물러 두고 (유사에) 내려보내지 않았다.

계축일(癸丑日-7일)에 달이 태미성(太微星)을 범했다.

을묘일(乙卯日-9일)에 각사(各司)가 일을 아뢰는 의식[啓事儀]을 정
했다. 예조에서 아뢰었다.

'육아일(六衙日)[18]의 조회(朝會)에서 의식이 정한 대로 네 번 절하는
예[四拜禮]를 마치면[訖=畢] 자헌(資憲) 이상은 전상(殿上)으로 올라
가 나누어 앉고 가선(嘉善)[19] 이상은 상계(上階)로 올라가서 나누어
서되 혹 앉으라 하면[賜坐] 나누어 앉는다. 3품 이하는 모두 계단 아
래에 동서(東西)로 서로 마주 보며[相向] 겹줄[重行]로 나누어 선다.
아뢸 일[啓事]이 있는 각사는 계단 아래로 나아가 북쪽으로 가깝게
[近北] 겹줄로 서서 북쪽을 향해[北面] 선다. 매번 한 사(司)가 상계
(上階)의 중심에 이르러 북쪽으로 가깝게 겹줄로 하여 꿇어앉는다.
큰일[大事]의 경우 행수(行首)[20]가 계본(啓本-보고서)을 읽고 작은 일
[小事]의 경우 장무(掌務)와 방장(房掌)[21]이 읽고 이를 마치면 반차

---

18 조회를 열어 문무백관들로부터 정사(政事)를 듣는 날을 가리킨다. 조참은 보통의 조회로
서 정해진 날에 임금이 정전(正殿)에 친림해 백관의 조알(朝謁-왕을 뵘)을 받는다. 조선
초 조참일은 처음 초1, 초6, 11, 15, 21, 26일로 정해져 있었다. 그러나 1444년(세종 26년)
10월에 『오례의주(五禮儀注)』를 상정할 때 중국의 제도를 따라 초1, 초5, 11일, 15, 21,
25일로 개정했다.
19 자헌은 정2품 품계명이고 가선은 종2품 품계명이다.
20 동급의 품계나 신분을 가진 여러 사람 중에서 우두머리를 가리키는 말이다.
21 형조에서는 업무의 분장을 위해 상복사(詳覆司), 고율사(考律司), 장금사(掌禁司), 장례사
(掌隸司) 등 4개의 분사(分司)를 두었으며 각 사에는 두 개의 방을 두는 분설체제(分設體

(班次-순서에 따른 자리)로 돌아온다. 다음 사(司)는 또 앞의 의식과 같이 한다. 의식이 끝나고 나면 통례문(通禮門)[22]이 상계(上階)의 중심(中心)에 이르러 꿇어앉아 "예가 끝났습니다[禮畢]"라고 아뢰고 이어 상계(上階)에 있던 자가 먼저 내려오고 (그다음에) 전상(殿上)에 올랐던 자가 차례로 함께 내려와서 동서로 나누어 서는데 무릇 전(殿)에 올랐던 자는 계상(階上), 계하(階下)에서 읍(揖)을 하지 않는다. 상이 안으로 들어가고 나면 통례문이 차례로 (신하들을) 인도하여 나간다.'[23]

상이 일찍이 하륜(河崙)에게 말했다.

"계사(啓事)의 명칭이 온당치 못한[未穩=未便] 것들이 있으니 지금부터 이후로는 계사(啓事)의 명칭을 없애라. 일을 말하고자 하는 사람이 있으면 설사 참외관(參外官)[24]이라도 또한 전(殿)에 올라와서 말할 수 있게 하라. 그리고 말할 것이 없는 사람은 비록 정승(政丞) 제군(諸君)이라도 반드시 전에 오르지 않는 것은 어떻겠는가? 그리고 일을 아뢰[啓事]는 예(禮)에도 불편한 점이 있으니 다시 토의하여 [更議] 정한 다음에 보고하라."

이때에 이르러 (일을 아뢰는 예를) 상정(詳定)했다.

制)를 갖추고 업무를 보았는데, 각 방의 책임자인 정랑(正郞)과 좌랑(佐郞)을 방장이라 했다.

22 조회와 의례(儀禮)를 관장하던 관청이다.

23 이 내용은 태종 1년(1401년) 1월 14일 문하부 참찬사 권근이 중국을 다녀와서 거기서 보았던 일을 아뢰는 의식을 글로 올린 바 있었는데 그것을 기초로 약간 손을 봐서 우리에게 맞게 적용한 것이다.

24 조참(朝參)에 나아가지 못하는 7품 이하에서 종9품까지의 총칭이다.

○ 처음으로 입사(入仕-관직에 들어옴)한 사람에게 모두『주문공가례(朱文公家禮)』[25]를 시험 치게 했다. 이조(吏曹)에서 청한 것이다. 비록 이미 입사한 자라 하더라도 7품 이하는 시험 치게 했다.

병진일(丙辰日-10일)에 비가 내렸다.

정사일(丁巳日-11일)에 금성이 필성(畢星)을 범했다.

○ 경상도의 조세(租稅)를 육로로 수송하라고 명했는데 하륜의 의견[議]을 따른 것이다.

○ 사간원에서 다시 임정(林整)을 탄핵했다.

○ 처음으로[始] 작은 배를 만들었다. 의정부에서 아뢰었다.

"왜구(倭寇)가 종종 와서 여러 섬 가운데에 숨었다가 우리의 방비가 없는 틈을 타[乘] 노략질을 하고서 도망가는데 우리나라의 전함(戰艦)은 무겁고 커서 쫓아갈 수가 없습니다. 이제부터는 큰 군함[大艦]은 요해처(要害處-요새)에 두고 각 도(各道)로 하여금 가볍고 빠른 작은 배[輕快小船] 10척을 만들어 쫓아가 잡게 하소서."

그것을 윤허했다.

기미일(己未日-13일)에 상이 상왕전에 나아가 헌수(獻壽)했다. 의안

---

25 남송(南宋)의 주희(朱熹)가 편찬한 관(冠)·혼(婚)·상(喪)·제(祭)의 의례서(儀禮書)다. 통상『가례(家禮)』혹은『주자가례(朱子家禮)』라고도 일컫는다.『주문공가례』는 고려 말 성리학(性理學)의 전래와 함께 유입되면서 중요시됐고 조선시대에는 국초부터 국가의 시책에 의해 보급을 장려했다.

대군 화(和), 익안대군(益安大君) 방의(芳毅, ?~1404년),²⁶ 찬성사(贊成事) 이저(李佇), 완산군(完山君) 천우(天祐), 완천군(完川君) 숙(淑), 청원군(靑原君) 심종(沈淙)이 잔치에서 시중을 들며 극진히 즐기고 연구(聯句)로 창화(唱和)했다. 잔치를 장차 마치려 하니 상왕이 일어나서 춤을 추고 상도 일어나서 춤을 추었다.

○6품 이상에게 명해 각각 자신들이 잘 아는 사람[所知]을 천거하게 했다.²⁷ 좌대언 이승상(李升商)이 왕지(王旨)를 전했다.

"다스림을 이루는 요체[致治之要]는 온전히[全] 사람을 쓰는 데 있다. 1품 이하 6품 이상은 각각 자신들이 잘 아는 사람을 들어 탁용(擢用-뽑아 씀)에 대비하라."

의정부에서 각사(各司)에 영을 내려 각각 자신들이 잘 아는 사람을 천거하되, 전함(前銜)²⁸의 가선(嘉善-종2품) 이하 7품 이상을 각기

---

26 태조의 셋째 아들이고 신의왕후 한씨(神懿王后韓氏)의 소생으로 방과(芳果-정종)의 아우이며 방원(芳遠)의 형이다. 1392년 태조가 즉위하자 익안군(益安君)에 봉해지고 1398년(태조 7년) 12월에 방원 방간(芳幹)과 더불어 개국공신 1등에 추록(追錄)돼 200결의 공신전을 받았다. 이보다 앞서 1398년 8월에 정도전(鄭道傳)의 난(1차 왕자의 난)이 일어났을 때 방원을 보좌해 이해 9월에 정사공신(定社功臣) 1등에 봉해지고 200결의 공신전을 이미 받았으며 그달에 익안공으로서 중군절제사(中軍節制使)가 됐다. 이때 방간은 좌군절제사, 방과는 우군절제사가 돼 정도전 일파가 장악했던 병권을 회수해 세 왕자가 병권을 분장했다. 1400년 2월에 방간·박포(朴苞)의 모반사건(2차 왕자의 난)이 일어났을 때는 병으로 집에 있다가 소식을 듣고 방간의 모반을 개탄하면서 절제사직을 사임해 방원을 간접적으로 도왔다. 평소에 시사(時事)를 말하지 않았다고 한다.

27 자신이 잘 아는 주변 사람을 천거하게 한 것은 지금의 관점에서 보면 납득하기 어렵다. 그러나 이는 『논어(論語)』「자로(子路)」편에서 비롯된 옛 사람들의 용인술(用人術)이다. 중궁이 계씨의 가신이 되어 정치를 묻자 공자는 말했다. "몸소 유사를 솔선해 이끌고, (아랫사람들의) 작은 허물을 용서하며, 뛰어난 인재들을 들어 써야 한다." 다시 중궁이 "어떻게 뛰어난 인재를 알아서 들어 쓸 수 있습니까"라고 묻자 공자는 말했다. "네가 잘 아는 인재[所知]를 등용하면 네가 미처 모르는 인재를 남들이 내버려두겠느냐?"

28 이전의 벼슬 혹은 이전에 벼슬을 지낸 사람을 뜻한다.

그 이름 밑에 연령·본관(本貫)·출신(出身)·역사(歷仕-이력)·문무 재행(文武才行)과 부(父)·외조(外祖)·처부(妻父-장인)의 직명(職名), 부모가 현재 사시는 곳[時居鄕]을 써서 바치게 했다.
시거향

임술일(壬戌日-16일)에 큰비가 내렸다.

계해일(癸亥日-17일)에 비가 내렸다.

○사간원에서 수령(守令)[29]을 논한 몇 가지 조목을 올리니 그것을 따랐다. 소(疏)는 대략 이러했다.

'전(傳)[30]에 이르기를 "임금은 부모이고 백성은 핏덩이 자식[赤子]
적자
이며 군수(郡守)는 유모나 보모[乳保]다. 부모가 그 자식을 기를 수
유보
없을 때 이를 길러주는 자가 유모나 보모이듯이 임금은 그 백성들을 직접 어루만져줄 수가 없기 때문에 (그를 대신해) 백성을 어루만져주는 자가 군수다. 유모나 보모가 자애롭지 못할 경우[不慈] 놀라게 하
부자
고 경기[癎氣]를 일으키게 하며 굶주리게 하고 목마르게 하니 부모
간기
가 아무리 자애롭다 해도 그 자식을 길러서 잘살게 할 수 없는 것

---

29 고을을 다스리는 부윤, 목사, 부사, 군수, 현감, 현령 등 관원을 두루 일컫던 말이다. 원(員)이라고도 한다. 원님은 여기서 나온 말이다.

30 송나라 문인 이구(李覯, 1009~1059년)의 「안민책(安民策)」이라는 글을 가리킨다. 인종(仁宗) 경력(經曆) 2년(1042년) 무재이등(茂才異等)으로 천거됐지만 과거에서 떨어졌다. 범중엄(范仲淹) 등과 친했고 경력신정(經曆新政)을 지지했다. 우강서원을 창립하자 따라 배우는 사람이 수백 명에 이르렀다. 황우(皇祐) 초에 친구 범중엄의 천거로 태학조교(太學助敎)에 올랐다. 태학설서(太學說書)와 권동관구태학(權同管勾太學)을 지냈다. 문장으로 명성이 있었고 경술(經術)에 정통했다. 평소 『맹자(孟子)』를 좋아하지 않았고 도교와 불교를 극력 배척하면서 유가의 입장에서 문이재도(文以載道)를 실천했다. 글에는 모름지기 도리가 실려 있어야 한다는 말이다.

이듯이 군수가 어질지 못할 경우[不仁] 백성들을 괴롭히고 역사시키며 주구(誅求)하고 박탈(剝奪)하니 임금이 아무리 어질다 해도 그 백성을 편안하게 만들 수 없다”고 했습니다. 지금 전하께서는 날이 밝기도 전에 옷을 입으시고 해가 진 후에야 수라를 드시며[宵旰=宵衣旰食] 근심하고 부지런히 하시어 (백성들에게) 이로운 것은 일으키고 해로운 것은 없애시니[興利除害] 어진 마음[仁心]과 어진 정사[仁政]가 지극하다 하겠으나 백성들이 그 혜택을 입지 못하는 것은 다만 수령들이 뛰어나지 못한[不賢] 때문일 뿐입니다. 신 등이 아래에 조목조목 열거하겠습니다.

하나, 『경제육전(經濟六典)』의 한 조목[一款]에 이르기를 “수령은 백성을 가까이하는 직책[近民之職]이니 백성의 편안함과 근심[休戚]이 그들에게 달려 있다. 그런데 제수된[所除] 수령들 중에 자못 일찍이 제대로 알려지지 못한 자가 있다. 어찌 백성에 임(臨)하는 재주가 수령을 맡길 만한데도 사람들이 그 성과 이름을 알지 못하는 자일 수 있겠는가? 바라건대 지금부터는 양부(兩府)에서 현관(顯官) 6품에 이르기까지 각각 자신들이 잘 아는 사람을 천거하게 해 일찍이 현질(顯秩)을 지내고 명망이 있는 자, 중외(中外)에 벼슬을 역임하여 성적(聲績)이 있는 자로써 제수(除授)에 대비하게 하고 천거한 사람이 적임자가 아니면[非人] 죄가 거주(擧主)[31]에게 미친다”[32]라고 했

---

31 천거한 사람을 가리킨다.

32 교감을 한 원문은 여기까지가 『경제육전(經濟六典)』의 내용으로 돼 있다. 그런데 기존의 번역은 ‘~편안함과 근심이 그들에게 달려 있다’까지만 『경제육전(經濟六典)』의 내용으로 보고 그 이하는 사간원 관리의 말로 번역했다. 아마도 ‘바라건대 지금부터는’이라는 법조

습니다. 이 법은 이른바 엄격하다 할 것입니다. (그런데) 근년 이래로 수령이 적임자[其人]가 아닌 사람이 많은데도 죄가 거주에게 미쳤다는 말은 듣지 못했으니 따라서 이전(吏典)[33] 출신인 자와 가신(家臣)의 간사한 소인배[憸小] 무리들이 감히 청탁을 해서 감무(監務)[34]나 현령(縣令)이 되는 자가 자못 많이 있습니다. 이 같은 무리들이 어찌 핏덩이 자식을 젖먹이고 기르는[乳保] 뜻을 알겠습니까! 혹은 못나고 어리석고[闒茸][35] 무능하여 그 직임을 이겨내지 못하고, 혹은 탐오(貪汚)와 불법으로 백성들을 가혹하게 박해하고 있습니다. 본래 백성을 기르는 직임을 갖고서 도리어 백성을 해치는 일을 하고 있으니 얼마나 탄식할 일입니까! 바라건대 지금부터는 무릇 수령을 제수하는 것과 죄가 거주에게 미치는 법을 한결같이 『육전(六典)』에 의거하도록 해 성적을 상고할 때에 진실로 감사(監司-관찰사)로 하여금 전최(殿最)[36]를 갖춰 헌사(憲司-사헌부)에 이관하게 해 천거한 바가 적당한 사람이 아니면 죄가 거주에게 미치게 해야 합니다.

문에 어울리지 않는 표현 때문에 그렇게 본 것 같은데 뒤에 이어지는 내용을 보면 죄가 거주에 미치도록 해야 한다는 데 강조를 두고 있다는 점에서 교감을 한 원문대로 옮기는 것이 정확한 듯하다. 그래서 교감 원문을 따라 옮겼다.

33 통상 이전은 이조의 업무를 규정한 법전을 가리키는데 여기서는 아전(衙前)을 가리킨다.

34 고려 때부터 있던 지방관직으로 조선에 들어와 1413년(태종 13년) 감무를 현감(縣監)으로 개칭할 때까지 약 200여 군현에 두고 있었다.

35 탑용(闒茸)은 가의(賈誼)의 『조굴원부(弔屈原賦)』에 나오는 표현으로 못나고 어리석다는 뜻이다.

36 관찰사(觀察使)가 수령의 치적(治績)을 조사하여 보고하던 일을 가리킨다. 조선시대에는 1392년(태조 1년) 이미 지방관의 고과법(考課法)을 제정해 실적을 선(善), 최(最), 악(惡), 전(殿)의 4등급과 여기에 세밀한 등급을 붙여 조사·보고하도록 했다.

하나, 4품 이하의 수령은 하비(下批)[37]한 뒤에 상서사(尙瑞司)에서 각각 이름 아래에다 천거한 사람의 직명을 갖추어 써서 대간(臺諫)에 이문(移文)하여 빙고(憑考)한 뒤에 출사(出謝)[38]하게 하고 혹 세계(世系)가 분명치 못하거나 혹 몸에 하자와 허물이 있어 백 일(百日)이 이미 찼어도 고신(告身)이 서경되지 않은 자는 대간이 상서사에 이관해 신문해서 교체하고 고쳐 내리지[改下][39] 말아야 합니다.

하나, 수령은 백성의 스승이자 장수[師帥]이니 그 직책과 맡은 바[職任]가 너무나도 무겁기 때문에 외소사(外所司)[40]라고 부릅니다. 비록 지위가 (수령보다) 높은 사람이라도 마땅히 (수령에 대해) 예(禮)로써 접대해야 하고 낮게 가벼이[賤狎] 대우해서는 안 됩니다. (수령이) 사신(使臣)[41]을 응접하는 예(禮)가 여전히 전조(前朝)의 구습을 따라 반유무(飯有無),[42] 거반상(擧飯床),[43] 수관(守官)[44] 등 하지 않는 일이 없고 감사(監司-관찰사)도 역시 관인(官人)[45]으로 대접하지 않고 혹은 '너[爾汝]'라고 칭하고, 심하면 꾸짖고 욕하기까지 하니 그 때문에

---

37 제수된 관원에 대해 관원의 이력 등을 적은 단자를 올려 재가를 받는 절차를 말한다.

38 대간(臺諫)에서 새로 임명된 관원의 고신(告身)을 서경(署經)하여 내주던 일을 가리킨다.

39 헌사(憲司)의 상소에 대해 임금이 비답(批答)을 다시 수정해 내리던 일을 가리킨다. 개비(改批)라고도 한다.

40 지방의 독립된 관청이라는 뜻이다.

41 외국 사신이 아니라 조정에서 임무를 부여해 보내는 각종 사(使)를 말한다.

42 풀이가 바로 아래에 나온다.

43 문맥상 수령이 밥상을 높이 들어 윗사람에게 받쳤다는 뜻으로 보인다.

44 풀이가 바로 아래에 나온다.

45 여기서는 관(官)과 이(吏)를 엄격히 구분하고 있다. 관인은 문과 등을 거쳐 중앙정부에 진출한 벼슬아치인 반면, 이(吏)는 지방 아전을 뜻한다.

사대부가 외임(外任)으로 나가는 날에는 뜻과 기운[志氣]이 꺾여 두
번 다시 끌어올리지 못합니다. 바라건대 감사와 크고 작은 사신으로
하여금 도타운 예[優禮]를 따라 대접하게 하고 반유무, 거반상, 수관
등의 일은 직접 행하지 말게 해야 합니다.'

무릇 수령은 사신에게 식사를 받들 때[奉飯] 반드시 먼저 큰 소리
로 '반(飯)'이라고 외치는데 이를 반유무(飯有無)라 하고 장차 잠들
려고 할 때 반드시 '수관무사(守官無事)'라고 외치는데 이를 '수관(守
官)'이라 하니 모두 저속한 습속[俗習]이다.

○ 의정부에서 사헌부와 사간원[臺諫]이 (서로) 탄핵하는 잘못을
금지시킬 것을 청하니 그것을 따랐다. 아뢰어 말했다.

"사헌부와 사간원은 전하의 귀와 눈에 해당하는 관직[耳目之官]이
니 전적으로 규간(規諫)[46]과 백관(百官)의 규탄(糾彈)을 담당해 무릇
국가의 이해(利害)와 백성의 편안함과 근심[休戚]에 한마음으로 협력
하여 잘못을 바로잡고[匡救] 보필하여 돕는[輔翼] 것이 직무입니다.
(그런데) 근년 이래로 대성(臺省)[47]의 관원[員]이 시시껄렁한 일로 서로
탄핵하고 보복을 두려워하여 전사(全司)가 모함하고 해(害)를 끼치니
귀와 눈에 해당하는 관직의 소임을 내팽개칠 뿐만 아니라 위태롭게

---

46 사리에 따라 간언하는 것을 말한다.

47 사헌부와 사간원을 합쳐 부르는 말로 대간(臺諫)과 같은 뜻이다. 어사대의 대관의 '대
   (臺)'자와 중서문하성의 성랑의 '성(省)'자를 따서 '대성'이라 일컫게 된 것이다. 본래 고려
   의 중서문하성은 백규서무(百揆庶務)를 관장하는 2품 이상의 성재(省宰)와 간쟁봉박(諫
   諍封駁)을 담당하는 3품 이하의 성랑(또는 낭사(郎舍))이 동일 부서에 있는 다소 어색한
   제도였다. 이 때문에 성랑은 성격상 어사대와 함께 대성이라 합칭됐으며 뒤에 조선시대
   중서문하성의 성재와 성랑이 각각 의정기관인 의정부와 간쟁기관인 사간원으로 분치된
   요인이 되었다. 이 일은 태종에 의해 이루어졌다.

하는 것이 습속으로 자리 잡아 정치가 아름답지 못합니다. 예전에 본부(本府-의정부)에서 수판(受判)[48]하여 금지했는데 지금 간관(諫官-사간원 관원)이 대체(大體)를 돌아보지 않고 마침내 작은 일[小事=細事]로 헌사(憲司)를 남김없이 탄핵했습니다. 청컨대 유사(攸司)에 내려 엄격하게 징계하고 앞으로는 금지시켜야 합니다. 또 재상(宰相)은 작위(爵位)가 높고 현달(顯達)하여 팔이나 다리[股肱]와 같고 대사헌(大司憲)은 가장 중요하게 고른 사람[重選]이어서 무리들이 공경하고 두려워 꺼리는 바[所敬憚]인데 요사이에 이르러 작은 일을 가지고 가벼이 쉽게 탄핵하여 당폐(堂陛)가 존중받지 못함으로써 그 잘못이 작지 않습니다. 지금 이후로는 재상(宰相)이 국가의 큰일에 관계되거나 탐오(貪汚)하고 불법(不法)을 저질러 풍속을 깨트리고 허무는 일 이외에 시시껄렁한 일로 가벼이 탄핵하지 못하게 해야 합니다."[49]

갑자일(甲子日-18일)에 승녕부 판사(承寧府判事) 이귀령(李貴齡)이 (명나라) 경사(京師)에서 돌아왔다. 귀령이 예부(禮部)의 자문(咨文) 1통[道], 약재(藥材) 18가지[味]와 천하에 포고하는 칙유(勅諭) 1통을 싸 가지고 왔다. 자문은 이러했다.

'영락(永樂) 원년 4월 20일 이른 조회[早朝] 때 본부관(本部官)이 흠봉(欽奉)한 성지(聖旨-천자의 명)에 "조선에서 온 사신이 말하기를

---

48 판지(判旨)를 받는다는 뜻인데 몽골이 고려를 지배할 때 교지(敎旨-임금의 명)를 판지(判旨)로 바꿨다. 곧 교지를 받는 것을 말하는 것이니 수교(受敎)와 같은 말이다.
49 여기서 의정부의 비판은 사헌부보다는 주로 사간원을 향하고 있다.

'저희 국왕께서 약재(藥材)가 없기 때문에 포필(布匹)을 가지고 와서 바꾸려고 합니다'라고 했다. 너 예부는 태의원(太醫院)에 말해 저들이 쓰기에 적합한 약미(藥味-약의 종류)를 조사하여 수량을 정해 가지고 단단히 봉하여 싸서 우리에게 온 사람에게 주어 보내고 포필(布匹)은 제 마음대로 팔게 하라"고 하셨습니다. 이대로 전항(前項)의 약재를 방문한 배신(陪臣) 승녕부 판사 이귀령 등에게 주어 수령(收領)하여 가게 합니다. 하사한 약재 18가지를 합계하면 모두 82근(斤) 8냥(兩)입니다.'

○ (칙유는 다음과 같다.)

'황제는 천하의 문무 관원(文武官員)과 군인과 민인(民人) 등에게 명하여 일깨우노라[勅諭]. 짐(朕)이 생각건대 하늘이 일대(一代)의 임금을 내면 반드시 일대(一代)의 다스림[治]이 이루어지니 예로부터 그렇지 않은 적이 전혀 없었지만 그사이에 다스림에 융성과 오욕[隆汚=盛衰]가 있고 정사(政事)에 얻고 잃음[得失]이 있는 것은 진실로[亦=亦是] 임금이 사람 쓰기[用人]를 잘하고 못하는 까닭으로 그리되는 것이다. 또 당(唐)나라와 송(宋)나라를 갖고서 말하자면 당 태종(唐太宗)은 어지러운 세상을 다스려서[撥亂=治亂] 바른 세상으로 되돌리는[反正] 재주가 있었고 세상을 구제하고 백성을 편안히 하는 다움[德]을 품고 있어 능히 정관(貞觀)의 다스림[貞觀之治][50]에 이르게 되

50 중국 당(唐)나라 제2대 왕 태종(太宗) 이세민(李世民)의 치세(治世, 626~649년)를 칭송하는 표현이다. 이때의 연호가 정관(貞觀)이다. 수(隋)나라 말기 전국적인 동란과 백성의 피폐 가운데 굳건히 일어서서 당나라의 국초(國礎)를 확립해 중앙집권을 강화했다. 율령체제(律令體制)의 정비에 따라 학교와 과거(科擧)도 발달했다. 안으로는 방현령(房玄齡)·두

어 (물가는) 쌀 한 말에 3전(錢)을 하고 (백성들은) 바깥문을 닫지 않
았으며 사방(四方-온 나라)이 고요하고 편안했으며 오랑캐들이 복
종해 가까운 과거[近古]에는 비교할 이가 드물었다[鮮比]. 그 까닭
을 찾아보면 태종은 대개 능히 천하의 뛰어난 이를 써서 왕규(王珪,
571~639년)[51]와 위징(魏徵, 580~643년)[52]을 혐의와 원망에서 벗어나
게 해 썼고[釋之於嫌怨] 이정(李靖, 571~649년)[53]과 위지경덕(尉遲敬德,

여회(杜如晦)·위징(魏徵) 등의 명신들이 문치(文治)를 도왔으며, 밖으로는 돌궐(突厥)을
제압하고 토번(吐蕃)을 회유해 국위를 널리 떨쳤다.

51 어릴 때 고아가 되었지만 성격이 우아하고 담아하여 욕심이 적었고 빈천(貧賤)에도 편안
해하면서 남에게 영합하려고 하지 않았다. 당나라에 들어 태자(太子) 이건성(李建成-당
고조의 맏아들)의 중사인(中舍人)이 됐다. 태종이 평소 그의 재주를 알아 불러 간의대부
(諫議大夫)에 임명했다. 항상 정성을 다해 충언을 올리니 태종이 많이 가납했고 황문시
랑(黃門侍郎)으로 옮겼다. 정관(貞觀) 2년(628년) 시중(侍中)이 되어 방현령(房玄齡)과 이
정(李靖), 온언박(溫彦博), 위징(魏徵) 등과 함께 국정(國政)을 지휘했다. 사람의 장점을 잘
추천하고 자신의 처지를 아는 지혜가 있었다. 어떤 일로 동주자사(同州刺史)로 폄적(貶
謫)됐다. 관직은 예부상서(禮部尙書)까지 올랐다.

52 어릴 때 가난하여 출가해 도사(道士)가 됐다. 책 읽기를 좋아했고, 자기 생각을 말로 잘 표
현했다. 수나라 말 혼란기에 무양군승(武陽郡丞) 원보장(元寶藏)의 전서기(典書記)가 됐다
가 원보장을 따라 이밀(李密)에게 귀순했다. 다시 이밀을 따라 당 고조(唐高祖)에게 귀
순해 고조의 장자 이건성(李建成)의 측근이 됐다. 비서승(秘書丞)이 되어 여양(黎陽)에
서 이적(李勣) 등에게 항복을 권했다. 두건덕(竇建德)에게 포로로 잡혔다가 두건덕이 패
한 뒤 당나라로 돌아와 태자세마(太子洗馬)가 됐다. 황태자 이건성이 동생 이세민(李世民-
태종)과의 경쟁에서 패했지만 그의 인격에 끌린 태종의 부름을 받아 간의대부(諫議大夫)
등의 요직을 역임한 뒤 나중에 재상으로 중용됐다. 정관(貞觀) 2년(628년) 비서감으로 옮
겨 조정에 참여했다. 7년(633년) 왕규(王珪)를 대신해 시중(侍中)이 되었다. 당시 영호덕
분(令狐德棻) 등이 『주서(周書)』와 『수서(隋書)』를 편찬했는데 황명을 받아 찬정(撰定)하
여 양사(良史)란 칭송을 들었다. 좌광록대부(左光祿大夫)에 오르고 정국공(鄭國公)에 봉
해졌다. 평소 담력과 지략을 가져 굽힐 줄 모르고 직간(直諫)을 거듭해 황제의 분노를 샀
지만 조금도 흔들림이 없었다. 병으로 죽자 태종이 "무릇 구리로 거울을 만들면 의관을
단정히 할 수 있고, 옛날로 거울을 삼으면 흥망을 알 수 있으며, 사람으로 거울을 삼으면
득실을 밝힐 수 있다. 짐은 일찍이 이 세 가지를 가져 내 허물을 막을 수 있었다. 지금 위
징이 세상을 떠났으니 거울 하나를 잃어버렸도다"라며 애석해했다.

53 젊어서 문무의 재략을 갖추었고 서사(書史)에 정통해 왕좌(王佐)의 재주를 가졌다는 평

585~658년)⁵⁴은 원수와 적(敵)이었는데 뽑아 썼으며[擧之於仇敵] 방현령(房玄齡, 578~648년)⁵⁵과 두여회(杜如晦, 585~630년)⁵⁶는 다른 대(代)에서 찾아내 썼다[用之於異代].⁵⁷ 송 태조(宋太祖)⁵⁸는 개주(介冑-갑옷) 가

을 들었다. 처음에는 수나라를 섬겼지만 이세민(李世民)에게 체포돼 그의 인정을 받고 행군총관(行軍總管)으로 활약했다. 보공탁(輔公祏)의 군대를 진압했다. 태종이 즉위하자 형부상서와 검교중서령(檢校中書令)을 겸했고 병부상서로 옮겼다. 돌궐을 격파한 뒤 대국공(代國公)에 봉해지고 상서우복야(尚書右僕射)로 승진했다. 토곡혼(吐谷渾)이 변경을 침입하자 다시 서해도 행군대총관이 됐다.

54 일생 동안 전쟁터를 누비고 다녔고 현무문(玄武門)의 정변 때에 이세민(李世民)을 도왔다. 벼슬은 경주도행군총관(涇州道行軍總管), 우무후내장군(右武侯大將軍), 양주도독(襄州都督), 동주자사(同州刺史), 선주자사(宣州刺史), 부주도독(鄜州都督), 하주도독(夏州都督), 개부의동삼사(開府儀同三司) 등을 역임했고, 악국공(鄂國公)으로 봉해졌다.

55 대대로 북조(北朝)를 섬겼고 18세 때인 수나라 개황(開皇) 연간에 진사(進士)가 되어 습성위(隰城尉)에 올랐다. 당나라 군대가 관중(關中)으로 들어오자 태종(太宗-이세민)의 세력에 가담해 측근으로 활약했다. 진왕부기실(秦王府記室)이 되었다. 고조 무덕(武德) 연간에 장손무기(長孫無忌) 등과 함께 현무문(玄武門)의 변(變)을 획책했다. 태종이 즉위하자 정관(貞觀) 원년(627년) 중서령(中書令)이 되고 형국공(邢國公)에 봉해졌다. 나중에 상서우복야(尚書右僕射)가 되고 위국공(魏國公)으로 바뀌었다. 감수국사(監修國史)에 올랐다. 11년(637년) 양국공(梁國公)으로 옮겼다. 15년 동안 재상직에 있으면서 성실하고 공평한 태도로 일관했기 때문에 두여회(杜如晦)와 더불어 현상(賢相)이라는 칭송을 받았고 '방모두단(房謀杜斷)'이라 불렸다. 정관지치(貞觀之治)는 그들에게 힘입은 바가 컸다.

56 대대로 북조(北朝)와 수(隋)나라에서 벼슬하던 관료 집안 출신이다. 처음에 진왕부병조참군(秦王府兵曹參軍)이 되었다가 섬주총관부장사(陝州總管府長史)에 발탁되고, 섬동도대행대사훈낭중(陝東道大行臺司勳郎中)으로 승진해 문학관학사(文學館學士)를 겸했다. 이세민(李世民)을 따라 정벌에 나서 항상 참모로서 작전을 건의했는데 결단력이 물 흐르듯 하여 당시 사람들의 탄복을 자아냈다. 이세민이 태자가 되자 좌서자(左庶子)가 되었다가 병부상서(兵部尚書)로 승진하고 채국공(蔡國公)에 봉해졌다. 태종 정관(貞觀) 2년(628년) 본관검교시중(本官檢校侍中)으로 이부상서(吏部尚書)를 겸직했는데 적임자라는 평을 들었다. 다음 해 우복야(右僕射)에 올라 관리 선발을 전담했다.

57 세 가지 유형으로 나뉜다. 혐의와 원망의 대상이었던 사람들을 제대로 보아 썼고, 적국의 사람들을 썼으며, 다른 시대에 속하는 인물들까지 자기 사람으로 만들어 썼다는 것이다.

58 이름은 조광윤(趙匡胤, 927~976년)이다. 처음 후주(後周)의 세종(世宗) 밑에서 벼슬해 거란과 남당(南唐)의 싸움에서 공을 세워 금군총사령(禁軍總司領)이 됐다. 세종이 죽은 뒤 북한(北漢)이 침입하는 위기를 당하자 공제(恭帝) 현덕(顯德) 7년(960년) 금군에 의해 진교병변(陳橋兵變)을 거쳐 옹립돼 제위에 올랐다. 연호를 건륭(建隆)이라 했다. 금군(禁軍)

운데에서 일어나 구오(九五)의 자리[59]를 밟아[60] 사방을 무마해 평안케 하고 열국(列國)을 빼앗아 평정하고 세상과 더불어 휴식(休息)하여 큰 승평(昇平)에 이르러 300여 년의 거대한 기반[洪基]을 열고 성명(聲名) 문물(文物)의 풍속을 일으켰다. 그 까닭을 찾아보면 태조 또한 능히 천하의 뛰어난 이를 썼다. 범질(范質, 911~964년)[61]과 왕부(王溥)[62]는 모두 선대(先代-앞 왕조)의 구신(舊臣)이고, 석수신(石守信, 928~984년)[63]과 왕

과 번진(藩鎭)의 병권을 삭탈하고 명신 조보(趙普)의 계책을 받아들여 문치주의에 의한 중앙집권적 관료제를 확립했다. 즉 절도사(節度使) 지배체제를 폐지하고 중앙에 민정과 병정(兵政), 재정의 3권을 집중하며 금군을 강화하면서 황제의 독재권을 공고히 했다. 지방행정 역시 군인을 대신해 문신들이 관장하도록 했다. 전운사(轉運使)를 설치해 지방재정을 담당하게 하는 한편 지방관을 감찰하도록 했다. 참지정사(參知政事)를 설치해 부상(副相)의 직책을 수행하게 하면서 추밀사(樞密使)가 병권을 장악하게 하고 삼사사(三司使)가 재정을 관할해 재상의 권력을 분산시켰다. 관료의 채용을 위한 과거제도를 정비하고 최종 시험을 황제 스스로 실시하는 전시(殿試) 또는 어시(御試)를 시행했다. 중문경무(重文輕武) 정책을 실시해 국방에 취약한 국면을 불러오게 됐다.

59 황제의 자리를 가리킨다. 역괘(易卦)의 6효(六爻) 중 아래에서 다섯 번째의 양효(陽爻)가 임금의 벼슬자리에 해당되는 상(象)이어서 하는 말이다.

60 즉위했다는 말이다.

61 후당(後唐) 장흥(長興) 4년(933년) 진사(進士)가 되고 지제고(知制誥)를 역임했다. 후주(後周) 광순(廣順) 초에 좌복야 겸 문하시랑(左僕射兼門下侍郞)과 평장사(平章事)를 지내면서 참지추밀원사(參知樞密院事)를 겸했다. 일찍이 『형통(刑統)』을 자세히 정리했다. 후진(後晉)과 후한(後漢)에서도 벼슬을 했다. 송나라 초에 시중(侍中)을 겸하고 이어 재상이 되었다가 참지추밀(參知樞密)로 내려갔다.

62 범질과 마찬가지로 후주의 임금을 모셨던 인물이다.

63 후주(後周) 때 전공을 세워 금군전 전도우후(禁軍殿前都虞侯)에 올랐다가 시위도지휘사(侍衛都指揮使)로 옮겼다. 조광윤(趙光胤)이 태조로 즉위하자 시위마보군부도지휘사(侍衛馬步軍副都指揮使)가 되었다. 이균(李筠)을 격파하고 그 공으로 동평장사(同平章事)가 더해졌다. 이중진(李重進)의 반란을 진압하고 운주(鄆州)로 옮겨 진주한 뒤 시위마보군도지휘사를 겸했다. 건륭(乾隆) 2년(961년) 태조와 장군들이 연회를 열었을 때 병권(兵權)을 내놓을 것을 권하자 그를 비롯한 장수들이 다음 날 바로 병을 이유로 병권을 반납했다. 태종 태평흥국(太平興國) 2년(977년) 중서령(中書令)에 임명돼 하남윤(河南尹)을 맡으면서 서경유수(西京留守)를 지냈다.

심기(王審琦, 925~974년)[64]는 다 전조(前朝)의 숙장(宿將)인데 태조는 그들을 들어 일을 맡겼다.

이로써 본다면 당 태종과 송 태조는 자신의 적심(赤心-솔직한 마음)을 그대로 미루어 헤아려[推] 사람을 썼기 때문에 사람들이 모두 마음을 다하여[盡心] 그를 섬겼으니 드디어 모두 일대(一代)의 밝은 임금[明君]과 뛰어난 신하[賢臣]가 된 것으로 다 믿을 만한 역사[信史]에 실려 있어 훤하게 볼 수 있다.

짐이 고황제(高皇帝-주원장)의 적자(嫡子)로서 연국(燕國)에서 울타리[藩] 역할을 하게 됐는데 고황제께서 연국의 땅이 호로(胡虜)와 경계를 맞대고 있다고 하여 여러 차례 변방의 일[邊事]을 부탁하셨다[屬]. 뒤에 의문태자(懿文太子)[65]가 훙(薨)하자 고황제께서 짐이 대사(大事)를 감당할 만하다 하여 동궁(東宮-태자)에 바로 세워서 기본을 영원토록 튼튼히 하려고 하셨다. 불행히 고황제께서 (그 계책을 이루지 못하고) 하늘로 가시자[賓天] 윤문(允炆-건문제)이 유조(遺詔)를 꾸며[矯] 자리를 잇고 여러 왕과 골육을 죽이고 해쳐[戕害] 흔단(釁端-틈이 생겨나는 실마리)을 품은 뜻이 이미 심했기에 짐을 의심

---

64 북송(北宋) 시대의 무장(武將)으로 처음에 후주(後周) 태조(太祖) 곽위(郭威)의 막하에서 이수정(李守貞)을 평정할 때 공을 세워 청직좌번부장(廳直左番副將)이 됐다. 태조 아래에서 각종 군의 요직을 역임했다.

65 중국 명(明)나라 태조(太祖) 주원장(朱元璋)의 장남 주표(朱標, 1355~1392년)다. 어머니는 마황후(馬皇后)다. 명나라 개국과 함께 황태자로 책봉돼 중신 상우춘(常遇春)의 딸을 아내로 맞이했다. 성정이 유약해 아버지가 추진하는 신하들의 숙청을 말리는 등의 행태를 보여 아버지로부터 걱정을 샀다. 성정이 유순할 뿐 아니라 몸도 약하여 1392년 38세의 젊은 나이로 사망하자 주원장은 비통해하여 의문태자(懿文太子)라는 칭호를 주었다. 황태자의 사망은 아들인 건문제(建文帝) 주윤문(朱允炆)과 동생인 영락제(永樂帝) 주체(朱棣) 간 황위쟁탈전의 원인이 됐다.

하는 마음이 실로 깊었다. 즉위한 지 얼마 안 돼 맨 먼저 간신(奸臣)을 보내 포위하고 핍박하기를 마치 솥에 든 물고기와 그물 속의 토끼[釜魚罟兎]처럼 하여 결코 살아갈 방도[生理]가 없었다. (그래서)
부어 저토   생리
짐은 실로 부득이하여 군사를 일으켜 스스로 구제한 것이지 애초에 어찌 천하에 대한 마음이 있었겠는가?[66] 결국 한 구석의 무리를 가지고 천하의 병사를 대적하여 3~4년 동안에 큰 싸움이 수십 번이었고 작은 싸움은 셀 수도 없었지만 드디어 승리를 거둬 마침내 화란(禍亂)을 평정했다. 이것이 어찌 사람의 힘으로 할 수 있는 바이리오! 하늘과 땅, 종묘와 사직의 신령과 부황(父皇), 모후(母后)의 도우심에 힘입어 천명이 모이고 인심이 돌아온 것이니 이리하여 여기에 이른 것이다. 짐이 즉위한 처음부터 감히 한 실오라기의 사사로운 뜻도 쓰지 않고 생각건대 천하란 부황(父皇)의 천하요, 군민(軍民)과 관원(官員)은 모두 부황의 핏덩이 자식[赤子]이니 부황의 성헌(成憲)을
적자
다시 고치고 부황의 천하를 혼탁하게 어지럽히는 간악한 자는 없애야 된다고 여겨 모두 이미 베어 죽였고[誅戮] 그 나머지 문무 관원
주륙
들은 예전 그대로 써서 의심하지 않았으며 승진시키고 상 주며 내치고 벌주는 것을 한결같이 지극한 마땅함[至當]을 따를 뿐이다. 무릇
지당
당 태종과 송 태조는 오히려 다른 왕조[異代]의 신하도 썼다. 하물며
이대
짐이 볼 때 부황의 신하들은 평소 원수의 원한이 있는 사람들이 아닌데 그들과 비교할 바가 있겠는가!

근래에 간혹[間=或] 무지한 소인이 여전히 의심을 품고서 짐이 적
간   혹

---

66 이 문단의 논리는 고스란히 당시 태종 이방원의 심리와 거의 일치한다.

심(赤心)을 미루어 헤아려 위임(委任)한 뜻을 제대로 생각지 않아 한가로이 지낼 때는 헛되이 다른 의견이나 만들고 일을 처리할 때는 기꺼이 마음을 다하려고 하지 않으니 이들 무리는 대개 천명(天命)을 알지 못하기 때문이다. 임금은 하늘을 대신해 만사를 다스리기[代天理物] 때문에 천자(天子)라 하고 천명을 받들어 행하기 때문에 천리(天吏)라고 하는 것이다. 만일 천명이라는 것이 있지 않다면 (천하의) 모든 힘있는 자들은 다 천하를 얻을 수 있을 것이다.

또 가까운 왕조[近代]를 갖고서 논(論)해본다면 원(元)나라가 천하를 차지하니 국가[海宇=海內]의 광활함과 인민[生齒]의 번성함과 국용(國用)의 풍부함과 병갑(兵甲-군사력)의 왕성함을 누가 이길 수 있겠는가! (그러나) 천명(天命)이 이미 떠나가기에 이르니 군웅(群雄)이 다투어 일어났고 우리 태조 고황제께서는 한 치의 땅[寸土]과 한 사람의 백성에게도 기대지 못했는데[不階] 결국 화란을 평정하고 천하를 차지하셨으니 대개 이 또한 인재를 다른 왕조[異代]에서 쓰고 원구(怨仇-원수)에 대한 감정을 푸셨기 때문이다. 그리하여 왕업을 창건해 대통(大統)을 전하고 예(禮)를 제정하고 악(樂)을 만들어서 몸소 태평을 이루기를 40년 넘게 하셨다.[67]

이로 말미암아 살펴보건대 이 또한 사람을 잘 쓴[用人] 결과에 지나지 않는다[不越=不過]. 우리 부황께서 공로를 쌓고 어짊을 쌓으시어[積功累仁] 빼어난 다움[聖德]이 하늘을 감동시켜[格天] 천명의 융성한 돌보아주심[眷顧]이 한없는 복(福)을 내렸기 때문에 그 복이 짐

---

67 주원장의 황제 재위기간은 31년이다.

의 몸에 이르러 대통을 잇게 된 것이다. 짐이 어찌 감히 천명과 부황의 다움을 어기면서 다스리겠는가? 생각건대 짐이 지난날에 친히 봉적(鋒鏑)을 당할 때[68] 사로잡은 장사(將士)를 한 사람도 죽이지 않았다. 이런 때에도 오히려 죽이지 않았는데 하물며[矧=況] 지금 이미 천자가 되어 사사로운 원망과 미움으로 사람에게 죄를 가하겠는가? 그러므로 사람을 쓸 적에 저쪽과 이쪽[彼此]을 구분하지 아니하고 일체(一體)로 볼 것이다. 만일 나라에 충성을 다하는 자이면 비록 원수라 해도 반드시 상을 주고 만일 마음속으로 다른 음모를 품는 자이면 비록 친했다 하더라도 반드시 주살할 것이다. 또 하늘을 받들어 정토(征討)한 장사(將士)를 갖고서 논한다면 짐을 따라 치고 싸워 온몸으로 시석(矢石)에 맞서 만사일생(萬死一生)으로 짐의 부황의 은혜를 갚았다 해도 법을 어기는 사람은 짐이 정말로 용서하지 않을 것이다. 왜 그렇겠는가? 법도(法度)는 본래 부황의 법도이니 짐이 어찌 감히 사사로이 하겠는가?

지금 천하가 한 집이 되고, 사해(四海)가 하나로 통일이 되어[一統] 군민(軍民)이 서로 즐기고 함께 태평을 누리고 있다. 감히 태조의 은혜를 생각지 않고 헛되이 다른 의견을 일으키고 스스로 저쪽과 이쪽을 나누어 마음속으로 의심하고 꺼려서 뜻에 부족한 것이 있어 꾸짖고 헐뜯으며, 원망하고 비방하여 제 직사(職事)를 편안히 여기지 않는 자가 있으면 반드시 천재(天災)와 인화(人禍)가 있을 것이다. 일이 발각되어 관(官)에 이르면 그 집의 삼족(三族)을 멸할 것이다. 짐

---

68 봉적은 칼날과 화살 끝을 뜻한다. 전장에서 온몸으로 싸웠다는 뜻이다.

이 우러러 성헌(成憲)을 준수하고 굽어 여정(輿情)을 살펴 지극히 공정한[至公] 마음을 미루어 헤아리고 어질고 두터움으로 교화하는 바를 넓혀 해내(海內)에 혜택을 입히고 백성[元元]을 자식같이 길러서[子育] 전대(前代-원나라)의 규모(規模)에 비교해 더 높이어 지치(至治)를 이루려고 하니 너희들 천하의 문무 관원과 군인, 민인(民人) 등은 짐의 가르침을 따라서 각각 너희들의 마음[乃心]을 다하고 헛되이 의심을 품어 허물과 죄를 부르지 않는다면 모두 부귀(富貴)를 무궁하게 보전할 수 있을 것이다. 그래서 이에 칙유하는 바이니 마땅히 내 이 지극한 마음[至懷]을 체득해야 할 것이다.'

을축일(乙丑日-19일)에 비가 내렸다.

○ 감옥의 죄수를 오래 가둬두지[滯] 말 것을 명했다. 사헌부, 형조 그리고 형조의 도관장무(都官掌務)를 불러 명하여 말했다.

"날씨가 바야흐로 극히 더우니 삼가서 옥사(獄事)를 지체하지 말라. 만일 부득이하여 가둔 자가 있으면 매달 초하루와 보름에 장(狀)을 갖추어 보고하라."

또 의정부에 명했다.

"내가 듣건대 경상·전라 두 도에 가뭄이 심하다고 했다. 이는 내가 임금답지 못해[不德] 생겨난 바[所使=所致]다. 비가 오지 않은 날수와 풍흉(豐|凶)의 상황을 감사(監司)로 하여금 갖추어 보고하게 하라[具聞]."

병인일(丙寅日-20일)에 달이 필성(畢星)을 범했다.

정묘일(丁卯日-21일)에 상이 태상전에 나아가 헌수하고 지극히 즐겼다.

기사일(己巳日-23일)에 정탁(鄭擢)을 변방(邊方)으로 옮겨 안치했다. 사헌부에서 소를 올려 말했다.

'태상왕께서 공인에게 명하여 주홍색 서안(書案)을 만들게 하셨습니다. 다 만들고 나서 뒤에 태상왕께서 이를 잊으셨는데 탁(擢)이 서안이 아름답다는 것을 알고 그것을 사려고 했습니다. 공인이 말하기를 "진상(進上)할 물건을 어찌 감히 사사로 팔겠습니까?" 하니 탁이 말하기를 "내가 구경만 하고 돌려주려는 것이다"라고 하고서 빌려간 지 오래됐는데도 돌려보내지 않으니 죄줄 것을 청합니다.'

신미일(辛未日-25일)에 삼부(三府)가 모여 여진(女眞)의 일을 토의했다. 황제가 여진에게 칙유하여 오도리(吾都里), 올량합(兀良哈), 올적합(兀狄哈) 등을 초무(招撫)해 조공을 바치게 하라고 했다. 여진 등은 본래 우리에게 속했기 때문에 삼부가 회의(會議)를 한 것이다. 그 칙유가 여진의 글자를 써서 해독할 수 없었기 때문에 여진을 시켜 그 뜻을 설명하여 통역하게 한 뒤에 토의했다.

임신일(壬申日-26일)에 태백성이 낮에 보였다.
○ 사헌부에서 (사간원) 좌헌납 김익정(金益精, ?~1436년)[69]의 죄를

---

69 1396년(태조 5년) 문과에 급제해 문하부의 요직을 지냈고 이때 좌헌납으로 있었으며

탄핵하여 청했다. 애초에 횡천(橫川)[70] 사람이 와서 익정(益精)에게 고해 말했다.

"감무(監務) 위덕해(魏德海)가 어염(魚鹽)과 포물(布物)을 강제로 민호(民戶)에 나눠 주고서 쌀, 보리, 삼을 거두니 백성들이 그것 때문에 심히 힘들어 합니다."

익정(益精)이 본원(本院-사간원)에 말해 정사를 어지럽히고 백성들을 학대한다고 헌부에 이문(移文)했다. 헌부에서 감사(監司)에 이문하니 감사가 조사해 회보(回報)했다.

"덕해(德海)의 사안은 정사를 어지럽히고 백성을 학대한 것이 아닙니다."

헌부에서 이에 (사간원) 좌사간 우홍강(禹洪康)과 우정언 이명선(李明善)을 탄핵했다. 이는 대개 애초에 발언한 자의 책임을 물은 것이다. 마침내 익정을 탄핵하여 소를 올렸다.

'덕해가 어물(魚物)을 무역한 것은 그 죄(罪)가 참으로 사실이나 삼을 계산해 포(布)를 준 것은 그런 사실이 없었습니다. 익정이, 덕해가 횡천감무(橫川監務)로 있을 때 익정의 장인[妻父]인 권담(權湛)을 박대했기 때문에 사사로운 감정을 품고서 말을 만들어 죄에 처하고자

1409년(태종 9년) 장령(掌令)이 됐다. 이해에 쇄권색(刷卷色)을 설치하자 그 별감이 됐다. 그 뒤 직제학(直提學), 우대언(右代言)을 역임하고 세종이 즉위하자 외직으로 나가 충청·전라·경기의 삼도 관찰사를 지냈다. 내직으로 돌아와서 1422년 승정원 지신사가 돼 군정(軍政)의 확립을 건의했으며 1425년 대사헌에 올랐다. 1430년 동지총제(同知摠制)가 됐으며 이듬해 인순부윤(仁順府尹)과 경창부윤(慶昌府尹)을 거쳐 이조참판, 예조참판, 형조참판을 지냈다. 1435년 경상도 관찰사에 제수됐으나 부임하기 전에 죽었다. 근검하고 사치를 몰랐으며 효성이 지극했다는 평이다.

70 지금의 강원도 횡성이다.

한 것입니다. 청컨대 익정을 죄주어 간사하고 속이는 것을 징계해야 합니다. 덕해는 수령으로서 민간에서 장사를 했으니 비록 정사를 어지럽힌 것은 아니나 역시 죄를 면할 수 없습니다.'

익정이 글을 올려 이의 잘잘못을 가려내고 또 헌사의 잘못을 호소하니 상이 헌부의 소(疏)와 익정이 올린 글을 의정부에 내려 이를 헤아려 토의하게 했다[擬議]. 정부에서 머뭇거리자[猶豫] 대사헌 박신(朴信) 등은 사헌부 전체를 이끌고[擧司] 대궐에 나와 아뢰어 말했다.

"신 등이 듣건대 신 등이 올린 소(疏)를 의정부에 내려 헤아려 토의하게 했다고 하는데 바라건대 상께서 신 등과 간관(諫官)을 나오게 하여 친히 물어 결단하셔야 합니다."

상이 말했다.

"이미 정부에 내렸으니 그들의 신문(申聞)을 기다렸다가 내가 마땅히 결단하겠다."

신(信)이 말했다.

"대간(臺諫)의 일을 정부에 내려 헤아려 토의하게 하는 것은 옛날에는 없었던 일입니다. 만일 반드시 정부로 하여금 그것을 토의하게 하시려면 바라건대 정부와 신 등을 함께 불러 그 시비(是非)를 논하게 하시고서 친히 몸소 듣고서 결단하셔야 합니다[聽斷]. 간원이 옳으면 신 등이 죄를 받고, 신 등이 옳으면 간원이 죄를 받아야 합니다."

상이 말했다.

"오늘은 마침[適] 몸이 불편하니[未寧] 뒤에 마땅히 청한 대로 하겠다."

며칠 뒤에 상이 사헌부 장무를 불러 명하여 말했다.

"애초에 위덕해의 일을 익정에게 고한 자가 누구냐고 익정에게 물으니 그가 답하기를 '대간원(臺諫員)이 들은 것을 가지고 공좌(公座)[71]에 고하는 것은 고금(古今)의 상사(常事-정해진 일)입니다. 만일 고한 자를 말한다면 (앞으로) 비록 말할 일이 있더라도 누가 기꺼이 [肯] 말하려고 하겠습니까? 그러나 명령이 있으시니 감히 말하지 않을 수 없습니다. 고한 자는 횡천의 토민(土民)입니다'라고 했다."

위덕해는 여성군(驪城君) 민무질(閔無疾)의 가신(家臣)이었다. 또 명했다.

"청했던 위덕해의 죄는 파직에 지나지 않고 김익정은 다시 거론하지 말라."

○ 의정부 찬성사 이저(李佇)[72]가 물러날 것[辭]을 청했으나 윤허하지 않았다. 상이 말했다.

"사직(辭職)이란 말은 내가 아주 싫어한다."

저(佇)가 얼굴이 붉어져서[赧然] 물러갔다.

계유일(癸酉日-27일)에 도성에서 소가 한 번에 송아지[犢] 두 마리를 낳았는데 하나는 암놈[牝]이고 하나는 수놈[牡]이었다.

---

71 공무를 집행하는 자리를 뜻한다.
72 이거이의 아들이다. 이거이의 두 아들 이저와 이백강(李伯剛)은 각각 태조의 장녀 경신공주(慶愼公主), 태종의 장녀 정순공주(貞順公主)와 결혼했다.

○ 사헌부에서 이조전서 김첨(金瞻)을 탄핵했다. 첨(瞻)이 예조상정 (禮曹詳定)을 겸해 법령(法令)을 바꾸고 고쳤는데 조사(朝士-조정 선비)가 이를 비난했다. 첨이 상정한 문서를 가지고 의정부에 나아가 좌정승 하륜에게 고했다. 사헌부에서는 복야(僕射)의 관원이면서 정부에 들고 났다[進退] 하여[73] 탄핵한 것이다.
진퇴

을해일(乙亥日-29일)에 쓸데없는 관원[冗官]을 없애고[汰=汰去] 관 용관   태 태거 제(官制)를 고쳤다. 의정부의 찬성사(贊成事)[74] 이하와 재내제군(在內 諸君)[75]과 삼군총제(三軍摠制)와 경중(京中-도성 안)의 각사(各司)와 외방(外方-지방)의 수령을 모두 고쳐 낮추고[改下], 육조(六曹)의 전서 개하 (典書) 각 하나, 육시(六寺)·칠감(七監)[76]의 판사(判事) 각 하나, 경 감 (卿監)[77]의 각 하나를 없앴다. 상호군(上護軍)을 고쳐 절제사(節制使), 대호군(大護軍)을 고쳐 첨절제사(僉節制使)라고 했다. 사평부 낭청

---

73 임금의 명을 받는 이조나 예조의 관원이면서 의정부에 드나들었다는 말이다.

74 조선 건국 직후인 1392년(태조 1년)에는 문하부의 종1품 관직으로 시랑찬성사와 찬성사 가 1인씩 두어졌으며, 이후 1414년(태종 14년)에 의정부 동판사(議政府同判事)로 개칭되 고 같은 해에 다시 좌참찬, 우참찬으로 바뀌었다가 다음 해에 좌참찬은 찬성으로, 우참 찬은 참찬으로 개편됐다.

75 임금의 적비(嫡妃)의 아들인 대군(大君), 빈잉(嬪媵)의 아들인 군(君), 친형제인 대군(大 君), 친형제의 적실(嫡室)의 맏아들인 군(君) 등을 말한다. 이와는 반대로 성이 다른 대군 이나 군은 이성제군(異姓諸君)이라 한다.

76 조선 태조 원년(1392년) 7월 문무백관의 관제를 정할 때의 육시(六寺)·칠감(七監)을 말 한다. 육시(六寺)는 봉상시(奉常寺), 전중시(殿中寺), 사복시(司僕寺), 사농시(司農寺), 내부 시(內府寺), 예빈시(禮賓寺)이고 칠감(七監)은 교서감(校書監), 선공감(繕工監), 사재감(司 宰監), 군자감(軍資監), 군기감(軍器監), 사수감(司水監), 전의감(典醫監)이다.

77 고려시대 성부(省部)에 속한 오품관(五品官) 벼슬아치와 각 시(寺)의 경이(卿貳) 및 국자 감의 유관(儒官), 비서성의 전직(典職) 따위를 이르던 말이다.

(司平府郎廳)을 혁파하고 경력(經歷), 도사(都事), 육방녹사(六房錄事)를 두었다. 사막(司幕)[78]을 고쳐 충순호위사(忠順扈衛司)로 삼아 절제사(節制使), 첨절제사(僉節制使), 호군(護軍), 사직(司直), 부사직(副司直), 사정(司正), 부사정(副司正)을 두었다. 순위부(巡衛府)를 고쳐 의용순금사(義勇巡禁司)라 하여 절제사, 첨절제사, 호군, 사직, 부사직을 두었다. 삼군(三軍)에 각각 도총제부(都摠制府)를 두고 도총제(都摠制) 하나, 총제(摠制) 둘, 동지총제(同知摠制) 둘, 첨총제(僉摠制) 둘을 두었다. 이전에는 승추부 모군총제(承樞府某軍摠制)라고 칭했었는데 이제 각각 부(府)를 세워 승추부에 매어두지 않고 군무(軍務)의 경우 예전대로 통솔하게 했다. 덕천고(德泉庫)를 없애 내섬시(內贍寺)로 삼고, 의성고(義成庫)를 내자시(內資寺)로 삼고, 사수감(司水監)을 사재감(司宰監)에 합치고, 내장고(內藏庫)를 승녕부(承寧府)에 합치고, 보화고(保和庫)를 공안부(恭安府)에 합치고, 의순고(義順庫)를 예빈시(禮賓寺)에 합치고, 흥신궁(興信宮)을 장흥고(長興庫)에 합치고, 연경궁(延慶宮)을 군자감(軍資監)에 합치고, 연복궁(延福宮)을 의영고(義盈庫)에 합쳤다. 강계도(江界道)에 벽동군(碧潼郡)을 두고, (평안도) 운주(雲州)와 청산(靑山)을 합쳐 지군(知郡)[79]으로 삼아 이름을 운산(雲山)이라 했다.

---

78 고려 말 조선 초 궁중의 막차(幕次) 설치와 시위(侍衛)를 담당하던 성중관(成衆官)의 하나다. 국왕의 근시관(近侍官)으로 성중관의 폐해가 심해지자 고려 말의 개혁론자 조준은 사막, 사옹 등 애마(愛馬)를 6국(局)에 합병시켜 폐단을 없애고 직무에 충실하게 할 것을 건의하기도 했다. 이때 충순호위사(忠順扈衛司)로 고쳤다.

79 군으로 삼았다는 뜻이다.

○ 남재(南在)를 경상도 도관찰사, 이지(李至)를 서북면 도순문사, 성석인(成石因, ?~1414년)[80]을 강원도 도관찰사, 임정(林整)을 동북면 도순문사 겸 병마도절제사(兼兵馬都節制使)로 삼았다.

○ 전라도의 완산(完山), 여산(礪山), 익주(益州-익산) 등 14개 고을이 가물어 콩을 심지 못했다.

○ 사간원에서 소(疏)를 올려 전제(田制)를 바로잡을 것을 청했다. 소는 대략 이러했다.

'귀천(貴賤)의 나눔은 마치 하늘이 세우고 땅이 베푼 것[天建地設]과 같아서 어지럽혀선 안 됩니다. 만일 혹시라도 어지럽힌다면 백성의 뜻이 정해지지 않아 윗사람에게 기어오르고 참람(僭濫)한 풍조가 일어날 것입니다. 하물며 우리 조정에서는 귀천의 나눔을 더욱 엄격하게 했습니다. 이 때문에 전제(田制)의 일관(一款)에 이르기를 "경성(京城)에 살면서 왕실(王室)을 호위하는 자는 마땅히 과전(科田)을 두어 염치(廉恥)를 기르게 한다. 공사천예(公私賤隷-공사 노비), 무격(巫覡-무당), 창기(娼妓), 공상(工商), 승니(僧尼), 매복·맹인(賣卜盲人)[81] 등은 그 자신과 자손이 밭을 받는 것을 불허한다"라고 했습니다. 이는 진실로 만세(萬世)의 아름다운 법전[彛典]입니다. (그런데) 지금 공사 노비가 외람되게 토전(土田)을 받아 이루어져 있는 법[成法]을 어

---

80 아버지는 창녕부원군(昌寧府院君) 여완(汝完)이고 석린(石璘)과 석용(石瑢)은 형이다. 1377년(우왕 3년) 문과에 급제해 고려에서 지평(持平), 경연강독관(經筵講讀官)을 역임했다. 다시 조선왕조에서 강원도·충청도 도관찰사를 거쳐 경연관, 대사헌, 예문관 대제학과 형조, 호조, 예조 등의 판서를 역임했다. 예조판서로서 조정의 일을 의논 중에 졸도해 순직했다.

81 돈을 받고 점을 쳐주는 맹인을 가리킨다.

지럽힌 자가 17명이고 받은 밭이 모두 690여 결(結)입니다. 아아! 법(法)이 세워진 지 오래지 아니하여 전제(田制)의 어지러움이 이런 지경에 이르렀으니 그 말류(末流)의 폐단은 반드시 공상(工商)과 노비가 모두 분수를 뛰어넘어[踰分] 밭을 받으려고 바라는 데 있을 것입니다. 바라건대 유사(攸司)로 하여금 공사 노비가 받은 밭을 회수하여 군자(軍資)에 속하게 하고 이제부터는 공상 노비의 무리들이 만일 특별한 공(功)을 세우는 경우에 다른 물건으로 상을 주고 토전은 허락하지 말아서 전제(田制)를 바로잡고 귀천(貴賤)(의 나눔)을 분명하게 정해야 합니다.'

또 소를 올려 말했다.

'군국(軍國)의 일은 양식(糧食)이 중대합니다. 경상(慶尙) 한 도의 조운(漕運)과 육전(陸轉)이 둘 다 폐단이 있어 행할 수 없기에 신 등이 앞서[昨] 과전(科田)을 바꾸자는 등의 한두 가지 조건으로 소(疏)를 갖추어 아뢰고 또 천한 노비가 받은 밭을 회수해 군자(軍資)에 소속시키자고 잇대어 의견을 내 거듭 보고드렸습니다. (그런데) 전하께서는 우정언 이명선(李明善)을 불러 이렇게 하교(下敎)하셨습니다. "상소한 일의 건은 행할 만한 것이 없지 않으나 과전을 바꾸자는 것은 인심(人心)을 요동시킬까 두렵다. 천한 노비가 밭을 받은 것은 국초(國初) 때부터 이미 그러했다." 신 등이 가만히 생각건대 전조(前朝) 때에는 사전(私田)은 모두 하도(下道)에 있었고 경기(京畿)에는 비록 달관(達官)[82]이라 해도 다만 구분전(口分田) 십수 결(結)뿐이었

---

82 높은 관직에 있는 사람을 말한다.

는데도 역시 넉넉히 살아갈 수가 있었습니다. (그런데) 지금 과전을 비록 그 반(半)을 줄여 하도로 옮긴다 해도 경기에 있는 것이 구분전의 수보다 몇 배나 될 것인데 어찌 인심(人心)이 동요되겠습니까? 천한 노비가 밭을 받는 것이 설사 국초 때부터 그러했으나 밭을 받는 것을 허락하지 않는 것 또한 국초 때에 정한 제도입니다. 그런데 우리 태상왕과 상왕께서 허락하신 것은 우연에서 나온 것일 뿐이요, 뜻을 두고서 하신 것은 아닙니다. 오직 우리 전하께서는 하늘이 내신 빼어난 배움[聖學]으로 모든 베풀고 행하시는 바[施爲]가 장차 만세(萬世)의 법(法)이 될 것입니다. (그런데) 지금 만일 악습을 그대로 이어서 고치지 않는다면 후세의 임금 중에 누가 능히 그것을 혁파할 수 있겠습니까? 이리되면 전제가 어디로부터도 바르게 될 수 없고 귀천(貴賤)이 어디로부터도 정해질 수 없습니다. 엎드려 바라옵건대 그대로 윤허하시어 시행해야 합니다.'

(소를) 대궐에 머물러 두고 (유사에) 내리지 않았다.

丁未朔 上如太平館宴使臣. 朱允端 韓帖木兒等將還也. 贈
정미 삭 상여 태평관 연 사신 주윤단 한첩목아 등 장환 야 증

白苧布黑麻布各二十匹 人蔘二十斤 馬一匹 衣服花席等物.
백저포 흑마포 각 이십 필 인삼 이십 근 마일필 의복 화석 등물

己酉 上餞朱允端 韓帖木兒等于迎賓館.
기유 상 전 주윤단 한첩목아 등 우 영빈관

兵曹典書偰眉壽 押易換馬如京師 二千五百四十八匹也.
병조 전서 설미수 압 역환 마여 경사 이천 오백 사십 팔필 야

除各道都觀察使權差守令之法. 從議政府之言也.
제 각도 도관찰사 권차 수령 지법 종 의정부 지언 야

庚戌 司憲府上疏 請三道體察使林整及慶尙道水軍僉節制使
경술 사헌부 상소 청 삼도 체찰사 임정 급 경상도 수군 첨절제사

盧仲濟罪 原之. 疏略曰:
노중제 죄 원지 소 약왈

'整及仲濟 宜監漕運 乃由陸路而來 致使漕船三十艘沒于海中
정 급 중제 의 감 조운 내유 육로 이래 치사 조선 삼십 소 몰우 해중

千餘人溺死 失米萬石. 請按律科罪.'
천여 인 익사 실미 만석 청 안율 과죄

上命議政府照律 議政府啓: "律文 逢風失迷 或失火及盜賊
상 명 의정부 조율 의정부 계 율문 봉풍 실미 혹 실화 급 도적

所害① 皆免罪" 上召整等曰: "予非欲加罪卿等 以攸司請罪 故令
소해 개 면죄 상 소 정등 왈 여비욕 가죄 경등 이 유사 청죄 고영

議政府照律 乃無罪矣. 聞卿等逢劾 船軍續續逃去 祿轉及各道
의정부 조율 내무죄 의 문 경등 봉핵 선군 속속 도거 녹전 급 각도

貢物 散置江邊 卿速視事." 整等頓首謝恩. 命賜酒.
공물 산치 강변 경속 시사 정등 돈수 사은 명 사주

辛亥 雨.
신해 우

議政府 司平府 承樞府與耆老宰樞及各司 會于議政府 議
의정부 사평부 승추부 여 기로 재추 급 각사 회우 의정부 의

慶尙道租稅陸運漕運可否.
경상도 조세 육운 조운 가부

224

"一 慶尙道下道漕運之數 不過四萬餘石 往往風水失利 船敗
人沒 又每年船軍一番漕轉上京 一番防禦 皆失農時. 今以其道
田十九萬五千餘結 忠州 金遷至三四日程途則二分之一; 五六日
程途則三分之一; 七八日程途則四分之一; 九十日程途則五分之
一 令民隨其所耕多少 自十月至二月 各自輸納於金遷 乃以漕運
船及私船輸于京, 則差過於漕運之數 今後依此輸轉何如?
一 令民納于金遷則煙戶竝皆運動 依舊漕轉何如?"

三府及各司議論紛紜. 歲庚辰 河崙爲左政丞 以陸轉爲便 辛巳
秋 李茂爲右政丞 以漕運爲利 於壬午 以林整爲三道體察使
監督漕運. 今者船敗人死 故崙欲斷陸運之策 會各司取其可否.
司憲府掌務持平詣闕啓曰: "憲府糾察百僚. 今議政府會各司 幷
諭本府 如之何?" 上曰: "議政府總百官 有大議事 當會各司.
憲府會于政府 亦何傷! 斟酌而自裁之."

下甲士鄭習之等四十餘人于獄 杖之. 初 內官李萬年家與甲士
羅有仁家近 兩家俱被盜 恐其復來 同心伺之. 夜有人至有仁家
有仁執之 乃左軍甲士鄭習之也. 會三更巡官至 執而囚之. 明日
萬年告于巡衛府曰: "今鄭習之夜至有仁家 見執而囚. 請徵被盜
物以給."② 巡衛府問習之 習之曰: "非爲盜也 欲奸有仁之妻耳."
巡衛府執有仁之妻問之 乃服 巡衛府放習之. 習之率甲士四十餘
人 至萬年家 擊破醬瓶及酒甕 斷絶機上織布 戕害人物. 他日又

請侍衛甲士一牌 至萬年家 隣人畏其暴 皆逃匿.
청 시위 갑사 일패 지 만년 가 인인 외 기포 개 도닉

成均書吏金好仁 以其家近萬年家 獨見執 被杖無算. 萬年
성균 서리 김호인 이 기가 근 만년 가 독 견집 피장 무산 만년

告于上 上曰: "汝言妄矣. 習之雖非爲盜 欲奸人妻 且犯巡.
고우 상 상왈 여언 망의 습지 수비 위도 욕간 인처 차 범순

巡衛府豈遽釋之乎?" 萬年曰: "小人何敢誣罔上聰!" 上曰: "汝
순위부 기거 석지호 만년왈 소인 하감 무망 상총 상왈 여

若妄言 當受誣告之罪." 命召巡衛府掌務 使朴錫命問曰: "何故
약 망언 당수 무고 지죄 명소 순위부 장무 사 박석명 문왈 하고

釋習之?" 對曰: "以盜告習之 習之之情 非盜也 欲奸有仁之妻耳.
석 습지 대왈 이도 고 습지 습지 지정 비도야 욕간 유인 지처 이

是以放之."
시이 방지

上作色曰: "萬年之家 與習之家相去不邇 欲奸人妻而犯巡者
상 작색 왈 만년 지가 여 습지 가 상거 불이 욕간 인처 이 범순 자

其無罪乎? 巡衛府萬戶 皆可人也 何處事之若是耶? 問錫命曰:
기 무죄 호 순위부 만호 개 가인 야 하 처사 지 약시 야 문 석명 왈

"掌務誰歟?" 對曰: "李漬." 上曰: "是逍遙之行 執尹嶙者乎?"
장무 수여 대왈 이지 상왈 시 소요 지행 집 윤인 자호

對曰: "然." 上曰: "使所由縛四品員 過乎中 釋習之 不及乎中 是
대왈 연 상왈 사 소유 박 사품 원 과호중 석 습지 불급 호중 시

凡人也." 命錫命曰: "漬囚於巡衛府: 習之及偕至萬年家甲士四十
범인 야 명 석명 왈 지수 어 순위부 습지 급해 지 만년 가 갑사 사십

餘人 皆下獄." 李叔蕃及錫命啓曰: "掌務被囚 萬戶不敢仕. 習之
여인 개 하옥 이숙번 급 석명 계왈 장무 피수 만호 불감 사 습지

等 誰能決乎?" 上曰: "萬戶雖不仕 其餘官等何在?" 叔蕃等曰:
등 수 능결 호 상왈 만호 수 불사 기여 관등 하재 숙번 등왈

"皆不敢仕." 上曰: "掌務不可囚也. 囚掌務 是欲萬戶也. 若移
개 불감 사 상왈 장무 불가 수야 수 장무 시욕 만호 야 약이

習之事於刑曹 囚巡衛府掌務 則是亦辱之也. 予之愛護甲士者 以
습지 사어 형조 수 순위부 장무 즉시 역 욕지 야 여지 애호 갑사 자 이

有緩急則敵懍禦侮也. 甲士等暴虐如此 與倭無異 不可不懲. 皆
유 완급 즉 적개 어모 야 갑사 등 포학 여차 여왜 무이 불가 부징 개

照律決杖."
조율 결장

竟不囚漬.
경 불수 지

賜肉饍于平壤府院君趙浚. 上嘗召金科曰: "平壤君 賢相也. 今
사 육선 우 평양 부원군 조준 상 상소 김과 왈 평양군 현상 야 금

有疾 又遭妻喪 憔悴益甚. 聖人之制 雖大喪 老病者宜食肉汁. 況

浚位極年高 且有疾! 欲賜肉饍 庶使平復 其不亦欲終制而不食

乎?" 科對曰: "君賜 豈敢辭乎?" 至是 又與朝啓諸臣議之 因

曰: "李氏開國之功 專在趙浚與南誾耳. 鄭道傳則善於言辭 而居

功臣之列. 其爲功臣亦當矣 以功而論 則當在五六間矣. 旣往之人

今日不得不思也. 南誾若在 則豈不樂乎? 父王時 謂之兩鄭 一

夢周一道傳. 夢周當王氏衰季 爲侍中而盡忠; 道傳感父王之恩而

竭力 二人之道 皆是矣."

又曰: "父王卽位之初 以勇兵皆委於我 而每引見議事. 鄭熙啓

每搆我於父王 後欲入闕 則闇者難之. 雖有可告之事 予不得

入 深切以爲乘間得入 則一一告之. 會一日命召曰: '當此之時

國家利害 何爲不告?' 予對曰: '雖欲入告 闇者難之 不得入也.'

太上殿有慙色曰: '必使人請坐乎?'"

又曰: "太上殿相雞龍山還駕時 予入南誾帳幕 誾不肯曰: '自今

毋入我帳幕.' 我遂出不入. 是時 太上殿以世子托於誾也."

叔蕃曰: "近見南在 在曰: '太上殿托世子於誾 則誾之死當矣

固無付托也.'"

上曰: "誾 直者也. 可以托六尺之孤者 故付托也."

分賜經書於文臣. 上嘗語金科曰: "各道所獻書册 藏在王府 終

無用也. 分賜文臣何如?" 科對曰: "然."

壬子 司諫院進時務數條. 疏略曰:

'議政府以慶尙道漕運陸轉二條 令各司陳其可否 將以轉聞

于上. 臣等竊惟漕轉之際 船敗人沒 無歲無之 漕運之難行 一言

可決矣. 至於陸轉 以其道途之遐邇 定其收租之多少 自十月

至二月 使其作者自輪於忠州 金遷 則其事宜若可行. 然而自

沿海諸州 至于金遷 相去十餘日矣 且於其中 大嶺隔焉. 若使

一道每戶擾動 跋涉險阻 輪租于十日之地 則富者雖有轉輪之

力 而租稅至多; 貧者租稅雖小 又無轉輪之力. 況當冬月氷合之

時 負載往還之際 人民怨咨 牛馬之困斃 可勝言哉! 竊恐數年之

間 慶尙一道 必將至於凋弊 由是觀之 漕運陸轉 皆有其弊 不可

得而行矣. 臣等謹以管見 條列于後. 若蒙聖慈兪允施行 則漕運

陸轉 雖不擧行 一年所入 當不下四萬石矣. 前朝田制 畿內之地

士大夫口分之外 皆公田也. 而私田則皆置下道. 所以然者 公田之

租 必用民力以輪之 京畿易而下道難. 若私田則雖在下道 其田之

主 各自任意收其雜物 故佃客無輪轉之弊 而田主亦不憚其貿易

之煩. 今京畿科田八萬四千一百餘結; 功臣田二萬一千二百餘結

合之十萬五千餘結. 伏望令攸司分半 其一半五萬二千餘結

依舊施行; 將一半五萬二千餘結 屬爲公田 而以慶尙一道五萬

二千餘結 易換充數 其上道各州在前陸轉之租 仍舊不革.

一 祿轉所以待官吏 軍資所以養士卒. 二者皆國家之重事 而

軍資之蓄 尤不可以不多 故國家定田制之初 軍資屬田 倍於祿俸

之田 而近年以來 每因陳損 祿俸不滿前額 輒以軍資田租充之.

故一年祿俸之數 無慮十有二萬餘石 而軍資所入 卽自己卯至

辛巳 合三年而計之 猶未滿二萬石. 是以本院於建文四年三月初

六日 具疏以請 勿令以軍資田出充祿俸陳損之數 殿下卽賜兪允

及至是年收租之際 復以軍資充其祿轉陳損之數. 忠信重祿之意

可謂厚矣 其於③軍國足食之道如何? 願依臣等前日所啓 其冗官

之可汰者汰之 可幷者幷之 以減損其吏額 又依本院建文四年

三月初六日所申祿轉陳損之數 勿以軍資充之.

一 本朝五敎兩宗土田臧獲 皆仍其舊 非以畏慕罪福 求媚干佛

但承前朝之弊 因循未革耳.④ 無識僧徒 不察其意 見土田臧獲

以爲本分 收租納貢 爲己私用 恣其情欲 無所不爲 國家之蟊賊

莫甚於此. 伏望除齊陵齋宮 興天寺及五大寺 十大寺外 中外

寺社田地 一皆革去 以屬軍資: 其五大寺 十大寺所受田地 竝以

百結爲限 而其在畿內者 皆屬軍資 以慶尙下道之田 易換折給.

且內願堂監主料 前朝餘習 至今未革 而所受之數 每朔十石 其

無名之費 莫玆若也. 願自今去其朔料 以革積年之弊 以充軍國

之需.

一 凡功臣 盡忠效力 以立一代之功 實殿下之所重 人民之所嘉

雖賞之萬金 不爲濫矣. 我國家地小土薄 租稅之入 尙虞於經費之

數 亦殿下之素知也. 且功臣 於科田之外 又有功臣田 願自今凡
수 역전하지소지야 차공신 어과전지외 우유 공신전 원자금범

功臣之封君而無職事者 減等頒祿. 留中不下.
공신 지 봉군 이무 직사 자 감등 반록 유중 불하

癸丑 月犯太微.
계축 월범 태미

乙卯 定各司啓事儀. 禮曹啓:
을묘 정 각사 계사 의 예조 계

'六衙日朝會 行四拜禮如儀訖 資憲以上 升殿上分坐 嘉善
육 아일 조회 행 사배 례여의 흘 자헌 이상 승 전상 분좌 가선

以上 升上階分立 或賜坐則分坐. 三品以下 皆就階下 東西相向
이상 승 상계 분립 혹 사좌 즉 분좌 삼품 이하 개 취 계하 동서 상향

重行分立. 有啓事各司 就階下近北 重行北面立 每一司至上階
중행 분립 유 계사 각사 취 계하 근북 중행 북면립 매 일사 지 상계

中心近北重行跪. 大事則行首讀啓本 小事則掌務房掌讀訖歸班
중심 근북 중행 궤 대사 즉 행수 독 계본 소사 즉 장무 방장 독 흘 귀반

次司又如前儀. 旣訖 通禮門至上階中心跪 啓禮畢 上階者先下
차사 우여 전의 기흘 통례문 지 상계 중심 궤 계례 필 상계 자 선하

升殿者以次俱下 東西分立 凡升殿者 於階上階下無揖. 上入內
승전 자 이차 구하 동서 분립 범 승전 자 어 계상 계하 무읍 상 입내

通禮門以次引出.'
통례문 이차 인출

上嘗語河崙曰:"啓事之名 有未穩處. 自今以後 除啓事之名. 有
상 상어 하륜 왈 계사 지명 유 미온 처 자금 이후 제 계사 지명 유

欲言事者 雖參外官 亦得升殿言之: 無所言者 雖政丞諸君 不必
욕 언사 자 수 참외관 역득 승전 언지 무 소언 자 수 정승 제군 불필

上殿何如? 且啓事之禮 亦有未便處 更議定以聞." 至是詳定.
상전 하여 차 계사 지례 역유 미편 처 갱의 정 이문 지시 상정

令初入仕者 幷試朱文公家禮. 吏曹請之也.⑤ 雖已入仕者 七品
영 초 입사 자 병시 주문공가례 이조 청지 야 수 이 입사 자 칠품

以下 亦令試之.
이하 역령 시지

丙辰 雨.
병진 우

丁巳 金星犯畢星.
정사 금성 범 필성

命慶尙道租稅陸轉 從河崙之議也.
명 경상도 조세 육전 종 하륜 지 의야

司諫院復劾林整.
사간원 부핵 임정

始造小船. 議政府啓: "倭寇往往來隱諸島中 乘我不備 擄掠而
시조 소선　의정부 계　왜구 왕왕 래은 제도 중 승아 불비　노략 이

去 我國戰艦重大 不能追及. 今後以大船置於要害處 令各道造
거　아국 전함 중대　불능 추급　금후 이 대선 치 어 요해처　영 각도 조

輕快小船十隻以追捕." 允之.
경쾌 소선 십 척 이 추포　윤지

己未 上詣上王殿獻壽. 義安大君和 益安大君芳毅 贊成事
기미　상 예 상왕전 헌수　의안대군　화　익안대군　방의　찬성사

李佇 完山君天祐 完川君淑 靑原君沈淙侍宴極歡 聯句唱和. 宴
이저　완산군 천우　완천군 숙　청원군 심종 시연 극환　연구 창화　연

將終 上王起舞 上亦起舞.
장종　상왕 기무 상역 기무

命六品以上各擧所知. 左代言李升商奉傳王旨: "致治之要 全
명 육품 이상 각 거 소지　좌대언 이승상 봉전 왕지　치치 지요 전

在用人. 一品以下六品以上 各擧所知 以備擢用." 議政府令各司
재 용인　일품 이하 육품 이상　각 거 소지　이비 탁용　의정부 영 각사

各擧所知前銜嘉善以下七品以上 各其名下 書其年甲 本貫 出身
각 거 소지 전함 가선 이하 칠품 이상　각 기명 하　서기 연갑　본관　출신

歷仕 文武才行 父及外祖 妻父職名 父母時居鄕以呈.
역사　문무 재행　부급 외조　처부 직명　부모 시거향 이정

壬戌 大雨.
임술　대우

癸亥 雨.
계해　우

司諫院上論守令數條 從之. 疏略曰:
사간원　상론 수령 수조　종지　소 약왈

'傳曰: "君者 父母也: 民者赤子也: 郡守者 乳保也. 父母不能育
전 왈　군자 부모 야　민자 적자 야　군수 자　유보 야　부모 불능 육

其子 而育之者 乳保也: 君不能自撫其民 而撫之者 郡守也. 乳保
기자　이 육지 자　유보 야　군 불능 자무 기민　이 무지 자　군수 야　유보

之不慈 則驚之癎之飢之渴之 父母雖慈 不能育其子以生也: 郡守
지 부자　즉 경지 간지 기지 갈지　부모 수자　불능 육 기자 이생 야　군수

之不仁 則苦之役之誅之剝之 君雖仁 不能致其民之安矣." 今
지 불인　즉 고지 역지 주지 박지　군 수인　불능 치 기민 지안 의　금

殿下宵旰憂勤 興利除害 仁心仁政 可謂至矣 而民有不被其澤者
전하 소간 우근　흥리 제해　인심 인정　가위 지의　이민 유 불피 기택 자

特以守令之不賢耳. 臣等條列于後.
특이 수령 지 불현 이　신등 조열 우후

一 經濟六典一款云: "守令近民之職 民之休戚係焉 而所除
일　경제육전 일관 운　수령 근민 지직　민지 휴척 계언　이 소제

守令 頗有未嘗知者. 豈有臨民之才可任守令 而人不知其姓名

者乎? 願自今 兩府至顯官六品 各舉所知以曾經顯秩有名望者

歷仕中外有聲績者 以備除授 所舉非人 罪及舉主." 其法可謂

嚴矣. 近年以來 守令多非其人 而未聞罪及舉主 故吏典出身者

及家臣憸小之徒 敢行請托 以爲監務縣令者 頗多有之. 如此之

輩 安知乳保赤子之義乎! 或闒茸無能而不勝其任 或貪汚不法而

虐害生民. 本以養民之任而反爲害民之事 可勝嘆哉! 願自今 凡

除守令及罪及舉主之法 一依六典 及其考績 亦令監司具其殿最

移關憲司 所舉非人 罪及舉主.

一 四品以下 下批後 尙瑞司各於名下 具書薦舉者職名 移文

臺諫 憑考出謝 或因世係未明 或因身有痕咎 百日已滿 告身

未出者 臺諫移關尙瑞司 申聞改差 毋得改下.

一 守令 民之師帥 職任最重 故謂之外所司. 雖位高者 宜以

禮接 不可以賤狎待之. 其應接使臣之禮 尙循前朝舊習 如飯有無

舉飯床 守官等事 無不爲之 而監司亦不以官人待之 或稱爾汝

甚至罵詈 故士大夫出補之日 志氣摧挫 無復激昂. 願令監司及

大小使臣 從優禮接 其飯有無 舉飯床 守官等事 勿使親行.'

凡守令於奉飯使臣之時 必先高聲呼飯 謂之飯有無 及其將寢

必呼守官無事 謂之守官皆俗習也.

議政府請禁臺諫彈劾之失 從之. 啓曰:

"臺諫 殿下耳目之官 專掌規諫及彈劾百官 凡國家利害 民生
대간 전하 이목 지관 전장 규간 급 탄핵 백관 범 국가 이해 민생

休戚 幷心協力 匡救輔翼 職也. 近年以來 臺省員 以細事 互相
휴척 병심 협력 광구 보익 직야 근년 이래 대성원 이 세사 호상

彈劾 畏其報復 全司陷害 非唯耳目之官所任廢弛 傾危俗成
탄핵 외 기 보복 전사 함해 비유 이목 지관 소임 폐이 경위 속성

政治不美. 前者府受判禁止 今諫官不顧大體 乃以小事 盡劾
정치 불미 전자 부 수판 금지 금 간관 불고 대체 내 이 소사 진핵

憲司. 請下攸司 痛懲禁後. 又宰相爵位尊顯 股肱同體. 大司憲最
헌사 청하 유사 통징 금후 우 재상 작위 존현 고굉 동체 대사헌 최

爲重選 衆所敬憚 近間即以小事 輕易彈劾 堂階不尊 其失非小.
위 중선 중 소경탄 근간 즉 이 소사 경이 탄핵 당계 부존 기실 비소

今後宰相 除關係國家大事及貪汚不法敗毀風俗事外 細碎之事
금후 재상 제 관계 국가 대사 급 탐오 불법 패훼 풍속 사 외 세쇄 지사

不得輕劾.
부득 경핵

甲子 判承寧府事李貴齡 回自京師. 貴齡齎禮部咨一道 藥材
갑자 판 승녕부 사 이귀령 회자 경사 귀령 재 예부 자 일도 약재

十八味及布告天下勅諭一道來. 咨文曰:
십팔 미 급 포고 천하 칙유 일도 래 자문 왈

'永樂元年四月二十日早朝 本部官欽奉聖旨:"朝鮮來的⑥使臣
영락 원년 사월 이십 일 조조 본부 관 흠봉 성지 조선 래적 사신

說'他國王缺小藥材 將布匹來換.'恁禮部着太醫院 照他合用
설 타 국왕 결소 약재 장 포필 래환 임 예부 착 태의원 조타 합용

的藥味 打點見數 封裹得停當 付與差來人將去 布匹從他自賣."
적 약미 타점 견수 봉과 득 정당 부여 차 내인 장거 포필 종 자 매

欽此 將前項藥材 交付差來陪臣判承寧府事李貴齡等 收領前去.
흠차 장 전항 약재 교부 차래 배신 판 승녕부 사 이귀령 등 수령 전거

計賜藥材一十八味 共八十二斤八兩.'
계사 약재 일 십팔 미 공 팔십 이 근 팔냥

皇帝勅諭天下文武官員軍民人等:
황제 칙유 천하 문무 관원 군 민인 등

'朕惟天生一代之君 必成一代之治 自古以來 莫不皆然 而其間
짐유 천생 일대 지군 필성 일대 지치 자고 이래 막불 개연 이 기간

治有隆汚 政有得失 亦由人君善用人與不善用人之所致也. 且以
치 유 융오 정 유 득실 역유 인군 선 용인 여 불선 용인 지 소치 야 차이

唐宋言之 唐太宗有撥亂反正之材 抱濟世安民之德 克致貞觀之
당송 언지 당 태종 유 발란 반정 지재 포 제세 안민 지덕 극치 정관 지

治 斗米三錢 外戶不閉 四方肅靖 蠻夷率服 近古鮮比. 求其故
치 두미 삼 전 외호 불폐 사방 숙정 만이 솔복 근고 선비 구 기고

太宗蓋能用天下之賢 王珪 魏徵 釋之於嫌怨; 李靖 尉遲敬德
태종 개 능용 천하 지현 왕규 위징 석지 어험원 이정 위지경덕

擧之於仇敵; 房玄齡 杜如晦 用之於異代. 宋太祖起介胄之中 踐
거지 어구적 방현령 두여회 용지 어이대 송 태조 기 개주 지중 천

九五之位 撫輯四方 剗夷列國 與世休息 迄於丕平 開三百餘年
구오 지위 무집 사방 삭이 열국 여세 휴식 흘어 비평 개 삼백 여년

之洪基 興聲名文物之風俗 求其故 太祖亦能用天下之賢. 范質
지 홍기 흥 성명 문물 지 풍속 구기고 태조 역 능용 천하 지현 범질

王溥 皆先代之舊臣; 石守信 王審琦 俱前朝之宿將 太祖擧而
왕부 개 선대 지 구신 석수신 왕심기 구 전조 지 숙장 태조 거이

任之. 以此觀之 唐太宗 宋太祖 推赤心以用人 故人皆盡心以
임지 이차 관지 당 태종 송 태조 추 적심 이용인 고인 개 진심 이

事之 遂皆成一代之明君賢臣 載在信史 昭然可鑑.
사지 수개 성 일대 지 명군 현신 재재 신사 소연 가감

朕以高皇帝嫡子 奉藩于燕 高皇帝以燕地與胡虜接境 屢屬
짐이 고황제 적자 봉번 우연 고황제 이 연지 여 호로 접경 누촉

以邊事. 後懿文太子薨 高皇帝以朕敢屬大事 欲正位東宮 永固
이 변사 후 의문 태자 훙 고황제 이 짐 감촉 대사 욕 정위 동궁 영고

基本. 不幸高皇帝賓天 允炆矯遺詔嗣位 戕害諸王骨肉 懷釁之
기본 불행 고황제 빈천 윤문 교 유조 사위 장해 제왕 골육 회흔 지

意已甚 疑朕之心實深. 卽位未幾 首遣奸臣圍逼 如釜魚置兎 決
의 이심 의짐 지심 실심 즉위 미기 수견 간신 위핍 여 부어 저토 결

無生理. 朕實不得已起兵自救 初豈有心於天下哉! 竟以一隅之衆
무생리 짐실 부득이 기병 자구 초 기 유심 어천하 재 경이 일우 지중

敵天下之兵 三四年間 大戰數十 小戰無算 制勝克捷 卒平禍亂.
적 천하 지병 삼사 년간 대전 수십 소전 무산 계승 극첩 졸평 화란

此豈人力所能爲也! 賴天地宗社之靈 父皇母后之佑 天命所集
차 기 인력 소능위 야 뢰 천지 종사 지령 부황 모후 지우 천명 소집

人心所歸 是以至此. 朕自卽位之初 不敢用一毫自私 思天下者
인심 소귀 시이 지차 짐자 즉위 지초 불감 용 일호 자사 사 천하 자

父皇之天下 軍民官員 皆父皇之赤子 除更改父皇成憲 濁亂父皇
부황 지 천하 군민 관원 개 부황 지 적자 제 경개 부황 성헌 탁란 부황

天下之奸惡 悉已誅戮 其餘文武官員 仍舊用之無疑 陞賞黜罰
천하 지 간악 실이 주륙 기여 문무 관원 잉구 용지 무의 승상 출벌

一從至當而已. 夫以唐太宗 宋太祖 尙用異代之臣. 況朕 父皇之
일종 지당 이이 부이 당 태종 송 태조 상용 이대 지신 황짐 부황 지

臣 素非讎怨 他人之比!
신 소 비 수원 타인 지 비

近者 間有無知小人 尙懷疑心 不思朕推赤心委任之意 居閑則
근자 간유 무지 소인 상회 의심 불사 짐 추 적심 위임 지의 거한 즉

妄生異議 處事則不肯盡心 此徒蓋不達天命故也. 人君代天理物
망생 이의 처사 즉 불긍 진심 차도 개 부달 천명 고야 인군 대천 이물

故曰天子: 奉行天命 故曰天吏 若不有天命 凡有力者皆得爲之.
고 왈 천자 봉행 천명 고 왈 천리 약 불유 천명 범 유력자 개 득 위지

此以近代論之 元有天下 海宇之廣 生齒之繁 國用之富 兵甲之盛
차 이 근대 논지 원유 천하 해우 지광 생치 지번 국용 지부 병갑 지성

孰得而勝之! 及天命已去 群雄竝起 我太祖高皇帝不階寸土一民
숙 득 이 승지 급 천명 이거 군웅 병기 아 태조 고황제 불계 촌토 일민

卒平禍亂而有天下 蓋亦用才於異代 釋憾於怨仇 所以創業垂統
졸 평 화란 이 유 천하 개 역 용재 어 이대 석감 어 원구 소이 창업 수통

制禮作樂 身致太平 餘四十年.
제례 작악 신 치 태평 여 사십 년

　由是觀之 亦不越乎用人之所致也. 我父皇積功累仁 聖德格天
유시 관지 역 불월 호 용인 지 소치 야 아 부황 적공 누인 성덕 격천

天命眷顧之隆 垂裕無疆 故福被朕躬 以承大統. 朕豈敢違天命
천명 권고 지융 수유 무강 고 복피 짐궁 이 승 대통 짐 기 감위 천명

與父皇之德 以爲治乎? 思朕往者親當鋒鏑之際 所獲將士 不殺
여 부황 지덕 이 위치 호 사 짐 왕자 친당 봉적 지제 소획 장사 불살

一人. 於此之時 尙不殺之 矧今旣爲天子 而肯私以怨惡 加於人
일인 어 차지시 상 불살 지 신 금 기 위 천자 이 긍 사 이 원오 가 어 인

耶? 故用人之際 無分彼此 視爲一體. 若盡忠於國者 雖讎必賞
야 고 용인 지제 무분 피차 시 위 일체 약 진충 어국 자 수 수 필상

若心懷異謀者 雖親必誅. 且以奉天征討將士論之 從朕征戰 身當
약 심회 이모 자 수 친 필주 차 이 봉천 정토 장사 논지 종 짐 정전 신 당

矢石 萬死一生 以報朕父皇之恩 其有犯法者 朕亦不宥. 何則?
시석 만사 일생 이 보 짐 부황 지은 기 유 범법 자 짐 역 불유 하즉

法度本父皇法度 朕豈敢私! 今天下一家 四海一統 軍民相樂
법도 본 부황 법도 짐 기 감사 금 천하 일가 사해 일통 군민 상락

共享太平. 敢有不思太祖之恩 妄興異議 自分彼此 心懷疑忌 志
공향 태평 감 유 불사 태조 지은 망흥 이의 자분 피차 심회 의기 지

有不足 訕毁怨謗 不安其職者 必有天災人禍. 事發到官 族滅
유 부족 산훼 원방 불안 기직 자 필유 천재 인화 사 발 도관 족멸

其家. 朕仰遵成憲 俯察輿情 推至公之心 廣仁厚之化 嘉惠海內
기가 짐 앙준 성헌 부찰 여정 추 지공 지심 광 인후 지화 가혜 해내

子育元元 欲比隆前規 以臻至治. 爾天下文武官員軍民人等 遵守
자육 원원 욕 비 륭 전규 이 진 지치 이 천하 문무 관원 군 민 인 등 준수

朕訓 各盡乃心 毋妄懷疑 以速咎戾 則可以皆保富貴於無窮矣.
짐 훈 각 진 내심 무망 회의 이 속 구려 즉 가이 개 보 부귀 어 무궁 의

故茲勅諭 宜體至懷.’
고 자 칙유 의 체 지회

乙丑 雨.
을축 우

命勿滯獄囚. 召司憲府 刑曹 刑曹都官掌務 命曰：“天方極熱
명 물체 옥수 소 사헌부 형조 형조도관 장무 명왈 천방 극열

愼勿滯獄. 如有不得已而囚者 每於朔望 具狀以聞.” 又命議政府
신 물체옥 여유 부득이 이수자 매어 삭망 구장 이문 우명 의정부

曰：“予聞慶尙全羅兩道旱甚. 是予不德所使. 不雨日數豊凶之勢
왈 여문 경상 전라 양도 한심 시여 부덕 소사 불우 일수 풍흉지세

令監司具聞.”
영 감사 구문

丙寅 月犯畢星.
병인 월범 필성

丁卯 上詣太上殿獻壽罄懽.
정묘 상예 태상전 헌수 경환

己巳 移置鄭擢于邊方. 司憲府上疏以爲：“太上王命工作朱紅
기사 이치 정탁 우변방 사헌부 상소 이위 태상왕 명공작 주홍

書案. 旣成 太上王忘之 擢知其美 欲買之. 工曰：‘進上之物
서안 기성 태상왕 망지 탁지기미 욕매지 공왈 진상 지물

何敢私賣！’ 擢云：‘吾欲觀之而還’. 久假不歸 請罪之.”
하감 사매 탁운 오욕관지 이환 구가 불귀 청죄지

辛未 三府會議女眞事. 皇帝勅諭女眞 吾都里兀良哈兀狄哈
신미 삼부 회의 여진사 황제 칙유 여진 오도리 올량합 올적합

等招撫之 使獻貢. 女眞等本屬于我 故三府會議. 其勅諭用女眞
등 초무지 사헌공 여진 등 본속 우아 고 삼부 회의 기 칙유 용 여진

書字 不可解 使女眞說其意譯之而議.
서자 불가해 사 여진 설 기의 역지 이의

壬申 太白晝見.
임신 태백 주견

司憲府劾請左獻納金益精罪. 初 橫川人來告益精曰：“監務
사헌부 핵청 좌헌납 김익정 죄 초 횡천 인 내고 익정 왈 감무

魏德海 以魚鹽布物 强分民戶 收米麥與麻 民甚苦之.” 益精言
위덕해 이 어염 포물 강분 민호 수미맥 여마 민심 고지 익정 언

于本院 以亂政虐民 移文憲府. 憲府移文監司 監司推覈回報：
우 본원 이 난정 학민 이문 헌부 헌부 이문 감사 감사 추핵 회보

“德海之事不是亂政虐民.” 憲府乃劾左司諫禹洪康右正言李明善.
덕해 지사 불시 난정 학민 헌부 내핵 좌사간 우홍강 우정언 이명선

蓋問初發言者也. 乃劾益精 上疏以爲：⑦
개 문 초 발언 자야 내핵 익정 상소 이위

‘德海貿易魚物 罪固實矣 計麻折布 未得其實. 益精以德海爲
덕해 무역 어물 죄고 실의 계마 절포 미득 기실 익정 이 덕해 위

橫川監務時 薄待其妻父權湛 故挾恨造言 欲置於罪. 請罪益精

以懲奸譎. 德海以守令 貿易民間 雖非亂政 亦難免罪.'

益精上書辨之 且訟憲司之失 上下憲府疏及益精上書于議政府

擬議. 政府猶豫 大司憲朴信等 擧司詣闕啓曰: "臣等聞下臣等

上疏于議政府擬議 願上進臣等與諫官 親問斷之." 上曰: "已下

政府 待其申聞 予當斷之." 信曰: "臺諫之事 下政府擬議 古未有

也. 若必使政府議之 願召政府與臣等 論其是非 親自聽斷. 諫院

是則臣等受罪 臣等是則諫院受罪." 上曰: "今日適未寧 後當如

所請." 後數日 上召司憲府掌務命曰: "初以魏德海之事 告於益精

者 問於益精. 益精答曰: '臺諫員以所聞 告於公座者 古今常事.

若言其告者 雖有可言之事 誰肯言之! 然有旨不敢不言. 告者乃

橫川土民也.'" 魏德海 驪城君閔無疾之家臣也. 又命曰: "所請

魏德海 罪不過罷職 金益精勿復擧論."

議政府贊成事李佇請辭. 不允. 上曰: "辭職之言 予甚厭之." 佇

赧然而退.

癸酉 都城牛一産二犢 一牝一牡.

司憲府劾吏曹典書金瞻. 瞻兼禮曹詳定 更改法令 朝士譏之.

瞻持詳定文書 進議政府 告于左政丞河崙. 司憲府以僕射之官

進退政府 劾之.

乙亥 汰冗官改官制. 議政府贊成事以下 在內諸君 三軍摠制

京中各司 外方守令 皆改下. 汰六曹典書各一 六寺七監判事各一

卿監各一. 改上護軍爲節制使 大護軍僉節制使. 革司平府郎廳

置經歷都事六房錄事. 改司幕爲忠順扈衛司 置節制使 僉節制使

護軍 司直 副司直 司正 副司正. 改巡衛府爲義勇巡禁司 置

節制使 僉節制使 護軍 司直 副司直. 三軍各設都摠制府 置

都摠制一 摠制二 同知摠制二 僉摠制二. 前此 稱承樞府某軍

摠制 今各立其府 不係於承樞府 軍務則依舊統焉. 罷德泉庫

爲內贍寺 義成庫爲內資寺 司水監合司宰監 內藏庫合承寧府

保和庫合恭安府 義順庫合禮賓寺

興信宮合長興庫 延慶宮合軍資監 延福宮合義盈庫. 江界道

置碧潼郡; 合雲州與靑山爲知郡 號雲山.

以南在爲慶尙道都觀察使 李至西北面都巡問使 成石因

江原道都觀察使 林整東北面都巡問使兼兵馬都節制使.

全羅道 完山 礪山 益州等十四州旱 不得種豆.

司諫院上疏請正田制. 疏略曰:

'貴賤之分 猶天建地設 不可亂也. 苟或亂之 則民志不定 而

陵僭之風起矣. 況我朝尤嚴於貴賤之分! 是以田制一款云: "居

京城衛王室者 宜置科田 以養廉恥. 公私賤隷巫覡娼妓工商僧尼

賣卜盲人等 身及子孫 不許受田." 此誠萬世之令典也. 今者公私

賤隷 濫受土田 以亂成法 十有七人 其所受之田 摠六百九十餘

結矣. 嗚呼! 法立未久 而田制之亂 至於如此 其流之弊 必至於
결의 오호 법립미구 이전제지란 지어여차 기류지폐 필지어

工商賤隷 皆有踰分受田之望矣. 願令攸司 收其公私賤隷所受之
공상 천예 개유유분 수전지망의 원영유사 수기공사 천예소수지

田 以屬軍資 自今以往 工商賤隷之徒 如有樹立奇功者 賞以他物
전 이속군자 자금이왕 공상 천예지도 여유수립기공자 상이타물

不許土田 以正田制 以定貴賤.⑧
불허토전 이정전제 이정귀천

又上疏曰:
우 상소 왈

'軍國之務 糧餉爲重. 慶尙一道 漕運陸轉 皆有弊而不可行 故
군국지무 양향위중 경상일도 조운육전 개유폐이불가행 고

臣等昨以科田易換等一二條件 具疏以聞 又以收其賤隷所受之田
신등작이과전 역환등 일이 조건 구소이문 우이수기 천예 소수지전

屬之軍資 續議申聞. 殿下召右正言李明善敎曰: "上疏事件 不無
속지 군자 속의 신문 전하소 우정언 이명선 교왈 상소 사건 불무

可行 而易換科田 則恐人心之浮動. 賤隷受田 則自國初而已然."
가행 이역환과전 즉공 인심지부동 천예 수전 즉자 국초이 이연

臣等竊惟 前朝私田 皆在下道 而京畿則雖達官 但口分田十數結
신등 절유 전조 사전 개재하도 이경기 즉수달관 단구분전 십수결

而已 亦足賴以遂其生矣. 今科田雖減其半 移於下道 在京畿者
이이 역족뢰이수기생의 금과전수감기반 이어하도 재경기자

當倍蓰於口分之數 尙何人心之浮動哉? 賤隷受田 雖自國初而然
당배사어 구분지수 상하 인심지부동재 천예 수전 수자 국초이연

不許受田 亦國初之定制也 而我太上王 上王許之者 出於偶然耳
불허 수전 역국초지정제야 이아 태상왕 상왕 허지자 출어우연이

非致意而爲之也. 惟我殿下 天縱聖學 凡所施爲 將爲萬世之法.
비치의 이위지야 유아 전하 천종성학 범 소시위 장위 만세지법

今若因循不革 則後世之君 誰能革之哉! 如此則田制無由而正
금약인순불혁 즉 후세지군 수능혁지재 여차즉 전제 무유 이정

貴賤無自而定矣.⑨ 伏望兪允施行.'
귀천 무자이 정의 복망 유윤 시행

留中不下.
유중 불하

① 或失火及盜賊所害. 所害는 수동태 표현이다. 즉 도적에게 피해를 당한다는 뜻이다.

② 見執而囚. 請徵被盜物以給. 여기에는 다른 동사를 수동태로 만들어주는 見과 被가 나란히 나온다. 見은 執과 囚 모두를 수동태로 만들어주고 있다. 뒤에도 비슷한 표현들이 계속 이어진다.

③ 其於. '~에 있어서' 혹은 '~의 경우에는'의 뜻이다. 자주 사용되는 표현이다.

④ 非以畏慕罪福 求媚干佛 但承前朝之弊 因循未革耳. 이 문장을 이해하는 구조는 '非~但~耳'로 '~가 아니라 다만 ~일 뿐이다'이다. '뿐이다'를 뜻하는 표현에는 耳 외에 爾, 而已, 也而已 등이 있다.

⑤ 吏曹請之也. 여기서 也의 기능에 주목해야 한다. 그냥 吏曹請之라 하지 않고 吏曹請之也라고 한 것은 앞의 내용에 대한 설명이기 때문이다. 그래서 그냥 '이조가 그것을 청했다'가 아니라 '이조가 그것을 청한 것이다' 혹은 '이조가 그것을 청했기 때문이다'라고 옮겨야 한다.

⑥ 朝鮮來的使臣. 이 무렵 명나라에서 보내오는 공식문서는 문장이 바뀌고 있다. 전형적인 것이 之 대신 的을 써서 '~하는'이라는 뜻으로 쓰는 것이다. 그 밖에도 원래의 한문에서 쓰이지 않던 표현들이 대거 등장한다. 來的은 따라서 '(조선에서) 온'이라는 뜻이다. 그러나 이어지는 칙유에서는 고대의 한문 표기법을 따르고 있다.

⑦ 上疏以爲. 여기서 以爲는 사실상 日과 같은 뜻이다. '~라는 내용으로 말했다'라는 뜻이다.

⑧ 不許土田 以正田制 以定貴賤. 여기서 주목해야 할 단어는 두 번 나오는 以다. 둘 다 앞의 내용을 받아서 뒤로 연결하는 역할을 한다. '~함으로써[以] ~하고 ~함으로써[以] ~한다'는 것이다.

⑨ 如此則田制無由而正 貴賤無自而定矣. 아주 절묘한 표현법이 등장하고

있다. 無由와 無自가 그것이다. 둘 다 거의 비슷한 뜻으로 '말미암을 곳
       무유   무자
이 없다'라는 뜻이다. 여기서 自는 '~로부터'의 뜻이기 때문이다. 두 개를
                        자
나란히 써서 글의 맺는 힘을 더해준다.

태종 3년 계미년
7월

七月

병자일(丙子日-1일) 초하루에 큰비가 내렸다.

○ 경상도 관찰사 정부(鄭符)에게 명해 서울로 와서 부모님을 찾아 뵈라[省親]고 했다. 부(符)의 어머니가 병이 났기 때문이다. 부가 대궐에 나아와 숙배(肅拜)하니 상이 사람을 시켜 물었다.

"그 도(道)에 가뭄이 심한데 어찌하여 오랫동안 보고하지 않았는가?"

부가 대답했다.

"대개 농사가 비록 이른 가뭄[早旱]이 있다 해도 곡식의 싹이 비만 맞으면 나오기 때문에 감히 보고하지 못한 것은 비를 기다린 것입니다. 경상도의 금년 농사는 3분의 1은 수확할 수 있을 텐데 오직 안동(安東), 상주(尙州) 등의 고을은 4월부터 6월 그믐까지 비가 오지 않았기 때문에 농사를 완전히 망쳤습니다[全失=全敗]."

○ 종친과 공신이 (상에게) 헌수(獻壽)하고 연구(聯句)를 지어 창화(唱和)하여 밤이 되어서야 마쳤다.

경진일(庚辰日-5일)에 (동북면) 함주(咸州)에 서리가 내렸다.

임오일(壬午日-7일)에 경상도에 큰물[大水=洪水]이 져서 벼를 손상(損傷)시켰다. 초하루부터 7일까지 비가 그치지 않았기 때문이다.

○ 태백성이 3일 동안 낮에 보였다.

○ 대간(臺諫)에 영을 내려 그 재주가 각 도(各道)의 경력(經歷)¹과 도사(都事)²를 감당할 만한 자를 천거하게 했다.

○ 동지총제(同知摠制) 민계생(閔啓生)³을 보내 (명나라) 경사(京師)에 가게 했다. 약재(藥材)를 내려준 것에 사례하기 위함이었다.

을유일(乙酉日-10일)에 사간원에서 대사헌 박신(朴信), 장령 윤향(尹向)·안종약(安從約), 지평 김음(金愔), 호조정랑 김명리(金明理)를 탄핵하는 소(疏)를 올려 죄줄 것을 청했으나 답하지 않았다[不報]. 소 는 대략 이러했다.

'대간(臺諫)의 법(法)에 원의(圓議)⁴한 일은 고한 사람을 묻지 않는 것이고, 덕해(德海)가 백성들을 학대한 것 또한 사실무근(事實無根) 이 아닌데 신 등이 죄를 청하기를 엄하게 하지 못해 여러 고을에 정 치를 어지럽히는 문(門)을 열어놓았습니다. (그런데도) 도리어 본원 (本院)이 무고(誣告)했다고 하여 처음 고한[首告] 사람을 핵문(劾問) 하게 하여 대간의 법을 무너뜨렸습니다. 엎드려 바라옵건대 전하께 서는 밝게 결단하시어[明斷] 시행하셔야 합니다.'

---

1 행정실무를 맡아보던 종4품 관직으로 충훈부(忠勳府)·의빈부(儀賓府)·중추부·개성부· 강화부에 각 1원씩, 의금부에 5원, 오위도총부에 2원을 두었다. 강화부의 경력은 진무영 (鎭撫營)의 종사관(從事官)을, 개성부의 경력은 관리영(管理營)의 종사관을 겸했다.

2 고려시대와 조선시대 충훈부·의빈부·충익부(忠翊府)·의금부(義禁府)·개성부 등 중앙 관 서의 제반 서무를 주관하거나 지방의 관찰사를 보좌하던 종5품 관직이다.

3 민계생(閔繼生)의 오기인 듯하다.

4 대간이 비밀리에 풍헌(風憲)에 관계되는 일이나 탄핵에 관계되는 일 또는 서명을 의논하 는 것을 말한다.

○사헌집의 송우(宋愚), 지평 이제(李悌)가 사간원의 행수(行首)와 장무(掌務)를 탄핵해 말했다.

"사사로이 서로 보복하는 일은 이미 금하도록 판지(判旨)가 있었는데 어째서 법을 어깁니까?"

이어 소를 올려 죄줄 것을 청했으나 역시 답하지 않았다.

병술일(丙戌日-11일)부터 태백성이 낮에 3일 동안 보였다.

신묘일(辛卯日-16일)에 조준(趙浚)을 의정부 영사로 삼고, 이거이(李居易)를 사평부 영사, 이무(李茂)를 승추부 영사, 이첨(李詹)을 의정부 지사 겸 사헌부 대사헌, 윤저(尹柢)를 승추부 참판사, 정탁(鄭擢)을 청성군(淸城君) 겸 한성부 판사, 윤목(尹穆)을 원평군(原平君) 겸 한성부윤, 박신(朴信)을 광주목(廣州牧) 판사, 안노생(安魯生)을 좌사간, 이은(李垠)을 우사간, 조휴(趙休)를 사헌집의로 삼고, 전 대간(臺諫)은 모두 지방으로 좌천시켰다. 상이 말했다.

"요즘 대간이 작은 이유[細故]를 들어 서로 보복하기 때문에 밖으로 내친[貶] 것이다. 다만 헌납 조말생(趙末生)은 최근에 사신을 받든[奉使] 노고가 있었고 정언 유박(柳博)은 관직에 나아온 지[仕官]가 얼마 안 되는 데다가 또 상서(尙瑞)를 겸하고 있어 두 사람 모두 좌천(左遷)시킬 수 없다."

이에 말생(末生)을 예조정랑 겸 상서주부(尙瑞注簿), 박(博)을 성균주부(成均注簿) 겸 상서녹사(尙瑞錄事)로 삼았다. 좌정승 하륜이 아뢰어 말했다.

"지금의 내서사인(內書舍人)⁵은 옛날의 문하사인(門下舍人)입니다. (그런데) 지금 이미 문하부(門下府)를 의정부(議政府)로 고치고 별도로 (문하부에서 분리해내어) 사간원(司諫院)을 두었는데 사인은 여전히[尚] 간관(諫官)의 칭호를 이어받고 있으니 이름과 실상이 같지 않습니다. 청컨대 의정부(議政府)의 경력(經歷)과 도사(都事)의 직을 없애고 내서사인을 고쳐 의정부 사인으로 해야 합니다."

상이 말했다.

"그렇다. 다만 세속(世俗)이 옛날 것을 고치기 싫어하니 어찌 마땅함을 알겠는가?"

륜이 말했다.

"시행하여 시일이 오래되면 지금의 의견은 저절로 사라집니다."

상이 말했다.

"그렇다. 사인이란 임금과 대신(大臣)의 말을 전하므로 대언(代言)에 다음가는 것이니 잘 고르지 않으면 안 된다."

검상관(檢詳官)⁶ 이회(李薈)⁷와 도사(都事) 서선(徐選, 1367~1433년)⁸을

---

5   사인(舍人)은 오늘날의 국무총리 비서실장 혹은 국회의장 비서실장에 해당한다.

6   의정부에 속한 정5품 관직이다. 1392년(태조 1년) 7월 도평의사사(都評議使司)의 부속기관으로 검상조례사가 새로이 신설되면서 생겼는데 이때는 다른 관원이 겸임하는 직책이었다. 조선 전기에는 검상조례사의 책임자로서 입법사(立法事)를 맡아보고 녹사(錄事)를 지휘했다. 1400년 도평의사사가 의정부로 개편되면서 녹관(錄官)이 됐으며 1414년 육조 직계제(直啓制)의 실시로 의정부의 권한과 역할이 약화되면서 예조로 이속되고 폐지됐다. 1436년(세종 18년) 의정부 서사제(署事制)가 복구됨에 따라 의정부의 권한이 강화되자 다시 검상조례사가 설치되고 그 직제가 『경국대전』에 정식으로 규정되었으며, 갑오개혁 때까지 유지됐다. 의정부 기능의 강약에 따라 약간의 변동은 있었지만 특히 우대받는 요직으로 여겨진 만큼 관직 임명 시 서경(署經)제도와 상피법(相避法)이 엄격히 적용됐다. 임기가 끝나면 승진해 자리를 옮겼고 사인에 결원이 생길 때에는 재직 기간에 관계없이 승진했다.

사인으로 삼았다. 상이 말했다.

"지금 지방으로 좌천된 무리들 중에 그만두고 물러나겠다[辭免]는
자는 없는가? 간쟁(諫諍)했으나 받아들여지지 않아 지방으로 좌천되
어도 한유(韓愈, 768~824년)[9]처럼 하지 않아야 할 것이다![10] (그런데)
이번에 대간들은 별것도 아닌 일[小事=細事]로 서로 미워하다가 결
국 내쫓기기에 이르렀다. 이렇기 때문에 간관은 마땅히 노성(老成)하

---

7 고려 우왕 때 문과에 급제했고 조선 개국 후 태조에게 발탁돼 1392년(태조 1년) 병조정
    랑이 됐다. 1394년 변중량(卞仲良)과 함께 정권과 병권의 분립을 주장하는 소를 올렸다
    가 순천으로 유배됐다. 1407년(태종 7년) 양녕대군을 시종해 중국에 다녀오기도 했다. 벼
    슬은 사간에 이르렀고 시문에도 능했다. 그의 업적은 우리나라 지도 발달사에서 빼놓을
    수 없을 만큼 중요한 '팔도도(八道圖)'의 제작에 있다. '팔도도'는 1402년 제작되어 조선
    시대 최고(最高)의 지도로 평가되고 있으나 현존하지는 않는다. 다만 그가 만든 세계지도
    인 '혼일강리역대국도지도(混一疆理歷代國都之圖)'의 조선 팔도 부분에서 '팔도도'를 추정
    할 수 있다.

8 태종 이방원과 더불어 원천석(元天錫)의 문인이다. 태종 때 주로 활약했으며 1415년 우
    부대언(右副代言)이 돼 동료들과 함께 서얼의 차별 대우를 진언했다. 그 뒤 예조우참의 우
    대언을 거쳐 1417년 충청도 관찰사가 되고 1419년(세종 1년) 고부 겸 청시부사(告訃兼請
    諡副使)로 명나라에 다녀온 후 한성부윤이 됐다. 1427년 형조판서에 올랐다. 1429년 한
    성부 판사로 절일사(節日使)가 돼 명나라에 갔다가 이듬해 귀국해 1431년 좌군도총제가
    됐다.

9 자는 퇴지(退之)이고 창려선생(昌黎先生)으로 불린다. 덕종(德宗) 정원(貞元) 8년(792년)
    진사가 됐다. 어릴 때 고아가 돼 형수의 손에 길러졌다. 장성해서 '육경(六經)'을 다 암송
    하고 백가(百家)의 학문을 배웠다. 동진(董晉)이 선무(宣武)에 있을 때 불러 순관(巡官)
    이 되었다. 변군(汴軍)이 어지러울 때 대책을 말하면서 전혀 거리낌이 없었다. 사문박사
    (四門博士)를 거쳐 19년(803년) 감찰어사(監察御史)가 됐다. 이때 수도의 장관을 탄핵했다
    가 덕종(德宗)의 노여움을 사 양산령(陽山令)으로 좌천됐다. 헌종(憲宗) 원화(元和) 14년
    (819년) 헌종이 불골(佛骨)을 모신 것을 간하다가 조주자사(潮州刺史)로 좌천됐다. 원주
    (袁州)로 옮기고 이듬해 소환돼 국자좨주(國子祭酒)에 임명되고 병부시랑(兵符侍郎)을 거
    쳐 나중에 이부시랑(吏部侍郎)과 경조윤(京兆尹)까지 올랐다. 시호가 문(文)이라 한문공
    (韓文公)으로 불린다. 유가의 사상을 존중하고 도교와 불교를 배격했으며 송나라 이후의
    도학(道學)의 선구자가 됐다.

10 한유는 자신의 글 「쟁신론(爭臣論)」에서 직언과 직간을 강조하며 받아들여지지 않을 경우
    관직에서 물러날 것을 역설했다. 태종은 이 점을 염두에 두고서 한유를 언급한 것이다.

고 세상일을 겪어본[更事] 사람을 써야 하는 것이다. 말을 해야 하는
데 말하지 않는 것도 안 되고, 말을 해야 할 만한 것이 아닌데 말하
는 것도 안 된다. 새로운 정언 박제(朴濟)는 내가 일찍이 지켜보았는
데 노성한 자다. 마땅히 이런 뜻을 잘 알 것이다."

박석명이 아뢰어 말했다.

"많은 문신(文臣)이 마땅히 사관(史官)을 겸해야 합니다."

상이 말했다.

"너희들[爾等]은 비록 사관의 직을 겸하고 있지만 사무(事務)가 번
잡해 일을 기록하기에 어려우니 진실로 마땅히 겸하는 사람을 많이
두어야 한다. 그러나 반드시 자신이 바른[自正] 이후에야 다른 사람
의 좋고 나쁨[善惡]을 알 수 있는 것이니 사관의 임무란 어려운 것
이다. 잘 가려내어 그 이름들을 기록해두었다가 차후의 정사(政事)[11]
에 대비하라."

(우선은) 다만 이회, 서선, 조말생과 우헌납 정안지(鄭安止, ?~1421년)[12]
만 겸하게 했다. 십사(十司)와 절제사(節制使)를 고쳐 상호군으로 하
고, 첨절제사를 대호군으로 하여 모두 예전의 이름을 따랐다. 사람

---

11 인사 발령을 뜻한다.

12 1401년(태종 1년) 좌우습유(左右拾遺)를 지냈는데 환자(宦者)인 승녕주부(承寧注簿) 박문
실(朴文實)이 소환(小宦)으로 소사(所司)를 능욕하고 왕명을 멸시하므로 탄핵했으나 도리
어 그가 탄핵당했다. 뒤이어 정언이 됐고 1405년 헌납이 돼 이목지관(耳目之官)으로서의
소임을 다했다. 1408년 세자시강원문학이 돼 서연관(書筵官)으로서 세자에게 학문에 힘
쓰게 했고 1411년 한성소윤이 됐다. 1421년 제거(提擧) 임군례(任君禮)의 대역 사건에 연
좌돼 도망쳤다. 이에 의금부에서 형 안도(安道)와 장모 처자를 잡아 가두자 자수했다. 이
어 옥사가 일어나 대역으로 논단(論斷)되어 임군례는 저잣거리에서 환형(轘刑)에 처해졌
고 그도 연루돼 참형당했으며 가산은 적몰되고 처자는 노비가 됐다.

들이 편리하게 여기는 것을 따른 것이다.

　임진일(壬辰日-17일)에 봉주(鳳州)¹³ 사람 방원선(方原善)이 백은(白銀)을 바치니 쌀과 콩 30석(石)을 내려주었다. 원선(原善)이 은 17냥(兩)을 길가에서 얻게 되자 와서 바쳤다.

　갑오일(甲午日-19일)에 상이 태상전에 나아가 헌수(獻壽)하니 극진히 즐기고 밤에 마쳤다. 애초에 상이 장차 나가려고 할 때 박석명에게 명하여 말했다.

　"더위가 몹시 심한데 대신과 각사의 원리(員吏)들이 오래 시립(侍立)해 있으니 내가 심히 마음이 불편하다. 또 과인(寡人)이 태상전에 오가는 것은 으레 하는 일[常事=例常]이니 모두 의막(依幕)에 들어가 있다가 연(輦)이 지나가기를 기다려서 뒤따르도록 하라."

　석명이 아뢰어 말했다.

　"거둥하실 때 (신하들이) 시립하는 예(禮)는 일찍이 성법(成法-정해진 법)이 있으니 어찌 가볍게 폐기할 수 있겠습니까?"

　상이 말했다.

　"그렇다면 모든 일들을 빨리 준비하여 오래 서 있게 하지 말라."

　○ 승추부 진무(鎭撫)¹⁴ 최위(崔渭)를 충청도에 보냈다. (왜구와의)

---

13 황해도 은파군과 봉산군 지역의 옛 지명이다.
14 조선 초기 여러 군영에 두었던 군사 실무 담당 관직으로 정3품 당하관으로부터 종6품 참상관에 이르는 중견 무관들 중에서 임명됐다.

싸움에서 패한 군사와 배(兵船)를 심찰(審察)하게 했다.

정유일(丁酉日-22일)에 의정부에서 각 도(各道)가 군사를 발동하는 호부(虎符)[15]를 올렸다. 그 제도는 나무로 만들었는데 마패(馬牌)에 비해 조금 크고[差大] 호랑이를 가운데에 새겼으며 좌우에 음양(陰陽) 두 글자를 새기고 육갑(六甲)[16]으로 겉을 꾸몄다. 이를 쪼개 양(陽)의 부분은 왕부(王府)에 두고 음(陰)의 부분은 각 도 관찰사 및 절제사에게 주어 보냈다. 만일 군사를 발동할 일이 있으면 양부(陽符)를 보내 음부(陰符)와 맞춰본 연후에 발동하는 것이었다. 태상왕이 처음 제정했으나 미처 시행하지 못하다가 지금 시행하려고 한 것이다.

무술일(戊戌日-23일)에 경기좌우도 수군도절제사 김영렬(金英烈, ?~1404년)[17]이 글을 올려 물러날 것을 청했으나 윤허하지 않았다. 영렬(英烈)이 재주도 없이 지나치게 중임(重任)을 받아 일만 있으면 비방을 받는다고 말했다.

---

15 군령을 발동하는 부절이다.

16 십간과 십이지를 순서대로 붙여서 육십 가지로 배열한 순서다.

17 1394년에 전서(典書)로 있던 중 그해 경기우도 수군첨절제사가 됐다. 그때 연해를 노략질하는 왜구를 물리치는 계책을 올려 1395년에 수군절제사로 발탁됐다. 그러나 중요한 실책을 범해 1397년 파직당하고 옹진(甕津)으로 유배돼 수군에 충군됐다가 이듬해 풀려났다. 1400년(정종 2년)에 삼군부지사(三軍府知事)로 있을 때 2차 왕자의 난을 평정한 공으로 1401년(태종 1년) 좌명공신(佐命功臣) 3등에 책록됐다.

기해일(己亥日-24일) 이날부터 그믐날까지 (경상도) 기장(機張)의 임을포(林乙浦)에서 가을포(加乙浦)에 이르기까지 물이 황흑(黃黑)과 적색(赤色)으로 변했는데 묽기가 죽(粥)과 같았고 복어(鰒魚)와 잡어(雜魚)들이 모두 죽어서 물위로 떠올랐다.

경자일(庚子日-25일)에 상왕이 태상전에 나아갔는데 태상왕과 상왕이 오랫동안 서로 만나보지 못했기에 눈물을 흘렸다. 상왕이 드디어 대궐에 이르니 상이 맞이해 내루(內樓)로 들어와 술자리를 베풀고 풍악을 울렸는데[動樂] 상이 기뻐서 눈물을 흘렸다. 두 아들을 보여 드리자 상왕이 말했다.

"내가 작은 녀석을 지나치게 사랑한다."

옷 한 벌과 술띠[絛] 하나를 주었다. 술이 거나하니 몹시 즐거워 상왕이 일어나 춤을 추자 상도 일어나 춤을 추었다.

○ 동북면 경성(鏡城)과 갑주(甲州) 등에 성을 쌓으라고 명했다.

신축일(辛丑日-26일)에 태백성이 낮에 보였다.

○ 왜선(倭船) 8척이 강릉(江陵)의 책임 권역인[任內] 우계현(羽溪縣)에 침입했다.

임인일(壬寅日-27일)에 대간으로 있다가 지방으로 좌천된 자들이 대궐에 나아와 하직을 고하니 상이 말했다.

"경들이 자질구레한 일[瑣事]로 서로 힐난하다가 이 지경에 이르렀으니 아름답지 못한 일이 아니겠는가? 경들이 사임하지 않고 고을로

부임하니 나는 그것을 기쁘게 여긴다.[18] 경들은 이것으로 인해 뜻과 기운이 꺾여서는 안 될 것이다."

이에 술을 내려주었다.

계묘일(癸卯日-28일)에 태백성이 낮에 보였다.

○ 익안대군(益安大君) 방의(芳毅)의 사위 김한(金閑, ?~1411년)[19]에게 내구마(內廐馬) 한 필을 내려주었다. 방의가 자류마(紫騮馬)[20] 한 필을 바치자 상이 이를 아름답게 여긴 때문이다.

갑진일(甲辰日-29일)에 정랑 조말생(趙末生), 주부 유박(柳博)이 사직(辭職)을 청했으나 윤허하지 않았다. 말생 등이 (다른 동료들과) 죄는 같은데 벌이 다르다며 전(箋-짧은 글)을 올렸기 때문이다.

을사일(乙巳日-30일)에 좌군 첨총제(左軍僉摠制) 신유정(辛有定, 1347~1426년)[21]을 강원도 조전병마사(助戰兵馬使)로 삼고서 그에게

---

18 이런 마음에서 앞서 한유를 언급했던 것이다. 또한 이저가 사직 의사를 밝혔을 때 극도의 불쾌감을 표시한 것도 같은 맥락에서 볼 수 있다.

19 아버지는 김약채(金若采)이고 관직은 총제(摠制)까지 올랐다.

20 밤색이 나는 좋은 말이다.

21 음보(蔭補)로 산원(散員)이 됐으며 용맹이 뛰어났다. 1386년(우왕 12년)에 정용호군(精勇護軍)이 돼 족형인 충청도 도원수 이승원(李承源)의 휘하에서 남해에 출현해 노략질하는 왜구를 무찔러 크게 용맹을 떨쳤다. 그 뒤 이성계의 휘하에서 무공을 세워 이름이 널리 알려졌다. 조선 태조가 즉위하자 태조를 시종한 공으로 원종공신(原從功臣)이 돼 크게 총애를 받았다. 1397년(태조 6년)에 이산진 첨절제사(伊山鎭僉節制使)가 됐고 1400년(정종 2년)에 왕세자가 된 이방원(李芳遠)의 추천으로 봉상시판관(奉常寺判官)이 됐다. 이어 공조, 예조, 형조의 전서(典書)를 역임했으며 1403년(태종 3년) 강원도에 침입해 약탈을 자행하는

명하여 말했다.

"경이 금중(禁中-대궐 내)에서 시위(侍衛)하는 것을 내가 매우 중하게 여긴다. 그러나 강원도는 본래 거진(巨鎭-큰 진영)이 없고 주군(州郡)을 맡고 있는 자는 거의 모두 우활(迂闊)한[22] 서생(書生)들이어서 무비(武備)가 엉망이 되고 해이해졌다. 강릉부사(江陵府使)는 비록 서생은 아니라 하더라도 정사는 잘하나 무사(武事)가 허술하다[疏]. 지금 왜구가 침략해 백성들의 우환이 되고 있으니 내가 몹시 근심하여 경을 강릉 등지의 조전 병마사로 삼는 것이다. 경은 행장(行裝)을 서둘러 기사(騎士) 10인을 데리고 내일 역마를 타고서[乘馹] 가도록 하라."

유정이 대답했다.

"어찌 감히 힘을 다하지 않겠습니까?"

○ 이전(吏典)의 고만거관법(考滿去官法)[23]을 세웠다. 정부의 건의[啓]에 따른 것이다. 각사의 이전(吏典-아전)으로 개월(箇月)이 이미

———

왜구를 크게 무찌른 공으로 좌군 동지총제(左軍同知摠制)가 됐다. 1407년에 의주도병마사가 되었고, 1410년에 야인 올적합(兀狄哈)이 경원에 침입하자 좌군도총제로 부원수가 되어 도원수 조연(趙涓)과 함께 출정해 이를 토벌했다. 1415년에 병으로 사임했다.

22 말만 거창하고 현실을 잘 모른다는 뜻이다.

23 사만거관(仕滿去官)이라고도 한다. 예컨대 경갑사(京甲士)의 경우 사만 62일에 가계(加階)하고 종4품에 거관하여 그 관품에 해당하는 서반실직(西班實職)을 받게 돼 있었으며 족친위(族親衛)는 사만 144일에 가계하여 종4품에 거관하도록 되어 있었다. 녹사(錄事)는 사만 514일에 가계하여 종6품에 거관한 뒤 수령취재(守令取才)를 거쳐 수령으로, 서리(書吏)는 사만 2,600일에 가계하여 당상아문(堂上衙門)은 종7품에, 당하아문은 종8품에 거관한 뒤 역도승취재(驛渡丞取才)를 거쳐 역승·도승으로 나아가게 돼 있었다. 그런데 거관한 뒤에도 그 직종에 계속 근무하기를 원하는 사람에게는 사만 일수를 늘려 일정한 한품에 이를 때까지 계속 근무할 수 있게 하기도 했다.

찬 자는 이조(吏曹)에서 처음으로 입사(入仕)한 자와 호적(戶籍)의 사조(四祖) 내에 일찍이 동반(東班-무반)의 7품 이상을 지낸 자가 있거나 진사(進士),[24] 생원(生員)[25]이 있는 것을 상고하여 아울러 동반에 옮기고자 한 것인데 그대로 따랐다.

○ 사헌부에서 총제(摠制) 한규(韓珪, ?~1416년)[26]에게 죄줄 것을 청했으나 용서했다[原=宥]. 규(珪)가 상왕전의 견룡(牽龍)[27] 박흥무(朴興茂)를 사문(私門)에서 매질했기[捶] 때문에 죄줄 것을 청한 것이다. 상이 지평(持平) 이제(李悌)를 불러 명하여 말했다.

"규는 공신이고, 또 금병(禁兵)을 맡고 있다[典]. 규의 죄를 논하자면 마땅히 파직을 시켜야 하겠으나 만일 파직을 시키고 나면 누가 금병을 맡겠는가? 규가 무거운 죄가 있으면 내가 어찌 감히 용서하겠는가. 죄가 조금[稍] 가볍기 때문에 용서하는 것이다."

---

24 조선시대 소과의 하나인 진사시에 합격한 사람에게 주는 칭호다. 생원과 더불어 성균관 입학, 하급 관료 취임 자격을 주었다.

25 조선시대 소과의 하나인 생원시에 합격한 사람에게 주는 칭호다. 진사와 더불어 성균관 입학, 하급 관료 취임 자격을 주었다.

26 전형적인 무장이다. 태조 때 전라수군대장군을 지내고 1400년(정종 2년) 방간(芳幹)의 난을 평정하고 태종이 왕위에 오르는 데 협력한 공으로 1401년(태종 1년) 좌명공신(佐命功臣) 4등에 책록돼 면성군(沔城君)에 봉해졌다. 1403년 8월 중군총제가 되었고, 1406년 우군총제를 겸했으며, 1408년 개성유후사(開城留後司)·호익상호군(虎翼上護軍)·우군도총제(右軍都摠制), 1412년 중군절제사가 됐다.

27 고려 및 조선 초기에 있던 숙위군(宿衛軍)의 하나다. 궁궐 안에서 국왕 등의 호위와 차비(差備) 임무를 맡던 하급 무관직이다. 대전(大殿)과 중궁(中宮) 및 세자궁(世子宮)에 배치되어 운검(雲劍)을 차고 호위하는 일과 사람들의 출입을 통제하는 일, 산선(繖扇) 등을 갖춰 차비하는 일 등을 했으며 1431년(세종 13년)에 폐지됐다.

丙子朔 大雨.
병자 삭 대우

命慶尙道觀察使鄭符來京省親. 以符之母病也. 符詣闕肅拜 上
명 경상도 관찰사 정부 내경 성친 이부지모병야 부예궐 숙배 상

使人問曰: "其道旱甚 何久不報也?" 符對曰: "大抵農事 雖有
사인 문왈 기도 한심 하구 불보 야 부 대왈 대저 농사 수유

旱旱 苗得雨則興 不敢報者 待雨也. 慶尙道今年農事 三分之
조한 묘 득우 즉흥 불감 보자 대우 야 경상도 금년 농사 삼분 지

一 可得而穫 唯安東 尙州等州郡 自四月至六月晦不雨 故全失
일 가득 이확 유 안동 상주 등 주군 자 사월 지 육월 회 불우 고 전실

農業."
농업

宗親功臣獻壽 聯句唱和 侵夜乃罷.
종친 공신 헌수 연구 창화 침야 내 파

庚辰 隕霜于咸州.
경진 운상 우 함주

壬午 慶尙道大水損禾. 以自初一日至七日雨不止也.①
임오 경상도 대수 손화 이자 초 일일 지 칠일 우 부지 야

太白晝見三日.
태백 주견 삼일

令臺諫薦才堪各道經歷都事者.
영 대간 천 재감 각도 경력 도사 자

遣同知摠制閔啓生如京師. 謝賜藥材也.
견 동지 총제 민계생 여 경사 사사 약재 야

乙酉 司諫院劾大司憲朴信 掌令尹向 安從約 持平金愔及戶曹
을유 사간원 핵 대사헌 박신 장령 윤향 안종약 지평 김음 급 호조

正郎金明理 上疏請罪 不報. 疏略曰:
정랑 김명리 상소 청죄 불보 소 약왈

'臺諫之法 圓議之事 不問告者. 德海虐民 亦非虛事 信等請罪
대간 지법 원의 지사 불문 고자 덕해 학민 역비 허사 신 등 청죄

不嚴 以開諸郡亂政之門. 反以本院爲誣 劾問首告 以毁臺諫之
불엄 이개 제군 난정 지문 반이 본원 위무 핵문 수고 이훼 대간 지

法. 伏望殿下明斷施行.'
법 복망 전하 명단 시행

司憲執義宋愚 持平李悌 劾司諫院行首掌務以爲: "私相報復
사헌 집의 송우 지평 이제 핵 사간원 행수 장무 이위 사상보복

已有禁判 何以犯法乎!"上疏請罪 亦不報.
이유 금판 하이 범법 호 상소 청죄 역 불보

丙戌 太白晝見三日.
병술 태백 주견 삼일

辛卯 以趙浚爲領議政府事 李居易領司平府事 李茂領承樞府
신묘 이 조준 위영 의정부 사 이거이 영 사평부 사 이무 영 승추부

事 李詹知議政府事兼司憲府大司憲 尹抵參判承樞府事 鄭擢
사 이첨 지 의정부 사 겸 사헌부 대사헌 윤저 참판 승추부 사 정탁

清城君兼判漢城府事 尹穆原平君兼漢城府尹 朴信判廣州牧事
청성군 겸 판 한성부 사 윤목 원평군 겸 한성부 윤 박신 판 광주목 사

安魯生爲左司諫 李垠右司諫 趙休司憲執義 前臺諫皆遷于外. 上
안노생 위 좌사간 이은 우사간 조휴 사헌 집의 전 대간 개천 우외 상

曰: "今臺諫以細故報復 故貶外. 獨獻納趙末生 近有奉使之勞:
왈 금 대간 이 세고 보복 고 폄외 독 헌납 조말생 근유 봉사 지로

正言柳博仕官日淺 且兼尙瑞 皆不可左遷."
정언 유박 사관 일천 차겸 상서 개불가 좌천

乃以末生爲禮曹正郎兼尙瑞主簿 博成均主簿兼尙瑞錄事.
내 이 말생 위 예조 정랑 겸 상서 주부 박 성균 주부 겸 상서 녹사

左政丞河崙啓曰: "今內書舍人 古之門下舍人也. 今旣改門下府
좌정승 하륜 계왈 금 내서사인 고 지 문하사인 야 금 기개 문하부

爲議政府 別置司諫院 而舍人尙襲諫官之號 名實不同. 請罷
위 의정부 별치 사간원 이 사인 상습 간관 지호 명실 부동 청파

議政府經歷都事 改內書舍人爲議政府舍人."上曰: "然. 但世俗
의정부 경력 도사 개 내서사인 위 의정부 사인 상왈 연 단 세속

厭革古常 豈知其當然乎?"崙曰: "行之日久 時議自息."上曰:
염혁 고상 기지기 당연 호 륜왈 행지 일구 시의 자식 상왈

"然. 舍人者 傳人君及大臣之言 副於代言 不可不擇也." 乃以
연 사인 자 전 인군 급 대신 지언 부어 대언 불가 불택 야 내이

檢詳官李薈 都事徐選爲之.
검상관 이회 도사 서선 위지

上曰: "今遷外之輩 有欲辭免者否? 諫諍而不見納② 貶之於
상왈 금 천외 지배 유욕 사면 자부 간쟁 이 불견납 폄지어

外 無若韓愈可乎! 今臺諫以小事相惡 卒至於貶. 是故諫官 宜
외 무약 한유 가호 금 대간 이 소사 상오 졸 지어 폄 시고 간관 의

用老成更事之人. 可以言而不言 不可也. 不可以言而言 亦不可
용 노성 경사 지인 가이 언 이 불언 불가 야 불가이 언 이언 역 불가

也. 新正言朴濟 予嘗見之 老成者也. 宜知此意." 朴錫命啓曰:
야 신 정언 박제 여 상 견지 노성 자야 의 지 차의 박석명 계왈

"文臣宜多兼史官." 上曰:"爾等雖兼史職 務煩 難於記事 誠宜多
문신 의다 겸 사관 상왈 이등 수겸 사직 무번 난어기사 성 의다

置兼者. 然必自正以後 可以知人之善惡 史官之任難矣. 詳擇而
치 겸자 연 필 자정 이후 가이 지인지 선악 사관 지임 난의 상택 이

錄其名 以待後政." 只以李薈 徐選 趙末生及右獻納鄭安止兼之.
녹 기명 이대 후정 지이 이회 서선 조말생 급 우헌납 정안지 겸지

改十司節制使爲上護軍 僉節制使爲大護軍 竝從舊號. 從人所便
개 십사 절제사 위 상호군 첨절제사 위 대호군 병종 구호 종인 소편

也.
야

壬辰 鳳州人方原善獻白銀 賜米豆三十石. 原善得銀十七兩于
임진 봉주 인 방원선 헌 백은 사 미두 삼십 석 원선 득 은 십칠 냥 우

道傍 來獻之.
도방 내 헌지

甲午 上詣太上殿獻壽 極歡夜罷. 初上將出 命朴錫命曰:"暑氣
갑오 상 예 태상전 헌수 극환 야파 초 상 장출 명 박석명 왈 서기

甚熾 大臣及各司員吏侍立者久 予甚不便. 且寡人來往太上殿
심치 대신 급 각사 원리 시립 자구 여 심 불편 차 과인 내왕 태상전

常事也. 令皆入依幕 候輦過從行." 錫命啓曰:"行幸侍立之禮 曾
상사 야 영 개입 의막 후 연 과 종행 석명 계왈 행행 시립 지례 증

有成法 何可輕廢!" 上曰:"然則速備諸事 毋令久立."
유 성법 하가 경폐 상왈 연즉 속비 제사 무령 구립

遣承樞府鎭撫崔渭于忠淸道. 審察戰敗兵船也.
견 승추부 진무 최위 우 충청도 심찰 전패 병선 야

丁酉 議政府進各道發兵虎符. 其制以木爲之 比馬牌差大 刻
정유 의정부 진 각도 발병 호부 기제 이목 위지 비 마패 차대 각

虎於中 而刻陰陽二字左右 以六甲爲表. 剖之 陽藏于王府 陰
호 어중 이 각 음양 이자 좌우 이 육갑 위표 부지 양 장우 왕부 음

授各道觀察使節制使以遣之. 如有發兵事 與陰符合 然後發之.
수 각도 관찰사 절제사 이 견지 여유 발병사 여 음부 합 연후 발지

太上王始制而未行 今欲行之也.
태상왕 시제 이 미행 금 욕 행지 야

戊戌 京畿左右道水軍都節制使金英烈上書請辭. 不允. 英烈
무술 경기좌우도 수군도절제사 김영렬 상서 청사 불윤 영렬

以不才 濫受重任 動輒得謗 爲言③
이 부재 남수 중임 동첩 득방 위언③

自己亥至晦日 機張自林乙浦至加乙浦 水變黃黑赤 濃如粥
자 기해 지 회일 기장 자 임을포 지 가을포 수변 황흑 적 농 여죽

鰒魚及雜魚 皆死而浮出水上.
복어 급 잡어 개사이부출 수상

庚子 上王詣太上殿. 太上王及上王 俱以久未相見墮淚. 上王
경자 상왕 예 태상전 태상왕 급 상왕 구이구미상견 타루 상왕

遂至闕 上迎入內樓 置酒動樂 上喜泣下. 以二子見上王曰: "予
수 지궐 상 영입 내루 치주 동악 상 희읍하 이이자현 상왕왈 여

偏愛小子." 賜衣一條一. 酒酣懽甚 上王起舞 上亦起舞.
편애 소자 사의일조일 주감 환심 상왕 기무 상 역 기무

命築東北面鏡城 甲州等城.
명축 동북면 경성 갑주 등성

辛丑 太白晝見.
신축 태백 주견

倭船八隻 寇江陵任內羽溪縣.
왜선 팔척 구 강릉 임내 우계현

壬寅 臺諫貶外者詣闕辭 上曰: "卿等以瑣事相詰 以至於此
임인 대간 폄외자 예궐 사 상왈 경등이쇄사 상힐 이 지어차

無乃不美歟? 卿等不辭而之郡 予喜之. 卿等毋以此摧折志氣." 乃
무내 불미 여 경등 불사 이지군 여희지 경등무이차 최절 지기 내

賜酒.
사주

癸卯 太白晝見.
계묘 태백 주견

賜益安大君芳毅壻金閑內廐馬一匹. 芳毅進紫騮馬一匹 上
사 익안대군 방의 서 김한 내구마 일필 방의 진 자류마 일필 상

嘉之也.
가지 야

甲辰 正郎趙末生 主簿柳博 辭職. 不允. 末生等 以罪同罰異
갑진 정랑 조말생 주부 유박 사직 불윤 말생 등 이 죄동벌이

上箋也.
상전 야

乙巳 以左軍僉摠制辛有定 爲江原道助戰兵馬使 命之曰: "卿
을사 이 좌군 첨총제 신유정 위 강원도 조전 병마사 명지왈 경

之侍衛禁中 予甚重之. 然江原道本無巨鎭 爲州郡者 率皆迂闊
지 시위 금중 여심 중지 연 강원도 본무 거진 위 주군 자 솔개 우활

書生 武備廢弛. 江陵府使 雖非書生 政則美矣 武事則疎. 今倭寇
서생 무비 폐이 강릉 부사 수비 서생 정 즉 미의 무사 즉 소 금 왜구

侵掠 以爲民患 予甚憂之 以卿爲江陵等處助戰兵馬使. 卿促裝率
침략 이위 민환 여심 우지 이경위 강릉 등처 조전 병마사 경 촉장 솔

騎士十人 明日乘馹而往." 有定對曰: "安敢不力!"
기사 십 인 명일 승일 이왕 유정 대왈 안감 불력

立吏典考滿去官之法. 從政府之啓也. 各司吏典 箇月已滿者
입 이전 고만 거관 지법　종 정부 지계야　각사 이전　개월 이만 자

吏曹考初入仕謝及戶籍四祖內有曾經東班七品以上者 進仕生員
이조 고초 입사 사급 호적 사조 내유 증경 동반 칠품 이상 자　진사 생원

者 幷許遷轉東班 從之.
자 병허 천전 동반　종지

司憲府請摠制韓珪之罪. 原之. 珪捶上王殿牽龍朴興茂於私門
사헌부 청 총제 한규 지죄　원지　규 추 상왕전 견룡 박흥무 어 사문

故請罪. 上召持平李悌命曰: "珪功臣也 且典禁兵. 論珪之罪 則
고 청죄　상소 지평 이제 명왈　규 공신 야 차 전 금병　논규지죄 즉

當罷其職 若令罷職 誰典禁兵? 珪有重罪 予何敢赦! 其罪稍輕
당 파 기직 약 영 파직 수 전 금병　규유 중죄 여 하감 사　기죄 초경

故宥."
고 유

| 원문 읽기를 위한 도움말 |

① 以自初一日至七日雨不止也. '以~也'의 표현은 전형적으로 '왜냐하면 ~이
　이 자초 일일 지 칠일 우 부지 야　'이　　야'

　기 때문이다'라는 뜻이며 실록에서 빈번하게 사용되는 표현이다.

② 諫諍而不見納. 見은 이어지는 동사를 수동형으로 만든다.
　간쟁 이 불견납　견

③ 英烈以不才 濫受重任 動輒得謗 爲言. '以~爲言'의 구문으로 '~라는 내
　영렬 이 부재　남수 중임　동첩 득방　위언　'이　위언'

　용으로 변명을 했다'는 뜻이다. 해명을 할 때도 사용할 수 있는 표현

　이다.

태종 3년 계미년
8월

八月

병오일(丙午日-1일) 초하루에 신유정(辛有定)에게 구마(廐馬) 한 필과 궁시(弓矢-활과 화살)를 내려주었다. 유정(有定)이 대궐에 나와 하직인사를 하자 상이 말했다.

"사람들이 모두 경(卿)더러 가볍고 조급하다 한다. 이는 장수라면 크게 경계해야 할 바다. 경은 나의 말을 잘 들어 늘 신중해야 하고 가볍게 나아가서는 안 될 것이다. 비록 공을 이루고자 하는 것이겠지만, 혹 그러다가 해(害)를 입을 수 있다."

유정이 대답했다.

"적과 마주했을 때 사졸들이 머뭇거리고 흩어져서 형세가 궁하고 일이 급박한데 어느 겨를에[奚暇] 이것저것 돌아보고 생각할 수 있
겠습니까? 이 때문에 종종 몸을 잊고 돌격하는 것일 뿐입니다."

상이 다시 가르쳐 말했다.

"내 말을 소홀히 하지 말라."

음식을 먹었다.

○ 익안대군 방의(芳毅)의 집에 행차해[幸=行幸] 문병했다[問疾].
방의가 부축을 받고 나와 꿇어앉아서 우니 상도 눈물을 흘렸다. 안장 얹은 말과 송골매[鷹子]를 내려주고 또 병시중을 드는 환자(宦者), 반인(伴人), 비복(婢僕)에게도 베와 물건 등을 차등 있게 내려주었다. 모정(茅亭)에 올라 잔치를 베푸니 의안대군 화(和), 완산군 천우(天

祐), (의정부) 찬성사 이저(李佇) 등이 잔치를 모셨다[侍宴]. 방의(芳
毅)가 초췌하고 힘이 없어 앉고 서는 것을 자기 뜻대로[自由] 하지
못해 사람들이 부축하여 일어나 베개에 기대어[倚枕=依枕] 앉았다.
상이 탄식하여 말했다.

"형님의 병이 너무 심해 초췌하기가 이와 같은데 내가 일찍이 와서
뵙지 못한 것을 깊이 후회합니다."

또 울었다. 방의에게 물었다.

"형님께서 오래 앉아 계시면 너무 힘드실까 염려되오니 돌아가고
자 합니다."

방의가 말했다.

"전하께서 이렇게 오시는 것[臨幸]이 쉽지 않고, 신도 병이 심해 대
궐에 나아갈 수가 없습니다. 오늘 애를 써서 병이 있음에도 이렇게
앉았으니 바라건대 신이 취하여 눕는 것을 보신 뒤에 돌아가소서."

상은 이에 그대로 머물렀다. 해가 질 무렵 방의가 부축을 받아 일
어나 춤을 추니 상도 일어나 춤을 추었다.

○ 선공감(繕工監)[1] 소감 김계란(金桂欄)을 (강원도) 낙산사(洛山寺)
에 보냈다. 도량(道場)을 베풀어 재이(災異)를 없애달라고 빌기 위함
이었다.

---

1 조선 개국 이후 1392년 7월에 처음 선공감을 설치해 토목, 영선, 시탄(柴炭)을 지원하는 일
   등을 맡았다. 관원으로 판사(判事, 정3품) 2인, 감(종3품) 2인, 소감(종4품) 2인, 승(종5품)
   1인, 겸승(兼丞, 종5품) 1인, 주부(主簿, 종6품) 2인, 겸주부(종6품) 1인, 직장(直長, 종7품)
   2인, 녹사(錄事, 정8품) 2인을 두었다. 1414년(태종 14년) 1월에 감을 정(正)으로, 소감을 부
   정(副正)으로, 승을 판관(判官)으로 개정했다. 1466년 1월에 관제를 크게 개정해 판사를 정
   으로, 정을 부정으로, 부정을 첨정(僉正)으로, 부녹사를 부봉사(副奉事)로 개칭했다.

○ 경차관(敬差官)²을 각 도에 나누어 보내 전지(田地)의 손실(損實)을 자세히 조사했다. 가능한 한[務] 세금을 적게 거두어 백성에게 두텁게 하기 위함이었다.

○ 왜선(倭船) 8척이 (경상도) 장기(長鬐)의 변경을 침략했다.

○ 경상도 고성(固城)의 박도(樸島), 번계포(樊溪浦), 쌍봉포(雙峰浦), 가배량(加背梁), 양지포(陽知浦), 오비포(吾非浦), 광포(廣浦), 추포(楸浦)의 바닷물이 황흑색(黃黑色)으로 변해 물고기가 많이 죽고 좋지 않은 냄새가 났는데 열흘 만에야 그쳤다.

무신일(戊申日-3일)에 사사로이 매사냥하는 것을 금지시켰다.

기유일(己酉日-4일)에 사간원에서 소를 올려 경상·전라 두 도의 전조(田租)를 면제해줄 것을 청했다. 소는 대략 이러했다.

'지난해[往歲=往年] 경차관을 각 도에 보내 전지(田地)의 황폐함과 비옥함[荒熟]을 조사했던 것은 본래 백성들을 넉넉하게 해주려고 한 것입니다. 경차관이 골고루 다 살펴보지 못하고 마침내 수령(守令)에게 시키니 수령은 경차관의 영(令)을 두려워하는 바람에 백성은 야위게 하고 나라는 살찌게 했습니다[瘠民肥公]. 그런데 올해 또 경차관을 보냈으니 백성들은 분명 생업을 편안히 하지 못할 것입니다. 올해 4월에 경상도에 서리가 내렸으며, 또 이른 가뭄[早旱]과 늦은 홍

─────────

2 조선시대 지방에 파견하던 임시 벼슬로 주로 전곡(田穀)의 손실을 조사하고 민정(民政)을 살피는 일을 맡았다. 그 밖에도 별도의 특수 임무를 받고서 파견되던 경차관도 있었다.

수[晩水]가 있었고 전라도 또한 홍수와 가뭄이 그러하여 두 도의 군현(郡縣)에는 완전히 실농(失農)한 자가 많습니다. 마땅히 그 조세를 면제하고 공신전(功臣田)과 사사전(寺社田)의 소출로써 그 수를 메워야 할 것입니다.'

이튿날 상이 사간원 장무(掌務)를 불러 명하여 말했다.

"어제 올린 소(疏)를 보니 여러 해 동안 흉년이 들었다고 했다. 혹시 부득이한 큰일이 있다면 공신전과 사사전의 전조를 거둬 흉년으로 인해 손실된 수량을 메우는 것이 옳겠지만 만일 그런 큰일이 아니라면 그렇게 해서는 안 된다. 경차관이 그 맡은 바를 제대로 못 할 경우 관찰사로 하여금 살피게 하라."

경술일(庚戌日-5일)에 태백성이 낮에 보였다.

임자일(壬子日-7일)에 상이 태상전에 조알하고 헌수하니 의안대군 이화, 청원군 심종, 상당군 이저 등이 잔치에서 시중을 들었다.

상이 애초에 (태상전에) 이르자 태상왕을 모시는 자가 나와서 말했다.

"양청(涼廳)에 가시어 불경(佛經)을 보시느라 술과 고기를 올리지 않았습니다."

상은 태상왕께서 술과 고기를 올리는 것을 싫어할까 두려워하여 먼저 소찬(素饌)³을 드리고 이어서 육선(肉膳)을 드리니 태상왕은 이

---

3   고기나 생선이 들어가지 않은 반찬을 뜻한다.

를 허락했다. 상이 기뻐했다. 여러 가지 풍악을 들여와 연주케 하니 즐거움이 매우 컸다. 태상왕과 상이 모두 취해 일어나서 춤추기를 아주 오랫동안 했다. 잔치가 장차 끝나려고 하니 태상왕이 호상(胡床)[4]에 걸터앉아 잔을 잡고 상을 불러 앞으로 나오게 하여 술을 권했다. 상이 종종걸음으로 앞으로 나가서 잔을 받아 근신(近臣)들에게 들고 있게 하고 점(坫)[5] 위에서 스스로 잔을 잡아 태상왕 앞에 올리고 나서 도로 맡긴 잔을 받아 스스로 마시니 태상왕은 상이 다 마시기를 기다려서 마침내 마셨다. 상이 앞으로 나아가서 말했다.

"신이 처음에 예궐(詣闕)하여 듣건대 불경을 보시기 때문에 술과 고기를 올리지 않는다 하기에 오늘의 즐거움을 누리지 못할까 염려했는데 특별히 허락해주심을 입으니 기쁘고 다행하기가 말로 다할 수 없습니다."

계축일(癸丑日-8일)에 동북면(東北面)에 서리가 내려[隕霜] 곡식이
운상
죽었다.

을묘일(乙卯日-10일)에 (중국) 조정 사신인 환관 전휴(田畦)와 배정(裵整), 급사중(給事中) 마린(馬麟) 등이 조서(詔書)와 예부(禮部)의 자문(咨文)을 가지고 왔다. 조서에서 말했다.

'하늘을 받들어 천명을 이어받은[奉天承運] 황제(皇帝)가 조(詔)하
봉천 승운

---

4 등받이가 있는 중국식 접이의자를 가리킨다.
5 잔을 놓는 대를 말한다.

노라. 짐(朕)이 생각건대 제왕(帝王)의 왕성한 다움[盛德]은 모두 실상에 따라 이름을 드러내주는 것이니 통달한 효자[達孝]가 어버이를 높이면 반드시 이름을 드날리게 하고 실상을 현저하게 해준다. 이는 방훈(放勳)[6]과 중화(重華)[7]는 요(堯)임금과 순(舜)임금을 찬양(讚揚)한 것이고, 선철(宣哲)[8]과 오황(於皇)[9]은 (주나라의) 문왕(文王)과 무왕(武王)을 칭송한 것이다.

크게 생각건대[洪惟] 짐의 황고황제(皇考皇帝-주원장)께서는 귀 밝고 눈 밝으시며[聰明] 신령스러운 무덕을 갖추시어[神武] 빼어난 다움[峻德]이 하늘에 이르셨다. 지극한 열렬함[至誠]은 하늘의 질서[乾綱]와 딱 들어맞으셨고[脗合] 훤하게 넓으심[光大]은 땅의 두터움[坤厚]과 참으로 어울리셨다[寔侔]. 진실로 하늘이 내려주신 지극히 빼어나신 분[至聖]이시며 역수(曆數-천명)가 그 몸에 있는 것에 응하셨다. 원(元)나라 운수가 다한 때를 당해 사해(四海)가 시끄러워져서[紛紜] 강포한 자가 서로 집어삼켜[相凌=相犯] 백성들은 도탄에 빠졌다. (이에) 물에 빠진 사람이 구해지지 못함을 불쌍하게 여기시어 한 칼을 떨쳐 용처럼 일어나셨다. 일찍이 한 치의 땅과 단 한 사람의

---

6 사관(史官)이 요(堯)임금을 찬미(讚美)한 말이다. 방(放)은 '지극하다[至]'는 뜻이고, 훈(勳)은 '공(功)'의 뜻이니 요의 공업(功業)이 이르지 않은 데가 없음을 말한 것이다.

7 순(舜)임금을 찬양한 말이다. 화(華)는 '광화(光華)'의 뜻이니 순(舜)임금이 거듭[重] 광화한 바가 요(堯)임금과 같다는 말이다.

8 문왕(文王)의 임금다움[德]을 찬미한 말이다. 선(宣)은 일이 마땅하지 않은 바가 없다는 뜻이고, 철(哲)은 이치가 밝지 않은 바가 없다는 뜻으로 현명(賢明)함을 칭송하는 데 많이 쓴다.

9 무왕(武王)을 칭송한 말이다. 오(於)는 감탄사이고, 황(皇)은 아름답다[美]는 뜻이다.

백성의 밑받침[階]도 없이 만국(萬國)을 호령하여 주도할 기회를 스스로 만드셨다. 요사스러운 기운을 빨리 쓸어버리고 천하[寰宇]를 평정하여 편안케 하셨다. 두어 해가 못돼 제업(帝業)을 이루셨고, 마침내 일거에 태평(太平)을 이루셨다. 예를 제정하고 음악을 지어[制禮作樂] 전장(典章)은 거듭 새롭게 빛났으니 하(夏)를 써서 오랑캐를 바꿨고[10] 사람다우려는 노력[人文]은 더욱 성대하게 밝아졌다. (영토의) 동과 서는 해와 달이 뜨고 지는 데까지 닿았고 남과 북은 춥고 더운 궁벽지고 머나먼 곳까지 이르러 모두 널리 덮어주는 덕(德)을 입었고 고루 은택(恩澤)에 젖어들기가 40여 년이었다. 다음을 통한 가르침[德敎]이 대양처럼 넘치고 도타운 풍속이 빛나고 밝았으니 백성이 생겨난 이래로 황고황제(皇考皇帝)보다 성대한 이가 없었다. 황비(皇妣) 효자황후(孝慈皇后)[11]는 엄숙하고 장엄하며 아름답고 정숙하여[齋莊徽淑] 공손하고 검소하며 어질고 효심이 깊었다[恭儉仁孝]. 큰 운수[京運]에 부합하고 지존(至尊)의 배필이 되어 힘들고

10 여기서 하(夏)란 중국 문명을 가리킨다. 오랑캐인 원나라를 내몰고 다시 중국의 문명을 회복했다는 뜻이다.

11 주원장의 부인 마황후를 가리킨다. 1332년 안휘성(安徽省) 숙주(宿州) 출신이며 본명은 마수영(馬秀英)이다. 마수영의 부친은 무인이었으나 신분은 미천했다. 하지만 탁월한 재능을 가진 여성으로 주원장(朱元璋)을 도와 명(明)나라를 개국하는 데 역할을 한 것으로 평가된다. 부친이 객사하자 곽자흥(郭子興)의 수양딸이 됐다. 곽자흥이 원나라에 반대해 홍건군(紅巾軍)을 일으키자 주원장이 수하 장수가 됐고 곽자흥의 주선으로 마수영은 주원장과 결혼했다. 마수영은 교양과 학식을 갖춘 여성이었으며 교육을 받지 못한 주원장에게 영향을 주었다. 곽자흥이 사망하고 주원장이 중국을 통일하여 명나라를 세우자 마수영은 황후가 됐다. 마황후는 덕(德)을 갖춘 여성으로 백성을 잘 보살피고 탁월한 정치력을 가졌던 여성으로 평가된다. 역사에서는 주원장을 안에서 도와 명나라 초기의 민심을 얻고 나라의 기틀을 잡는 데 크게 기여한 여성으로 기록한다.

어려운 일[艱難]을 잘 극복해냄으로써 집을 바꿔 나라를 만들었다
[化家爲國].¹² 그 열렬하고 삼가는 마음[誠敬之心]을 다하여 그것으
로 신령한 통서(統緒-계통)를 받드셨다. 내치(內治)를 도와 이루고 어
머니의 모범[母儀]을 밝게 드러내셨다. 천하의 부귀를 아무리 극진히
하더라도 일찍이 어찌 그 몸에 더하고 덜함이 있으랴! 잠상(蠶桑-누
에치기)을 몸소 하시는 것을 상사(常事)로 여기셨고, 빨래[澣濯]를 직
접 하시는 것을 이상하게 여기지 않으셨다. 규목(樛木-가지가 아래로
늘어지는 나무)이 아래로 미치는 덕(德)¹³이 있어서 종사(螽斯)¹⁴의 아
들 많은 상서(祥瑞)를 가져왔다. 비록 규예(嬀汭)¹⁵가 우(虞)나라에 빈
(嬪) 노릇을 하고 도산(塗山)¹⁶이 하(夏)나라를 열어놓고 유융(有娀)¹⁷
이 은(殷)나라를 창시(創始)하고 지임(摯任)¹⁸이 주(周)나라를 일으켰
으나, 개창(開創)한 공적(功績)은 같아도 (공적의) 실상은 그보다 클
수가 없도다. 예로부터의 후비(后妃)가 황비(皇妃) 효자황후(孝慈皇
后)보다 성대한 이는 없었다.

　우러러 생각건대 이 두 빼어난 이[二聖]의 큰 아름다움[鴻休]은 진

---

12 새롭게 왕조를 개창했을 때 쓰는 말이다. 조선의 경우 이성계가 바로 화가위국(化家爲國)
　한 주인공이다.

13 후비(后妃)가 질투하는 마음이 없는 것을 말한다. '규목'은 『시경(詩經)』에 실려 있는
　시다.

14 『시경(詩經)』에 실려 있는 시다. 고대(古代)의 중국인(中國人)들은 이 시를 읊어 떼지어 나
　는 메뚜기처럼 자손이 번창하기를 서로 축복했다.

15 순(舜)임금이 거처했던 규수(嬀水)의 물가다. 요(堯)임금의 두 딸 아황(娥皇)과 여영(女英)
　이 순(舜)임금에게 시집간 것을 말한다.

16 하우(夏禹)의 아내 도산씨(塗山氏)를 말한다.

17 유융씨(有娀氏)의 장녀(長女) 간적(簡狄)을 말한다.

18 주 문왕(周文王)의 어머니다.

실로 양의(兩儀)[19]의 큰 다움[大德]에 부합한다. 세월이 흘러가니 효도의 생각이 깊고 간절하다. 생각건대 명호(名號)가 (두 분의) 공로와 다움[功德]에 맞지 않으니 전례(典禮)를 통해 반드시 추숭(追崇)해야겠다. 여러 경사(經史)의 글을 상고해보니 존친(尊親)의 제도를 더욱 중하게 여겼다. 최근에 정신(廷臣)에게 조서(詔書)를 내려 존시(尊謚)를 올리기로 정했으니 중심(衆心)이 받들어 사모하고, 여러 의논[興議]이 모두 같았다. 황고(皇考)의 존시(尊謚)는 성신문무흠명계운준덕성공통천대효고황제(聖神文武欽明啓運峻德成功統天大孝高皇帝)라 하고 묘호(廟號)는 태조(太祖)라 하며 황비(皇妣)는 효자소헌지인문덕승천순성고황후(孝慈昭憲至仁文德承天順聖高皇后)라 한다. 천지(天地) 종사(宗社)에 고하고, 6월 11일에 공경히 책보(冊寶)를 올렸다. 아아! 현호(顯號)와 홍명(鴻明)은 길이 신민(臣民)의 공론(公論)에 합하고, 하늘에 짝하여 향사(享祀)함은 인자(人子-사람의 자식된 자)로서의 지극한 정(情)을 펴는 것이다. 빛은 우주에 빛나고, 넉넉한 것은 만년에 드리운다. 이에 천하에 포고하여 모두에게 알게 하노라[聞知].'

상이 태평관에 가서 잔치를 베풀었다. 전휴(田畦)는 전라도 부령(扶寧)[20] 사람이고, 배정(裵整)은 충청도 청주(淸州) 사람인데 일찍이 뽑혀 경사(京師)에 간 자들이다.

---

19 음(陰)과 양(陽) 또는 하늘과 땅을 가리킨다.
20 전라북도 부안이다. 고려시대 부령현(扶寧縣)과 보안현(保安縣)의 통폐합이 몇 차례 이뤄지다가 1416년(태종 16년) 다시 두 현을 합치면서 각 이름을 따서 처음 등장하게 된다.

○ 의정부 참지사 황거정(黃居正)이 경사(京師)에서 돌아왔다.

병진일(丙辰日-11일)에 상이 태평관에 가서 사신에게 잔치를 베풀었다.

○ 강릉도(江陵道)의 무릉도(武陵島)²¹ 거주민들을 육지로 나오도록 명했다. 감사(監司)가 올린 건의에 따른 것이다.

무오일(戊午日-13일)에 상이 몸소 인소전(仁昭殿)²²에서 제사를 지냈다.

○ 행대감찰(行臺監察)²³을 (경기)좌우도(左右道)에 나눠 보냈다. 소와 말이 벼와 곡식을 밟아 손상시킨 것을 조사하기 위함이었다.

○ 시가(市街)의 서랑(西廊)에 사는 사람들을 옮겼다. 상이 박석명에게 일러 말했다.

"시가의 서랑 열너댓 칸(間)이 기울고 쏠렸는데 한 칸에 사는 사람이 어찌 두셋뿐이겠는가? 무너져 눌려 죽을까 염려되건만 경이 매번 시가를 지나오면서도 어찌 말하지 않았는가? 만일 토목(土木)의 역사(役事)를 어렵게 여겨[重=難] 즉각 고칠 수 없다면 (우선) 사는 사람들을 옮기는 것이 좋겠다."

---

21 울릉도를 가리킨다.

22 태조 이성계의 비(妃) 신의왕후(神懿王后) 한씨(韓氏)를 모신 혼전(魂殿)이다. 태종 8년 (1408년)에 태조가 승하하자 이름을 문소전(文昭殿)이라 고치고 태조와 신의왕후의 혼백을 같이 모시고 제사지냈다.

23 조선 초에 민간의 이해(利害), 수령의 잘잘못, 향리의 횡포, 사신(使臣)의 사물(私物)을 직접 조사하기 위해 각 도로 보내던 사헌부의 감찰단이다.

이에 의정부 사인(舍人)을 불러 정승에게 알리고 옮기게 했다.

기미일(己未日-14일)에 경상도 진해현(珍海縣)에 물이 붉게 변하고 출렁거려 기름기 많은 물고기[膩魚]²⁴가 많이 죽었다.

경신일(庚申日-15일)에 사신이 대궐에 이르니 상이 청화정(淸和亭)에서 잔치를 베풀었다. 사신 전휴 등 세 사람이 태상전에 이르니 태상왕이 다례(茶禮)를 행하고 또 상왕전(上王殿)에 이르니 상왕도 다례를 행했다. 대궐에 이르니 상이 청화정으로 맞아들여 잔치를 베풀었다. 휴(畦) 등이 상단(上段) 한 필과 단의(段衣) 한 벌을 드리고, 중궁(中宮)에게 단사(段紗) 각각 한 필을 올리니 상이 말했다.

"사신은 이런 예(禮)가 없지만 지금 천사(天使)께서는 우리나라 사람이니 과인(寡人)이 받는 것이오."

신유일(辛酉日-16일)에 의정부에 명해 전휴와 배정을 동교(東郊)에서 전송하게 했다[餞=餞送]. 휴와 정 등이 족친을 만나보기[省族親] 위해 그들의 고향으로 가기 때문이었다.

임술일(壬戌日-17일)에 태백성이 낮에 보였다.

계해일(癸亥日-18일)에 요망한 중[妖僧]을 양주(楊州)의 감옥에 내

---

24 아마도 장어 종류인 듯하다.

려보냈다. 어떤 중이 대궐에 나아와서 고하여 말했다.

"양주 땅에 금정(金井)이 있습니다. 제가 마침내 꿈에 그것을 얻어
파 보았더니 과연 그랬습니다. 우물가에 나무를 심어 표시를 했는데
지금 이미 3년째입니다."

상이 곧바로 내관 이용(李龍)을 시켜 중과 함께 역마(驛馬)를 타고
가서 보게 했더니 결국 헛일이었다.

갑자일(甲子日-19일)에 태백성이 낮에 이틀 동안 보였다.

○사평부에 명해 천사(天使) 마린(馬麟)에게 잔치를 베풀었다. 애
초에 조정 사신이 오면 기생이 시침(侍寢)하는 것은 정해진 일이었다.
유사길(兪士吉)이 받아들이지 않은 뒤로부터 드디어 폐지했는데 이
때에 이르러 린(麟)이 스스로 받아들였다.

을축일(乙丑日-20일)에 달이 필성(畢星)[25] 자리의 큰 별을 가렸다. 서
운관 판사(書雲觀判事) 장사언(張思彦)을 불러 물었다.

"월엄(月掩)이니, 월범(月犯)이니, 월입(月入)이니, 월수(月守)니 하는
것을 어떻게 구별하느냐? 또 달이 필성을 가리면 그 응험은 어떠하
냐?"

사언(思彦)이 대답했다.

"달이 별에 가까우면 범(犯-범하다)이라 이르고, 별을 가리면[遮]
엄(掩-가리다)이라 이르고, 별이 달에 들어갔다가 바로 나오면 입(入-

---

25 이십팔수(二十八宿)의 열아홉째 별자리에 있는 별들이다.

들어가다)이라 이르고, 별이 달에 들어가서 오래 있으면 수(守)라고 이릅니다. 만일 달이 필성을 가리면 그 응험은 군사가 일어나는 것[起兵]입니다. 그러나 어젯밤에 달이 필성을 가린 땅은 유방(酉方) 지역이니 우리나라 안은 아닙니다."

사언이 물러간 뒤에 내수(內竪-어린 내시)에게 명해 서책(書冊)을 내다가 보니 달이 필성을 가리는 응험이 과연 사언이 말한 바와 같았다. 상이 말했다.

"하늘이 재이(災異)로써 꾸짖어 경고하니 스스로를 닦고 살피지[修省] 않을 수 없다. 모름지기 교서를 반포해 구언(求言)해서 신료들과 더불어 두려워하고 조심하려 한다."

○ 최유경(崔有慶)을 한성부 판사(判漢城府事), 조견(趙狷)을 좌군도총제 평성군(平城君), 이문화(李文和)를 예문관 대제학, 신유정(辛有定)을 강릉대도호부 판사 겸 병마도절제사로 삼았다.

병인일(丙寅日-21일)에 교서를 내려 바른 말을 구했다[求言].

'왕은 이르노라. 내가 임금답지 못한 사람으로 대통을 이어받아 이른 아침부터 밤늦게까지 오직 삼가고[寅], 감히 혹시 한순간이라도 한가롭게 지내지 아니하며 다스림[治]에 이르기를 기대했다. 그러나 재이(災異)가 여러 번 나타나고 성신(星辰-별자리)이 도수(度數)를 잃고 수재와 한재가 서로 이어졌다. 하물며 바닷물이 붉게 변한 것은 그 꾸짖어 경고하는 바가 지극한 것이다. 내가 심히 두려워하여 마치 깊은 연못[淵]에 떨어질 것만 같다. 재앙을 부른 연유를 알아서 없애고자 해도 그 연유를 알 수 없고, 재앙을 없애는 방도를 구하여 행하고자 해도 그 방도를 얻지 못하고 있다. 나의 모자라고 어두운 자질[寡昧]로 어찌 견뎌내겠는가? 다움과 행실[德行]에 결여된 바가 있는데도 혹시 스스로 알지 못하는 것인가? 정사가 잘못됨이 있는데도 혹시 망령되이 스스로 행하는 것인가? 사송(詞訟)[26]이 공평하지 못해 혹시 원통하고 억울한 것이 아직 풀리지 못했는가? 부역(賦役)이 고르지 못해 혹시 집을 떠나 도망치는 것이 아직 그치지 않는가? 충(忠)과 사(邪)가 섞여 있어서 혹시 참소하고 아첨하는 것이 행해지는가? 기강이 서지 못해 혹시 형벌과 포상이 문란한 것인가? 변방 장수가 어루만져주기를 잘못해 혹시 사졸(士卒)들이 원망하는가? 간사한 아전이 교묘하게 법을 농간해 혹시 마을 사람들이 근심하고 탄식하는 것인가? 아! 너희 대소 신료와 한량기로(閑良耆老)들은 재앙을 불러온 연유와 재앙을 없애는 도리를 각각 본 대로 숨김없이 진술하라. 말한 것이 쓸 만하면 곧바로 받아들일 것이고 비록 혹시 사안에 적중하지 않더라도[不中] 또한 너그러이 용납할 것이다. 아아! 오직 다움을 닦는 것만이 변고와 재이를 해소할 수 있어 진실로 마땅히 몸소 행해야 할 것이나 바른 말을 구하는 것은 나의 귀 밝음과 눈 밝음[聰明][27]을 넓히고자 하는 것이니 바라건대 곧은 의견[讜議=

---

26 조선시대 민사상 고소(告訴)나 송사(訟事)에 관한 일을 말한다. 사송은 형사재판과 절차 면에서 구별됐지만 오늘날과 같이 완전히 구별된 것이 아니라 사안과 관계되는 한도에서 형사재판적 성격이 가미되기도 했다. 그러나 여기서는 넓은 의미에서의 재판이나 송사로 봐도 무방하다.

27 지금은 총명(聰明)이라는 말이 주로 어린아이들이 똑똑할 때 사용될 뿐 본래적 의미에서 군주의 귀 밝음과 눈 밝음의 의미로 사용되지 않는다. 그런데 여기서 태종은 정확하게 본래적 의미의 총(聰)과 명(明)을 사용하고 있다. 먼저 『논어(論語)』「계씨(季氏)」편에서 공자는 이렇게 말한다. "군자는 아홉 가지 염두에 두어야 할 것[九思]이 있다. 볼 때는

直言]을 올리도록 하라.'
_{직언}

○ 의정부 참찬사 권근(權近)이 말씀을 올렸다[上言].²⁸
_{상언}

'가만히 생각건대 하늘과 사람의 사이에 대해서는 말하기가 쉽지 않고, 재이(災異)가 생기는 것 또한 한 가지 이치가 아닙니다. 혹은 일에 앞서 경계를 보여주고 혹은 일이 끝난 뒤에 꾸짖음을 보여주니 (딱히) 어떤 일[某事]의 잘못이 이런 재앙을 가져왔다고 지적하여 말할 수는 없습니다. (그러나) 재앙을 그치게 하는 도리는 오직 전하의 한마음[一心]의 천연(天然)한 데에 있습니다만 그 요점은 네 가지에 지나지 않으니 하늘을 섬기는 것[事天], 어버이를 섬기는 것[事親], 자기를 책하는 것[責己], 백성을 편안히 하는 것[安民]이 그것입니다. 하늘을 섬기는 것은 삼가고 두려워하는 데[敬畏] 있고, 어버이를 섬기는 것은 열렬한 효도[誠孝]를 다하는 데 있고, 자기를 책하는 것은 허물을 바르게 생각하는 데[思愆] 있고, 백성을 편안히 하는 것은 일을 줄이는 데[省事] 있을 뿐이니 바라건대 전하께서는 유의(留意)하셔야 합니다. 무릇 백성의 힘을 수고롭게 하는 것, 백성의 귀를 놀라게 하는 것, 원망과 욕이 될 일은 감히 혹시라도 행하지 마시고 앞의 네 가지로써 날마다 조심하시어 항상 일을 함에 있어 삼가시어

눈 밝음을 먼저 생각하고[視思明], 들을 때는 귀 밝음을 먼저 생각하고[聽思聰], 얼굴빛은 온화함을 먼저 생각하며, 몸가짐을 할 때는 공손함을 먼저 생각하며, 말할 때는 진실함을 먼저 생각하며, 섬길 때는 공경함을 먼저 생각하며, 의심스러울 때는 물음을 먼저 생각하며, 분할 때는 어려움을 먼저 생각하며, 얻음을 보면 의리를 먼저 생각해야 한다." 명(明)과 총(聰)이 맨 앞에 나온다는 점에 주목할 필요가 있다. 그만큼 중요하다는 뜻이다.

28 임금의 구언(求言)에 응해 올리는 글이니 상언(上言)이다. 이하도 마찬가지다.

[兢業=兢兢業業]²⁹ 다스리기를 도모함으로써 변이(變異)를 해소해야 할 것입니다.'

○ 사간원에서 말씀을 올렸다.

'신 등이 엎드려 보건대[伏覩] 전하께서는 천변(天變)이 여러 번 나타난 것을 염려하고 특별히 교서를 내리시어 재앙을 불러온 연유와 재앙을 그치게 할 도리를 대소 신료로 하여금 모두 진달하여 아뢰게 하셨습니다. 신 등이 삼가 한두 가지의 얕은 소견[淺見]을 아래에 조목조목 열거하오니 엎드려 바라옵건대 전하께서 그대로 윤허하시어 시행하소서.

하나, 지난날에[頃者] 회안(懷安) 부자가 군사를 일으켜 난을 꾸며 [稱兵構亂] 거의 사직(社稷)이 망할 뻔했습니다. 이는 왕법(王法)에 있어서 진실로 용서할 수 없는 것인데 전하께서 우애의 정으로 외방에 안치하셨으니 (그렇다면) 진실로 마땅히 잘못을 고치고 스스로를 새롭게 하여[改過自新=改過遷善] 전하께서 (자신의 생명을) 보전해 주신 은혜에 보답해야 할 터인데 신 등이 가만히 듣건대 근래에 자신의 날래고 용맹함이 출중함을 믿어 앙앙불락[怏怏=怏怏不樂] 원한을 품고서 말을 달려 들고 나는 데 꺼리는 바가 없습니다. 또 그 아들 의령(義寧)³⁰은 나이가 젊고 제 마음대로인 데다가[狂妄] 기력

---

29 일에 임할 때 조심하고 삼가는 모습이다. 긍긍업업(兢兢業業), 긍긍익익(兢兢翼翼), 소심익익(小心翼翼), 긍긍업업(矜矜業業), 업업긍긍(業業矜矜) 등은 다 같은 뜻이다.

30 의령은 군호(君號)이고 이름은 맹종(孟宗, 1385~1423년)이다. 2차 왕자의 난 때 아버지 회안대군을 도와 군사를 일으켜 정안대군과 충돌했으나 패하고, 한양 서동(西洞)으로 퇴각하다가 아버지 회안대군과 함께 생포됐다. 아버지 회안대군과 함께 황해도 토산현(兎山縣)에 안치됐다. 태종 즉위 이후 회안대군 부자를 사형에 처하라는 여론이 있었으나 태

[膂力=筋力]이 바야흐로 강해서 자기 죄를 알지 못한 채 더욱 마구
날뛰고 있습니다[縱恣]. 요즘[今者] 하늘이 변이를 보이는 것이 어찌
공연한 일이겠습니까? 신 등은 이들 부자가 함께 있으면 반드시 불
궤(不軌-반역)를 도모해 후일에 환란을 끼칠까 진실로 두렵습니다.
바라건대 전하께서는 장차 그 부자를 서로 다른 곳에 나누어 두시
어 화란의 싹을 막음[杜]으로써 우애하시는 정을 온전히 하셔야 할
것입니다.

하나, 박만(朴蔓)과 임순례(任純禮)는 본래 재주와 다움[才德]이 없
이 무반(武班)에 몸을 던졌는데[挺身] 다행히 임금의 은혜를 입어 벼
슬이 양부(兩府)에 이르렀습니다. 연전(年前)에 전하께서 동북(東北)
의 일면(一面)이 이토(異土-다른 나라 땅)와 연접했다 하여 전제(專
制)[31]의 임무를 맡기셨습니다. 태상왕께서 능(陵)에 참배하던 때를
당해 군사를 징발하여 화란(禍亂)을 일으켰다가[32] 그 나머지 무리들
[餘黨]은 모두 주륙당했는데 만(蔓)과 순례(純禮)만은 수악(首惡)으
로서 머리를 보전하고 있으니, 실로 춘추(春秋)의 토죄(討罪)하는 의

종이 듣지 않았다. 1416년(태종 16년) 태종은 회안대군의 작위와 공신녹권, 직첩과 의령
군의 직첩을 모두 회수했다. 1421년(세종 3년) 아버지 회안대군이 충청도 홍주에서 사망
하자 그는 태종의 명으로 홍주로 배소를 옮기게 됐다. 또한 그때까지 소유하고 있던 그의
집안 노비들은 그의 누이들에게 분배됐다. 그러나 태종이 죽고 1423년(세종 5년) 7월 7일
부터 의정부와 육조에서 그를 사형시키라고 상소했고 세종대왕은 그에게 자진을 명했다.
7월 11일 자진했다.

31 중앙의 지시를 받지 않고 현지 상황을 판단해 독자적으로 결정을 할 수 있는 권한을 말
한다.

32 조사의의 난 때를 가리킨다.

리[33]에 어긋남이 있습니다. 동북면 도순문사 임정(林整)은 성품이 본래 거칠고 사나운 데다가[麤狂] 도필(刀筆)[34]로 벼슬길에 들어서 외람되게 재상(宰相)의 지위에 이르렀습니다. 전하께서 조전(漕轉)은 나라의 큰일[大務=大事]이라 해 명하여 삼도체찰사(三道體察使)를 삼으셨습니다. (그렇다면) 진실로 마땅히 삼가고 조심하여 직사(職事)에 전력해야 할 터인데 마침내 전하께서 맡기신 뜻은 생각하지 않고, 생민(生民)의 휴척(休戚-편안함과 근심함)을 조금도 개의치 아니하여 비록 가물고 흉년이 들어 술을 금하는 때를 당해서도 마음대로 술을 마시고 유흥에 빠져 황음한 짓을 자기 마음대로 했습니다. 그리고 전곡을 조운하는 이외에 무릇 바다에서 나는 어곽(魚藿-물고기와 미역류), 포해(脯醢),[35] 죽목(竹木) 등을 모두 거둬서 무겁게 실어다가 공사처(公私處)에 널리 뇌물[苞苴=賂物]을 뿌려 사사로운 은혜[私惠=私恩]를 돈을 주고 샀습니다. 악랄하게 재물을 약탈하여 백성들에게 해독을 끼친 것이 이보다 더 심할 수 없습니다. 또 금년에 조전할 때에 바람과 물의 이로움과 불리함, 그리고 배에 싣는 것의 경중(輕重)을 친히 감독, 고찰하지 않고 용렬하고 어리석은 간사한 무리에게 맡겨두어 선군(船軍) 수백여 명과 적재한 미곡(米穀) 만여 석을 모두 바다에 침몰하게 했습니다. 부모 처자가 하늘을 부르며 통곡하여 화

---

33 충역(忠逆)에 관해 엄격하게 처벌하는 도리를 가리킨다.

34 문서 따위를 기록하는 일이다. 도필리(刀筆吏)라고 하면 아전(衙前)을 가리키는데 이는 예전에 죽간(竹簡)에 잘못 기록된 글자를 아전이 늘 칼로 긁고 고치는 일을 했기 때문에 생긴 말이다.

35 고기를 말려서 만든 포와 삭여서 만든 젓장류를 가리킨다.

기(和氣)를 상하게 했습니다. 근래에 해마다 가물어 흉년이 들고 바닷물이 붉게 변하니 신 등은 생각건대 재앙을 불러온 연유는 혹시 이것으로 말미암은 것이 아닌가 합니다. 상항(上項)의 사람들을 마땅히 죄에 따라 율(律)에 의해 조치해야 하는데도 만(蔓)과 순례(純禮)는 가볍게 외방에 폄출(貶出)되었고 임정(林整)은 도리어 너그러운 용서를 입어 연속해서 중임(重任)을 받았습니다. 신 등이 볼 때 이는 실로 교서(敎書)에서 이른바 기강이 서지 못하고 형벌과 상(賞)이 문란한 것입니다. 바라건대 전하께서는 헌사(憲司)로 하여금 장차 박만과 순례 등을 밝게 전형(典刑)에 조치하게 하시고, 임정은 남방(南方)으로 유배 보내 삼도(三道) 인민(人民)의 억울해하는 마음을 풀어주소서.

하나, 국가에서는 의정부를 두어 백관을 통솔하게 하고, 사평부를 두어 전곡(錢穀)을 맡게 하며, 승추부를 두어 군정(軍政)을 총괄하게 하고 있습니다. 이는 진실로 강(綱-그물의 큰 벼리)을 들면 목(目-그물눈)이 벌려져서 체통(體統)이 서로 유지되는 좋은 법입니다. (그런데) 근래에 승추부의 군정(軍政)의 대체(大體)가 간혹 설립한 뜻에 어그러지는 바가 있습니다. 삼군도총제 이하가 마땅히 본부(本府)에 앉아 군정(軍政)을 참여하여 들어야 합니다. (그런데) 지금은 장군총제(掌軍摠制)와 각 군(各軍)의 두 사람이 각각 그 사(司)에서 군령(軍令)을 발하여 내니 단순히 호령이 나오는 문(門)이 많을 뿐 아니라 체통이 서지 않습니다. 그 나머지 총제는 각 군의 일에 참여하지 못하고 또 승추부에 앉지도 못하니 이름만 비록 총제일 뿐 실상은 허위(虛位)입니다. 또 갑사(甲士-직업군인)인 금군(禁軍)은 궁문을 시위(侍衛)

하니 마땅히 정밀하게 골라야 할 것인데 제수할 즈음에 혹 법대로 하지 못하고 있습니다. 바라건대 이제부터는 삼군첨총제(三軍僉摠制) 이상으로 하여금 승추부에 모여 앉게 하여 그 부중(府中)의 일은 수령관(首領官)이 품(稟-건의)을 받아 시행하고, 각 군(各軍)의 일은 상호군 대호군이 품을 받아 시행하여 판부사(判府事-승추부 판사)로부터 첨총제에 이르기까지 참여하여 듣지 않는 자가 없게 하고 각 군의 진무(鎭撫)는 한꺼번에 모두 혁파하여 없애야 합니다. 갑사를 제수할 즈음에는 각 도의 감사(監司)로 하여금 무예가 있는 사람을 선택하여 병조(兵曹)에 천거하게 하고, 판부사(判府事)와 각 군의 총제가 병조에 모여 재예(才藝)를 시험해 그 선발에 합격한 자를 바야흐로 제수하도록 허락한다면 군정(軍政)이 공정해지고 체통이 엄격해질 것입니다.'

상이 좌사간 안노생(安魯生)을 불러 명하여 말했다.

"청한 바가 모두 이치에 합당하나 인정(人情)으로 헤아려볼 때 곧바로 따를 수는 없다."

상이 우헌납 정안지(鄭安止)에게 명하여 말했다.

"회안(懷安) 부자는 나누어 둘 수 없다. 만(蔓)과 순례(純禮)는 이미 둘 다 죄를 정했으니 다시 토의할 수 없으며 임정(林整)이 배를 침몰시킨 일은 정(整)이 그렇게 한 일이 아니고 이미 밖으로 내보냈으니 따라서 모두 윤허하지 않는다."

사간원에서 다시 소를 올렸다.

'전하께서는 "회안 부자는 필부(匹夫)로 남방(南方)에 있으니 무슨 의심할 바가 있느냐?"고 하셨습니다. 신 등이 볼 때는 졸졸[涓涓] 흐
연연

르는 물이 하늘을 뒤덮는 데까지 이르고, 반짝반짝[熒熒] 작은 불이 큰 들판을 태우는 데에 이릅니다. 사변(事變)이란 늘 소홀히 여기는 데[所忽]에서 일어나는 것입니다. 이 때문에 옛날의 빼어난 임금[聖王]들은 드러나지 않아 미미한 것[微=隱微]에도 삼가고, 일의 처음[무=早期]에 가려냄으로써 그것이 점점[滋=漸] 커져 성대하게 되지 못하게 했던 것은 바로 이 때문이었습니다. (또) 전하께서는 "박만과 임순례는 이미 벌써 죄를 의논하여 폄소(貶所)에 있고, 또 사유(赦宥)한 뒤라 다시 토의할 수 없다"고 하셨습니다. 신 등이 볼 때 난신(亂臣) 적자(賊子)는 몸이 생존했거나 죽었거나, 시기가 예전이거나 지금이거나 반드시 베어야 할 죄입니다. 만과 순례 등은 전하의 명을 받고 한 방면을 전제(全制)하는 데 있어 그 직책을 생각하지 않고 제 마음대로 관군(官軍)을 징발하여 대란(大亂)에 이르게 했으니 전하의 반적(叛賊)인 것이 명확합니다. 비록 군사를 잃고 군율(軍律)을 잃었다 하더라도 오히려 죄(罪)를 면치 못했는데 하물며 병권(兵權)을 쥐고 난(亂)을 일으킨 것이겠습니까? 지엽적인 당여[枝黨]들은 모두 극형(極刑)을 받아 죄가 처자(妻子)에게까지 미쳤는데 만과 순례는 홀로 수악(首惡)이면서도 몸과 목숨을 보존하고, 가산(家産)과 관작(官爵)이 예전과 같으니 왕법(王法)에 있어 적(賊)을 토벌하는 의리가 어떠합니까?

전하께서 말씀하시기를 "임정(林整)은 본래 명망(名望)이 있으며, 직사(職事)에 조심하고 부지런하니 패선(敗船)한 것은 불행이요 그의 죄가 아니다"라고 하셨습니다. 신 등이 볼 때는 무릇 신자(臣子-신하)가 명령을 받고 사방(四方)에 나가면 마땅히 위의(威儀)를 삼가고 직임(職任)에 근신하고 조심해야 합니다. (그런데) 지금 금령(禁令)을 두려워하지 않으며 술에 빠지고, 배에 물건을 실을 때 국가의 경비 이외에 어곽(魚藿), 장록(獐鹿-사슴 따위), 죽목(竹木)과 산해(山海)에서 나는 물건을 싣지 않은 것이 없어 이루 다 기록할 수 없습니다. 또 직접 감독하여 살피지 않고서 자기는 육로(陸路)로 오고, 만호(萬戶)와 탐욕스런 무리에게 이를 맡기니 그 무리들도 또한 정(整)이 하는 짓을 본받아 각각 사사로운 물건을 첨부하여 무겁게 실어서 인명을 상하고 죽게 했습니다. (이것이) 정(整)의 죄가 아니면 누가 그 책임을 지겠습니까? 전하께서 위임하신 뜻에는 또 어떠합니까? 전하께서 어찌하여 오직 한 사람만 아끼고 삼도 인민의 분통 터지는 억울한 마음은 위로하지 않으십니까? 바라건대 전하께서는 의리로 결단하시어 법대로 처리하셔야 합니다.'

명하여 의정부에 내려 회안(懷安) 부자(父子)의 일은 제외하고 헤아려 토의해서[擬議] 아뢰게 했다. 의정부에서 사평부, 승추부와 함께 의견을 모았다.

"박만과 임순례는 모두 왕법에 용서할 수 없는 죄이니 사간원에서 아뢴 바대로 하시고, 임정은 이미 벌써 율(律)에 따랐으니 다시 거론하지 마소서."

○ 의정부 영사 조준(趙浚)에게 궁온(宮醞-술) 30병을 내려주었다. 삼방(三牓)의 문생(門生)[36]들에게 잔치를 베풀기 때문이었다.

○ 의정부 사인(舍人)을 좌정승 하륜(河崙)의 집에 보내 (명나라에)

---

36 과거에 급제한 자는 시관(試官), 즉 지공거(知貢擧)의 문생이다.

예물을 진헌(進獻)할 일을 토의하게 했다. 사인 이회(李薈)에게 가르쳐 말했다.

"지금 진하사(進賀使)를 보내는 길에 예물까지 아울러 바치려고 한다. 이는 절일(節日)이나 정조(正朝)에 비할 바는 아니니 예물을 바치는 것이 예(禮)에 어떠하겠는가? 이번에 처음 바치게 되면 (중국) 조정에서는 으레 있는 것[爲常]으로 생각하겠지만 새 황제가 즉위하여 존호(尊號)를 추상(追上)하고서 사신을 보내 알려온 것이 어찌 해마다의 일상사이겠는가? 이에 륜과 상의하여 아뢰라."

회(薈)가 륜(崙)에게 가르침을 전하니[傳校] 륜이 대답했다.

"이번 하례(賀禮)는 비록 상례(常例)는 아니나 마땅히 예물(禮物)을 바쳐야 할 것입니다. 비록 예(禮)에 부합하지는 못하더라도 (그런 잘못은 예를) 두텁게 함에 있어서의 잘못입니다[失於厚矣]."[37]

상이 옳다고 여겼다.

○사평부 참판사 신극례(辛克禮)가 재주가 없다[不才]며 사직하니 임금이 위로하고 어루만져주었다. 극례(克禮)가 말했다.

"신은 본래 얕은 재주로 총제(摠制)의 직임도 늘 감당치 못할 것 같았습니다. 그런데 또 사평(司平)의 직임을 더해주시니 마치 약한 말[羸馬]이 무거운 짐을 실은 것 같아서 맡은 바를 이겨내지 못할까 하는 근심이 있을까 두려우며 또 복(福)을 덜게 될까 두렵습니다."

상이 말했다.

---

37 즉 잘못이 아니라는 말이다. 애매할 경우 엷게 하는 쪽보다는 두텁게 하는 쪽이 예에 가깝다는 논리다. 따라서 기존의 번역 "후한 것은 잘못입니다"는 失於厚矣라는 문장의 문법과도 일치하지 않는 정반대의 오역이다.

"경은 이 벼슬을 높다고 생각하는가? 내가 참으로 다 헤아려서 주는 것이다. 경이 한가하게 집에 있을 날이 어찌 없겠는가?"

극례는 교만하고 사치하며 탐욕스럽고 음험해[驕奢貪險] 사리(事 교 사 탐 험 理)를 알지 못하는 자이니 이 또한 직언(直言)이 아니고 실은 상에게 잘 보이려고 함이었다. 다만 정사(定社), 좌명(佐命)의 결의에 참여했으므로 공신(功臣)의 반열에 낄 수 있었다.

정묘일(丁卯日-22일)에 대호군 이유(李愉, 1365~1423년)[38]를 보내 경상도 해신(海神)에게 기양제(祈禳祭)[39]를 지냈다.

경오일(庚午日-25일)에 금성(金星)이 헌원성(軒轅星)과 태미원(太微 垣)을 범했다.

임신일(壬申日-27일)에 봉상시 부령(副令) 최이(崔伊)에게 구마(廐 馬) 한 필을 내려주었다. 이(伊)가 중국에서 고명(誥命)을 내려준 것에 대해 사례하러 간 사신의 서장관(書狀官)으로 경사(京師)에 갔다

---

38 1382년(우왕 8년) 문과에 급제했으나 조선왕조가 들어서자 시골에 은거하며 지내다가 하륜(河崙)의 간청으로 벼슬길에 나아가 사헌부 지평, 직제학 등을 역임했다. 1405년(태종 5년) 대호군으로 여진족을 정벌했고 이후 형조참의, 상주목사 등을 지냈다. 1418년(태종 18년) 사은사(謝恩使)로 명나라를 다녀오면서 옷감을 들여와 옷 색깔만으로도 직위를 구분할 수 있도록 조정 중신들의 관복을 만들었다. 이듬해 형조참관을 거쳐 함길도 도관찰출척사로 임명돼 여진족 정벌의 공을 세우다가 1423년(세종 5년) 세상을 떠났다.

39 액막이굿 등이 이에 해당하고 일정한 제례의 절차는 없다. 우리 민족은 예로부터 바위, 돌, 나무 등 작은 것에까지도 신이 있다고 생각하여 소중하게 여겼고 하늘과 땅을 비롯하여 명산과 대천에 복을 빌었다.

가 돌아와서 먼저 이르러 아뢰었다.

"제(帝)가 처음에 성석린(成石璘) 등을 보고 나오게 하여 말하기를 '말하고 싶은 일이 있으면 말하라'고 했습니다. 석린이 대답했습니다. '성상(聖上)께서 이미 고명과 인장(印章)을 주시고, 왕래하는 사신에게 두텁게 대우하지 않으심이 없으시어 성은(聖恩)이 이미 깊사오니 무엇을 다시 말하겠습니까? 그러나 미천한 신이 밤낮으로 바라는 것은 오로지 면복(冕服)에 있사옵니다. 또 태조 황제(太祖皇帝) 때 문서(文書)의 착오된 일[40]로 인해 붙잡혀 이곳에 남아 있는 사람인 정총(鄭摠, 1358~1397년),[41] 김약항(金若恒, ?~1397년),[42] 조서(曹庶), 곽해룡(郭海龍),[43] 노인도(盧仁度) 등이 여러 해가 되어도 돌아오지 않아 그 부모와 처자들이 밤낮으로 울며 기다리고 있습니다. 또 우리 전

---

40 이는 명나라를 세운 주원장이 일으켰던 문자의 옥(獄)을 가리킨다. 명 태조는 누가 자신을 비웃는 것을 극단적으로 싫어하고, 불우했던 옛 시절을 부끄러워했다. 그래서 그는 상소문이나 공문서 등에 '광(光)', '승(僧)', '적(賊)' 자가 들어 있으면 그것을 쓴 사람을 가차없이 처형했다. 광은 승려였던 자신의 깎은 머리를 연상시키며 승은 승려를, 적은 도적을 뜻하기 때문이라는 것이었다. 이런 터무니없는 검열은 갈수록 심해져서 '칙(則-賊과 발음이 비슷하므로)', '도(道-盜와 발음이 같으므로)', '생(生-僧과 발음이 같으므로)' 자 등이 계속 금기어가 되었을 뿐 아니라 조금만 삐딱하게 읽으면 황제를 거스르는 듯한 글을 쓰면 모두 처형장으로 보냈다. 이런 상황에서 조선은 그 사정을 잘 모르고 보낸 문서로 인해 외교관들이 붙잡히는 일들이 연이어 발생했다. 이로 인해 개국 초 조선은 명나라와 상당한 긴장관계를 유지했다. 이성계와 정도전의 요동정벌론도 이 일과 무관치 않다.

41 1395년 태조 이성계의 고명(誥命) 및 인신(印信)을 줄 것을 청하러 명나라에 사신으로 파견됐다가 때마침 명나라에 보낸 표전문이 불손하다 해 명나라 황제에게 트집 잡혀 대리위(大理衛)에 유배 도중 죽었다.

42 1395년(태조 4년)에는 명나라에 들어가 억류된 사절 유순(柳珣) 등을 송환시키는 데 성공했다. 그러나 표전(表箋)의 내용이 불공하다 해 명나라에 불려가 억류됐다가 곧 풀려나 현지에서 조선 조정으로부터 광산군(光山君)으로 봉해졌다. 뒤에 다시 다른 일로 인해 양쯔강(揚子江)으로 유배됐다가 1397년 유배지에서 사망했다.

43 통사였는데 정총, 김약항 등과 함께 억류됐다가 이때 성석린의 요청으로 귀국하게 된다.

하께서 성품이 본래 배우기를 좋아하고 원자(元子) 또한 나이 10세여서 성균관(成均館)에 입학했는데 항상 서책(書冊)이 적은 것을 걱정합니다.' 제께서 모두 받아들이고 말씀하시기를 '구류된 사람은 장차 석방하여 보낼 것이고 서책과 면복은 사람을 시켜 보내도록 하겠다'고 했습니다. (이상은) 신 이(伊)가 친히 들은 바입니다."

계유일(癸酉日-28일)에 좌군도총제 조견(趙狷)을 경사(京師)에 보내 고황제(高皇帝)와 고황후(高皇后)의 추숭(追崇)을 하례하게 했다. 상이 박석명에게 말했다.

"만일 견(狷)에게 도망쳐 온 군사[逃軍]의 일을 묻는 자가 있으면 견(狷)이 마땅히 자세하게 대답해야 할 터인데!"

석명이 말했다.

"신이 이미 견(狷)에게 이르기를 '의주(義州)의 강(江-압록강)을 도로 건너가서 도망친 자는 어디로 갔는지 알 수 없고, 강을 건너지 않은 자는 비록 경내(境內-국내)에 있다 해도 의복과 언어가 다름이 없기 때문에 가려내기 어렵고, 또한 산천(山川)이 험하고 막혀 숨은 곳을 알 수가 없으니 만일 겨울이 되어 추워지고 눈이 깊이 쌓여서 인가에 의지하게 되면 찾아내기가 어렵지 않을 것이다. 전하께서 늘 주·부·군·현(州府郡縣)으로 하여금 빠짐없이 수색하여 보내게 하시고 계시다. 처음에 만산군(漫散軍)이 국경에 모여 지내며 양식이 떨어지자 서로 잡아먹어 죽은 자가 반이나 되었다. 중국의 백성들이 국경에서 죽는 것을 앉아서 보기만 하고 구휼하지 않을 수 없기 때문에 받아들여서 길렀던 것인데, 지금의 황제께서 즉위하셨다는 말을 들고 먼저 괴수(魁首) 등을 뽑아내어 형조전서(刑曹典書) 진의귀(陳義貴)를 시켜 압령(押領)하여 보냈는데 의귀가 길에서 왕득명(王得名)을 만나 득명이 의귀를 돌려보냈다. 만일 숨겨두려고 했다면 압송(押送)한 것이 어찌 왕득명이 나오기 전에 있었겠는가?'라고 말하라 했습니다."

○ 내관(內官)을 보내 고향에 간 (조선 출신) 사신에게 궁온(宮醞)을 주었다. 좌정승 하륜이 아뢴 바를 따른 것이다.

○ 최용소(崔龍蘇, ?~1422년)[44]를 승녕부윤(承寧府尹), 강사덕(姜思德, ?~1410년)[45]을 길주도 도안무찰리사(吉州道都安撫察理使)로 삼았다.

갑술일(甲戌日-29일)에 『주문공가례(朱文公家禮)』를 각사(各司)에 나누어 주었다. 『가례(家禮)』 150부를 평양부(平壤府)에서 인쇄해 나눠 준 것이다.

---

44 1398년 강원도 도관찰사를 지냈다. 1400년(정종 2년) 3군 도진무(都鎭撫)로 재직 중 방간(芳幹)의 모반에 연좌돼 하옥됐다가 방면되고 곧 검교참찬문하부사(檢校參贊門下府事)에 좌천됐으며, 곧 방간의 당여로 재차 논죄되어 삭직, 장형을 받았으나 태종이 즉위하면서 사면됐다. 이때 태상왕을 담당하는 승녕부윤(承寧府尹)으로 복직되고, 그해 좌군총제(左軍總制)에 개수(改授)되고, 그 뒤 안동부사, 개성부유후 등을 역임했다. 1413년 형조판서로 한성부윤 김겸(金謙)과 함께 하정사(賀正使)가 되어 명나라에 다녀오고 그해 공조판서 등을 역임했다. 1414년 한성부 판사가 되고 이듬해 전라도의 조운책(漕運策)을 진언(陳言)했다. 성품이 청백하면서도 절개가 굳고 언행이 정중했다. 일찍이 명나라에 들어가 옥하관(玉河館)의 건축을 감독해 명성을 얻기도 했다.

45 전형적인 무신으로 1406년(태종 6년)에는 하정사(賀正使)로 명나라에 다녀왔으며, 경상도 도절제사 등을 역임하며 주로 경상도와 전라도 해안에 출몰하던 왜구를 방어하는 데 공이 많았다. 1409년 윤목(尹穆), 이빈(李彬), 조희민(趙希閔) 등의 모반사건에 연루돼 영해에 유배 갔다가 이듬해 사사됐다.

을해일(乙亥日-30일)에 좌정승(左政丞) 하륜(河崙) 등이 새로 편수(編修)한 『동국사략(東國史略)』[46]을 올렸다. 륜(崙)이 참찬(參贊) 권근(權近), 지의정(知議政-의정부 지사) 이첨(李詹)과 더불어 편수했다.

○사헌부에서 소를 올려 저화(楮貨)의 시행을 청했다. 소는 대략 이러했다.

'신 등이 가만히 생각건대 임금의 이권(利權)은 하루도 폐기할 수 없는 것입니다. 빼어난 이[聖人]는 산택과 자연의 이익됨[利]으로써 그 백성을 이롭게 했습니다. 그것이 이익되는 바는 마치 샘이 마르지 아니하여 천지(天地) 사이에 계속 돌고 도는 것과 같습니다. 재물(財物)을 쓰는 도리는 우(虞)나라(-요순의 나라)·하(夏)나라·상(商)나라 세상부터 늘 그러했고, 주(周)나라 태공망(太公望)에 이르러 육부(六府) 삼직(三職)의 관(官)을 세워 총재(冢宰)로 하여금 맡게 하여 재회(財賄-재물)를 거두고 재용(財用)을 조절했는데 그 제도는 혹은 금(金)을 쓰고, 혹은 전(錢)을 쓰고, 혹은 도(刀)를 쓰고, 혹은 포(布)를 쓰고, 혹은 구(龜)나 패(貝)를 썼습니다. 화도(貨刀)의 설(說)은 그 제도를 알 수 없고, 패(貝)는 서방(西方)의 풍속으로 지금도 화(貨)로 씁니다. 금(金)은 보화(寶貨)인 것을 취한 것이요, 전(錢)은 천(泉)[47]의

---

46 1402년 6월에 왕명으로 착수돼 이때 완성됐다. 하륜(河崙), 권근, 이첨(李詹) 등이 편찬에 참여했고, 권근이 그 주역을 담당했다. 서문과 전문(箋文)을 모두 그가 썼으며 50여 편의 사론(史論)도 대부분 그가 썼다. 단군조선을 시발점으로 해 기자조선, 위만조선, 한사군, 이부(二府), 삼한, 삼국의 순으로 서술해 조선시대에 들어와 처음으로 고대사의 체계를 수립했다. 단군, 기자, 위만의 3조선을 설정한 것은 이미 『삼국유사』와 『제왕운기』에서 보인 바 있다.

47 흘러다닌다는 '유통(流通)'의 뜻이다.

뜻을 취한 것이요, 포(布)는 포(布)⁴⁸를 취한 것이니 요컨대 모두 돌고 돌아[流行] 막힘이 없다[無滯]는 것일 뿐입니다.

한(漢)나라 무제(武帝) 때 궐내(闕內)의 용도가 넉넉지 못해 백록피 폐(白鹿皮幣)⁴⁹를 만들고 용(龍), 말, 거북으로 각각 그 값을 정하여⁵⁰ 문란하지 않으니 나라의 재용이 이에 힘입어 조금 펴졌고, 당(唐)나라 헌종(憲宗) 때에 상고(商賈-큰 상인)로 하여금 경사(京師)에 이르러 전(錢)을 부가(富家)에 맡기고 가벼운 행장(行裝)으로 사방에 가서 권(券)을 맞추어 취하게 하고 그것을 비전(飛錢)⁵¹이라 이름했으니 이 저폐(楮幣)의 법은 한(漢)나라 때에 시작해 당(唐)나라 때에 행해진 것입니다. 송(宋)나라 진종(眞宗) 때 촉(蜀)을 진수(鎭守)하는 군사가 철전(鐵錢)이 무거워서 운반하기에 불편하므로 이에 질제(質劑)⁵²의 법을 설정했습니다. 송 인종(宋仁宗) 때에 촉(蜀) 사람의 교

---

48 널리 퍼진다는 '분포(分布)'의 뜻이다.

49 백록피(白鹿皮)로 만든 화폐다. 한 무제(漢武帝) 원삭(元朔) 4년에 사방(四方) 한 자[尺]의 백록피(白鹿皮)에 채화(綵畵)로 선을 둘러 화폐(貨幣)를 만들었는데 값이 40만이었다고 한다.

50 한 무제(漢武帝) 원삭(元朔) 4년에 백금(白金)으로 세 가지 종류의 화폐를 만들었는데 하나는 무게가 8냥(兩)으로 용을 그리고 둥글게 하여 값은 3,000이고, 하나는 무게가 6냥으로 말을 그리고 네모지게 하여 값은 500이며, 하나는 무게가 4냥으로 거북[龜]을 그리고 타원형으로 하여 값은 300이었다.

51 당나라 중기 이후 상품경제가 발달함에 따라 운반하기 불편한 동전 대신에 보급됐다. 관청 이외에 민간의 거상(巨商)도 발행했는데 당나라 헌종 때는 정부가 이를 독점했고 세금, 차의 전매수입 등 재정의 중앙집중에도 큰 몫을 했다. 송나라의 교자(交子), 회자(會子) 등의 지폐는 이러한 어음에서 발달한 것이다.

52 무역(貿易), 매매(賣買) 등의 상행위(商行爲)에 사용하던 계권(契券)이다. 곧 어음의 일종이다. 대시(大市)에 있어서는 질(質)을 사용하고 소시(小市)에 있어서는 제(劑)를 사용했는데 대시는 인민(人民), 우마(牛馬) 등속이고 소시는 병기(兵器)나 진이(珍異)한 물건을 말한다. 질은 장권(長券)이고, 제는 단권(短券)이다.

자(交子)[53]가 백성의 쟁송(爭訟)을 일으키므로 정사에 의견을 내는 자[議者]가 관(官)에서 스스로 교자의 사무를 파하여 백성을 이롭게 하고 쟁송을 그치게 할 것을 청했습니다. 원(元)나라 세조 황제(世祖皇帝)가 즉위하던 처음에 안동승상(安童丞相)의 의견을 써서 중통교초(中統交鈔)를 만들어 행하고, 백성에게 불편한 것이 있을까 염려하여 연경(燕京)에 평준고(平準庫)를 세워 물가를 균평(均平)하게 하고 초법(鈔法)[54]을 통리(通利)하게 했습니다. 지원(至元) 2년에 저폐(楮幣)를 회계(會計)해보니 모두 5만 7,682정(錠)이었습니다. 그 뒤에 천하에 조서(詔書)를 내려 동전을 거둬들였으니 대개 초(지폐)의 이익에 손실이 있을까 염려한 것입니다. 24년에 이르러 다시 지원보초(至元寶鈔)를 만들어 천하에 반행(頒行)하고, 중통초(中統鈔)와 병행하여 새것이 남아도는 것이 없게 하고, 묵은 것이 폐지되는 것이 없게 했습니다. 이는 곧 저화의 법이 당나라 때에 성행하고 원나라 때에 크게 행해진 것입니다. 공손히 생각건대 황명(皇明) 태조황제(太祖皇帝)께서 처음에 사해(四海)를 차지하고 복색(服色)을 바꾸고 휘호(徽號)를 달리하여 천하의 이목(耳目)을 새롭게 했으나 저폐의 법, 이 한 가지만은 그대로 전철(前轍)을 따랐으니 대개 이권(利權)을 위에 두는 (기존의) 전통을 취한 때문입니다.

---

53 송(宋)나라 때 사용하던 지폐의 이름이다. 인종(仁宗) 경력 연간(慶曆年間)에 촉(蜀) 땅 사람들이 철전이 너무 무거워서 교역하는 데 불편하므로 사사로이 계권(契券)을 만들어서 사용했는데 이를 교자(交子)라고 했다. 구감(寇瑊)이 익주(益州)에다 교자무(交子務)를 창설했으니, 이것이 중국에서 초폐(鈔幣-지폐)를 쓴 시초가 됐다.

54 지폐(紙幣)를 발행하여 유통시키는 법을 말한다.

오직 우리 국가는 멀리 바다 모퉁이[海陬]에 있어 스스로 토산물로 화폐를 삼아 삼국(三國)으로부터 전조(前朝)에 이르기까지 모두 마포(麻布)를 화폐로 하여 오승포(五升布)를 썼는데 처음에는 (그것으로) 옷을 만들어 입을 수도 있고 물건을 살 수도 있어, 시장의 값[市價]이 둘이 아니어서 백성들이 편하게 여겼습니다. (그런데) 세대가 이미 오래되자 간사한 날조[奸僞]가 날로 늘어 포(布)가 오승(五升)에서 삼승(三升)으로 변하니 여자들의 (포를 만드는) 공력은 쉬워지고 매매 가격은 낮아졌습니다. 전(錢)은 깨지면 다시 주조(鑄造)할 수 있고, 저(楮)는 해지면 거듭 만들 수 있지만 포(布)는 해지면 결국 쓸데가 없습니다. 나라 사람들이 스스로 생산하는 것을 이익으로 삼아 오직 조세(租稅)만 내서 군국(軍國)의 수요에 이바지하는 것만 알고 이권(利權)이 임금에게 있다는 것은 알지 못합니다.

생각건대 국가가 창업(創業)한 지 오래지 않은데, 전하께서 문(文)을 지키는 임금[守文之主][55]으로서 정병(政兵)의 권한을 총람(摠攬)하고 이권(利權)이 행하지 못할 것을 염려하여 근자에 대신(大臣)들과 더불어 전고(前古)의 일을 상고하여 참작하고, 한(漢)·당(唐)·송(宋)·원(元) 이래의 저폐법(楮幣法)을 취하여 관사(官司)를 설치하고 국(局)을 두어 경내(境內)에 통행하는 보초(寶鈔)를 만들어서 민간(民間)에 행하니 백성들이 보는 자가 믿지 않고 말하기를 "이 물건은 배가 고파도 먹을 수 없고, 추워도 입을 수 없으며, 하나의 검은 헝겊

---

55 관용적인 표현으로 선대의 법을 이어받아 나라를 잘 다스려 백성을 편안케 해주는 임금을 뜻한다.

자루일 뿐이니 어디에 쓰느냐?"고 하여 본값[元直]이 날로 떨어지고,
물건값은 몇 배나 뛰게 했습니다.

한 사람이 행할 수 없다고 말을 하면 만 개의 입[萬口]이 화답하
는데, 시무(時務)를 아는 사람이 옆에서 보고 불가하게 여기지 않고,
또 따라서 설명까지 합니다. 『전(傳)』에 말하기를 "백성은 (어떤 원리
에) 말미암아 행하게 할 수는 있어도 (그 원리를) 알게 할 수는 없다
[民可使由之 不可使知之]"[56]라고 했으니 대개 이를 말한 것입니다. 백
성은 이미 알게 할 수가 없지만 식자(識者)도 의혹하지 않은 견해가
없다 보니 이에 대간(臺諫)이 교장(交章)하여 파하기를 청한 바 있
습니다. (그래서) 전하께서 의정부에 내려 가부(可否)를 토의하여 저
(楮)와 포(布)를 겸행(兼行)하는 법을 정했는데 얼마 뒤에[旣而] 저
폐(楮幣)는 폐지되어 행해지지 않았습니다. 『시경(詩經)』에 이르기를
"원숭이를 시켜 나무에 오르게 하지 말라. 더러운 진흙 위에 다시 더
러운 진흙을 바르는 것과 같다"[57]라고 했습니다. 대개 저화를 좋아하
지 않는 백성을 가지고 겸행(兼行-병행)하도록 인도하면 마땅히 저
(楮)를 버리고 포(布)를 취할 것입니다. 법이 이미 섰고 폐단이 생기
기도 전에 갑자기 그만두니, 무릇 위정자는 하지 않는다면 그만이지
만, 한다면 반드시 이뤄지도록 해야 합니다. 엎드려 바라옵건대 전하
께서는 이권(利權)의 폐기할 수 없는 것을 생각하시고, 중국의 행할
수 있는 법을 모방하시어 거행하고, 이를 바탕으로 조금씩 고쳐가

---

56 『논어(論語)』 「태백(泰伯)」편에 나오는 공자의 말이다.
57 「소아(小雅)」 '각궁(角弓)'의 구절이다.

신다면 (별도로) 국(局)을 고쳐두지 않고, 관(官)을 고쳐 설치하지 않고도 이리 통하고 저리 통하여 마치 샘이 흐르는 것같이 국용(國用)이 넉넉하고 민식(民食)이 풍족하게 될 것입니다.'

원문

丙午朔 賜辛有定廐馬一匹及弓矢. 有定詣闕辭 上曰:"人皆
謂卿輕躁. 是將帥之所大戒. 卿聽予言 愼勿輕進. 雖欲成功 或
致被害." 有定對曰:"臨敵之時 士卒怠散 勢窮事急 奚暇顧念!
是以往往忘身以突擊耳."上更教曰:"毋忽予言."饋之.

幸益安大君芳毅第問疾. 芳毅扶出跪泣 上亦墮淚. 賜鞍馬
鷹子 仍賜侍病宦者伴人婢僕布物有差. 登茅亭設宴 義安大君和
完山君天祐 贊成事李佇等侍宴. 芳毅憔悴無力 坐立不能自由
令人扶起 倚枕而坐. 上嘆曰:"兄病太甚 憔悴若此 深悔予未嘗
來見."又泣下. 問芳毅曰:"恐兄久坐勞甚 欲還."芳毅曰:"殿下
臨幸未易 臣亦病甚 不能詣闕. 今日力疾而坐 願見臣醉臥而後
還."上乃留. 及 及日沒 芳毅扶立而舞 上亦起舞.

遣繕工少監金桂蘭于洛山寺. 設道場禳災異也.

分遣敬差官于各道 審田地損實. 務欲薄斂以厚民也.

倭船八隻 寇長鬐邊境.

慶尙道 固城 樸島 樊溪浦 雙峰浦 加背梁 陽知浦 吾非浦
廣浦 楸浦 水變黃黑色 魚多死 有臭氣 旬日乃已.

戊申 禁私鷹.

己酉 司諫院上疏 請免慶尙 全羅兩道田租. 疏略曰:

'往歲遣敬差官于各道 審田地荒熟 本欲裕民. 敬差官不能遍觀 乃使守令 守令畏敬差官之令 瘠民肥公. 今年又送敬差官 民必不安其生矣. 今年四月 慶尙道霜降 且旱旱晚水 全羅道水旱亦然 二道郡縣 全失農者多矣. 宜免其租 以功臣寺社田所出 充其數.'

翌日 上召司諫院掌務命曰: "昨日上疏 若累年凶荒. 或有不得已大事 則收功臣寺社田租 以充荒損之數可矣 不然則不可也. 敬差官不謹其任 則使觀察使考之."

庚戌 太白晝見.

壬子 上朝太上殿獻壽 義安大君和 靑原君沈淙 上黨君李佇等侍宴. 上初至 侍者出曰: "御涼廳看佛經 以故不進酒肉." 上恐太上王厭進酒肉 先進素饌 從以肉饍 太上王許之 上喜. 衆樂入奏 懽甚 太上王及上皆醉 起舞良久. 宴將終 太上王據胡床執杯呼上 使前而飲之 上趨進受之 以授近臣 自取杯於坫上 獻于太上王前 還取杯自飲 太上王待上飲畢乃飲. 上進前曰: "臣初詣闕 聞以看經之故 不進酒肉 恐未遂今日之懽 特蒙賜許① 喜幸難言."

癸丑 東北面隕霜殺穀.

乙卯 朝廷使臣宦官田畦 裵整 給事中馬麟等 齎詔書及禮部
을묘 조정 사신 환관 전휴 배정 급사중 마린등 재 조서 급 예부

咨文來. 奉天承運皇帝詔曰:
자문 래 봉천 승운 황제 조 왈

'朕惟帝王盛德 皆因實而著名; 達孝尊親 必揚名而顯實. 此
짐유 제왕 성덕 개 인실 이 저명 달효 존친 필 양명 이 현실 차

放勳重華 所以贊堯舜 而宣哲 於皇 所以頌文武也. 洪惟朕皇考
방훈 중화 소이 찬 요순 이 선철 오황 소이 송 문무 야 홍유 짐 황고

皇帝 聰明神武 峻德格天 至誠脗合於乾綱 光大寔侔於坤厚. 固
황제 총명 신무 준덕 격천 지성 문합 어 건강 광대 식모 어 곤후 고

天縱之至聖 膺歷數之在躬. 當元運之訖籙 四海紛紜 強暴相凌
천종 지 지성 응 역수 지 재궁 당원운지흘록 사해 분운 강포 상릉

生民塗炭. 憫墊溺之莫拯 奮一劍以龍興 曾無寸土一民之階 自
생민 도탄 민 점익 지 막증 분 일검 이 용흥 증무 촌토 일민 지 계 자

有英雄萬國之會. 汛掃妖氛 奠安寰宇. 不數載而成帝業 乃一舉
유 영웅 만국 지 회 신소 요분 전안 환우 불 수재 이 성 제업 내 일거

而致太平. 制禮作樂 典章煥乎重新; 用夏變夷 人文蔚其宣郎.
이 치 태평 제례 작악 전장 환호 중신 용하 변이 인문 울 기 선랑

東西際日月之出沒 南北極寒暑之幽遐 咸蒙覆燾 均被露濡 四十
동서 제 일월 지 출몰 남북 극 한서 지 유하 함몽 복도 균 피 점유 사십

餘年. 德教洋溢 淳風熙皞 自生民以來 未有盛於皇考皇帝者也.
여년 덕교 양일 순풍 희호 자 생민 이래 미유 성 어 황고 황제 자 야

皇妣孝慈皇后 齋莊徽淑 恭儉仁孝. 誕符京運 作配至尊. 弘濟
황비 효자 황후 재장 휘숙 공검 인효 탄부 경운 작배 지존 홍제

艱難 化家爲國. 盡其誠敬之心 以奉神靈之統. 補成內治 表著
간난 화가위국 진기 성경 지심 이봉 신령 지통 보성 내치 표저

母儀. 極天下之富貴 曾何加損於其身! 躬蠶桑以爲常 服澣濯
모의 극 천하 지 부귀 증하 가손 어 기신 궁 잠상 이 위상 복 한탁

不爲異. 有樛木逮下之德 致蠡斯多男之祥. 雖潙汭嬪虞 塗山啓
불 위이 유 규목 체하 지덕 치 종사 다남 지상 수 규예 빈우 도산 계

夏 有娀肇殷 摯任興周 績同開創 實莫與京. 自古后妃 未有盛於
하 유 용조 은 지임 흥주 적동 개창 실막여경 자고 후비 미유 성어

皇妣孝慈皇后者也.
황비 효자 황후 자야

仰惟二聖之鴻休 允合兩儀之大德. 日月于邁 深切孝思. 念
양유 이성 지 홍휴 윤합 양의 지 대덕 일월 우매 심절 효사 염

名號未稱乎功德 典禮必在於追崇. 考諸經史之文 尤重尊親之
명호 미칭 호 공덕 전례 필재 어 추숭 고제 경사 지문 우중 존친 지

制. 乃者下詔廷臣 定上尊諡 衆心戴慕 輿議僉同. 皇考尊諡 聖神
제 내자 하조 정신 정상 존시 중심 대모 여의 첨동 황고 존시 성신

文武欽明啓運峻德成功統天大孝高皇帝 廟號太祖. 皇妣尊諡
문무 흠명 계운 준덕 성공 통천 대효 고황제　묘호 태조　황비 존시

孝慈昭憲至仁文德承天順聖高皇后. 告于天地宗社 以六月十一
효자 소헌 지인 문덕 승천 순성 고황후　고 우 천지 종사 이 육월 십일

日恭上册寶. 嗚呼! 顯號鴻名 永協臣民之公論. 配天享祀 用伸
일 공 상 책보　오호　현호 홍명 영협 신민 지 공론　배천 향사 용신

人子之至情. 光華宇宙 垂裕萬年. 布告天下 咸使聞知.
인자 지 지정　광화 우주 수유 만년　포고 천하 함사 문지

上如太平館設宴. 田畦 全羅道扶寧人. 裵整 忠淸道淸州人 曾
상 여 태평관 설연　전휴 전라도 부령 인　배정 충청도 청주 인 증

被選赴京者也.
피선 부경 자야

參知議政府事黃居正 回自京師
참지 의정부사 황거정 회 자 경사

丙辰 上如太平館 宴使臣.
병진 상 여 태평관 연 사신

命出江陵道 武陵島居民于陸地. 從監司之啓也
명 출 강릉도 무릉도 거민 우 육지　종 감사 지 계야

戊午 上親祭于仁昭殿.
무오 상 친제 우 인소전

分遣行臺監察于左右道. 檢察牛馬踏損禾穀也.
분견 행대 감찰 우 좌우도　검찰 우마 답손 화곡 야

遷市街西廊居人. 上謂朴錫命曰: "市街西廊十四五間傾側
천 시가 서랑 거인　상 위 박석명 왈　시가 서랑 십 사오 간 경측

一間居人 豈止二三而已哉? 恐致頹壓 卿每過市而來 何不言乎?
일간 거인 기 지 이삼 이이 재　공 치 퇴압 경 매 과시 이래 하 불언 호

若重土木之役 不卽改構 遷其居人可矣." 乃召議政府舍人使告
약 중 토목 지역 부즉 개구 천 기 거인 가의　내 소 의정부 사인 사고

政丞而遷之.
정승 이 천지

己未 慶尙道珍海縣水變赤漲 膩魚多死.
기미 경상도 진해 현 수 변 적창 이어 다사

庚申 使臣至闕 上設宴于淸和亭. 使臣田畦等三人 至太上殿
경신 사신 지궐 상 설연 우 청화정　사신 전휴 등 삼인 지 태상전

太上王行茶禮 又至上王殿 上王亦行茶禮 至闕 上迎入淸和亭
태상왕 행 다례 우 지 상왕전 상왕 역 행 다례 지궐 상 영입 청화정

設宴. 畦等獻上段一匹 段衣一 獻中宮段紗各一匹 上曰: "使臣
설연 휴 등 헌상 단 일필 단의 일 헌 중궁 단사 각 일필 상 왈　사신

無此禮 今天使 是我國人 故寡人受之."
무 차례 금 천사 시 아국인 고 과인 수지

辛酉 命議政府 餞田畦 裵整于東郊. 畦 整等 省族親于其鄉也.

壬戌 太白晝見.

癸亥 下妖僧于楊州獄. 有僧詣闕告曰: "楊州之地 有金井焉.

僧乃夢得之 掘而視之則驗. 栽木于井邊以表之 今已三年." 上則

命內官李龍 與僧馳驛見之 乃虛事也.

甲子 太白晝見二日.

命司平府 宴天使馬麟. 初 朝廷使臣至 妓侍寢 常事也. 自

兪士吉不納之後遂廢 至是麟自納焉.

乙丑 月掩畢大星. 召判書雲觀事張思彦問曰: "月掩月犯月入

月守 何以別乎? 且月掩畢 則其應何如?" 思彦對曰: "月近星

則謂之犯 遮星則謂之掩 星入月而還出謂之入 星入月而久在者

謂之守. 若月掩畢 則其應在起兵也. 然前夜月掩畢之地 乃酉地

非我國內也." 思彦退 命內豎出書冊覽之 月掩畢之應 果如思彦

所言也. 上曰: "天以災異譴告 不可不修省. 須頒敎求言 欲與

臣僚同恐懼也."

以崔有慶爲判漢城府事 趙狷左軍都摠制平城君 李文和

藝文館大提學 辛有定判江陵大都護府事 兼 兵馬都節制使.

丙寅 下敎求言:

'王若曰 予以否德 纘承丕緒 夙夜惟寅 莫敢或遑 期至于治.

然而災異屢見 星辰失度 水旱相仍 矧玆海水變赤 其爲譴告

至矣. 予甚恐懼 若隕于淵. 欲知致災之由而去之 則未知其由;
지의 여심 공구 약운우연 욕지 치재 지유이 거지 즉 미지 기유

欲求弭災之道而行之 則未得其道.② 以予寡昧 何以堪之! 德行
욕구 미재 지도이 행지 즉 미득 기도 이여 과매 하이 감지 덕행

有闕而不自知歟? 政事有失而妄自行歟? 詞訟不平而冤抑未伸
유궐 이부 자지 여 정사 유실 이망 자행 여 사송 불평 이원억 미신

歟? 賦役不均而流亡未息歟? 忠邪混處而讒諂行歟? 紀綱不立
여 부역 불균 이유망 미식 여 충사 혼처 이참첨 행여 기강 불립

而刑賞紊歟? 邊將失於撫循而士卒嗟怨歟? 奸吏巧於弄法而
이 형상 문여 변장 실어 무순 이사졸 차원여 간리 교어 농법 이

閭閻愁嘆歟?③ 咨爾大小臣僚閑良耆老! 其於致災之由 弭災之
여염 수탄 여 자이 대소 신료 한량 기로 기어 치재 지유 미재 지

道 各以所見 陳之無隱. 言之可用 卽加採納 雖或不中 亦且優容.
도 각이 소견 진지 무은 언지 가용 즉가 채납 수혹 부중 역차 우용

於戲! 惟修德可消變異 固當躬行 然求言欲廣聰明 願聞讜議.'
어희 유 수덕 가소 변이 고당 궁행 연 구언 욕광 총명 원문 당의

參贊議政府事權近上言:
참찬 의정부 사 권근 상언

'竊惟天人之際 未易言也; 災異之生 亦非一致. 或先事而示警
절유 천인 지제 미언 야 재이 지생 역비 일치 혹 선사 이시경

或後事而示譴 不可指言某事之失而致是災也. 弭災之道 只在
혹 후사 이시견 불가 지언 모사 지실 이치 시재 야 미재 지도 지재

殿下一念之天 然其要不過四事 曰事天 曰事親 曰責己 曰安民.
전하 일념 지천 연 기요 불과 사사 왈 사천 왈 사친 왈 책기 왈 안민

事天在致其敬畏 事親在盡其誠孝 責己在乎思愆 安民在乎省事
사천 재치 기경외 사친 재진 기성효 책기 재호 사건 안민 재호 성사

而已. 惟殿下留意焉. 凡勞民之力 駭民之聽 怨詈之事 無敢或行
이이 유 전하 유의 언 범 노 빈지력 해 민지청 원리 지사 무감 혹행

以前四者日愼一日 兢業圖治 以消變異.'
이전 사자 일신 일일 긍업 도치 이소 변이

司諫院上言:
사간원 상언

'臣等伏覩殿下 軫慮天變屢見 特降敎書 其致災之由 弭災之道
신등 복도 전하 진려 천변 누현 특강 교서 기 치재 지유 미재 지도

令大小臣僚 悉陳以聞. 臣等謹以一二淺見 條列于後 伏望殿下
영 대소 신료 실진 이문 신등 근이 일이 천견 조열 우후 복망 전하

兪允施行.
유윤 시행

一 頃者懷安父子 稱兵構亂 幾敗社稷. 其在王法 固不可
일 경자 회안 부자 칭병 구란 기패 사직 기재 왕법 고 불가

赦 殿下以友愛之情 安置于外 誠宜改過自新 以答殿下保全之

恩 臣等竊聞 近來恃其驍勇出衆 怏怏憤怨 出入馳騁 無所忌憚;

其子義寧 年少狂妄 膂力方强 不知己罪 尤爲縱恣. 今者天之

示變 豈徒然哉! 臣等竊恐父子同處 必圖不軌 以貽後日之患. 願

殿下將其父子 分置別處 以杜禍亂之萌 以全友愛之情.

一 朴蔓 任純禮 本無才德 挺身武班 幸蒙聖恩 致位兩府.

年前 殿下以東北一面 境連異土 以付專制之任. 顧當太上拜陵

之時 徵發軍兵 以致禍亂 而其餘黨 皆就誅戮 蔓與純禮 獨以

首惡 得保首領 實有乖於春秋討罪之義. 東北面都巡問使林整

性本麤狂 出身刀筆 濫至相位. 殿下以漕轉 國之大務 命爲三道

體察使. 誠宜謹恪 以效其職 而乃不體殿下委任之意 生民休戚

曾不介意 雖當旱荒禁酒之際 縱酒耽樂 荒淫自恣. 除漕運錢穀外

凡其海產魚藿脯醢竹木等物 悉收重載於公私處 廣行苞苴 以市

私惠. 殘忍割刻 流毒生民 莫此爲甚.

且 於今年漕轉之時 風水利害 載船輕重 不親監攷 付之庸愚

憸小之輩 致使船軍數百餘人 所載米穀萬餘石 盡爲沒水. 父母

妻孥 痛哭號天 感傷和氣 近來連歲旱荒 海水變赤. 臣等以爲

致災之故 恐或由此 上項人等 當以其罪 依律區處 而蔓與純禮

輕受貶外 林整反蒙寬宥 連受重任. 臣等以謂此實敎書所謂紀綱

不立 刑賞紊焉者也. 願殿下令憲司 將朴蔓 純禮等 明置典刑; 其

林整 竄黜南方 以快三道人民憤怨之心.

一 國家設議政府統庶官 司平府掌錢穀 承樞府摠軍政.④ 此
誠綱擧目張 體統相維之良法也. 近來承樞府軍政大體 或有乖
於設立之意. 其三軍都摠制已下 當坐本府 預聞軍政. 今者掌軍
摠制 每軍二員 各於其司 發出軍令 非惟號令多門 體統不立.
其餘摠制不與本軍之事 又不得坐於承樞 名雖摠制 實爲虛位. 且
甲士禁軍 侍衛宮門 所當精選 除拜之際 或不如法. 願自今 令
三軍僉摠制已上 會坐于承樞府 其府中之事 首領官承稟施行;
各軍之事 上大護軍 承稟施行; 自判府事以至僉摠制 無不與聞;
各軍鎭撫 一皆革去; 其甲士除拜之際 令各道監司 擇其有武藝者
貢于兵曹 判府事與各軍摠制 會于兵曹 試其才藝 中其選者 方許
除授 則軍政公而體統嚴矣.

上召左司諫安魯生命曰:"所請皆合於理 揆之人情 不可卽從."

上命右獻納鄭安止曰:"懷安父子 不可分處; 蔓與純禮 已皆
定罪 不可復議; 林整敗船之事 非整之致然也 已出于外. 是以皆
不允."

司諫院復上疏曰:

'殿下以謂:"懷安父子以匹夫 在於南方 何所疑哉!"臣等以謂
涓涓之水 至於滔天 熒熒之火 至於燎原. 事變常起於所忽. 是以
古之聖王 謹之於微 辨之於早 不使滋蔓 良以此也.⑤ 殿下以爲

"朴蔓 任純禮 已曾議罪 在於貶所 且赦宥之後 不可復議." 臣等

以爲亂臣賊子 身無存沒 時無古今 必誅之罪也. 蔓與純禮等 受

殿下之命 全制一方 不思其職 擅發官軍 以至大亂 其爲殿下之

叛賊明矣. 雖喪師失律 猶不得免其罪 況握兵權而搆亂者乎! 枝黨

皆受極刑 罪及妻孥 而蔓與純禮 獨以首惡 全軀保命 家産官爵

如舊 其於王法討賊之義何? 殿下以爲: "林整素有名望 憂勤

職事. 其敗船 不幸也 非其罪也." 臣等以爲 凡臣子受命而之⑥

四方 當愼威儀 恪謹職任. 今不畏禁令 沈湎于酒 凡載船之際 除

國家經費外 魚藿獐鹿竹木山海所産 莫不以載 不可勝記. 且不親

監 尔行 由旱路付之萬戶貪饕之輩 其輩亦效整之所爲 各裝私物

附益重載 傷敗人命. 非整之罪 誰執其咎! 其於殿下委任之意何?

殿下何獨惜一人 不慰三道人民憤怨之心乎? 願殿下斷之以義

處之以法." ⑦

命下議政府 除懷安父子事外 擬議以聞. 議政府與司平府

承樞府議: "朴蔓 任純禮 皆王法不赦之罪 依司諫院所申; 林整

已曾準律 更勿擧論."

賜領議政府事趙浚宮醞三十瓶. 以三牓門生設宴故也.

遣議政府舍人於左政丞河崙第 議進獻禮物. 敎舍人李薈曰:

"今遣進賀使 欲幷獻禮物. 此非節日正朝之比 獻禮物 於禮何如?

今日始獻則朝廷以爲常 新帝卽位 追上尊號 遣使諭之 此豈年例

也耶? 其議于崙以聞." 薈傳敎于崙 崙對曰：“此賀雖非常禮 宜獻
禮物. 雖未盡合禮 失於厚矣." 上然之.

參判司平府事辛克禮 辭以不才 上慰撫之. 克禮曰：“臣本以
淺才 摠制之職 常若不克. 又加司平之任 如羸馬載重 恐有不勝
之患 且恐減福." 上曰：“卿以是爵爲高乎? 予固量而授之. 卿得閑
在家 豈無日乎?"克禮驕奢貪險 不識事理 此亦非直言 實欲求
媚于上也. 但以與於定社佐命之議 得參功臣之列.

丁卯 遣大護軍李愉 行祈禳祭于慶尙道海神.

庚午 金星犯軒轅 太微.

壬申 賜廐馬一匹于奉常副令崔伊. 伊以謝誥命使書狀官 赴京
回還 先至啓曰：

“帝初見石璘等 進之曰：‘如有欲言之事則言之.’石璘對曰：
‘聖上旣錫誥命印章 往來使臣 無不厚待. 聖恩旣深 何所復言！
然微臣日夜之望 專在冕服. 又太祖皇帝時 以文書錯誤事拘留
人 鄭摠 金若恒 曹庶 郭海龍 盧仁度等 累年不還 其父母妻子
日夜哭望. 又我殿下 性本好學 而元子亦年十歲 入學成均 常患
書冊之少.’帝皆深納之曰：‘拘留人 將放還. 書冊冕服 差人委送.’
臣伊所親聞也."

癸酉 遣左軍都摠制趙涓如京師. 賀追崇高皇帝 高皇后也. 上
與朴錫命言：“如有與涓問逃軍事者 涓宜仔細以對."錫命曰：“臣

已謂狷曰: '還渡義州江而逃者 不知所歸; 不越江者 雖在境內
이 위 견 왈　　환도 의주 강 이 도자　부지 소귀　불 월강 자 수재 경내

衣服言語無異 難以辨矣. 且山川險阻 莫知其隱處 若冬寒雪深
의복 언어 무이　난 이 변 의　차 산천 험조　막지 기 은처　약 동한 설심

依于人家 則不難得也. 殿下每令州府郡縣 搜遣無遺. 初 漫散軍
의 우 인가　즉 불 난득 야　전하 매령 주부 군현　수견 무유　초　만산군

屯于國境 糧盡相殺而食 死者半矣. 上國之民 死於國境 不可
둔 우 국경　양진 상살 이 식　사자 반의　상국 지민　사 어 국경　불가

坐視而不恤 故納而養之. 聞今皇帝卽位 先抄魁首等 以刑曹典書
좌시 이 불휼　고 납 이 양지　문 금 황제 즉위　선 초 괴수 등　이 형조 전서

陳義貴 押而遣之 義貴路逢王得名 得名使義貴還. 若欲隱匿 則
진의귀　압 이 견지　의귀 노 봉 왕득명　득명 사 의귀 환　약 욕 은닉　즉

其押送 豈在王得名出來之前乎!'"
기 압송　기 재 왕득명 출래 지 전 호

遣內官致宮醞于還鄕使臣. 從左政丞河崙所啓也.
견 내관 치 궁온 우 환향 사신　종 좌정승 하륜 소계 야

以崔龍蘇爲承寧府尹 姜思德吉州道都安撫察理使.
이 최용소 위 승녕부 윤　강사덕 길주도 도안무찰리사

甲戌 分賜朱文公家禮於各司. 印家禮一百五十部於平壤府而
갑술　분사 주문공가례 어 각사　인 가례 일백 오십 부 어 평양부 이

頒之.
반지

乙亥 左政丞河崙等 進新修東國史略. 崙與參贊權近 知議政
을해　좌정승 하륜 등　진 신수 동국사략　륜 여 참찬 권근　지 의정

李詹修之.
이첨 수지

司憲府上疏請行楮貨. 疏略曰:
사헌부 상소 청행 저화　소 약왈

'臣等竊謂 人主之利權 不可一日而廢也. 聖人因山澤自然之利
신등 절위　인주 지 이권　불가 일일 이 폐야　성인 인 산택 자연 지 리

以利斯民. 其爲利也 如泉之不渴 流行於天地之間 而用財之道
이 리 사민　기 위리 야　여 천지 불갈　유행 어 천지 지간　이 용재 지 도

自虞 夏 商之世而尙然 至周太公望 建六府三職之官 令冢宰掌之
자 우 하 상 지세 이 상연　지 주 태공망　건 육부 삼직 지 관　영 총재 장지

以斂財賄 以節財用 其制則用金 或用錢或用刀或用布或用龜貝.
이 렴 재회　이 절 재용　기제 즉 용금　혹 용전 혹 용도 혹 용포 혹 용 구패

貨刀之說 未知其制 貝則西方之俗 貨之至今. 金取其寶也 錢取
화도 지 설　미지 기제　패 즉 서방 지 속　화 지 지금　금 취 기보 야　전 취

其泉也 布取其布也 要皆流行無滯耳.
기천 야　포 취 기포 야　요개 유행 무체 이

漢武帝之時 以內用不給 造白鹿皮幣 以龍馬龜 各爲其直而
한 무제 지시 이 내용 불급 조 백록 피페 이용마구 각위 기치 이

不贍 國用賴以小舒. 唐憲宗之時 令商賈至京師 委錢富家 以
불섬 국용 뢰이 소서 당 헌종 지시 영 상고 지 경사 위전 부가 이

輕裝趨四方 合券乃取 號爲飛錢 是楮幣之法 始於漢而行於唐
경장 추 사방 합권 내취 호위 비전 시 저폐 지법 시어 한 이 행어 당

矣. 宋眞宗之時 以鎭蜀之兵 鐵錢重 不便於輸 於是設質劑之法.
의 송 진종 지시 이 진촉 지병 철전 중 불편 어수 어시 설 질제 지법

仁宗時 蜀人交子起民爭訟 議者請官自罷 務以利民而止其爭.
인종 시 촉인 교자 기민 쟁송 의자 청관 자파 무이 이민 이지 기쟁

大元世祖皇帝卽位之初 用安童丞相之議 造中統交抄以行 慮有
대원 세조 황제 즉위 지초 용 안동 승상 지의 조 중통 교초 이행 려유

不便於民者 於燕京建平準庫 以均平物價 通利鈔法. 至元二年
불편 어민 자 어 연경 건 평준고 이 균평 물가 통리 초법 지원 이년

會計楮幣凡五萬七千六百八十二錠. 其後詔天下 拘收銅錢 蓋恐
회계 저폐 범 오만 칠천 육백 팔십 이 정 기후 조 천하 구수 동전 개공

其有損於鈔利也. 至二十四年 更造至元寶鈔 頒行天下 以中統鈔
기유 손 어 초리 야 지 이십사 년 갱조 지원 보초 반행 천하 이 중통 초

竝行 使新者無冗 舊者無廢. 是則楮貨之法 盛於唐而大行於元朝
병행 사 신자 무용 구자 무폐 시즉 저화 지법 성어 당 이 대행 어 원조

矣. 恭惟皇明太祖皇帝 肇有四海 易服色殊徽號 以新天下之耳目
의 공유 황명 태조 황제 조유 사해 역 복색 수 휘호 이신 천하 지 이목

獨楮幣一法 尙循前轍 蓋取利權之在上也.
독 저폐 일법 상순 전철 개 취 이권 지 재상 야

惟我國家邈在海陬 自以土物爲貨 自三國以至前朝 皆貨麻布
유 아 국가 막 재 해추 자이 토물 위화 자 삼국 이지 전조 개 화 마포

而用五升 始可以衣人 可以市物 市價不二 民皆便之. 及乎世代
이용 오승 시 가이 의인 가이 시물 시가 불이 민 개 편지 급호 세대

旣久 奸僞日滋 布自五升 轉爲三升 女功易而市直賤. 錢壞可以
기구 간위 일자 포 자 오승 전위 삼승 여공 이 이 시치 천 전 괴 가이

改鑄 楮爛可以重造 布幣則終無用矣. 國人自以營産爲利 唯知出
개주 저란 가이 중조 포폐 즉종 무용 의 국인 자이 영산 위리 유지 출

租賦 以供軍國之需 而不知利權之在人主也. 竊惟國家創業未久
조부 이공 군국 지수 이 부지 이권 지재 인주 야 절유 국가 창업 미구

而殿下以守文之主 摠政兵之權 而慮利權之不行也 比與大臣商
이 전하 이 수문 지주 총 정병 지권 이려 이권 지 불행 야 비여 대신 상

確前古 取漢 唐 宋 元以來楮幣之法 爲之設官置局 造境內通行
확 전고 취 한 당 송 원 이래 저폐 지법 위지 설관 치국 조 경내 통행

之寶 以行民間 民之見者未信以爲: "此物飢不可食 寒不可衣 一
지보 이행 민간 민지 견자 미신 이위 차물 기 불가 식 한 불가 의 일

緇佾耳 奚用焉!"
치대 이 해 용 언

至使元直日減 物價倍蓰. 一人唱言不可行 而萬口和之. 識時務
지사 원치 일감 물가 배사 일인 창언 불가행 이 만구 화지 식시무

者從旁觀之 不以爲不可 又從而爲之辭. 傳曰:"民可使由之 不可
자 종 방관 지 불 이위 불가 우 종이위지사 전왈 민 가사 유지 불가

使知之" 蓋謂是也. 民旣不可使知之 而識者又無不惑之見. 於是
사 지지 개위 시야 민 기 불가 사지지 이 식자 우무 불혹 지견 어시

臺諫交章請罷 殿下下議政府 議可否 定爲兼行楮布之法 旣而
대간 교장 청파 전하 하 의정부 의 가부 정위 겸행 저포 지법 기이

楮幣廢而不行. 詩云:"毋敎猱升木 如塗塗附." 夫以不喜楮貨之民
저폐 폐이불행 시운 무교 노 승목 여 도 도부 부이 불희 저화 지민

道之以兼行 宜乎捨楮而取布也. 法旣立 弊不生而遽已. 凡爲政者
도지 이 겸행 의호 사저이취포야 법 기립 폐불생 이거이 범 위정자

不爲則已 爲則必要其成. 伏惟殿下 念利權之不可廢 慕中國之
불위 즉이 위 즉 필요 기성 복유 전하 염 이권 지 불가폐 모 중국 지

可爲法 擧而行之 因而修之 則局不改置 官不改設 而曲暢旁通⑧
가위 법 거이행지 인이수지 즉 국 불개 치 관 불개 설 이 곡창 방통

如泉之流 可使裕國用而足民食矣.'
여천지유 가사 유 국용 이 족 민식 의

| 원문 읽기를 위한 도움말 |

① 特蒙賜許. 이는 하나씩 정확히 풀어서 해석해야 한다. 즉 '특별히[特] 허
   특 몽 사 허   특
   락을[許] 내려주심을[賜] 입다[蒙=被]'라는 뜻이다.
   허   사
                  몽 피

② 欲知致災之由而去之 則未知其由; 欲求弭災之道而行之 則未得其道. 대
   욕지 치재 지유 이 거지 즉 미지 기유 욕구 미재 지도 이 행지 즉 미득 기도
   구를 이루는 두 문장이다. 여기서 중요한 것은 則이다. 여기서는 '~라면'
                                         즉
   이 아니라 '~임에도'로 풀어야 한다. 기존의 번역은 '~라면'으로 풀어 뜻
   이 통하지 않는다.

③ 德行으로부터 시작해 모두 8개의 歟가 나온다. 간절하게 예상되는 문
   덕행   여
   제들을 짚어내는 대목에서 歟를 사용하고 있다. 그래서 모두 '혹시'라는
                        여
   말을 넣어 歟의 뜻을 구체적으로 살렸다.
           여

④ 國家設議政府統庶官 司平府掌錢穀 承樞府摠軍政. '통할하다', '주관
　　국가 설 의정부 통 서관　　사평부 장 전곡　　승추부 총 군정

하다' 등의 같은 뜻이지만 기관에 따라 統, 掌, 摠 등을 달리해서 표현하
　　　　　　　　　　　　　　　　　　　　　통 장 총

고 있다.

⑤ 良以此也. 良은 '정말로[誠=固]'이고 以~也는 '~때문이다'라는 뜻이다.
　　양 이 차 야　양　　　　　　　　성 고　　　이 야

⑥ 凡臣子受命而之四方. 之는 '가다[往=如]'라는 뜻이다.
　　범 신자 수명 이 지 사방　지　　　　　　왕 여

⑦ 특히 이 사간원의 글에는 以謂와 以爲가 많이 나오는데 모두 '~라고 생
　　　　　　　　　　　　　이위　　　이위

각하다'라는 뜻이다.

⑧ 曲暢旁通. 원래 이 뜻은 말이나 글의 조리(條理)가 분명하고 널리 통
　　곡창 방통

한다는 뜻으로 「중용장구서(中庸章句序)」에 나오는 표현이다.

태종 3년 계미년
9월

九月

병자일(丙子日-1일) 초하루에 번개와 천둥이 쳤다.

정축일(丁丑日-2일)에 사신 마린(馬麟)이 문묘(文廟)에 배알했다.

○ 금성(金星)에 독초(獨醮)[1]를 거행했다.

병인일(丙寅日-3일)에 번개와 천둥이 쳤다.

○ 박만(朴蔓)과 임순례(任純禮)의 직첩을 거두고 가산(家産)을 적몰했으며 폐하여 서인(庶人)으로 삼았다.

○ 상이 사신 마린을 청해 무일전(無逸殿)에서 잔치를 베풀었다.

기묘일(己卯日-4일)에 태백성이 낮에 보였다.

○ 삼부(三府)에 명해 동교(東郊)에서 사신 전휴(田畦)에게 잔치를 베풀게 했다. 휴(畦)가 그의 고향에서 돌아왔기 때문이다.

경진일(庚辰日-5일)에 상이 태상전에 조알하고 헌수했다. 이서(李舒)와 이저(李佇) 등이 잔치를 모셨는데 매우 즐거워서 연구로 창화하고 밤에 마쳤다.

---

1 도가의 초제(醮祭)의 일종으로 천신과 산신 그리고 별 등에 지내는 제사다.

○사헌부에서 다시 소를 올려 저폐를 시행할 것을 청했다. 소는 대략 이러했다.

'일을 말해야 하는데 말하지 않고, 말을 행해야 하는데 하지 않는다면 임금과 신하가 서로 뜻을 맞추는 의리[契合之義]는 예로부터 힘든 법입니다.[2] 신 등이 가만히 보건대 전하께서 신사년(辛巳年-1401년)에 대신들과 함께 모의해 비로소 저화(楮貨)의 법을 시행했는데 백성들이 효과를 보지 못하고 눈과 귀에 익숙하지 않아 불편하다고 여겨 한 사람이 주창하자 여러 사람이 화답하니 시무를 아는 사람도 처음에는 폐지해서는 안 된다고 고집하다가 결국에는 슬그머니[靡然] 따랐습니다. 신 등이 삼가 장소(章疏)를 갖춰 다시 시행할 것을 청했으나 그리하라는 윤허를 얻지 못했습니다[未獲=未得]. 신 등은 청컨대 저화와 포화의 우열(優劣)과 득실(得失)을 논해보겠습니다.

무릇 포(布)는 세 가지의 어려움과 세 가지의 써서는 안 되는 점이 있습니다. 어느 해에 혹 마(麻)가 귀해지면 구하기 어려움, 여공(女功)이 방직하기 어려움, 수량이 혹 많아지면 안고 지고 다니기 어려움, 길이가 한 필(匹)이 되지 않으면 쓰지 못하는 점, 꿰매어 이으면 쓰지 못하는 점, 찢어지고 흠이 있으면 쓰지 못하는 점이 있습니다. 저(楮)는 세 가지의 편리함과 세 가지의 시행해야 하는 점이 있습니다. 종이는 섞어서 쓸 수 있는 편리함이 있고, 판(板)은 인쇄하여 쓰

---

2   기존의 번역을 원문과 참조해보기 바란다. 딱히 오역이라고 하기는 어렵지만 무슨 뜻인지를 알 수가 없다. "일이 말할 수 있는데 말하지 않고, 말이 행할 수 있는데 행하지 않으니 계합(契合)의 뜻이 예로부터 어렵게 여기는 것입니다."

는 편리한 점이 있고, 관(貫)은 임의로 쓸 수 있는 편리한 점이 있습니다. 이미 관(貫)이나 되는 돈[文]을 가졌어도 그 용도가 가장 가볍기 때문에 비록 찢어지고 해졌어도 시행할 수 있고, 비록 낮은 값이라도 행할 수 있고, 비록 먼 지방이라도 역시 시행할 수가 있습니다. 저(楮)와 포(布) 중에서 어떤 것이 낫고 어떤 것이 못하며, 어떤 것이 얻음이고 어떤 것이 잃음입니까?

전하께서 이미 함께 시행하라[兼行]는 영을 내리셨으나 백성들은 저화를 버렸습니다. 저폐를 처음 시행할 때 국가에서 백성에게 믿음을 보이고자 하여 백성의 금(金), 은(銀), 동(銅), 철(鐵), 포(布), 백(帛)을 관부(官府)로 거둬들이고 저폐로 바꿔주었습니다. 그러나 얼마 뒤에[旣而] 저폐가 시행되지 않아 백성들이 저폐를 환납(還納)하려고 하면 관부에 바친 물건은 이미 국용(國用)에 썼습니다. 또 관부에서 포폐(布幣)로 바꿔주려고 하니 이미 해졌습니다. 이는 백성의 재물을 빼앗는 것이요, 백성에 빚을 진 것입니다. 백성들이 평소 저축한 포폐를 관부로 실어들이게 하고 저폐를 폐지하여 상부(商夫)와 판부(販婦)로 하여금 장사할 자본을 거의 없어지게 하면 이것은 백성의 재물을 손상시킨 것이요, 백성의 이익을 그물질하는 것이 됩니다. 또 이익을 불리려는[殖利] 무리들이 많은 저폐를 싸 가지고 가서 각 도(各道) 관부의 곡식을 무역해 많으면 500~600석에 이르러 앉아서 공름(公廩)을 텅 비어 고갈되게[虛竭] 만드니 이것은 폐기해야 할 법의 밝은 효험[明效]입니다. 공름의 저축이 거의 탕진되었는데도 저폐를 행하지 않고 포화(布貨)는 다 백성에게서 나오는데도 기한을 지정해 내어줄 수 없습니다. 만일 급한 일이 있으면 양식을 무엇으로 공

급하며, 상사(賞賜)는 어디로부터 나오겠습니까? 이를 염려하지 않을
수 없습니다. 이것은 법을 폐지하는 것뿐 아니라 백성들에게 이익되
게 함[利]을 폐지하는 것입니다. 이익됨이 천하에 있는 것은 샘이 흐
르는 것과 같으니 그래서 전(錢)을 천(泉)이라고 하는 것인데 어찌 폐
지할 수 있겠습니까? 저폐의 법이 한(漢)·당(唐)·송(宋)·원(元)나라
때부터 황명(皇明)에 이르기까지 계속 시행되어 그 이익됨이 하늘에
가득합니다. 엎드려 생각건대 전하께서는 이권을 폐기할 수 없는 것
을 염두에 두시고, 중국 것들 중에 모범이 될 만한 것을 사모하여 예
전과 같이 거행하신다면 누가 능히 그것을 막겠습니까! 백성들이 달
려가는 방향[趨向]이란 오직 위에서 가리키고 시키는 데에 있습니다.
앞으로 얼마든지 쫓아갈 수 있으니 아직 늦지 않았습니다.'

　장령 이관(李灌, 1372~1418년)³을 불러 저화의 폐단을 극진히 말
하고 더 이상 말하지 말도록 했다.

　임오일(壬午日-7일)에 삼부(三府)에 명해 사신 배정(裵整)에게 동
교에서 잔치를 베풀게 했다. 정(整)이 그의 고향에서 돌아왔기 때문
이다.

3　1408년 종부시령(宗簿寺令)으로 충청도 경차관으로 나가 도망친 군인들을 추쇄(推刷)
　했다. 이어 사헌부 집의와 대언을 지내고 1413년 지신사(知申事-도승지)를 지냈으나 이듬
　해 파직되고 의금부에서 국문을 당했다. 1417년 경기도 관찰사를 지냈으나 이듬해 도량
　형을 바르게 하는 것을 규찰하지 않았다 하여 또 파직됐다. 곧 함길도 도관찰사를 거쳐
　이조참판이 됐으나 강상인(姜尚仁)의 옥사에 연루돼 죽임을 당했다.

계미일(癸未日-8일)에 상이 태평관에 가서 사신을 만나보고 다례를 행한 다음에 돌아왔다.

○ 태상왕이 사신 전휴(田畦), 배정(裵整), 마린(馬麟)을 덕수궁(德壽宮)으로 청해 잔치를 베풀었다.

갑인일(甲寅日-9일)에 태백성이 낮에 보였는데 하늘을 가로질렀다[經天].
_{경천}

○ 우정승 성석린과 제학 이원(李原), 이정견(李廷堅)이 경사(京師)에서 돌아왔다. 석린 등이 가지고 온 예부(禮部)의 자문(咨文)은 이러했다.

'영락(永樂) 원년(1403년) 7월 초3일에 본부관(本部官-예부 관원)이 봉천문(奉天門)에 일찍 조회하고[早朝] 삼가 받든 성지(聖旨)에 "옛날 우리 부황(父皇) 태조 고황제(太祖高皇帝)께서 통어(統御-통치)하시던 처음에 조선 국왕이 능히 천명(天命)을 알고 표(表-표문)와 조공(朝貢)을 가장 먼저 올리니[首陳] 부황께서 그 충성스러움을 아름답게 여기시어 매우 우대를 했다. 뒤에 가서[後來] 그 나라가 간사해져 틈[釁]을 만들고 백 가지 실마리로 능멸하고 오만했으니, 예를 들자면 표전(表箋) 안에 기풍(譏諷-기롱과 풍자)을 품은 것,⁴ 진헌한 말이 다리를 저는 병[瘸病]이 많아 탈 수 없는 것, 안장[鞍] 안에 쓴 글자가 천박스러워[褻慢] 예(禮)가 없는 것 등이다. 부황께서 그 바친 공물들을 물리치고 악한 짓을 꾸민[造惡] 사람을 경사(京師)에 데려다

---

4 태조 때 문자옥(文字獄)에 걸려든 것을 말한다.

가 국법으로 논하여 간사한 계책이 모두 드러났다[畢露]. 부황께서는 살리기를 좋아하는 마음[好生之心]이 천지(天地)와 같아서 (그들을) 차마 베지 못하고 다만[止=只] 먼 지방에 안치했다. 홍무 30년에 부황께서 다시 그 사람의 죄에 경중(輕重)이 있음을 불쌍히 여기시고 하물며 유배 보낸 지가 이미 오래되어 멀리 고향을 떠났으니 어찌 부모와 처자를 그리워하는 마음이 없겠는가 하여 마침내 돌아오게 해 그 나라로 방환(放還)토록 하셨다. 불행하게도 부황께서 하늘로 가시자[賓天] 건문(建文-혜제)이 어질지 못하고 효심이 없어 고의로 할아버지의 가르침을 어기고 불러서 돌아온 사람들을 막아두고[阻當=阻擋] 돌려보내지 않았다. 짐이 자리에 나아온 초기에 조서(詔書)를 보내 일깨웠더니 저들이 천도(天道)를 공손히 받들고 우리 부황의 깊은 은혜를 생각해 곧바로 배신(陪臣)을 보내 표문(表文)을 받들고 조공(朝貢)을 바쳤다. 부황의 마음을 본받아[體=法] 이미 고명(誥命)과 인장(印章)을 주었더니 이번에 다시 사신을 보내와서 사례했다. 너희 예부(禮部)는 부황께서 지난번에 풀어주어 돌려보내려고 하셨던 사람들을 조사하여 중한 형벌을 범해서 취(取)하여 돌아오게 할 수 없는 사람을 제외하고, 그 나머지는 모두 데려다가 조선으로 풀어서 돌려보내도록 하라. 또 국왕의 면복(冕服)과 서적(書籍)을 주청(奏請)했는데 이는 저들이 중국의 성인(聖人-공자)의 도리와 예문(禮文)의 일을 사모할 줄 아는 것이니 이 뜻이 아름답다. 면복은 부황의 예전 전례(前例)와 체제(體制)에 따라 만들고, 서적은 정리해 주라. 저들이 가지고 온 포필(布匹) 등의 물건은 저들의 마음대로 팔게 하여 막지[阻當] 말고 의사(醫師)를 청한 한 가지 일만은 허가하지 않는다[不準]"고 하셨습니다. 이대로 삼가 준수하는 것[欽遵] 외에 지금 장차 성지(聖旨)에 담긴 일의 뜻을 갖춰 말해 본국(조선)에 이자(移咨)해 알립니다[知會].'

애초에 석린 등이 갈 때 예부에 올리는 글 한 통의 초안을 잡아서 (아래와 같이) 보냈다.

'조선국(朝鮮國) 차래사신(差來使臣)[5] 의정부 우정승 성석린 등은 사람과 사안[人物]의 일을 위해 말씀드리오니 본국(本國)이 성조(聖朝)를 신하로서 섬긴 이래 지극한 정성 이외에는 다른 뜻이 없는데, 다만 땅이 편벽되고 풍속이 비루하여 언어(言語)·문자(文字)가 (중국의) 체제를 밝게 알지 못하기 때문에 차견(差遣)한 인원(人員)들이 성지(聖旨)를 받고, 매매(賣買)하러 간 사람들이 일찍이 죄를 얻어서 지금까지 여러 해가 되었어도 돌아오지 못하고 있습니다. 빼어나신 천자(天子)께서 즉위하심을 삼가 만나 천하를 크게 사면하시어 그 부모와 처자가 아침저녁으로 그들이 돌아오기를 바라고 있으니 참으로 가련합니다. 이제 각 사람의 성명과 본래 차견했던 사유를 아래에 갖춰 적었사오니 바라건대 주문(奏聞)하시고 각 처의 관사(官司)에 공문을 보내 그들이 죽고 산 것을 물어서 살아 있는 자가 있으면 본국으로 돌아오도록 허락하고, 이미 사망한 자는 그 사망한 날짜를 알려주시어 처자들로 하여금 제사를 지내게 하여 고아와 과부의 소망을 위로해주소서. 이 때문에 갖춰 올리오니 빌건대 밝게 살피시어 시행하소서.

---

5 명을 받들고서 온 사신을 가리킨다.

하나, 홍무(洪武) 28년 11월 11일에 고명(誥命)을 청해 문하부사(門下府事) 정총(鄭摠)과 종인(從人) 한 사람을 보냈고, 같은 해 10월 초10일에 홍무(洪武) 29년 정조(正朝)를 하례하기 위해 서장관(書狀官)인 통례문 판관(通禮門判官) 양우(楊遇)와 통사(通事)인 사역원 부사(司譯院副使) 오진(吳眞)을 보냈고, 홍무 28년 6월 13일에 동년(同年) 9월 18일의 성절(聖節)을 하례하기 위해 통사인 사재감(司宰監) 송희정(宋希靖)과 압물(押物)인 별감(別監) 권을송(權乙松)을 보냈고, 홍무 29년 2월 15일에 표전(表箋)을 지은 사람인 전교시 판사(典校寺判事) 김약항(金若恒)과 종인(從人) 한 명을 보냈고, 동년 7월 19일 표문(表文)을 계품(啓稟) 교정(校正)한 사람인 예문직관(藝文直館) 노인도(盧仁度)를 보냈고, 홍무 30년 8월 18일에 동년(同年) 11월 초5일의 천추절(千秋節)에 하례(賀禮)하기 위해 전의시 판사(典儀寺判事) 유호(柳灝)와 압물인 정안지(鄭安止)를 보냈고, 동년 12월 28일에 계본(啓本)을 쓴 사람인 예조전서(禮曹典書) 조서(曹庶)와 통사인 사역원 판사(司譯院判事) 곽해룡(郭海龍)을 보냈습니다.

하나, 홍무 22년 정월 초10일에 요동 진무(遼東鎭撫) 조경(趙景)이 무영전(武英殿) 안에 있는 금의위(錦衣衛), 의례사(儀禮司) 등 관사에서 성지(聖旨)를 주준(奏准)[6]했는데 "고려(高麗)는 매매(賣買)하여 가라. 본국에 없는 물건을 사기 위한 상인은 천 명, 만 명을 불문하고 수로로, 육로로 명백한 문인(文印)이 있으면 모두 통과시켜 마음대로 강서(江西), 호광(湖廣), 절강(浙江), 서번(西番)에 가서 매매하여 가라"

---

6 임금에게 아뢰어 허가를 받는 일을 말한다.

고 했습니다. 그리하여 본국에 없어서 공급하지 못하고 왕부(王府)에서 복용(服用)할 약미(藥味) 등의 물건을 구하기 위해 홍무 25년 5월 모일에 김원우(金原雨)의 한 패 33명을 보내 선지철(宣之哲)의 배 한 척에 타고, 또 한 패 김윤원(金允源) 등 16명은 박연(朴連)의 배 한 척에 타고 산남(山南) 지면(地面)의 청주부(靑州府) 등지에 매매하러 갔는데 지금까지 살고 죽은 것을 알지 못합니다.'

석린 등이 (명나라) 조정에 이르러 이미 면대하여 아뢰고 예부(禮部)에 바쳤는데, 예부에서 주달(奏達)하니 황제로부터 위의 명령이 있었던 것이다.

을유일(乙酉日-10일)에 (조선 출신 명나라 사신인) 전휴(田畦), 배정(裵整)의 일가 20여 명에게 관작(官爵)을 제수했다. 휴와 정 등이 대궐에 나와 중궁(中宮)을 알현했는데 상은 익왕(翼王)[7]의 기일(忌日)이라 잔치를 베풀지 않고 다례를 행했다. 휴 등이 그 친척들에게 벼슬을 시켜달라고 청하여 말했다.

"우리는 내일 돌아가려고 하니 바라건대 오늘 벼슬을 제수하여 곧바로 나아와 사례할 것[出謝]을 명하소서."
                            출사
상은 어쩔 수 없이[不得已][8] 모두 첨설직(添設職)[9]과 외관(外官)을
              부득이

---

7 익조(翼祖)를 가리킨다. 이름은 행리(行里)다. 조선을 건국한 태조 이성계(李成桂)의 증조부다. 아버지는 목조(穆祖-安社)다. 1394년(태조 3년) 4대조를 추존할 때 생각하는 바가 심원하다 하여 익왕(翼王)으로 추존됐다. 태종 때 다시 익조로 추존됐다.

8 이 표현에 태종의 불편한 마음이 묻어 있다.

9 고려 말 조선 초에 공로가 있는 사람에게 벼슬을 주거나 승직시키려 해도 실직(實職)이 없을 때 차함(借銜)으로 직첩을 주는 것을 말한다.

내려주었는데 차등 있게 했고, 대간(臺諫)과 정조(政曹-이조)에 명해 모두 고신(告身)에 서명해주도록 했다.

○사섬서(司贍署)를 없앴다. 애초에 대사헌 이첨(李詹) 등이 두 번이나 소를 올려 초법(鈔法)의 회복을 청했는데 상이 윤허하지 않았다. 이때에 이르러 세 번째 소를 올려 말했다.

"관(官)을 고쳐 설치하지 않고, 법(法)을 고쳐 세우지 않는다면 민심(民心)이 정해지지 않습니다. 만일 초법을 시행할 수 없다면 사섬서를 혁파해 백성들의 뜻을 안정시켜야 합니다."

상이 박석명에게 말했다.

"저화를 시행하려 한다면 사섬서를 혁파하지 않는 것이 옳고, 저화를 시행하지 않는다면 쓸데없는 관사[冗官]가 되니 혁파하는 것이 옳다. 나는 저화를 시행하지 않으려고 하니 만일 나라에 이득이 있다면 내가 죽은 후[身後=死後]를 기다려 다시 사섬서를 세워도 진실로 어렵지 않을 것이다. 백성들에게 원망을 들어가며 나라에 이득이 되게 한다면 이는 진실로 무슨 유익함이 있겠는가? 지금 이후로는 크게 나라에 이익이 있고 백세(百世)라도 변치 않을 일이 아니면 신법(新法)을 세우지 말라. 왕안석(王安石, 1021~1086년)[10]의 일을 거

───────

10 송(宋) 인종(仁宗) 경력(慶曆) 2년(1042)년 진사가 되어 첨서회남판관(簽書淮南判官)이 됐다. 7년(1047년) 은현지현(鄞縣知縣)이 되어 수리시설을 개선하고 주민들에게 양곡을 대여하면서 행정제도를 엄수하여 빛나는 치적을 쌓았다. 서주통판(徐州通判)과 상주지주(常州知州)를 역임했다. 그렇게 강남 지역의 지방관으로 근무하면서 이재(理財)의 능력을 인정받았다. 인종 가우(嘉祐) 3년(1058년) 입조하여 삼사탁지판관(三司度支判官)이 되었는데, 1만 언(言)에 이르는 글을 올려 변법개혁(變法改革)과 인재의 양성을 주장했지만 채택되지는 못했다. 지제고(知制誥)로 옮겼다가 어머니상을 당해 사직했다. 신종(神宗)이 즉위하자 강녕부(江寧府)를 맡았다가 얼마 뒤 불려 한림학사겸시강(翰林學士兼侍講)

울삼아야 할 것이다.[11] 하늘의 변고[天變]가 위에서 움직이고 땅의 이
변[地變]이 아래에서 움직이니 나의 수명(壽命)이 길지 짧을지 알 수
가 없다. 오늘날의 민심으로 살펴본다면 다시 저화를 시행하는 것은
크게 불가하다. 경은 이 말로 정승에게 자세하게 고하라."

또 스스로 탄식하여 말했다.

"애초에 저화를 만든 것은 나의 허물이다. 오히려 누구를 탓하랴?"

상서소윤(尙書少尹) 김과(金科)에게 명하여 말했다.

"초(鈔)를 쓴 이래로 원망이 자꾸 일어나고 있다. 지난번에 대간의
청을 따라 초를 없애고 다시 포(布)를 썼는데 중외(中外)의 백성들은
여전히 초법이 부활될까 두려워한다. 사섬서를 혁파하여 백성들에게
믿음을 보이고자 한다. 너도 이것으로 하륜에게 고하도록 하라."

륜이 말했다.

"초법을 시행한 것은 신충(宸衷)[12]에서 나와 백관까지 토의하여 모

이 됐다. 휘녕(熙寧) 2년(1069년) 참지정사(參知政事)가 되어 변법을 강력하게 주장한 것
이 신종의 뜻과 일치해 역사적으로 유명한 파격적인 개혁정책을 실시하게 되었다. 삼사
조례사(三司條例司)를 설치해 재정과 군사 제도를 정비하면서 부국강병(富國强兵)의 방안
을 모색했다. 청묘법(靑苗法)과 시역법(市易法), 모역법(募役法), 보갑법(保甲法), 보마법(保
馬法)을 실시했다. 다음 해 동중서문하평장사(同中書門下平章事)가 되었다. 과거(科擧)와
학교 제도를 개혁했다. 7년(1074년) 사마광(司馬光)과 문언박(文彦博), 한기(韓琦) 등의 강
력한 반대에 부딪혀 재상 자리를 사직하고 강녕부로 옮겼다. 이듬해 다시 복직했지만 다
음 해 다시 파직돼 강녕부로 나갔다. 원풍(元豊) 3년(1080년) 형국공(荊國公)에 봉해졌으
며 시호는 문(文)이다. 그의 신법은 국가재정의 확보와 국가행정의 효율성 증대 등에서
일정한 실적을 거뒀지만 원래 취지인 농민과 상인의 구제라는 면에서는 결과적으로 세역
(稅役)의 증대, 화폐경제의 강요 등으로 영세 농민층의 몰락을 가속화시킨 문제점도 있
었다.

11 바로 앞에서 신법이라는 말을 사용했고 다시 왕안석을 열거한 데서 알 수 있듯이 여기
서 태종은 신법과 구법의 논쟁 중 구법을 선택한다.

12 임금의 뜻을 가리킨다.

두 좋다고 한 연후에 정했으니 가벼이 고칠 수가 없습니다. 우리나라
가 땅은 척박하고 백성은 가난하여 국가의 재용이 늘 넉넉지 못한
것[不瞻=不足]을 근심하니 비록 공(功)과 상(賞)(을 줄 일)이 있더라도
무엇으로 대우하겠습니까? 하물며 이권(利權)이 백성에게 있는 것은
안 될 말입니다. 초법이 공사(公私)에 모두 이익이 되는 것은 전해 들
은 일이 아니라 중국에서 이미 행하고 있어 신 등이 눈으로 직접 본
것입니다. 어찌 한두 신하의 말로 가볍게 국가의 이미 이루어진 법
[成法]을 바꿀 수가 있습니까?"

상은 윤허하지 않았다.

○『십팔사략(十八史略)』 읽기를 마쳤다.

병술일(丙戌日-11일)에 안개가 꼈다.

○ 상이 태평관에서 사신에게 잔치를 베풀었다. 전휴(田畦) 등이 장
차 돌아가기 때문이었다. 애초에 사신이 대궐에 이르러 돌아가겠다
고 고하려 하자 상이 사신들의 수고로움을 염려하여 대언(代言) 이
응(李膺)을 시켜 좀 더 머물도록 청하게 하고 내전(內殿)으로 들어
갔다. 응(膺)이 미처 만류하지 못했는데 사신이 이미 대궐에 이르렀
고 그 바람에 상이 미처 나오기도 전에 휴(畦) 등이 동상(東廂)에 들
어와서 기다리고 있으니 상이 나와서 그 까닭을 말하고 나서 재배
(再拜)하여 그들을 보내고 드디어 관(館)에 나아가 잔치를 베풀었다.
잔치의 갖춤[宴具]이 매우 소략하니 상이 박석명에게 묻자 석명이 대
답했다.

"신이 이문(移文)할 때 너무 바빠서 약례(略例)라고 잘못 썼습니다."

상이 말했다.

"죄는 경에게 있으나 너무 바빠서 그랬으니 일단은 용서한다. 빨리 고쳐 제대로 준비하라."

석명이 물러나와 내자시(內資寺),[13] 예빈시(禮賓寺)[14]와 더불어 허겁지겁 고쳐 준비했으나 해가 기울어도 다 되지 않았다. 상이 말했다.

"내자와 예빈은 일찍이 예(例)를 알면서 어찌하여 다시 묻지 않고 한갓 문자(文字)만 따랐느냐?"

잔치가 끝나자 휴(畦) 등이 관문(館門)에서 전송하며 말했다.

"전하께서 일찍 오셔서 늦게 돌아가시는 것을 우리는 다 알고 있습니다."

상이 말했다.

"집안의 추한 모습이 사신에게 알려져 내가 매우 부끄럽고 진땀이 나는구려. 유사(有司)는 마땅히 책임을 면치 못할 것이오."

마린(馬麟)이 말했다.

"중인(中人) 이하는 허물이 없기가 어려우니 죄주지 말 것을 청하옵니다."

상이 말했다.

"이것이 대체(大體)에 관계되는 일은 아니고 또 사신께서 굳이 청

---

13 조선시대 종6품아문(從六品衙門)으로 궁중으로 공급되는 쌀·국수·술·간장·기름·꿀·채소·과일과 궁중 연회, 직조(織造) 등의 일을 관장했다. 궁중 연회와 직조는 후에 폐지됐다. 1392년(태조 1년) 내부시(內府寺)라 했으나 1401년(태종 1년) 내자시(內資寺)로 개칭했다.

14 조선시대 종6품아문으로 손님들에게 잔치를 베풀어주고, 종실(宗室) 중신(重臣)에 대한 음식 대접을 하는 일 등을 맡는다.

하니 말씀대로 하겠소."

배정(裵整)에게 사촌누이가 있는데, 전 단주만호(端州萬戶) 유용(柳溶)의 집 종[家婢]이었다. 정(整)이 용(溶)을 만나보고자 하니 상이 지금 그를 (동북면) 단주(端州)에 출사(出使-사신으로 출장)시켰다고 대답했다. 정(整)이 그를 부르기를 청하니 상이 그리하겠다고 했다. 정이 돌아가겠다고 고하면서 말했다.

"용(溶)이 오는 것이 어찌 이리 더딘가?"

석명이 대답했다.

"길이 멀어서 그런데 곧 도착할 것입니다."

휴(畦)가 옆에 있다가 낯빛을 바꾸며 말했다.

"정말 단주(端州)에 있습니까?"

석명이 얼굴을 붉히며 말했다.

"용이 비록 나타나도 천사(天使)가 그를 보고서 죽이지는 않을 것이고 또 설사 죽인다 해도 국가에서 뭐가 아까워 그를 숨기겠습니까? 2~3일만 머물러 기다리시오."

석명이 상에게 아뢰니 상이 말했다.

"네가 정말로 좋은 말로 대답했다. 그런데 정(整)이 용(溶)을 만나보려 하는 것은 어째서인지 알 수가 없구나!"

대언 이승상(李升商)이 대답했다.

"이는 분명 그 누이가 들어 있는 천적(賤籍)을 빼앗으려는 것입니다."

정해일(丁亥日-12일)에 사신 마린(馬麟), 전휴(田畦), 배정(裵整)이 경사(京師)로 돌아갔다. 상이 영빈관에 나아가 전송하고, 삼부(三府)가

서보통(西普通)에 모여 전송하고 린(麟)에게 사친당(思親堂)이라는 시축(詩軸)을 주니 린이 감사해하며 기뻐하기를 그치지 않았다[無已]. 애초에 린이 관반(館伴)에게 일러 말했다.

"나는 본래 낙양(洛陽) 사람인데 편모(偏母)가 집에 계십니다. 계유년(1393년)에 등과하여 곧 급사중(給仕中)이 됐습니다. 건문(建文)이 황위를 물려받음에 이르러 직간(直諫)하다가 운남(雲南)으로 유배 갔고 지금의 황제가 즉위한 뒤에 불려 돌아와 복직(復職)했는데 돌아가 근친(覲親)하지 못한 지가 10여 년입니다. 어머니를 생각하는 정을 이기지 못하여 사친당(思親堂)이라는 그림을 그려서 항상 벽에 걸어두고 있습니다. 지금 사명(使命)을 받들고 절역(絶域)에 와서 또 이 그림과 격리되어 일월(日月)이 여러 번 바뀌었으니 생각나고 그리운 바가 더욱 깊습니다. 바라건대 이 뜻을 전하께 진달하여 시가(詩歌)를 지어 유자(遊子)의 마음을 위로해주시오."

상이 응봉사(應奉司)에 명해 대소 문신(大小文臣)으로 하여금 시(詩)를 지어주게 하고 이튿날 하륜과 권근에게 명해 사신을 금교(金郊)에서 전송하게 했다.

무자일(戊子日-13일)에 성석린, 이원, 이정견이 『통감강목(通鑑綱目)』[15]과 『십팔사략(十八史略)』을 올렸으니 중국에서 얻어 온 것이다.

---

15 기원전 403년에서부터 960년에 이르기까지 1362년간의 중국 역사를 정통(正統)과 비정통을 분별하고 대요(大要-總)와 세목(細目-目)으로 나누어 기술했다. 주희는 대요만을 썼고 그의 제자 조사연(趙師淵)이 세목을 완성했다. 역사적인 사실의 기술보다는 의리(義理)를 중히 여기는 데 치중했으므로 너무 간단히 적어 앞뒤가 모순되거나 틀린 내용도

아울러 용(龍)을 그린 족자(簇子)와 화전(畫氈)으로 만든 안롱(鞍籠)[16]을 바쳤다.

○ 청화정(清和亭)에 나아가 성석린과 이원, 이정견에게 잔치를 베풀었다. 특별히 하륜, 이무, 이저, 민무질과 종친을 불러 잔치에 함께 했다.

기축일(己丑日-14일)에 경상도 진해(珍海) 등지의 바닷물이 붉게 변해 물고기들[水族]이 죄다 죽었다.

신묘일(辛卯日-16일)에 둘째 딸 경정궁주(慶貞宮主)를 호군 조대림(趙大臨, 1387~1430년)[17]에게 시집보냈다[適=下嫁]. 애초에 상이 둘째 딸을 평양부원군(平壤府院君) 조준(趙浚)의 아들 대림에게 하가시키

적지 않다. 삼국시대에는 촉한(蜀漢)을 정통으로 하고 위(魏)나라를 비정통으로 하는 등 송학(宋學)의 도덕적 사관이 엿보이는 곳도 많다.

16 비가 올 때 수레나 가마를 덮는 가리개다. 사슴 가죽이나 두꺼운 기름종이를 재료로 하여 만드는 데 한 면에는 사자(獅子)를 그려 넣었다고 한다.

17 1402년(태종 2년) 생원시에 합격, 덕수궁제공(德壽宮提控)에 보임됐다. 1403년 호군이 되어 태종의 둘째 딸 경정공주(慶貞公主)와 혼인해 11월에 평녕군(平寧君)에 봉해졌다가 1406년 평양군(平壤君)으로 개봉됐다. 1408년 11월 겸좌군도총제(兼左軍都摠制)가 되고 12월 반란자 목인해(睦仁海)의 꾐에 빠져 도성에서 군사를 일으키다가 순군사(巡君司)에 감금됐으나 왕의 부마로서 혐의가 없어 석방됐다. 1409년 병서강토총제(兵書講討摠制)가 됐으며 이듬해 의정부 참지사 윤사수(尹思修)와 함께 진하사(進賀使)가 돼 명나라에 다녀왔다. 1411년 태조의 어진(御眞)을 평양부에 봉안시켰으며 서북면의 농사 작황을 보고했다. 1416년 숭록대부(崇祿大夫)에 오르고, 이듬해 4월 경복궁 북동(北洞)에서 있은 삼공신회맹제(三功臣會盟祭)에서 개국(開國)·정사(靖社)·좌명(佐命) 3공신의 적장(嫡長)을 대표했다. 세종 즉위와 함께 총제가 되고, 유후사(留後司)로서 여러 차례에 걸쳐 사신을 접반했다. 1419년(세종 1년) 사은사(謝恩使)가 돼 권홍(權弘), 서선(徐選)과 함께 명나라에 다녀오고 1422년 보국숭록 평양부원군(輔國崇祿平壤 府院君)에 진봉(進封)됐다.

려 하니 간원(諫院)이 소를 올렸는데 대략 이러했다.

'친상(親喪)이란 진실로 스스로를 다 바쳐야 하는 것[所自盡]이니 성인(聖人-공자)께서 정하기를 3년의 제도로 한 것입니다. 신들이 가만히 듣건대 대림(大臨)을 기복(起復)하여[18] 호군(護軍)으로 삼고, 장차 왕실(王室)과 혼인을 맺게 하려 한다고 했습니다. 대림은 모친상[母憂=母喪]을 당해 겨우[僅] 넉 달이 지났으니 복을 벗고[釋服] 곧 바로 혼인을 하는 것이 어찌 사람의 정리(情理)라 하겠습니까? 또 부부는 인륜의 근본이요, 조정은 풍속을 교화하는 근원입니다. (그렇다면) 임금의 교화[王化]가 그 처음[始]을 삼가는 도리에 있어 어떠할 것이며, 사람의 자식된 자[人子]가 그 마침을 삼가는[愼終][19] 의리에 있어 어떠할 것입니까? 바라건대 복(服)을 마치기를 기다린 뒤에 혼인을 허락해야 합니다.'

상이 박석명을 시켜 명을 전해 말했다.

---

18 상(喪)을 당해 휴직 중인 관리를 복상기간 중에 직무를 보게 하던 제도다. 탈정기복(奪情起復)이라고도 하는데 중국 남북조시대에서 비롯됐다. 나라에 전쟁이나 반란 같은 위급한 일이 있을 때 장수나 대신직에 유능한 인물을 동원해 활용하기 위한 방편이었다. 고려시대에는 985년(성종 4년)에 오복제(五服制)가 제정됐는데 992년부터 6품 이하의 관리들은 모두 100일 만에 기복해 직무를 수행케 하고, 나머지 상기 중에는 참복(黲服-검푸른 옷)과 연각(宴角-연한 각대)을 착용하게 했다. 그러나 이것은 단상(短喪-삼년상의 기한을 짧게 줄여 한 해만 복을 입는 일)의 풍조를 조장하게 돼 고려시대에는 100일 탈상이 보편화됐다. 조선시대에는 가례에 따른 삼년상의 이행이 강조되면서 기복제의 운용도 본래 취지대로 엄격히 제한됐다. 또 기복된 관리는 사은(謝恩-임관 뒤 왕에 대한 사례)이나 사행(使幸-사신가는 일) 때만 길복(吉服)을 입고 일체의 조회에 참석하지 않으며 공무 수행 때는 옥색 옷을 입지만 집 안에서는 상주로서의 예법을 다하게 했다. 그러므로 기복이 됐더라도 연회에 참석하거나 처첩을 맞이하지는 못했다. 그런 점에서 조대림의 경우는 극히 예외적인 일이었다.

19 『논어(論語)』「학이(學而)」편에 나오는 증자의 말이다. "부모님의 상을 삼가서 치르고[愼終]면 조상까지도 잊지 않고 추모하면[追遠] 백성의 백성다움이 두터운 데로 돌아갈 것이다."

"간원(諫院)에서 논(論)한 바는 진실로 도리에 부합한다. 그러나 지난번에[向者] 온 사신 황엄(黃儼)과 지금 돌아온 성석린 등이 모두 말하기를 '황제가 우리와 결혼할 뜻이 있다'고 한다. 이는 내가 원하는 바가 아니기 때문에 이토록 급히 하는 것이다. 내 뜻이 이미 정해졌으니 마땅히 다시는 말하지 말라."

드디어 여강군(驪江君) 민무구(閔無咎)에게 명해 혼인을 주관하게 했다[主婚].[20]

임진일(壬辰日-17일)에 예조에서 소(疏)를 올려 종묘에 아뢰는 [告廟] 예(禮)를 거행할 것을 청하니 그대로 따랐다. 소는 대략 이러했다.

'옛날에는[古者][21] 제후(諸侯)가 즉위하거나 (천자로부터) 명을 받으면 반드시 조묘(祖廟-종묘)에 아뢰고 사계절마다의 대향(大享)[22]에도 반드시 모두 친히 향사(享祀)했습니다. (그런데) 전하께서는 일찍이 고명(誥命)과 인장(印章)을 받고서도 종묘에 아뢰는 예를 행하시

---

20 신부의 혼인을 주관하는 주혼(主婚)은 물론 신부의 아버지가 담당했다. 하지만 공주의 경우는 그렇게 할 수 없었다. 신하의 입장에서 왕에게 중매를 서겠다고 나서는 일 자체가 불가능했다. 또한 궁중에 사는 왕이 딸을 혼인시키기 위해 주혼이 될 수도 없었다. 이런 사정으로 공주는 중매가 아니라 간택을 통해 부마가 결정됐으며 왕을 대신해 종친 중의 한 명이 주혼을 맡았다.

21 이는 단순히 옛날을 뜻하기보다는 옛날 모든 예악제도가 성대했던 고대 중국의 시기를 가리킨다.

22 종묘에서 사맹월(四孟月-1, 4, 7, 10월)의 상순(上旬)과 납일(臘日)에 지내는 제사, 사직(社稷)에서 정월 첫 신일(辛日)에 풍년을 빌며 지내는 제사, 영녕전(永寧殿-중요하지 않은 임금을 모신 전)에서 정월과 7월의 상순에, 또는 중춘(仲春)·중추(仲秋)의 첫 무일(戊日)과 납일(臘日)에 지내는 제사를 말한다.

지 않았습니다. 마땅히 오는[來] 10월 초7일 대향에 종묘에 아뢰는
예를 겸하여 행하셔야 합니다.'

상이 장차 이달 28일에 한경(漢京-한양)에 행차해 고묘례(告廟禮)
를 거행하려고 의정부에 내려서 그 가부(可否)를 토의하게 했다. 의
정부에서 아뢰었다.

"이제 이미 고명을 받았으니 예법상 마땅히 종묘에 고해야 하나 다
만 제사(祭祀)는 번잡하지 않게 하는 것이 좋으니 마땅히 동향(冬
享)²³과 겸하여 행하소서."

상은 그렇다고 여겼다. 사간원에서 소를 올렸다.

'엎드려 살피옵건대 전하께서 장차 10월에 친히 동향대제(冬享大
祭)를 거행하면서 겸하여 종묘에 아뢰는 예를 행하려 하십니다. 이는
실로 조(祖)를 높이고 종(宗)을 공경하는 아름다운 뜻입니다만 지난
번 행차하실 때 시종하는 무리들이 혹은 매를 놓는 것으로 인해 곡
식을 짓밟고, 닭과 개를 훔쳐 죽이어 매에게 먹이고, 매번 숙소에서
말을 풀어놓아 곡식을 상하게 하여 백성의 원망을 샀고, 감사와 수
령 또한 이들을 먹이느라 대야 하는[供億] 비용으로 인해 여러 가지
로 폐단이 생겨나는데[作弊] 그 유래가 오래됐으니 모름지기 금령(禁
令)을 내려야 합니다. 그 폐단이 일단 이뤄지고 나면 구제할 방법이
없습니다. 궐내 주방[內廚]에서 필요로 하는 것을 제외하고 그 밖에

23 동향대제(冬享大祭)라고 한다. 7일 전에 서계(誓戒)를 받고, 4일 동안 예행연습을 했다. 또
    왕이 직접 제사에 참여할 때는 산재(散齋)를 4일, 치재(治齋)를 3일 동안 한다. 산재는 며
    칠 동안 슬픈 일을 묻거나 듣지 않고 즐기는 일을 하지 않으며 행동과 마음을 삼가는 것이
    다. 치재는 산재 뒤에 제사 전일까지 오로지 제사의 일에만 마음을 전념하는 것이다.

거둬들이는[抽斂] 폐단에 대해서는 미리[預=豫] 금령을 내리시고, 곡
식을 짓밟아 손상시키고 닭을 훔쳐 잡고 말을 풀어놓아 곡식을 손
상시키는 등의 일은 사헌부와 순금사로 하여금 철저하게 규찰하도록
하여 민생을 편안하게 해야 합니다.'

이를 윤허했다. 의정부 영사(영의정) 조준(趙浚) 및 조영무(趙英茂),
이저(李佇) 등과 함께 종묘에 아뢰는 일을 토의하고, 또 한(漢)·당
(唐) 이래의 임금들의 잘잘못[得失]에 관해 토의해 말했다.

"한 무제(武帝)²⁴와 당 명황(明皇)²⁵은 (천하를) 순행하며 놀던 것이
절도가 없고 사치를 서로 숭상했으며 신선(神仙)을 자못 좋아했다.
대명(大明)의 고황제(高皇帝-주원장)는 형벌을 쓰는 것은 비록 심히

---

24 경제(景帝)의 열한 번째 아들로 시호는 세종(世宗)이다. 재위기간 동안 추은령(推恩令)을
내려 제후왕(諸侯王)들에게 땅을 나눠 자제들에게 주고 후(侯)로 삼게 해 제후국의 세력
을 약화시켰다. 즉위하자 권신들을 면직시키고 어질고 겸손한 선비를 등용해 관리의 자
질을 향상시켰다. 오경박사(五經博士)를 두어 유학에 중점을 두고 천삭(天朔) 2년(기원
전 127년)부터 왕국을 분봉(分封)해 중앙집권화를 마무리했다. 나중에 전국을 13주(州)
로 나누어 주마다 자사(刺史)를 두어 통치력을 강화했고 운하를 굴착해 농지의 관개(灌
漑)와 운송을 도왔다. 상인들의 선박에 세금을 매기고 고민령(告緡令)을 실시해 상인들
의 자산에도 세금을 매겨 부상(富商)을 통제했다. 상홍양(桑弘羊)의 건의를 받아들여 야
철(冶鐵)과 제염(製鹽), 주전(鑄錢)은 관매(官賣)하도록 했다. 평준관(平準官)과 균수관(均
輸官)을 두어 무역과 운수(運輸)를 관영(官營)하도록 했다. 대전법(代田法)을 시행해 수리
(水利)를 일으키고 둔전(屯田)으로 농민을 이주시켜 농업을 발전시켰다. 대외적으로는 장
건(張騫)을 대월지국(大月氏國)으로 파견하고, 당몽(唐蒙)을 야랑(夜郎)에 보내 서남 7군
(郡)을 건설했다. 장군 위청(衛青)과 곽거병(霍去病), 이광(李廣) 등에게 흉노를 토벌하도
록 해 오르도스 지방을 회복해 2군을 두었다. 원수(元狩) 4년(기원전 119년) 위청이 흉노
를 외(外)몽골로 내쫓았다. 불로장생을 꿈꿔 봉선(封禪)을 행하고 신선(神仙)을 구하는 한
편 토목 공사를 크게 벌여 요역이 번중(繁重)해졌다. 54년 동안 재위했다.
25 당나라의 6대 황제(재위 712~756년) 현종(玄宗)의 별칭이다. 그는 처음에는 안으로 민생
안정을 꾀하고 경제를 충실히 했으며, 밖으로는 국경지대 방비를 튼튼히 해 수십 년의 태
평천하를 구가했다. 그러나 늙어서는 도교에 빠졌으며 양귀비로 인해 정사를 포기하다시
피 했다.

가혹하기는 했으나, 절약하고 검소함[節儉]에 이르러서는 한 무제와
당 명황이 미치지 못했다."

계사일(癸巳日-18일)에 천둥이 치고 싸라기눈[霰]이 내렸다.

정유일(丁酉日-22일)에 『중용(中庸)』을 읽었다[覽]. 상은 천성이 귀
밝고 눈 밝아[聰明] 배움을 좋아하기를 게을리하지 않아[不倦=無逸]
책을 읽는 데 있어 엄격하게 과정(課程)을 세웠다. 『십팔사략』 강독
을 마치고 김과(金科)에게 물었다.

"내가 역사를 읽어 역대의 다스림과 어지러움, 흥함과 망함을 개
략적으로나마 알게 됐다. 거듭해서[重] 사서(四書)[26]와 육경(六經)[27]을
읽어가려는 것이 진실로 내 생각이지만 먼저 이치의 전체를 알려고
한다. 어떤 책이 이학(理學)[28]의 연원이 되는가?"[29]

과(科)가 대답했다.

"제왕(帝王)의 학문에 대해 어찌 감히 가벼이 의견을 내겠습니까?
하물며 영경연(領經筵)과 겸경연(兼經筵)과 대소 신료(大小臣僚)가 두
루 있사오니 마땅히 그들로 하여금 책을 고르도록 하소서."

상이 말했다.

---

26 『대학(大學)』, 『중용(中庸)』, 『논어(論語)』, 『맹자(孟子)』로 송나라 때 분류됐다.
27 『시경(詩經)』, 『서경(書經)』, 『예경(禮經-예기)』, 『악기(樂記)』, 『주역(周易)』, 『춘추(春秋)』로
   춘추 시기에 분류됐다.
28 송나라 성리학 혹은 도학을 가리키는 것이다.
29 질문은 이렇게 했지만 바로 뒤에서 보듯 그 기본 골격은 태종도 정확히 알고 있었다.

"정일(精一) 집중(執中)[30]은 제왕의 배움이다. 옛것을 익히는 일[溫故]을 『중용(中庸)』과 『대학(大學)』[庸學]에서 시작할 것이다."
온고   용학

○ 원자(元子)에게 명(命)해 말했다.

"내 나이가 거의 40이 되어 귀밑털과 머리털[鬢髮]이 흐트러져도
                                              빈발
[髮髢] 아침저녁으로 조금도 게을리하지 않고 꾸준히[懇懃] 글을 읽
방불   은근
고 있다. 너는 그 뜻을 아느냐?"

원자가 상의 뜻을 알지 못하니 상이 한숨을 내쉬며[喟然] 김과를
                                              위연
돌아보고 말했다.

"딱하다. 저 아이여! 내가 더불어 말을 해도 멍하니[茫然] 알아듣
                                              망연
지를 못하는구나. 슬프다! 언제나 되어야 이치를 알까?"[31]

○ 사간원에서 소를 올려 외구(外廐)의 역사(役事)를 멈추기를 청
하니 그대로 따랐다. 소는 대략 이러했다.

'가만히 생각건대 사복(司僕)이 마정(馬政)을 맡아서 봄과 여름에

---

30 이 자체는 『서경(書經)』에 나오는 말이다. 순임금이 말했다. "사람의 마음이란 오직 위태
    위태한 반면 도리의 마음은 오직 잘 드러나지 않으니 (그 도리를 다하려면) 정밀하게 살피
    고 한결같음을 잃지 않아 진실로 그 적중해야 할 바를 잡도록 하라[人心惟危 道心惟微 惟
                                                                   인심 유위 도심 유미 유
    精惟一 允執厥中]." 중요한 것은 송나라 때 성리학자들은 바로 이 구절을 성리학에 따른
    정유일 윤집궐중
    제왕학의 첫 출발점으로 삼아 임금의 마음 다스림의 원칙으로 삼았다는 사실이다. 태종
    이 본격적으로 성리학에 발을 딛는 중요한 시점이다. 이 문제는 앞서 태종이 저화 시행을
    접으면서 왕안석의 길을 걷지 않겠다고 한 것과도 밀접한 연결성이 있다. 일반적으로 성
    리학자들은 왕안석의 신법에 대해 비판적이고 사마광의 구법 노선을 지지하기 때문이다.
    다만 태종이라는 인물 자체가 다분히 왕권 중심주의자이기 때문에 신권 중심주의 세계
    관인 성리학을 어떻게 소화하게 되는지는 면밀하게 지켜봐야 할 별도의 사안이다. 참고
    로 이 구절에 대해 주희(朱熹)는 다음과 같이 풀이하고 있다. "도리의 마음은 사람의 마
    음 사이에서 섞여[雜] 나오기 때문에 아주 작아서[微] 그것을 (제대로) 보는 것은 어렵다.
                   잡   미
    따라서 반드시 모름지기 그것을 정밀함[精]을 살피고 한결같음[一]을 살핀 이후에야 그
                                   정   일
    적중함[中]을 잡아 줄 수가 있다."
         중
31 원자는 1394년생이므로 이때 10세였다.

는 빈 땅에서 놓아 기르고 가을과 겨울에는 내구(內廏)로 몰아넣어 꼴[芻]과 콩의 비용을 후하게 하여 먹여 기르기를 편하게 함으로써 경기(京畿)의 백성들이 그 폐해를 입지 않으니 이는 실로 좋은 법[良法]입니다. 거짓조정[僞朝]³²에서는 별도로 내승(內乘)³³을 두어 내수(內竪-내시) 감성단(甘成段), 변벌개(邊伐介)³⁴의 무리가 그 임무를 제 마음대로 하여[專擅] 꼴과 땔나무를 거둬들이고 말을 방목하는 일로 인해 경기의 고을들을 헤집고 다니며 방종하고 포악하게 함이 여러 가지였는데도 오히려 부족하게 여기고 또 호관(壺串)에다 누관(樓觀)을 세워 거둥하는 장소로 삼아 밤낮으로 놀며 즐기고, 말을 타고 달리고, 음탕한 짓을 해 백성들[生靈]에게 해독을 끼쳤기 때문에 그것이 하늘의 노여움과 백성의 원망을 불렀으니 이는 실로 한 나라의 신하와 백성들이 모두 마음 아파했던 바였습니다. 우리 조정[我朝]은 개국하던 초기에 이 폐단을 완전히 없애 청렴하고 유능한 사람[廉幹者]을 골라 그 직책을 맡겼습니다. 꼴과 콩도 말의 수를 헤아려 수량을 정하고 또 감찰(監察)로 하여금 출납(出納)을 검사하게 해 백성들이 폐해를 받지 않고 마정(馬政)도 잘되어서 이미 이루어진 효과가 있으니 이것이 곧 성대한 조정[盛朝]의 아름다운 법전[令典]

---

32 고려 말 우왕과 창왕 때를 가리킨다.

33 고려 때 왕실의 수레와 말을 관장하는 관아다. 왕의 측근에 있으면서 왕권을 배경으로 직책을 빙자하여 인마(人馬)와 상승전조(尙乘田租)를 도용하며 심지어 농장을 차지하고 그 구종(驅從)을 노예처럼 부리는 등 처음부터 사회적 문제를 일으켰다. 그래서 고려 말 이성계(李成桂) 일파는 고려의 왕권을 약화시키기 위한 방법의 하나로 국왕의 시위군인 내승을 정비했는데, 이때 내승은 사복시(司僕寺)에 소속되고 노비의 대부분을 이성계 일파의 부병(府兵)으로 강제 편입시킴으로써 고려 왕권은 크게 제약받게 됐다.

34 시장 상인이었다가 사헌부 장령에 올랐던 인물이다.

입니다.

　(그런데) 지금 가만히 보건대 문천봉(文天奉), 이득방(李得防)의 무리가 내구(內廐)의 말을 독점적으로 담당해[專掌] 방목할 때가 되면 곡식 밭을 짓밟게 하여[踐踐=踐躪] 농사를 망치고 백성들을 해쳐 그 폐해가 작지 않습니다[不細]. 신 등이 또 듣건대 장차 호관(壺串)에다 말 기르는 장소를 만들어서 외구(外廐)로 삼으려 한다 합니다. 신 등이 볼 때 경성 안에 이미 내구(內廐)가 있고, 또 상승(常乘)[35] 두 곳을 두어 때에 맞춰 꼴과 콩을 거두니 청대(請臺)가 출납(出納)함에 있어 폐단을 일으키는 일이 오히려 간혹 있습니다. 하물며 교외(郊外)의 땅에 따로 외구를 두어 무식한 무리로 하여금 그 일을 맡게 한다면, 그 무리들이 유사(攸司)의 보고 듣는 바가 미치지 못하는 것을 요행으로 여겨 두려워하거나 꺼리는 바가 없이 불법을 자행하여 민호(民戶)를 침해하고 동요시킬 것이니 신들은 그 폐단이 다시 전(고려 말)과 같아질까 두렵습니다. 또 지금은 재이(災異)가 자주 나타나 (하늘이) 견고(譴告-꾸짖어 경고함)를 보이고 있습니다. 연사(年事-농사)가 순조롭게 되지 못하면 백성들은 장차 생업을 잃게 됩니다. 어찌 토목(土木)의 역사를 일으켜서 민생을 힘들게 할 수 있겠습니까? 전하께서는 한결같이 국초(國初)의 좋은 법을 따라 호관에 외구를 짓는 일을 곧 중지하시어 경기 일대[畿甸]를 편안하게 함으로써 하늘을 공경하고 백성을 불쌍하게 여기는[敬天恤民] 뜻을 보이셔야 합니다.'

---

35 왕실의 수레를 담당하는 기관이다.

상이 곧 그것을 윤허해 그 역사를 중지할 것을 명했다. 사간원의 행수(行首)와 장무(掌務)에게 명하여 말했다.

"마구(馬廐-마구간)를 짓는 것을 파하고자 청한 논(論)은 옳지만 그렇다고 문천봉을 변별개에게 비교한 것은 나를 위주(僞主-가짜 임금)에게 비교한 것이냐?"

조영무(趙英茂)를 불러 군사의 일을 논했다. 영무가 그로 인해 상에게 말했다.

"백성들이 경차관을 싫어하여 말하기를 '차라리 황전(荒田-버려진 논밭)에서 실조(實租-실제 세금)를 바칠지언정 경차관을 보고 싶지는 않다'라고 합니다."

상이 크게 두려워하고[惶懼] 또 화가 나서 말했다.

"경차관을 나눠 보낸 것은 되도록[務] 백성을 편안케 하려는 것인데 지금 마침내 이런 말이 있는가?"

거듭 말하기를 그만두지 않았다. 박석명(朴錫命), 이응(李膺) 등에게 말했다.

"이 말이 작은 연유가 아니니 반드시 추고(推考)[36]하라."

또 탄식하여 말했다.

"백성들은 내가 관과 민 양쪽을 다 편안하게 해주려는 뜻을 알지 못해서 이런 말을 하는 것이다."

무술일(戊戌日-23일)에 김과(金科)에게 말 1필을 내려주었다. 상이

---

36 관리들의 잘못을 조사하는 것을 말한다.

과(科)에게 말했다.

"내가 옛날 제군사(諸軍事)로 있을 때 어가를 호위해야[扈駕] 할
때마다 항상 말이 적은 것이 근심거리였다. 너는 지금 아침저녁으로
공청(公聽)에 있기 때문에 집안일을 생각하지 못할 것이다. 하물며
신도(新都)에 남행하게 되었으니 네가 말이 없는 것을 걱정해서 이
를 내려주는 것이다."

과가 말했다.

"신이 재주도 없이 지나치게 성은을 입어 벼슬이 높고 녹(祿)이 두
터움에도 바르게 보필하는 다움[匡輔之德]이 없는 것을 부끄럽게 여
기고 있습니다. (그런데) 지금 또 말을 내려주시니 몸이 가루가 되어
도 갚기 힘들 것입니다[粉身難報=白骨難忘]."

상이 말했다.

"너는 나에게 옛사람들의 아름다운 말과 좋은 행실[嘉言善行]을
말해주니 그것이 나에게 광보(匡輔)가 아니면 무엇이겠느냐?"

기해일(己亥日-24일)에 달이 헌원(軒轅)[37]의 큰 별을 범했다.

○사헌부 개성유후사 순금사에 명해 개를 잡아 매에게 먹이는 것
을 금지하도록 했다.

---

37 지금의 사자자리다. 28수 중의 성수(星宿)에 속하는 별자리인데 그 남쪽의 밝은 별이 여
주(女主)이고, 이 여주로부터 북쪽으로 차례로 부인(夫人), 비(妃)이고, 그다음의 여러 별
이 모두 차비(次妃)다.

경자일(庚子日-25일)에 동교(東郊)에서 매를 날렸다[放鷹].[38] 상이 단기(單騎)로 이숙번(李叔蕃), 민무질(閔無疾), 한규(韓珪), 조연(趙涓)과 갑사 30여 기(騎)를 거느리고 동교에 나아가면서 갑사를 시켜 문을 지키게 하고 뒤쫓는 자를 내보내지 말게 했다. 조영무가 탄식하여 말했다.

"상께서 비록 금하셨다 해도 단기로 나가셨으니 감히 호종하지 않을 수 있겠는가?"

이저(李佇)도 이를 듣고 또한 좇아 이르렀다. 상이 매를 날려 새를 잡고서 이를 자랑하니 저(佇)가 말했다.

"신은 지위가 신하로서는 지극한 데에 이르렀으니 더 바라는 바가 없는데도 말을 내달려 사냥하지 않는 것은 말을 잘 타지 못하기 때문입니다."

상이 말했다.

"경은 나보다 젊은데 어찌 말 타는 데에 능하지 못하다는 것인가?"

또 말했다.

"즐겁도다. 매가 새를 낚아채는 저 순간이여!"

저가 말했다.

"저는 매가 새를 잘 낚아채는 순간을 좋아하지 않습니다."

상이 말했다.

"어째서인가?"

저가 말했다.

---

38 매를 이용한 사냥을 했다는 말이다.

"매가 새를 낚아채는 순간이 통쾌하지 못하면 상께서 더 이상 나오시지 않을 것이기 때문입니다."

상이 말했다.

"경이 말을 잘 타지 못한다고 말한 것은 곧 나를 풍자한 것이로다."[39]

영무도 간언했다. 날이 저물어서야 마침내 돌아왔다.

신축일(辛丑日-26일)에 상이 태상전에 나아갔다. 장차 종묘에 아뢰는 예(禮)를 거행할 것을 고하기 위함이었다.

○ 대간이 소를 올려 사냥[遊田=遊畋]을 그칠 것을 청하니 그것을
유전   유전
윤허했다. 간원(諫院)에서 올린 소는 대략 이러했다.

'신 등이 보건대 전하께서 이번 달 25일에 단기(單騎)로 교외에 나가시니[出幸] 나라 사람들이 승여(乘輿)의 소재를 알지 못해 몹시
출행
놀라지[驚駭] 않은 이가 없습니다. 신 등이 생각건대 거둥[擧動]은
경해   거동
임금의 큰 예절[大節]이어서 나가고 들어올 때 경필(警蹕)[40]을 하는
대절
것이니 궁(宮)에 계시면 내외(內外)의 숙위(宿衛)가 있고, 궁 밖에 나

---

39 태종과 이저의 대화는 『논어(論語)』에 나오는 공자의 다음과 같은 말을 이해할 때 그 뜻을 정확하게 알 수 있다. "바르게 타이르는 말은 따르지 않을 수 있겠는가? 잘못을 고치는 것이 중요하다. 완곡하게 에둘러 해주는 말[巽與之言]은 기뻐하지 않겠는가? 그 실마
손여 지 언
리를 찾는 것이 중요하다. 기뻐하기만 하고 실마리를 찾지 않으며, 따르기만 하고 잘못을 고치지 않는다면 내 그를 어찌할 수가 없다." 이저는 완곡하게 에둘러 해주는 말을 통해 간언을 했고 태종은 그 실마리를 찾아냈다. 이렇게 되면 임금과 신하의 의리는 상하지 않은 채 신하의 간언이 잘 관철될 수 있다. 두 사람 모두 『논어』에 나오는 이 구절의 의미를 잘 알고 있었음은 물론이다.

40 임금이 출입할 때에 행인을 정지시켜 조용하게 하는 것을 말한다.

가시면 앞뒤의 도종(導從)이 있는 것입니다. 그런데 행차에 아무런 명분이 없고 시종이 미처 갖춰지지 못했으니 전하께서 도리와 의리 [道義]를 강론하여 걸핏하면[動] 옛것을 본받겠다고 한 뜻은 어떻게 되었습니까? 그리고 하늘의 경계[天戒]를 삼가 조심하여 자신을 닦고 두려워하겠다[修省恐懼]는 뜻은 어떻게 되었습니까? 바라건대 이제부터 모든 출입기거(出入起居)에 있어 삼가지 않음[不欽=不寅]이 없고, 의장과 시종에 있어 갖추지 않음[不備]이 없게 하셔야 합니다.'

곧장 그것을 윤허하고 말했다.

"교외에 기러기 떼가 그때 마침 이르렀다는 말을 들었기 때문인데 지금은 그것을 매우 후회한다."

헌부(憲府)에서 올린 소는 대략 이러했다.

'순(舜)임금은 크게 빼어난 분[大聖]임에도 (그 신하인) 익(益)은 오히려 안일함[逸]에 젖어 놀지 말고 즐거움에 빠지지 말라고 경계했습니다. 감히 황음에 빠져 편안함을 누리지 않았기에 고종(高宗)이 은(殷)나라를 안정시켰고[靖], 감히 사냥에 빠지지 않았기에 문왕(文王)은 주(周)나라를 일으켰습니다. 이 때문에 탐락(耽樂)[41]을 따르는 것을 주공(周公)이 경계했고,[42] 반락(盤樂)[43]과 태오(怠敖)[44]

---

41 주색(酒色)에 빠지는 것을 말한다.
42 주공이 조카인 성왕(成王)을 경계하도록 하여 한 말이다.
43 즐거움에 빠지는 것을 말한다. 반락(般樂)이라고도 한다.
44 게으르고 버릇이 없는 것을 말한다.

를 맹자(孟子)가 경계했습니다.[45] (그러니) 국가를 가진 자가 혹시라도 소홀히 할 수 있겠습니까? 공손히 생각건대 전하께서는 이미 성대한 업(業)을 지키고 학문을 숭상하는[右文][46] 주군이 되셨으니 마땅히 엄격하고 공손하며 삼가고 두려워하여[嚴恭寅畏][47] 자손만대의 모범을 남겨야지, 말을 내달려 사냥을 해서 지극한 다움을 해쳐서는 안 될 것입니다. 근래에 간원(諫院)에서 소를 올려 매와 개의 해악을 극진히 논하고, 금령(禁令)을 거듭 내리시기를 청하자 전하께서는 그대로 윤허하시어 시행하셨습니다. 이에 경기의 백성들 중에 서로 경사로 여기지 않은 이가 없었습니다. (그런데) 마침 지난날 새벽에 시위하는 갑사 약간을 거느리고 호관(壺串)에 나가 사냥을 하셨으니 전일에 천견(天譴-하늘의 견책)을 만나서 직언(直言)을 구하시던 뜻과는 서로 반대됩니다. 『춘추전(春秋傳)』[48]에 이르기를 "임금의 거둥은 반드시 (역사서에) 쓴다. 써서 모범이 되지 못한다면 후사(後嗣)는 무엇을 보겠는가?"[49]라고 했습니다. 엎드려 바라옵건대 전하께서는 고종(高宗)과 문왕(文王)의 모범을 따르고, 성왕(成王)과 맹자(孟子)의 가르침을 경계하시어 법궁(法宮)에 앉아 팔짱을 끼고

---

45 『맹자(孟子)』「공손추(公孫丑) 장구」에 나오는 맹자의 말이다. "오늘날 국가가 한가하니 이때에 미쳐 즐기고[般樂] 태만하여 오만한 짓을 하니[怠敖] 이는 스스로 재앙을 부르는 것이다. 재앙과 행복이 자기 자신으로부터 구하지 않는 것이 없다."

46 무(武)보다 문(文)을 높인다는 뜻이다.

47 『서경(書經)』「무일(無逸)」편에 "옛날에 은(殷)나라 임금 중종(中宗)이 엄공인외했었다"라고 하고서 그 주에 '엄은 장중(莊重), 공은 겸억(謙抑), 인은 경숙(敬肅), 외는 계구(戒懼)함이다'라고 풀이했다.

48 『춘추좌씨전(春秋左氏傳)』을 말한다.

49 「장공(莊公) 23년」에 실려 있는 말이다.

서[拱手] 하늘을 공경하고 백성을 두려워하여 결코 사냥을 일삼아

서는[事] 안 될 것입니다.'

그것을 윤허했다.

　　임인일(壬寅日-27일)에 전의소감(典醫少監) 장유신(張有信)을 보내 말 28필을 몰고 요동(遼東)으로 가게 했다. 도사(都司-요동도사)가 앞서 말 28필을 퇴짜 놓았기 때문에 그 수를 보충하기 위함이었다.

　　○ 왜적이 (경상도) 번계포(樊溪浦)에 침입해 천호(千戶) 구영신(仇永臣)을 붙잡아 돌아갔다.

　　○ 상호군 권희달(權希達, ?~1434년)[50]을 (황해도) 옹진(甕津)으로 유배 보냈다. 희달이 (이날) 낮에 전 군기감(軍器監) 차중문(車仲文)의 첩을 상의원(尙衣院)[51]에서 간음했다. 대간(臺諫)이 이를 듣고 율(律)에 의거할 것을 청하니 상이 윤허하지 않아 다시 청하니 마침내 유배를 보냈다.

　　계묘일(癸卯日-28일)에 상이 신도(新都-한양)에 가다가[如] 임진(臨津)에 이르러 마침내 돌아왔다. 상이 가다가 천수사(天水寺) 앞에 이르러 언덕과 들을 돌아다니며 매를 날려 사냥하고 임진에 머물렀다

50　성질이 포악하여 성을 잘 내고 거칠어서 사람을 폭행한 죄로 옥에 갇혔다가 등용되기를 수차례 했다. 1400년(정종 2년) 2차 왕자의 난이 일어났을 때 이방간을 쫓아가서 잡았을 때 방간이 두려워하자 안심시키고 방간을 부축하여 작은 말에 태워 웅위해 문밖에 나가자 방간이 권희달에게 울며 자신이 남의 말을 잘못 들어 일이 이렇게 되었다하고 한탄했다. 후에 태종이 잠저(潛邸) 때의 옛 정을 생각해주어 높은 반열에 이르렀다.

51　임금의 의복 등 왕실의 재물을 관리, 공급하는 일을 담당했던 관청이다.

[次]. 집의(執義) 조휴(趙休)와 지사간(知司諫) 조서(趙敍) 등이 간언
했다.

"이번 거둥은 장차 종묘에 아뢰려 함인데 백관(百官)과 의장(儀仗)
을 버리시고 단기(單騎)로 사냥하며 행차하시니 재계(齋戒)하는 뜻은
어떻게 되었습니까? 또 언덕과 웅덩이가 어찌 두렵지 않겠습니까?"

상이 말했다.

"그렇다면 불씨(佛氏)의 도(道)에 따라 살생하지 말라는 말이냐?"

휴(休) 등이 말했다.

"이는 그것을 말하는 것이 아닙니다. 백관들은 모두 법가(法駕-어
가)가 향하는 곳을 알지 못합니다. 지난번에[曩=曩者] 주상께서 단기
로 궐을 나가 사냥하시고 신 등의 간언하는 말에 마침내 윤허하시
어 말씀하기를 '나는 정말로 후회한다'고 하셨습니다. (그런데) 수일
(數日)이 못 되어 또 단기로 내달리시니 신 등은 속으로 그래서는 안
된다고 여깁니다."

상이 말했다.

"그러면 임금은 사냥하면 안 된다는 법이라도 있느냐?"

휴(休) 등이 말했다.

"이는 그것을 말하는 것이 아닙니다. 이번 행차는 종묘에 아뢰기 위
한 것이요, 사냥하기 위한 것이 아닙니다. 만일 사냥을 하고 싶으시거
든 곧 명을 내려 '아무 날 아무 곳에서 사냥한다' 하신다면 무방할 것
입니다. 어찌 종묘에 아뢰러 가면서 사냥을 겸할 수 있겠습니까?"

상이 말했다.

"지금 너희가 이미 재계하지 않는다고 말했으니 인민(人民)들이 어

찌 이번의 행차를 사냥을 위한 것이지 종묘에 아뢰기 위한 것이 아니라고 말하지 않으리오? 내 그냥 돌아가겠다."

휴 등이 말했다.

"이제 이미 영을 내리셨는데 그래놓고 가지 않는 것 또한 불가합니다."

상이 듣지 않았다. 휴 등이 다시 소를 올려 말했다.

'근래에 전하께서 단기로 호관에 나가 사냥을 하시자 대간이 소를 올리니 모두 그대로 윤허해주셨습니다. (그런데) 지금 전하께서 마침내 고명(誥命)을 받은 것을 아뢰고 또 친히 종묘(宗廟)에 제사하려고 하여 승여(乘輿)를 움직여 막 도성문(都城門)을 나오자마자[纔出] 평탄한 길[坦路]로 행차하지 않으시고, 게다가 경기(輕騎-가벼운 장비를 갖춘 말)로 교외 들판에서 사냥하시어 시종하는 신료들이 전하께서 가신 곳을 알지 못했습니다. 신 등이 대궐에 나아와 계문(啓聞)하여 신충(宸衷)을 깨우치려고 했는데 이를 받아들이지 않으시고 환가(還駕)를 명하시니 전하께서 선조(先祖)를 받들어 효도하기를 생각하고 간언함을 좇기를 물 흐르듯 하는 뜻에 있어[其於] 실로 미심쩍음[慊]이 있습니다. 바라건대 전하께서 거가(車駕)를 돌리시지 마시고 친히 종묘에 제사하여 열렬함과 삼감[誠敬]으로 선조를 받들고, 위엄과 신의로 아랫사람을 다스리시면[馭下=使下] 종사(宗社)와 생민(生民-백성)이 매우 다행스러움을 이루 다 말할 수 없을 것입니다.'

대언(代言)들은 임금의 노여움이 아직 가라앉지 않았기[未霽] 때문에 계문(啓聞)하지 못했다. 우정승 성석린(成石璘), 영승추(領承樞-승추부 영사) 이무(李茂), 판승추(判承樞-승추부 판사) 조영무(趙英茂)

가 장전(帳殿-천막)에 나아가 돌아가지 말 것을 청했으나 상은 듣지

않고 사인(舍人) 이회(李薈)를 불러 앞에 나아오게 해 그에게 명하여

말했다.

　"일진(日辰)의 길흉은 비록 충분히 믿을 것이 못되나, 어가를 출발

시킨[動駕] 날이 바로 나의 유혼일(遊魂日)[52]이니 옛 사람들이 꺼리
동가

52　전통적으로 길일과 흉일을 점검하는 사상에서 나온 말이다. 생기일(生氣日), 복덕일(福德
日), 천의일(天醫日), 절체일(絶體日), 본궁일(本宮日), 유혼일(遊魂日), 귀혼일(歸魂日), 화해일
(禍害日), 절명일(絶命日)이 있다. 생기일·복덕일·천의일(天醫日)은 길하다. 유혼일(遊魂口)·
절체일(絶體日)은 보통 운의 날이다. 절명일(絶命日)·화해일(禍害日)은 흉하다. 본궁일(本
宮日) 및 귀혼일(歸魂日)도 보통 운의 날이다. 10세·18세·26세·34세·42세·50세·58세·
66세·74세·82세·90세. 남자는 자일(子日)이 화해일, 축일·인일이 절체일, 묘일이 절명일,
진일·사일이 유혼일, 오일이 천의일, 미일·신일이 복덕일, 유일이 본궁일, 술일·해일이 생
기일이다. 여자도 남자와 같다. 11세·19세·27세·35세·43세·51세·59세·67세·75세·83세.
남자는 자일이 유혼일, 축일·인일이 복덕일, 묘일이 천의일, 진일·사일이 화해일, 오일이
절체일, 미일·신일이 절체일, 유일이 생기일, 술일·해일이 본궁일이다. 여자는 자일이 절
명일, 축일·인일이 생기일, 묘일이 화해일, 진일·사일이 천의일, 오일이 유혼일, 미일·신
일이 본궁일, 유일이 복덕일, 술일·해일이 절체일이다. 12세·20세·28세·36세·44세·
52세·60세·68세·76세·84세. 남자는 자일이 본궁일, 축일·인일이 천의일, 묘일이 복덕
일, 진일·사일이 생기일, 오일이 절체일, 미일·신일이 절명일, 유일이 화해일, 술일·해일이
유혼일이다. 여자는 자일이 절체일, 축일·인일이 화해일, 묘일이 생기일, 진일·사일이 복
덕일, 오일이 본궁일, 미일·신일이 유혼일, 유일이 천의일, 술일·해일이 절명일이다. 13세·
21세·29세·37세·45세·53세·61세·69세·77세·85세. 남자는 자일이 천의일, 축일·인일
이 본궁일, 묘일이 유혼일, 진일·사일이 절명일, 오일이 화해일, 미일·신일이 생기일, 유일
이 절체일, 술일·해일이 복덕일이다. 여자는 자일이 생기일, 축일·인일이 절명일, 묘일이
절체일, 진일·사일이 본궁일, 오일이 복덕일, 미일·신일이 천의일, 유일이 유혼일, 술일·
해일이 화해일이다. 14세·22세·30세·38세·46세·54세·62세·70세·78세·86세. 남자는
자일이 복덕일, 축일·인일이 유혼일, 묘일이 본궁일, 진일·사일이 절체일, 오일이 생기일,
미일·신일이 화해일, 유일이 절명일, 술일·해일이 천의일이다. 여자도 남자와 같다. 15세·
23세·31세·39세·47세·55세·63세·71세·79세·87세. 남자는 자일이 생기일, 축일·인일
이 절명일, 묘일이 절체일, 진일·사일이 본궁일, 오일이 복덕일, 미일·신일이 천의일, 유일
이 유혼일, 술일·해일이 화해일이다. 여자는 자일이 천의일, 축일·인일이 본궁일, 묘일이
유혼일, 진일·사일이 절명일, 오일이 화해일, 미일·신일이 생기일, 유일이 절체일, 술일·
해일이 복덕일이다. 16세·24세·32세·40세·48세·56세·64세·72세·80세·88세. 남자는
자일이 절체일, 축일·인일이 화해일, 묘일이 생기일, 진일·사일이 복덕일, 오일이 본궁일,

는 바다. 또 태상왕(太上王)이 편치 못하신데[不豫] 종묘에 일이 있으
니 마음이 참으로 불편했다. (그런데) 대간이 말을 내달려 사냥하는
잘못을 극진히 말하니 치재(致齋)의 도리에 있어[其於] 더욱 혐의스
럽다. 또 28일에 출발하면 10월 초7일의 제사에 있어 편한 마음으로
치재할 수 있겠는가? 말 위[馬上]에서 재계하는 것은 참으로 안 될
일이다."

명하여 서운관(書雲觀)[53] 판사 장사언(張思彦)을 가두었다. 왜냐하
면 그 직책을 부지런히 하지 못해 택일(擇日)을 잘못한 때문이었다.
석린 등이 다시 청했으나 (그리 하라는) 명을 얻지 못했다.

갑진일(甲辰日-29일) 밤에 천둥과 번개가 치고 큰 우박이 내렸다.

○ 갈까마귀[鴉] 떼가 백록산(白鹿山)[54]에 날아들어 아침에 흩어
졌다 저녁에 모였다 하기를 봄 2월로부터 이달까지 계속했다.

○ 각 도의 수군절제사(水軍節制使) 및 만호(萬戶), 천호(千戶)와 연
해 각 관(沿海各官)에 명해 모두 축일부(逐日簿-일지)를 두도록 했다.

미일·신일이 유혼일, 유일이 천의일, 술일·해일이 절명일이다. 여자는 자일이 본궁일, 축
일·인일이 천의일, 묘일이 복덕일, 진일·사일이 생기일, 오일이 절체일, 미일·신일이 절명
일이다. 17세·25세·33세·41세·49세·57세·65세·73세·81세·89세. 남자는 자일이 절명
일, 축일·인일이 생기일, 묘일이 화해일, 진일·사일이 천의일, 오일이 유혼일, 미일·신일이
본궁일, 유일이 복덕일, 술일 해일이 절체일이다. 여자는 자일이 유혼일, 축일·인일이 복
덕일, 묘일이 천의일, 진일·사일이 화해일, 오일이 절명일, 미일·신일이 절체일, 유일이 생
기일, 술일·해일이 본궁일이다.

53 천변지이(天變地異)를 관측·기록하고, 역서를 편찬하며, 절기와 날씨를 측정하고, 시간을
    관장하던 관서다.
54 평안남도 대동군 마산리 성태산 줄기의 남쪽에 있는 산이다. 옛날 흰 사슴이 서식했다
    하여 백록산이라 했다.

의정부에서 수판(受判)⁵⁵했는데 이러했다.

"각 도의 병선(兵船) 군관(軍官)이 적선(賊船)을 만나면 늘 역풍(逆風) 때문이라 변명하며 즉시 힘을 다하여 쫓아가 잡지 않고 있다. 금후로는 도절제사(都節制使)와 연해 각 관으로 하여금 모두 장부를 비치하고, 바람·안개·비·눈이 시작하고 그친 시각과 그 방위(方位)를 자세히 기록하여 매번 그달 그믐날이 되면 도관찰사에게 보고해 고찰(考察)의 빙거(憑據-근거 자료)가 되게 하라."

---

55 몽골이 고려를 지배할 때 교지(敎旨)를 판지(判旨)로 바꾸었으므로 곧 임금의 교지를 받는 것을 말한다.

丙子朔 雷電.
병자 삭 뇌전

丁丑 使臣馬麟謁文廟.
정축 사신 마린 알 문묘

行金星獨醮.
행 금성 독초

丙寅 雷電.
병인 뇌전

收朴蔓 任純禮職牒 籍沒家産 廢爲庶人.
수 박만 임순례 직첩 적몰 가산 폐 위 서인

上請使臣馬麟 宴于無逸殿.
상 청 사신 마린 연 우 무일전

己卯 太白晝見.
기묘 태백 주견

命三府宴使臣田畦于東郊. 畦自其鄕來故也.
명 삼부 연 사신 전휴 우 동교 휴 자 기향 래 고야

庚辰 上朝太上殿獻壽. 李舒 李佇等侍宴懽甚 唱和聯句 夜罷.
경진 상 조 태상전 헌수 이서 이저 등 시연 환심 창화 연구 야파

司憲府復上疏請行楮幣. 疏略曰:
사헌부 부 상소 청행 저폐 소 약왈

'事可言而不言 言可行而不行 契合之義 自古爲難也. 臣等
사 가언 이 불언 언 가행 이 불행 계합 지 의 자고 위난 야 신등

竊見殿下 於辛巳年間 與大臣合謀 始行楮貨之法 民未見成效
절견 전하 어 신사년 간 여 대신 합모 시행 저화 지법 민 미견 성효

以不慣耳目 以爲不便 一唱而群和 識時務者 始執以爲不可廢 終
이 불관 이목 이위 불편 일창 이 군화 식 시무 자 시집 이위 불가폐 종

則靡然以從. 臣等謹具章疏 請復行之 未獲兪允. 臣等請論楮布
즉 미연 이종 신등 근구 장소 청 부행 지 미획 유윤 신등 청론 저포

之優劣得失. 夫布有三難 三不可用. 歲或麻貴 取之之難; 女功
지 우열 득실 부 포 유 삼난 삼 불가용 세 혹 마귀 취지 지 난 여공

紡織之難; 數或盈什 抱負之難. 長不滿匹不可用; 縫連不可用;
방직 지 난 수 혹 영십 포부 지 난 장 불만 필 불가용 봉련 불가용

破缺不可用. 楮有三便 三可行. 紙有雜用之便 板有印用之便 貫
<small>파결 불가 용 저유삼편 삼 가행 지유 잡용 지편 판유 인용 지편 관</small>

有隨用之便. 旣帶貫文 而其用最輕 故雖破爛可行 雖賤直可行
<small>유 수용 지편 기대관문 이기용 최경 고수 파란 가행 수천 치 가행</small>

雖遐方亦可行也. 未知楮與布 孰優孰劣 孰得孰失歟?①
<small>수 하방 역 가행 야 미지저여포 숙우숙열 숙득숙실 여</small>

殿下旣下兼行之令② 而民廢之. 楮幣之始行也 國家欲示信於
<small>전하 기 하 겸행 지령 이민 폐지 저폐 지시행야 국가 욕시 신어</small>

民 收民金銀銅鐵布帛 納之於官府 出楮幣以償之. 旣而楮幣不行
<small>민 수 민금 은동철 포백 납지 어 관부 출 저폐 이 상지 기이 저폐 불행</small>

民欲還楮幣 則納府之物 已支國用矣; 官欲以布幣償之 則已毀之
<small>민 욕환 저폐 즉 납무 지물 이지 국용 의 관욕이 포폐 상지 즉이 훼지</small>

矣. 是奪民財也 負民債也. 民之素畜布幣者 使輸之於官 而廢
<small>의 시 탈 민재 야 부 민채 야 민지 소축 포폐 자 사 수지 어관 이폐</small>

楮幣 使商夫販婦 殆盡貿易之資 是傷民財 罔民利也. 且殖財之
<small>저폐 사 상부 판부 태진 무역 지자 시상 민재 망 민리 야 차 식재 지</small>

徒 多齎楮幣 以易各道官府之米粟 多至五六百 坐令公廩虛竭
<small>도 다재 저폐 이역 각도 관부 지미속 다지 오육 백 좌령 공름 허갈</small>

是廢法之明效也. 公儲殆盡 而楮幣不行 布貨皆從民出 又不可指
<small>시 폐법 지명효 야 공저 태진 이 저폐 불행 포화 개종 민출 우불가 지</small>

期而辦. 苟有緩急③ 糧餉何由而給? 賞賜何從而出? 此不可不慮
<small>기이 판 구유 완급 양향 하유 이급 상사 하종 이출 차 불가 불려</small>

也. 是非徒廢法 乃所以廢利也. 利之在天下 如泉之流 故謂錢爲
<small>야 시비도 폐법 내 소이 폐리 야 이지 재천하 여천 지류 고위 전위</small>

泉 何可廢也! 楮幣之法 自漢 唐 宋 元以至皇明 遞繼而行 其利
<small>천 하 가폐 야 저폐 지법 자한 당 송 원이지 황명 체계 이행 기리</small>

彌天. 伏惟殿下 念利權之不可廢 慕中國之可爲法 依舊擧行 則
<small>미천 복유 전하 염 이권 지불가 폐 모 중국 지가위 법 의구 거행 즉</small>

孰能禦之! 民之趨向 唯上之指使. 來者可追 未爲晚也.'
<small>숙능 어지 민지 추향 유상 지지사 내자 가추 미위 만야</small>

召掌令李灌 極言楮貨之弊 令勿復言.
<small>소 장령 이관 극언 저화 지폐 영물 부언</small>

壬午 命三府宴使臣裵整于東郊. 整回自其鄉也.
<small>임오 명 삼부 연 사신 배정 우 동교 정 회자 기향 야</small>

癸未 上如太平館 見使臣 行茶禮而還.
<small>계미 상여 태평관 견 사신 행 다례 이환</small>

太上王請使臣田畦 裵整 馬麟于德壽宮設宴.
<small>태상왕 청 사신 전휴 배정 마린 우 덕수궁 설연</small>

甲寅 太白晝見經天.
<small>갑인 태백 주견 경천</small>

右政丞成石璘 提學李原 李廷堅 回自京師. 石璘等 齎來禮部

咨文曰:

'永樂元年七月初三日 本部官早朝於奉天門 欽奉聖旨:' 昔我

父皇太祖高皇帝統御之初 朝鮮國王能知天命 首陳表貢 父皇嘉

其忠誠 甚加優待. 後來其國 奸宄生釁 侮慢百端 如④表箋內含

譏諷: 進馬 多瘠病不堪: 鞍內寫字 褻慢無禮. 父皇却其貢獻 取

其造惡之人至京 論以國法 奸謀畢露. 父皇好生之心 同於天地

不忍誅之 止發遠方安置. 洪武三十年間 父皇復憫其人罪有輕重

況遷徙已久 遠離鄉土 孰無懷念父母妻子之心! 遂令取回 放還

其國. 不幸父皇賓天 建文不仁不孝 故違祖訓 將所取回之人

阻當不發.

朕卽位之初 遣詔諭之 彼能恭順天道 念我父皇深恩 卽遣陪臣

奉表貢獻. 朕體父皇之心 已給與誥印 今復遣使來謝. 恁禮部便

查考父皇已先欲行放回之人 除犯該重刑的不取 其餘的都取來

分割 放他回去. 他又奏請國王冕服及書籍 這是他知慕中國聖人

之道 禮文之事 此意可嘉. 冕服照依父皇舊例體製造 書籍整理

給與他. 將來布匹等項 從他貨買 不要阻當. 討醫師一節 不準他."

欽此 除欽遵施行外 今將聖旨事意 備云移咨 本國知會.'

初石璘等之行也 草禮部呈一道以遣:

'朝鮮國差來使臣議政府右政丞成石璘等 爲人物事照得 本國

臣事聖朝以來至誠無他 祗緣地褊俗陋 言語文字 未能通曉體製
신사 성조 이래 지성 무타 지연 지편 속루 언어 문자 미능 통효 체제

差遣人員 欽蒙聖旨做買賣前往人等 有曾得罪 經今累年 未見
차견 인원 흠몽 성지 주 매매 전왕 인등 유증 득죄 경금 누년 미견

回還. 欽遇聖天子卽位 大赦天下 其父母妻子 朝夕懸望 冀其
회환 흠우 성 천자 즉위 대사 천하 기 부모 처자 조석 현망 기기

來歸 誠可哀憫 今將各人姓名及原差事因 開具于後 伏望奏聞
래귀 성가 애민 금장 각인 성명 급 원차 사인 개구 우후 복망 주문

行移各處官司 詢其死生 其有生存者 許還本國 其已死亡者 知
행이 각처 관사 순기 사생 기유 생존 자 허환 본국 기이 사망 자 지

其死亡之日 令其妻子行祭 以慰孤兒寡婦之望. 爲此合行具呈
기 사망 지일 영기 처자 행제 이위 고아 과부 지망 위차 합행 구정

伏乞照驗施行.
복걸 조험 시행

一 洪武二十八年十一月十一日 請誥命 差門下府事鄭摠 從人
일 홍무 이십 팔년 십일 월 십일 일 청 고명 차 문하부 사 정총 종인

一名; 當年十月初十一 爲賀洪武二十九年正朝書狀通禮門判官
일명 당년 시월 초 십일 위하 홍무 이십 구년 정조 서장 통례문 판관

楊遇 通事司譯院副使吳眞; 洪武二十八年六月十三日 賀當年
양우 통사 사역원 부사 오진 홍무 이십 팔년 육월 십삼 일 하 당년

九月十八日聖節 通事司宰監宋希靖 押物別監 權乙松; 洪武
구월 십팔 일 성절 통사 사재감 송희정 압물 별감 권을송 홍무

二十九年二月十五日 撰表箋人判典校寺事金若恒 從人一名;
이십 구년 이월 십오 일 찬 표전 인판 전교시 사 김약항 종인 일명

當年七月十九日 表文啓稟校正人藝文直館盧仁度; 洪武三十年
당년 칠월 십구 일 표문 계품 교정 인예문 직관 노인도 홍무 삼십 년

八月十八日 爲賀當年十一月初五日千秋節 差判典儀寺事柳灝
팔월 십팔 일 위하 당년 십일 월초 오일 천추절 차판 전의시 사 유호

押物鄭安止; 當年十二月二十八日 寫啓本人禮曹典書曹庶 通事
압물 정안지 당년 십이 월 이십 팔일 사 계본 인예조 전서 조서 통사

判司譯院事郭海龍.
판 사역원 사 곽해룡

一 洪武二十二年正月初十日 遼東鎭撫趙景 於武英殿內
일 홍무 이십 이년 정월 초 십일 일 요동 진무 조경 어 무영전 내

錦衣衛 儀禮司等官 奏準聖旨: "高麗做買賣去." 欽此 爲因本國
금의위 의례사 등관 주준 성지 고려 주 매매 거 흠차 위인 본국

缺的 "客商不問成千成萬 水路旱路 有明白文印 都家放他通來
결적 객상 불문 성천 성만 수로 한로 유명백 문인 도가 방타 통래

由他往江西 湖廣 浙江 西番做買賣去." 欽此 爲因本國缺的少供
유타 왕 강서 호광 절강 서번 주 매매 거 흠차 위인 본국 결적 소공

354

應王府服用藥味等物 於洪武二十五年五月日 差金原雨一起

三十三名 乘坐宣之哲海船一隻 又一起金允源等十六名 乘坐於

朴連海船一隻 前往山南地面靑州府等處 買賣去後 至今未知

存沒.

石璘等至朝廷 旣面奏 呈禮部 禮部奏達 帝有是命.

乙酉 除田畦 裵整之族二十餘人官爵. 畦 整等詣闕謁中宮 上

以翼王忌 不設宴 行茶禮. 畦等請官其族曰：“吾等明日欲還 願

今日除官 仍命出謝.”上不得已皆授添設及外官有差 命臺諫政曹

咸署告身.

罷司贍署. 初大司憲李詹等 再上疏請復鈔法 上不允 至是 三

上疏曰：“官不改設 法不改立 民心未定. 若以鈔法爲不可行 則革

司贍署 以定民志”上謂朴錫命曰：“欲行楮貨 不革司贍署可矣

不行楮貨 則爲冗官革之可也. 予欲不行楮貨 若有利於國 待予

身後 復立司贍署 亦不難矣. 取怨於民 以利於國 亦何益之有哉!

今後非大有利於國 而百世不變之事 毋立新法. 王安石之事 可以

鑑矣. 天變動於上 地變動於下 予之脩短 未可知也. 以今日民心

觀之 復行楮貨大不可矣. 卿以此言 細告政丞”且自嘆曰：“初

作楮貨 吾之過也 尙誰咎哉!”命尙書少尹金科曰：“自用鈔以來

怨咨方興. 向因臺諫之請 罷鈔而復用布 中外之民 猶懼其復鈔法.

欲革司贍 示信於民. 汝亦以此告於河崙”崙曰：“鈔法之行 出自

宸衷 謀及百官 皆可然後定之 不可輕改. 我國土瘠民貧 國用每
신충 모급백관 개가연후정지 불가경개 아국토척민빈 국용매

虞於不贍 雖有功賞 其何以待之! 況利權在民 不可也. 鈔法之
우어불섬 수유공상 기하이대지 황이권재민 불가야 초법지

有利公私 非傳聞之事也 中國已行之 臣等之所目覩也. 何可以
유리공사 비전문지사야 중국이행지 신등지소목도야 하가이

一二臣之言 輕變國家之成法哉!"上不允.
일이 신지언 경변 국가지성법재 상불윤

覽十八史略畢.
람 십팔사략 필

丙戌 霧.
병술 무

上宴使臣于太平館. 以田畦等將還也. 初 使臣欲至闕告還 上
상연 사신우태평관 이전휴등장환야 초 사신욕지궐고환 상

慮使臣動勞 使代言李膺請止入內. 膺未及止 而使臣已至闕 上
려 사신동로 사대언이응 청지입내 응미급지 이사신이지궐 상

不及出 畦等入東廂以候 上出陳其故 再拜而送之 遂詣館設宴.
불급출 휴등입동상이후 상출진기고 재배이송지 수예관설연

宴具甚簡 上問錫命 錫命對曰:"臣當移文忙甚 誤書略例."上
연구 심간 상문석명 석명대왈 신당이문망심 오서약례 상

曰:"罪在卿 然煩劇所致 姑恕之. 速改備."錫命退 與內資 禮賓
왈 죄재경 연번극소치 고서지 속개비 석명퇴 여내자 예빈

顛倒改辦 日昃未就. 上曰:"內資與禮賓 嘗知其例 何不更問 而
전도 개판 일측미취 상왈 내자여예빈 상지기례 하불갱문 이

徒從文字乎?"宴罷 畦等送于館門曰:"殿下之早來晚歸 吾等俱
도종문자호 연파 휴등송우관문왈 전하지조래만귀 오등구

知之."上曰:"家醜見知於使臣 予甚愧汗. 有司當不免."馬麟曰:
지지 상왈 가추 견지어사신 여심괴한 유사당불면 마린왈

"中人以下 無過難矣 請勿罪."上曰:"此非關係大體之事 使臣
중인 이하 무과난의 청물죄 상왈 차비관계대체 지사 사신

固請 惟命."裴整有從妹 乃前端州萬戶柳溶家婢也. 整欲見溶 上
고청 유명 배정유종매 내전단주만호유용가비야 정욕견용 상

以出使端州對. 整請召之 上曰:"諾."整及告歸曰:"溶來何遲?"
이 출사단주대 정청소지 상왈 낙 정급고귀왈 용래하지

錫命對曰:"路遠故也 行至矣."畦在傍變色曰:"誠在端州乎?"
석명 대왈 노원고야 행지의 휴재방변색왈 성재단주호

錫命變色曰:"溶雖出見 天使不應殺之. 且雖殺之 國家何吝而
석명 변색왈 용수출현 천사불응살지 차수살지 국가하린이

隱之! 但留二三日待之."錫命以聞 上曰:"爾固善辭以對. 然整
은지 단류이삼일대지 석명이문 상왈 이고선사이대 연정

之欲見溶 不知何故?" 代言李升商對曰: "是必欲奪其妹所係之
지 욕견 용 부지 하고 대언 이승상 대왈 시 필 욕탈 기매 소계 지

賤籍也."
천적 야

　丁亥 使臣馬麟 田畦 裵整還京師. 上出迎賓館餞之 三府會餞
　정해 사신 마린 전휴 배정환경사 상출 영빈관 전지 삼부 회전

于西普通. 贈麟思親堂詩軸 麟感喜無已. 初 麟謂館伴曰: "予本
우 서보통 증린 사친당 시축 린 감희 무이 초 린위 관반 왈 여본

洛陽人也 偏母在堂. 歲癸酉登第 卽拜給事中. 至建文嗣位 以
낙양 인야 편모 재당 세 계유 등제 즉배 급사중 지 건문 사위 이

直諫謫于雲南 今皇帝卽位 召還復職 不得歸覲 十餘年矣. 不勝
직간 적우 운남 금 황제 즉위 소환 복직 부득 귀근 십여 년의 불승

戀母 畫思親堂圖 常掛于壁. 今奉使絶域 又與此圖相隔 日月
연모 화 사친당 도 상패우벽 금 봉사 절역 우여 차도 상격 일월

屢更 思念彌深. 願以此意達于殿下 俾作詩歌 以慰遊子之心."
누경 사념 미심 원 이차의 달우 전하 비작 시가 이위 유자 지심

上命應奉司 令大小文臣作詩贈之 翌日 命河崙 權近 餞使臣于
상명 응봉사 영 대소 문신 작시 증지 익일 명 하륜 권근 전 사신 우

金郊.
금교

　戊子 成石璘 李原 李廷堅 進通鑑綱目及十八史略 得之中國
　무자 성석린 이원 이정견 진 통감강목 급 십팔사략 득지 중국

也. 竝畫龍簇子 畫氈鞍籠以獻.
야 병 화룡 족자 화전 안롱 이헌

　御清和亭 宴成石璘及李原 李廷堅. 特召河崙 李茂 李佇
　어 청화정 연 성석린 급 이원 이정견 특 소 하륜 이무 이저

閔無疾及宗親侍宴.
민무질 급 종친 시연

　己丑 慶尙道 珍海等處 海水變赤 水族盡死.
　기축 경상도 진해 등처 해수 변적 수족 진사

　辛卯 以第二女慶貞宮主 適護軍趙大臨. 初 上欲以第二女
　신묘 이제 이녀 경정 궁주 적 호군 조대림 초 상욕 이제 이녀

下嫁平壤府院君趙浚之子大臨 諫院上疏略曰.
하가 평양 부원군 조준 지자 대림 간원 상소 약왈

　'親喪 固所自盡 聖人定爲三年之制. 臣等竊聞 起復大臨爲
　친상 고 소자진 성인 정위 삼년 지제 신등 절문 기복 대림 위

護軍 將以連姻王室. 大臨丁母憂 僅踰四月 釋服卽婚 豈其情
호군 장이 연인 왕실 대림 정 모우 근유 사월 석복 즉혼 기 기정

也哉! 且夫婦 人倫之本 朝廷 風化之源. 其於王化謹始之道何如
야재 차 부부 인륜 지본 조정 풍화 지원 기어 왕화 근시 지도 하여

人子愼終之義何如? 願待其終制而後許婚.
인자 신종 지의 하여 원대기 종제 이후 허혼

上令朴錫命傳命曰: "諫院所論 固合於理. 然向者使臣黃儼及
상영 박석명 전명왈 간원 소론 고합어리 연향자 사신 황엄급

今來石璘等皆言: '帝有結婚于我之意.' 此非予所願 故如此其急.
금래 석린 등개언 제유 결혼 우아지 차비여 소원 고 여차 기급

予志已定 宜勿更言." 遂命驪江君閔無咎主婚.
여지 이정 의물 갱언 수명 여강군 민무구 주혼

壬辰 禮曹上疏 請行告廟之禮. 從之. 疏略曰:
임진 예조 상소 청행 고묘 지례 종지 소 약왈

'古者 諸侯卽位及受命 必告祖廟; 四時大享 必皆親享. 殿下曾
고자 제후 즉위 급 수명 필고 조묘 사시 대향 필개 친향 전하 증

受誥命印章 而告廟之禮未行. 宜於來十月初七日大享 兼行告廟
수 고명 인장 이 고묘 지례 미행 의어내 시월 초 칠일 대향 겸행 고묘

之禮.'
지례

上將以是月二十八日幸漢京 行告廟禮 下議政府議其可否.
상장이 시월 이십 팔일 행 한경 행 고묘 례 하 의정부 의기 가부

議政府啓: "今旣受命 禮當告廟 但祭不欲瀆 宜兼冬享以行."
의정부 계 금기 수명 예당 고묘 단제 불욕 독 의겸 동향 이행

然之. 司諫院上疏以爲:
연지 사간원 상소 이위

'伏覩殿下 將以十月 親行冬享大祭 兼行告廟之禮. 此實尊祖
복도 전하 장이 시월 친행 동향 대제 겸행 고묘 지례 차 실 존조

敬宗之美意也. 然前此行幸之際 侍從之輩 或因放鷹 蹂踐禾穀
경종 지미의 야 연 전차 행행 지제 시종 지배 혹인 방응 유천 화곡

攘殺雞犬 以養鷹子 每於宿所 放馬傷禾 以致民怨 監司守令亦
양살 계견 이양 응자 매어 숙소 방마 상화 이치 민원 감사 수령 역

因供億之費 作弊多端 其來尙矣 須下禁令. 其弊已成 則救之
인 공억 지비 작폐 다단 기래 상의 수하 금령 기폐 이성 즉 구지

無及矣. 除內廚所需外 其抽斂之弊 預下禁令; 踐禾攘雞 放牧
무급 의 제 내주 소수 외 기 추렴 지폐 예하 금령 천화 양계 방목

損禾等事 令司憲府及巡禁司 痛行糾察 以便民生.'
손화 등사 영 사헌부 급 순금사 통행 규찰 이편 민생

允之. 與領議政府事趙浚及趙英茂 李佇等 議告廟事. 又議
윤지 여 영의정부 사 조준 급 조영무 이저 등 의 고묘 사 우의

漢唐以來人君得失曰: "漢武帝 唐明皇 巡遊無度 奢侈相尙 頗好
한당 이래 인군 득실 왈 한무제 당명황 순유 무도 사치 상상 파호

神仙. 大明高皇帝 用刑雖甚酷 至若節儉 則漢武 唐明所不及也."
신선 대명 고황제 용형 수 심혹 지약 절검 즉 한무 당명 소불급 야

癸巳 雷雨雹⑤
계사 뇌우산

丁酉 覽中庸. 上天性聰明 好學不倦 讀書嚴立課程. 講
정유 람중용 상천성총명 호학불권 독서엄립과정 강

十八史略畢 問金科曰: "予讀史 歷代治亂興亡 略知之矣. 重覽
십팔사략필 문김과왈 여독사 역대치란흥망 약지지의 중람

四書六經 固予心也 然先要識⑥其理之全體. 何書爲理學之淵源
사서육경 고여심야 연선요식 기리지전체 하서위이학지연원

乎?" 科對曰: "帝王之學 何敢輕議! 況 領經筵 兼經筵 大小
호 과대왈 제왕지학 하감경의 황 영경연 겸경연 대소

臣僚具在 宜令擇之." 上曰: "精一執中 帝王之學也. 溫故自庸學
신료구재 의령택지 상왈 정일집중 제왕지학야 온고자용학

始."
시

命元子曰: "吾年幾四十 鬢髮髣髴 然朝夕不怠惰 慇懃讀書. 爾
명원자왈 오년기사십 빈발방불 연조석불태타 은근독서 이

知其意乎?" 元子不識上旨 上哂然顧金科曰: "嗟哉彼童! 我雖
지기의호 원자불식상지 상위연고김과왈 차재피동 아수

與言 茫然無知. 噫! 何時而識理乎!"
여언 망연무지 희 하시이식리호

司諫院上疏 請停外廄之役. 從之. 疏略曰:
사간원 상소 청정외구지역 종지 소약왈

'竊惟司僕掌馬政 春夏放于閑曠之地 秋冬則驅入內廄 隆其蒭豆
절유사복장마정 춘하방우한광지지 추동즉구입내구 융기추두

之費 以便養飼 畿甸之民 不受其弊 此實良法也. 其在僞朝⑦ 別置
지비 이편양사 기전지민 불수기폐 차실양법야 기재위조 별치

內乘 內竪甘成段 邊伐介之徒 專擅其任 因其蒭蕘收斂 馬匹
내승 내수감성단 변벌개지도 전천기임 인기추요수렴 마필

放牧 橫行畿縣 縱暴多端 猶以爲不足 又於壺串營立樓觀 以爲
방목 횡행기현 종포다단 유이위부족 우어호관 영립누관 이위

臨御之所 晝夜般樂 馳騁荒淫 流毒生靈 以致天怒民怨 此實
임어지소 주야반락 치빙황음 유독생령 이치천노 민원 차실

一國臣民所共痛心者也. 我朝開國之初 痛革斯弊 擇廉幹者 以
일국신민 소공통심 자야 아조개국지초 통혁사폐 택염간자 이

授其職. 凡其蒭豆 計馬定數 且使監察 檢覈出納 民不受弊 而
수기직 범기추두 계마정수 차사감찰 검핵출납 민불수폐 이

馬政之善 已有成效 茲乃盛朝之令典也. 今竊見文天奉 李得防
마정지선 이유성효 자내성조지영전 야 금절견문천봉 이득방

之徒 專掌內廄之馬 當放牧之際 蹂踐穀田 病農害民 其弊不細.
지도 전장내구지마 당방목지제 유천곡전 병농해민 기폐불세

臣等又聞 將於壺串 營造養馬之所 以爲外廐. 臣等以爲京城之內
신등 우문 장어호관 영조 양마 지소 이위 외구 신등 이위 경성 지내

旣有內廐 又置常乘二所 時收芻豆 請臺出納作弊之端 尙或有之.
기유 내구 우치 상승 이소 시수 추두 청대 출납 작폐 지단 상혹 유지

況於郊外之地 別置外廐 使無識之輩 以任其事 則其輩幸其攸司
황어 교외 지지 별치 외구 사무식 지배 이임 기사 즉 기배행기 유사

聞見之不及 無所畏忌 恣行不法 侵擾民戶 臣等竊恐弊復如前.
문견 지 불급 무 소외기 자행 불법 침요 민호 신등 절공 폐부 여전

且今災異屢見 以示譴告. 年不順成 民將失業. 豈可興土木之役
차금 재이 누현 이시 견고 연 불순성 민장 실업 기 가흥 토목 지역

以困民生哉! 殿下一從國初令典 其壺串外廐事 卽令罷去 以安
이곤 민생 재 전하 일종 국초 영전 기 호관 외구 사 즉영 파거 이안

畿甸 以示敬天恤民之意.
기전 이시 경천 휼민 지의

　上卽允之 命罷其役. 命司諫院行首掌務曰: "請罷作廐之論
상즉 윤지 명파 기역 명 사간원 행수 장무왈 청파 작구 지론

是矣 然則將以文天奉比邊伐介 以予比於僞主乎?" 召趙英茂
시의 연즉 장이 문천봉 비 변벌개 이여 비어 위주 호 소 조영무

論軍事. 英茂因言於上曰: "民厭敬差官曰: '寧於荒田納實租 願
논 군사 영무 인언어 상왈 민 염 경차관 왈 영어 황전 납 실조 원

不見敬差官." 上惶懼且怒曰: "分遣敬差官 務欲便民 今乃有
불견 경차관 상 황구 차 노왈 분견 경차관 무욕 편민 금내유

如是之言乎!" 再言不已. 謂朴錫命及李膺等曰: "此言非細故 須
여시 지언 호 재언 불이 위 박석명 급 이응 등왈 차언 비세고 수

爲推考." 乃嘆曰: "民不知予官民兩便之意 出此言也."
위 추고 내 탄왈 민 부지 여 관민 양편 지의 출 차언 야

　戊戌 賜金科馬一匹. 上謂科曰: "予昔爲諸軍事 當扈駕常患
무술 사 김과 마 일필 상위 과왈 여석위제 군사 당 호가 상환

馬少. 今汝朝夕在公 不慮家事. 況當南行新都 慮汝無馬 賜之."
마소 금여 조석 재공 불려 가사 황당 남행 신도 려여 무마 사지

科曰: "臣以不才 過蒙聖恩 位崇祿厚 愧無匡輔之德. 今又賜馬
과왈 신이 부재 과몽 성은 위숭 녹후 괴무 광보 지덕 금우 사마

粉身難報." 上曰: "汝陳古人嘉言善行 於予非匡輔而何?"
분신 난보 상왈 여진 고인 가언 선행 어여 비 광보 이하

　己亥 月犯軒轅大星.
기해 월범 헌원 대성

命司憲府 開城留後司 巡禁司 禁殺犬養鷹.
명 사헌부 개성 유후사 순금사 금 살견 양응

庚子 放鷹于東郊. 上以單騎 率李叔蕃 閔無疾 韓珪 趙涓及
경자 방응 우 동교 상이 단기 솔 이숙번 민무질 한규 조연 급

甲士三十餘騎 出于東郊 使甲士守門 勿出追從者. 趙英茂嘆曰:
갑사 삼십 여 기 출우 동교 사 갑사 수문 물출 추종 자 조영무 탄왈

"上雖有禁 單騎而出 敢不扈從!"李佇聞之 亦追至. 上以放鷹
상수유금 단기이출 감불호종 이저 문지 역추지 상이방응

獲禽誇之 佇曰:"臣位極人臣 更無所求 然不馳騁田獵 以不能
획금 과지 저왈 신위극인신 갱무소구 연불치빙전렵 이불능

騎馬也."上曰:"卿少於我 豈不能於騎馬!"又曰:"樂哉! 鷹之
기마야 상왈 경소어아 기불능어기마 우왈 낙재 응지

擊禽也!"佇曰:"臣不喜鷹之能擊禽也."上曰:"何哉?"佇曰:"鷹
격금야 저왈 신불희응지능격금야 상왈 하재 저왈 응

之擊禽不快 則上不復出矣."上曰:"卿言不能騎馬 乃諷我也."
지격금불쾌 즉상불부출의 상왈 경언불능기마 내풍아야

英茂亦諫之 日暮乃還.
영무 역간지 일모 내환

辛丑 上詣太上殿. 告將行告廟之禮也.
신축 상예 태상전 고장행고묘지례야

臺諫上疏 請止遊田 允之. 諫院疏 略曰:
대간 상소 청지 유전 윤지 간원 소 약왈

'臣等伏覩殿下 於今月二十五日 以單騎出幸郊外 國人莫知
신등 복도 전하 어금월 이십 오일 이단기 출행 교외 국인 막지

乘輿之所在 罔不驚駭. 臣等以爲擧動 人君之大節 出警入蹕 居
승여 지소재 망불 경해 신등 이위 거동 인군 지대절 출경 입필 거

則有內外宿衛 出則有前後導從. 行幸無名 侍從未備 其於殿下
즉유 내외 숙위 출즉유 전후 도종 행행 무명 시종 미비 기어 전하

講論道義 動法古昔之意何 恪謹天戒 修省恐懼之意何? 願自今
강론 도의 동법 고석 지의하 각근 천계 수성 공구 지의하 원 자금

凡出入起居 罔有不欽 儀仗侍從 罔有不備.'
범 출입 기거 망유 불흠 의장 시종 망유 불비

卽允之曰:"聞郊外鴻雁時至也 今甚悔之."憲府上疏 略曰:
즉 윤지왈 문 교외 홍안 시지야 금심 회지 헌부 상소 약왈

'舜大聖也 益猶以罔遊于逸 罔淫于樂爲戒. 不敢荒寧 高宗
순 대성 야 익유이 망유 우일 망음 우락 위계 불감 황녕 고종

之所以靖殷 不敢盤于遊田 文王之所以興周也. 是以耽樂之從
지 소이 정은 불감 반우 유전 문왕 지소이 흥주 야 시이 탐락 지종

周公戒之; 般樂怠敖 孟子警之. 有國家者 其可忽哉! 恭惟殿下
주공 계지 반락 태오 맹자 경지 유국가 자 기 가홀 재 공유 전하

旣守盈成之業 而爲右文之主 當嚴恭寅畏 以貽子孫萬世之法
기 수 영성 지업 이위 우문 지주 당엄 공인 외 이이 자손 만세 지법

不宜馳騁田獵 以虧至德也. 近日諫院上疏 極論鷹犬之害 請申
불의 치빙 전렵 이휴 지덕 야 근일 간원 상소 극론 응견 지해 청신

禁令 殿下依允施行. 於是 京畿之民 莫不相慶. 乃於前日昧爽

率侍衛甲士若干人 出田于壺串 與前日遇天譴求直言之意相反.

春秋傳曰:"君擧必書. 書而不法 後嗣何觀!"伏惟殿下服高宗

文王之法 戒成王 孟子之訓 高拱法宮 敬天畏民 勿事遊田.'

允之.

壬寅 遣典醫少監張有信 押馬二十八匹赴遼東. 以都司嘗退馬

二十八匹 故補其數也.

倭寇樊溪浦 執千戶仇永臣以歸.

流上護軍權希達于瓮津. 希達晝奸前軍器監車仲文妾于尙衣院.

臺諫聞之 請依律 上不允 再請乃流之.

癸卯 上如新都 至臨津乃還. 上行至天水寺前 從原野放鷹 次

于臨津. 執義趙休 知司諫趙敍等諫曰:"是擧將以告廟也 而棄

百官儀仗 乃以單騎 游豫而行 其於齋戒之意何如? 且丘陵坑坎

豈不可畏!"上曰:"然則依佛氏之道 將不殺生乎?"休等曰:"非

是之謂也. 百官皆不知法駕之所向. 曩 上以單騎出遊 乃允臣等

之諫曰:'予亦悔之.'不數日而又以單騎馳騁 臣等竊以爲不可也."

上曰:"然則人君無田獵之法乎?"休等曰:"非是之謂也. 是行爲

告廟而非爲田也. 若欲行狩 卽當令曰 某日田于某地 可也. 豈

可以告廟而兼行田獵乎!"上曰:"今爾等旣曰不致齋 人民豈不以

此行爲田獵而非爲告廟乎? 予其還矣⑧

休等曰: "今已令而不果行 又不可也." 上不聽. 休等更上疏
휴 등 왈　금 이 령 이 불 과 행　우 불 가 야　상 불 청　휴 등 갱 상소

以爲:
이위

'近日 殿下以單騎 出田于壺串 臺諫上疏 一皆兪允. 今者 殿下
근일　전하 이 단기　출전 우 호곶　대간 상소　일개 유윤　금자　전하

乃告受命 親祀宗廟 而乘輿始駕 纔出都門 不由坦路 又以輕騎
내 고 수명　친사 종묘　이 승여 시가　재출 도문　불유 탄로　우 이 경기

田于郊野 侍從臣僚 莫知殿下之所之. 是以臣等詣闕啓聞 冀悟
전 우 교야　시종 신료　막지 전하 지 소지　시이 신등 예궐 계문　기오

宸衷 而不採納 乃命還駕 其於殿下奉先思孝 從諫如流之意 實
신충　이 불 채납　내명 환가　기어 전하 봉선 사효　종간 여류 지 의　실

有慊矣. 願殿下 勿還車駕 須親祼廟 誠敬以奉先 威信以馭下
유 겸 의　원 전하　물환 거가　수 친 관묘　성경 이 봉선　위신 이 어하

宗社生民 不勝幸甚.'
종사 생민　불승 행심

代言等 以上怒未霽 不得啓聞. 右政丞成石璘 領承樞李茂 判
대언 등　이상 노 미제　부득 계문　우정승 성석린　영승추 이무　판

承樞趙英茂 詣帳殿請勿還 上不聽 召舍人李薈 進前命之曰:
승추 조영무　예 장전 청 물환　상 불청　소 사인 이회　진전 명지 왈

"日辰吉凶 雖不足信 動駕之日 乃予遊魂 古人所忌. 又太上王
일진 길흉　수 부족 신　동가 지 일　내 여 유혼　고인 소기　우 태상왕

不豫 有事于宗廟 心固未便. 臺諫極言馳騁之失 其於致齋之
불예　유사 우 종묘　심 고 미편　대간 극언 치빙 지 실　기어 치재 지

道 尤有嫌焉. 且以二十八日發行 其於十月初七日之祭 其可安心
도　우 유혐 언　차 이 이십 팔일 발행　기어 시월 초 칠일 지 제　기 가 안심

致齋乎? 馬上齋戒 亦不可矣." 命囚判書雲觀事張思彦. 以不謹
치재 호　마상 재계　역 불가 의　명 수 판서 서운관 사 장사언　이 불근

其職 擇日不良故也. 石璘等再請不得命.
기직　택일 불량 고야　석린 등 재청 부득 명

甲辰 夜雷電大雨雹.
갑진　야 뇌전 대 우박

群鴉集白鹿山 朝散暮集 自春二月至是月.
군 아 집 백록산　조산 모집　자춘 이월 지 시월

命各道水軍節制使及萬戶 千戶 沿海各官 皆置逐日簿. 議政府
명 각도　수군 절제사 급 만호　천호　연해 각관　개 치 축일부　의정부

受判: "各道兵船軍官遇賊船 每以逆風爲辭 不卽盡力追捕. 今後
수판　각도 병선 군관 우 적선　매 이 역풍 위사　부즉 진력 추포　금후

令都節制使及沿海各官 皆置簿 詳記風霧雨雪作止時刻及其方位
영 도절제사 급 연해 각관　개 치부　상기 풍 무 우 설 작지 시각 급 기 방위

每當月晦 報都觀察使 以憑考察."
매당 월회 보 도관찰사 이 빙 고찰

| 원문 읽기를 위한 도움말 |

① 未知楮與布 孰優孰劣 孰得孰失歟? 이 문장은 앞에서 나온 臣等請論
   미지 저 여 포 숙 우 숙 열 숙 득 숙 실 여   신등 청론

   楮布之優劣得失과 서로 연결된다.
   저포 지 우열 득실

② 殿下旣下兼行之令. 下는 令에 걸린다. 즉 下令이 여기서는 이처럼 나눠
   전하 기 하 겸행 지 령 하   령   하령

   진 것이다. 비슷한 경우로는 下獄이 下~獄으로 나눠지는 것도 있다.
                                      하옥   하 옥

③ 苟有緩急. 이때 緩急은 느리고 빠름이 아니라 관용적으로 급박한 일을
   구 유 완급   완급

   뜻한다.

④ 如表箋內含. 여기서 如는 '예를 들면'이라는 뜻이다.
   여 표전 내 함   여

⑤ 雷雨霰. 이런 경우에 雨는 비가 아니라 눈이나 서리, 우박 등이 '내린다
   뇌 우 산   우

   [降]'는 뜻이다.
   강

⑥ 然先要識其理之全體. 여기서 要는 欲과 같은 뜻으로 일종의 조동사다.
   연 선 요식 , 기리 지 전체   요 욕

⑦ 其在僞朝. 其在란 '~에 있어서'란 뜻이다.
   기재 위조   기재

⑧ 予其還矣. 여기서 其는 '이에[於是]' 혹은 '그래서[故]'의 뜻이다.
   여 기 환 의   기   어시   고

364

태종 3년 계미년
10월

十月

을사일(乙巳日-1일) 초하루에 김첨(金瞻)에게 명해 사냥을 해서
[蒐狩]¹ 종묘(宗廟)에 올리는[薦=薦新] 의례를 상정(詳定)²하도록
했다. 상이 (사헌부) 장령(掌令) 이관(李灌)을 불러 말했다.

"지난날에 너희들이 (내가) 사냥하는 것을 불가하다고 했다. 그
렇다면 임금은 사냥을 해서는 안 되는 것이냐?"³

관(灌)이 대답했다.

"신 등이 불가하다고 한 것은 장차 종묘에 아뢰려 하면서 사냥을
했기 때문일 뿐이지 임금이 사냥을 해서는 안 된다는 것은 아니었습
니다."⁴

---

1   『이아(爾雅)』「석천(釋天)」에서 봄 사냥은 수(蒐), 여름 사냥은 묘(苗), 가을 사냥은 선
    (獮), 겨울 사냥은 수(狩)라고 했다.
2   상정에는 크게 두 가지 의미가 있다. 첫째는 의례나 예법을 옛 기록에 입각해 현재에 맞
    도록 규정하는 것을 말한다. 지금이 그런 경우다. 둘째는 지방이나 중앙의 관청에서 필요
    한 세액이나 공물액 등을 심사하여 결정하는 것을 말한다. 예를 들어 조선 후기 숙종 때
    공물(貢物)에 대한 민폐(民弊)를 없애기 위한 조치로서 대동법(大同法)을 제정·실시했으
    나, 각 지방의 사정에 의해 일률적으로 대동법을 시행하기 어려웠으므로 특정 지역에 대
    해서는 특별히 세율을 상정하고 이를 상정법이라 했다. 결국 상정법이란 대동법의 내용
    을 그 지방의 인문지리적 특수성에 따라 그에 알맞도록 수량을 조정한 세규를 지칭하는
    것이다.
3   그때도 태종은 조금 과할 정도로 불씨의 도 운운하면서 신하들의 주장을 다소 어긋나게
    해석한 바 있다. 이럴 경우 태종은 다분히 의도적인 도발을 할 때가 많다. 여기서도 그의
    본마음은 조금 후에 본격적으로 드러난다.
4   이관을 비롯한 사헌부 관리들은 사냥을 놀이로만 보았기 때문에 재계에 방해가 된다는
    점만 인식하고 있었다.

상이 말했다.

"그런데 종묘(宗廟)를 위해 사냥하는 것은 예문(禮文)에 실려 있는 바가 아닌가? '천자(天子)가 사냥감을 죽이면 큰 기[大綏]를 내리고 제후(諸侯)가 사냥감을 죽이면 작은 기[小綏]를 내린다'[5]는 것과 '상질로 잡은 것[上殺]은 변두(籩豆-祭器)에 채우고,[6] 하질로 잡은 것[下殺]은 빈객(賓客)을 대접하는 데에 채운다'[7]는 것은 무엇을 말하는 것인가? 또 나는 구중궁궐[九重]에서 태어나 자란 사람이 아니다. 비록 거칠게나마 시서(詩書-『시경』과 『서경』)를 익혀 어찌 유자(儒者)라는 이름을 얻었으나, 실은 무가(武家)의 자손이다. 어려서부터 오로지 말을 내달리고 사냥하는 것을 일삼았는데 지금 이 지위에 있으면서 할 수 있는 것이 없다. (그래서) 일찍이 경사(經史-경전과 역사)를 보았더니 정말로 재미가 있어 일찍이 하루도 손에서 책을 놓지[釋卷] 못했다. 이는 근신(近臣)들이 다 아는 바다. 다만 조용하고 편안한 겨를에 어찌 놀며 구경하고 싶은 뜻이 없겠는가? 요새[日者] 교외에 기러기 떼가 많이 온다고 들었고, 때가 마침 매를 날리기에 좋다. 내가 생각할 때 '이는 의장(儀仗)을 갖춰 행할 수 없고, 또 많은 수의 말로 대낮에 행할 수도 없다'고 여겨 이에 새벽에 나가

---

5 『예기(禮記)』「왕제(王制)」편에 나오는 말이다.

6 사냥과 제사에 올리는 천신이 직접 연결된 것임을 말하고 있는 내용이다.

7 고대의 예법에 사냥감을 어떻게 쏘아 맞췄느냐에 따라 단계를 나눴다. 상살(上殺)이란 짐승을 죽이는 최상의 방법으로 화살로 짐승의 왼쪽 표(髆-넓적다리의 앞살)를 쏘아 오른쪽 어깻죽지로 관통하는 것을 말한다. 그리고 오른쪽 귀 부근을 관통한 것을 중살(中殺)이라 하여 빈객(賓客)을 대접하는 데 썼으며 왼쪽 비(脾), 즉 넓적다리뼈에서 오른쪽 우(髃), 어깨뼈로 관통한 것을 하살(下殺)이라 하여 포주(庖廚-주방)에 충당했다.

매를 날리고 돌아왔다. 너희와 간원(諫院-사간원)이 서로 잇달아 소를 올렸기에 곧바로 아뢴 대로 따랐다. 대개 내가 사냥을 하는 것은 심심하고 적적한 것[幽寂]을 달래기 위함일 뿐이다. 너희는 옛 (뛰어난) 사람들의 글을 읽고 그것을 강구(講究)하여 반드시 익혔을 것이니 어찌 「무일(無逸)」[8]의 글을 알지 못하겠는가?"

드디어 직접 (진덕수의)『대학연의(大學衍義)』를 집어 들고서 관(灌)에게 보이며 읽으라 했다. 관이 제대로 떼어 읽지[句讀] 못하니 상이 말했다.

"오랫동안 책을 읽지 않다 보면 참으로 읽기가 쉽지 않겠지만 그러나 큰 뜻은 알 수 있을 것이다."

마침내 '유관(遊觀-놀며 구경하는 것)은 기운과 몸[氣體]을 기르는 것이다'라는 구절을 골라 스스로 그것을 읽으며 말했다.

"이것이 진정 사냥을 금하는 말인가? 옛날 사람들도 역시 금하지 않았고, 다만 지나치게 즐기는 것[過逸]이 안 좋다는 것일 뿐이다. 내가 지나치게 즐긴 바가 있는가? 있거든 바로 말해보라."

관이 대답하지 못했다. 상이 말했다.

"지금 하는 말은 너를 힐난하는 것이 아니라 내 뜻을 말하는 것이다."

관이 말했다.

"신들도 역시 전하께서 사냥하시는 것을 말리는 것이 아니라 장차

---

8 『서경(書經)』의 편명(篇名)이다. 주공(周公)은 큰 성인으로서 게으름이 없도록 해야 한다는 뜻의 '무일(無逸)' 한 편을 (조카인) 성왕(成王)에게 올려 그를 경계토록 했다.

종묘에 아뢰려 하고, 또 언덕과 웅덩이가 험난한 것을 걱정해서였습니다."

상이 말했다.

"그렇다면 관은 물러가도 좋다."

상이 말했다.

"관은 참으로 겁(怯)이 없는 자다."

그러고는 김첨(金瞻)과 김과(金科) 등에게 명하여 말했다.

"『문헌통고(文獻通考)』[9]에서 제왕(帝王)이 사냥하는 예(禮)를 밝게 상고하여 아뢰라."

과(科)가 대답했다.

"전하께서 종묘(宗廟)에 일이 있는데도 결국 거행하지 않은 것은 대간들이 잘못 간언한 때문이오나 바깥 사람[外人]들은 모두 말하기를 '전하께서 분명 사냥을 좋아하는 마음이 있다'고 합니다. (그런데) 지금 신들을 시켜 사냥하는 예를 강구하여 밝히라[講明] 하시니 신은 불가하다 여깁니다."

상이 말했다.

"전일에 한양(漢陽)에 갈[南幸] 때 내가 만일 재계(齋戒)하는 7일 사이에 매를 날렸다면 대간의 말이 옳지만 마침내 내 마음은 알지 못한 채 간언했다. 그러나 임금의 잘못을 말하는 것이 바로 그들의 직책이고 또 그 마음이 어찌 함부로 간언한 것[妄諫]이겠는가? 그 때

9 　중국 고대로부터 남송(南宋) 영종(寧宗) 시대까지의 제도와 문물에 관해 기록한 책이다. 중국 송나라 말, 원나라 초의 학자 마단림(馬端臨)이 편찬했고 총 348권이다. 당나라 두우(杜佑)의 『통전(通典)』, 송나라 정초(鄭樵)의 『통지(通志)』와 함께 3통(通)으로 불린다.

문에 내가 내버려두고서 따로 논하지 않았다[不論]. (그런데) 지금
너희를 시켜 사냥하는 예를 강구하고 상고하게 하는 것[講考=講究
詳考]은 전일에 대간이 내가 잘못이라고 했기 때문에 내가 그 예(禮)
를 알고자 하는 것일 뿐이다. 네가 어째서 (내 마음속을) 거슬러 짚어
서[逆探]¹⁰ 말하는 것인가!"

첨(瞻)에게 물었다.

"너희는 예제(禮制)를 상정하는 일을 맡았는데, 사냥하여 종묘에
천신하는 의례에 이르러서는 어째서 상정하지 않는가?"

첨이 대답했다.

"사시제(四時祭)¹¹에는 모두 마땅히 미리 사냥하여 제사에 쓰지만
어찌 바야흐로 제사지내려 하면서 사냥할 수 있습니까?"

상이 말했다.

"그러니 네가 상정하라."

정미일(丁未日-3일)에 왜선(倭船) 5척이 (부산) 두모포(豆毛浦)에 쳐
들어와[寇] 사관(射官-궁수) 두 사람을 사로잡고 병선 5척을 불태우

---

10 사실 상하관계를 엄격히 했던 태종의 입장에서 볼 때 정말 역탐(逆探)을 했다면 큰 문제
   가 아닐 수 없다. 『세종실록』에 따르면 역탐(逆探)을 했을 경우 참형(斬刑)에 해당하는 죄
   라는 말까지 나온다. 그러나 태종이 명시적으로 이 말을 함으로써 실은 그런 죄에 해당
   되지 않는다는 것을 드러낸 것이라 할 수 있다. 이 문제는 『논어(論語)』「헌문(憲問)」편에
   서 이미 공자가 이야기한 바 있다. "남이 나를 속일까 봐 미리 걱정하지 말고 또 남이 나
   를 믿어주지 않을까 봐 억측하지 말아야 하나, 역시 그것을 미리 알아차리는 사람이야말
   로 현명하다고 할 것이다[不逆詐 不億不信 抑亦先覺者是賢乎]."
11 사시제는 기제를 모시는 고조 이하의 조상에게 주인(장손, 장남)이 사계절의 중월(仲月)에
   지내는 제사다.

니 만호(萬戶)와 군인들이 모두 헤엄쳐[泗=游] 달아났다[逸].

○ 철쭉[躑躅]이 꽃을 활짝 피웠다.

○ 사간원에서 대언들의 죄를 청했다. 좌정언 박제(朴濟)가 대궐에 나와 아뢰어 말했다.

"지난날에 상께서 종묘에 일이 있어[12] 대가(大駕)가 이미 출발했는데도 대언들이 후설(喉舌)[13]의 직임으로서 시위를 따라잡지 못했으니 그 죄를 묻기를 청합니다."

상이 말했다.

"너무 이른 아침에[太早] 거가를 움직였기 때문에 미처 이르지 못한 것이니 죄를 논하지 말라."

기유일(己酉日-5일)에 경성(鏡城)의 성(城)이 다 이뤄졌다고 보고가 올라왔다. 대호군 이유(李愉)를 보내 도순문사와 찰리사[14]에게 술을 내려주고 이어서 유(愉)에게 모관(毛冠-털모자)과 유의(襦衣)[15]를 내려주었다.

임자일(壬子日-8일)에 우박이 내렸다.

○ 일본국 사자 20여 명이 붙잡혀 갔던 우리나라 사람 130명을 데

---

12 명나라로부터 고명을 받은 일을 종묘에 아뢰어야 했던 것을 말한다.
13 목구멍과 혀는 왕명의 출납(出納)과 정부의 중대한 언론을 맡았다는 뜻으로 승지(承旨)를 달리 이르는 말이다.
14 조선시대에 군무(軍務)로 지방에 파견하던 임시 관직이다.
15 겨울에 입는 옷으로 가운데 솜을 넣고 안팎으로 생무명을 받쳐 추위를 피할 수 있도록 만들었다. 조선시대에는 군인들의 겨울 군복으로 쓰였다.

리고 오면서 더불어 토산물을 바쳤다.

　계축일(癸丑日-9일)에 하륜에게 청화정(清和亭)에서 잔치를 베풀었다. 륜이 휴가를 갔다가[謁告] 진양(晉陽-진주)에서 돌아왔기 때문이다.
　○ 왜인들이 (경상도) 감북포(甘北浦-지금의 경주 감포)에 쳐들어와 전함(戰艦) 3척을 불태우고 군인 12명을 죽였다. 천호 노윤(盧允)이 물에 빠져 헤엄쳐 나왔다. 대호군 김단(金端)을 보내 상황을 조사하게 했다[案].

　갑인일(甲寅日-10일)에 형혹성(熒惑星-화성)이 달을 범했다.
　○ 일본에서 중 설암(雪菴) 등 10여 명을 시켜 토산물을 와서 바치게 했다. 설암이 시(詩)를 지어 올렸다.

　을묘일(乙卯日-11일)에 안개가 자욱했다.
　○ 상이 태상전에 조알하고 헌수했다. 이날이 태상왕의 탄신일이었기 때문이다. 특별히 중외(中外)의 장죄(杖罪) 이하를 용서하고, 또 명하여 회암사(檜巖寺) 반야전(般若殿)과 신암사(神巖寺)의 토지를 돌려주었다. 태상왕의 뜻을 좇은 것이다.
　○ (황해도) 해주(海州)에서 강무(講武-사냥)하기 위해 삼군(三軍)을 거느리고 금교(金郊)에 머무르니 대간과 형조에서 각각 한 사람씩 호종(扈從)했다. 애초에 박석명(朴錫命)을 시켜 뜻을 전해[傳旨] 말했다. "장차 해주(海州)에 행차할 것이니 강무를 하기 위함이다. 시위(侍

衛)는 일반 군사(軍士)를 쓰고, 대간과 각사는 호종하지 말게 하라. 옛날에 임금이 강무하면 혹 수십 일이 걸렸다지만 내가 어찌 이를 본받겠는가? 장차 이달 11일에 어가를 출발시켜 열흘[一旬]이 되면 돌아올 것이다."

조영무가 말했다.

"대간이 거가를 따르는 것[隨駕]은 오래됐으니 무슨 까닭으로 없애겠습니까? 상께서 비록 그것을 없애더라도 저들이 어찌 호종하려 하지 않겠습니까?"

이숙번이 말했다.

"이미 강무라고 말했으면 비록 대간이 호종하더라도 다시 어찌 말하겠습니까? 비록 데리고 가지 않더라도 저들이 반드시 따르려고 할 것입니다."

듣지 않았다. 사간원에서 소를 올렸다.

'지금 가을걷이[刈穫=秋收]를 아직 마치지 않았으니 바라건대 옛날의 사시(四時)의 사냥[16]에 의거해 중동(仲冬)[17]에 강무를 하소서.'

상이 좌사간(左司諫) 안노생(安魯生)을 불러 그에게 명하여 말했다.

"강무의 법은 일찍이 상왕(上王) 때 세워졌는데 오직 봄과 가을 두 차례뿐이다. 고제(古制)에 나온 사시(四時)의 사냥에 비해본다면 오히려 미비(未備)하다. 그러나 두 계절의 사냥도 오히려 그 폐단을 염

---

16 춘수(春蒐), 하묘(夏苗), 추선(秋獮), 동수(冬狩)를 가리킨다.
17 겨울의 중간달로서 음력 11월, 곧 동짓달을 가리킨다.

려해 가을에는 수확이 다 끝나고 기후가 춥지 않은 때를 기다려서 마침내 10월을 쓰니 고금을 참작해볼 때 폐단이 없다고 하겠다. (그런데) 지금 말하기를 '옛 제도에 나오는 사시의 사냥에 의거하자'고 하니 만일 그렇게 한다면 봄은 2월, 여름은 5월, 가을은 8월, 겨울은 11월이다. 10월에 수확이 아직 끝나지 않았다고 한다면 8월이라고 해서 수확이 이미 끝났겠느냐? 그리고 5월에는 화곡(禾穀)을 밟아 상하게 하는 폐단이 없느냐? 11월에는 군사와 말이 춥고 언다."

노생(魯生)이 말하기를 "옛날 중국에는 원유(苑囿-동산)가 있으므로 여름과 가을에도 (강무를) 했습니다"라고 했다.

상이 말했다.

"원유가 있으면 사시(四時)에 행할 수 있다. (그런데) 우리나라에는 원유가 없는데 너희들이 나더러 사시의 사냥을 행하게 하려는 것은 어째서인가? 경들이 또 말하기를 '태묘(太廟)에 향사(享祀)하려다가 갑자기 돌아왔다'고 하지만 내가 아무런 까닭도 없이 돌아왔는가? 임금의 과실을 (역사서에) 그릇되게 써서[誤書] 후세에 남기려고 하는 것은 어째서인가? 만일 말해야 할 일[可言之事]이 있으면 대궐에 나와서 직접 말하는 것이 옳지 않겠는가?"

좌우 정승이 사인 이회(李薈)를 시켜 대궐에 나아와 청하여 말했다.

"강무의 거둥에 신(臣) 두 사람이 모두 호종하지 않으면 의리상 불가합니다."

상이 말했다.

"상왕께서 강무할 때에도 좌우 정승이 모두 호종하지 않았소."

사헌부에서 대궐에 나아와 대간과 형조가 수가(隨駕)할 것을 청했고 륜(崙)도 청하여 말했다.

"대간은 전하의 좌우에 있는 신하입니다. 허물을 다스리고 잘못을 규찰하여[繩愆糾謬] 임금의 임금다움을 보양(保養)해야 하니 잠깐이라도 떨어질 수 없습니다. 또 하물며 군사가 행군할 때에 만일 함부로 행동하는[濫行] 자가 있으면 누가 능히 그들을 금하겠습니까?"

상이 말했다.

"그렇다."

곧바로 대간과 형조에 명해 각각 한 사람씩 시종하도록 했다.

병진일(丙辰日-12일)에 안개가 끼었다.

○ 평주(平州)에 머물렀다. 승추부 판사 조영무에게 명하여 말했다.

"오늘의 일은 꼭 강무하고자 하는 것이니 마땅히 항오(行伍)를 정돈하여 군령을 엄하게 해야 할 것이다. 만일 어지럽게 항오를 어기며 내달리는[馳騖] 자가 있다면 어찌 임금과 신하가 강무하는 예(禮)이겠는가? 내가 마땅히 그것을 문책하고 유사(有司)로 하여금 살피게 할[存=存問] 것이다."

○ 노루[獐] 두 마리[口]를 태상전에 바쳤다.

정사일(丁巳日-13일) 아침에 짙게 안개가 끼었다.

○ 노루 두 마리를 쏘아 잡았다.

무오일(戊午日-14일)에 어가가 해주에 있었는데 노루 한 마리와 여

우 한 마리를 쏘아 잡았다.

○ 계품사(計稟使)[18] 통사(通事-통역사) 원민생(元閔生)이 와서 아뢰어 말했다.

"(중국) 조정 사신 내관(內官) 황엄(黃儼), 한림대조(翰林待詔) 왕연령(王延齡), 행인(行人-외교관) 최영(崔榮)과 고향에 돌아오는 내신(內臣-내시) 주윤단(朱允端) 등이 전하의 면복(冕服)과 중궁(中宮)의 관복(冠服)과 태상왕의 표리(表裏-겉감과 속감)와 원자(元子)의 서책을 가지고 옵니다."

상이 기뻐서 그를 위로하고 말 한 필을 내려주었다. 어가를 호종하는[扈駕] 대소 신료들이 모두 하례했다. 곧 여성군(驪城君) 민무질(閔無疾)을 보내 접반사(接伴使)[19]로 삼았다.

_{호가}

기미일(己未日-15일)에 노루 두 마리를 쏘아 잡았다. (상이) 말에서 떨어졌으나[墜馬] 다치지는 않았다.

_{추마}

경신일(庚申日-16일)에 돌아오면서 연안부(延安府)에 머물러 조영무에게 명해 여러 군사를 거느리고 배주(白州)의 천신산(天神山)에서

---

18 계품사는 대체로 명나라와의 외교관계에서 발생했던 여러 다양한 내용의 긴급한 안건의 처리를 위해 파견됐다. 조선 초에는 명나라와의 정세가 미묘했던 관계로 처리 안건이 심각한 편이었다. 명나라의 정난(靖難)의 변과 조선의 왕자의 난 등으로 명나라와 조선 모두 정권 교체가 이뤄지면서 양국 간 긴장관계가 완화됐다. 이후 동북 지방의 여진인(女眞人) 처리 문제로 계품사가 파견되는 등 안건의 강도가 낮아졌다. 세종 이후에는 파견되지 않았다.

19 외국 사신을 접대하는 일을 맡은 임시 벼슬이다.

사냥하게 했다. 군사 중에 짐승을 쏘다가 잘못해 사람을 맞혀 죽게 한 자가 있었다.

○ 청홍색(靑紅色)의 기운이 있었는데 쟁반처럼 둥글고 해를 향했다.

임술일(壬戌日-18일)에 안개가 끼었다.

○ 해주로부터 이르니 삼부가 금교(金郊)에서 잔치를 베풀었다.

○ 요동도사(遼東都司)의 자문(咨文)이 이르렀다. 도망친 군사 임답랄이(林答刺爾), 임동(林同) 등을 추쇄(推刷)해 돌려보내라는 일이었다.

계해일(癸亥日-19일)에 예조에 명해 고(故) 상서(尙書) 이정(李挺, 1297~1361년)[20]에게 시호(諡號)를 추증(追贈)했다. 이저(李佇)[21]가 그 할아버지 정(挺)을 위해 시호를 청하니 상이 예조에 명하고 또 말했다.[22]

---

20 1326년(충숙왕 13년) 문과에 급제하여 봉거직장(奉車直長), 경상도 찰방(慶尙道察訪)에 나갔다가 낙향해 10년간 충청도 진천군 문백면 사양리에서 은거했다. 1353년(공민왕 2년)에 성균관 좨주에 탁용(擢用)된 뒤 1357년 영록대부 우산기상시(榮祿大夫右散騎常侍)로 집현전 학사에 올랐다. 공민왕의 각별한 신임을 얻었으며 1358년 형부상서를 지낸 이후 향리인 사양리로 낙향했다. 그의 가문은 이성계의 유력한 지지 세력이었으며 특히 아들은 조선 건국에 공이 지대한 개국공신 이거이(李居易)다.

21 이성계의 사위이자 이거이의 아들이다.

22 조선 초기까지는 왕과 왕비, 왕의 종친, 실직에 있었던 정2품 이상의 문무관과 공신에게만 주어졌으나 후대로 내려오면서 그 대상이 완화, 확대됐다. 이에 생전에 낮은 관직에 있었던 사람도 증직되어 시호를 받는 일도 있었다. 이때 시호 내리는 일을 증시(贈諡)라하고, 후대에 추증해 시호를 내리면 추시(追諡)라 했다. 추시는 대부분 종2품 이상의 벼

378

"정은 선비이니 마땅히 '문(文)'자(字)로 시호를 내려야 한다."

사간원에서 소를 올렸는데 대략 이러했다.

'당대(當代)의 신하가 벼슬이 성재(省宰)[23]에 이른 자는 죽으면 공론(公論)으로 실덕(實德)을 기록하여 시호를 주어서 권계(勸戒)를 남기고, 성재가 아니거나 이대(異代-다른 왕조)의 신자(臣子-신하)이거나 하면 비록 자손이 공(功)이 있더라도 추증(追贈)하지 않는 것이 곧 옛 제도입니다. 지금 이정(李挺)이 죽은 지가 이미 오래이고 또 전대(前代-고려)의 신하이며 벼슬이 형부상서(刑部尚書)에 그쳤으니 지금 추증하고자 하는 것은 옛 제도에 부합하지 않습니다. 그럼에도

슬에 있는 사람의 죽은 아버지, 할아버지, 증조부나 후대에 와서 학덕이 빛난 선비들에게 주어졌다. 한편 처음 내렸던 시호를 뒷날 다른 시호로 고쳐서 내리는 것을 개시(改諡)라 했고, 개시를 다시 고쳐 내리게 되면 이는 후개시(後改諡)가 된다. 국왕이나 왕비가 죽은 경우에는 시호도감(諡號都監)을 설치하고 도제조(都提調), 제조(提調), 도청(都廳), 낭청(郎廳) 등을 임명해 시책(諡册-국왕과 왕비가 죽은 뒤 시호를 올릴 때 쓰는 책으로, 옥으로 만든 옥책과 금으로 도금한 금보가 있다)을 올리도록 했으며, 증시 절차가 엄숙하게 진행됐다.

국왕을 제외한 일반인의 경우는 봉상시(奉常寺)에서 주관해 증시했다. 그 절차는 때에 따라 약간의 다름이 있었으나 통상적으로는 다음과 같다. ① 시호를 받을 만한 사람이 죽으면 그 자손이나 인척 등 관계있는 사람들이 행장(行狀)을 작성해 예조에 제출한다. ② 예조에서는 그 행장을 검토한 뒤에 봉상시에 보낸다. 봉상시에서는 행장에 근거해 합당한 시호를 평론해서 세 가지 시호를 정해 홍문관에 보낸다. 이를 시장(諡狀)이라고 한다. ③ 홍문관에서는 응교(應敎) 이하 3인이 삼망(三望)을 의논한 뒤 응교 또는 부응교가 봉상시정 이하 여러 관원과 다시 의정한다. 의정부의 사인(舍人) 검상(檢詳) 중 1인이 이에 서경해 시장과 함께 이조에 넘긴다. ④ 이조에서는 시호망단자(諡號望單子)를 작성해 국왕에게 올려 낙점을 받는다. 이때 시호망단자는 삼망이 일반적이었으나 단망(單望)일 경우도 있었다. ⑤ 국왕의 낙점 후에 대간의 서경을 거쳐 확정된다. 이 시호 서경에서는 후보로 올랐던 시호는 제외되고 확정된 시호만을 올린다. 이와 같은 과정으로 확정된 시호는 국왕의 교지로 증시된다.

23 고려시대 내사성(內史省), 문하성(門下省), 상서성(尚書省) 등에 소속된 2품 이상의 관리나 조선 초기 문하부(門下府)에 소속된 2품 이상의 벼슬아치를 가리킨다.

그 자손이 왕실(王室)에 공이 있다 하여 특별히 전지(傳旨)를 내려서 옛 제도에 구애받지 않고 경솔하게 추시(追諡)한 것입니다. 바라건대 이제부터는 벼슬이 성재에 이르렀거나 공신(功臣)인 경우 외에는 한결같이 옛 제도에 따라서 추시해서는 안 될 것입니다.'

예조와 봉상시(奉常寺)[24]에서 말했다.

"정이 비록 문과(文科) 출신이기는 하지만 문(文)으로 시호할 수는 없습니다."

저가 다시 상에게 청해 문간(文簡)을 시호로 받으니 사람들이 다 그것을 비난했다.

갑자일(甲子日-20일)에 안개가 끼었다.

○ 계품사 병조전서 설미수(偰眉壽)가 경사(京師)에서 돌아오자 상이 불러 중국의 안위(安危)를 물었다.[25]

○ 미수(眉壽)가 (명나라) 병부(兵部)의 자문(咨文)을 가지고 왔다. 자문은 이러했다.

'홍무(洪武) 34년 6월 중에 태복시 소경(太僕寺小卿), 축맹헌(祝孟獻) 등의 관원을 보내[差=遣] 저사(紵絲), 포견(布絹) 등을 가지고 예전에 조선국에 가서 말 1만 필과 바꿨다. 앞서 이미 사 온 마필을 제외하고 본국(本國-조선)에 아직 남아 있는 말을 사지 않은 저사, 포

---

24 조선시대 국가의 제사 및 시호(諡號)를 의논해 정하는 일을 관장하기 위해 설치됐던 관서다.

25 중국에 관한 정보에 큰 관심이 있었다.

견 등이 말 2,193필을 살 수 있었다. 이미 갖춰 아뢰고 본국에 자문(咨文)을 보내 말을 사서 요동도사(遼東都司)에게 보내 교부해서 군사에게 지급하여 타게 했다. 지금 본국의 자문에 의하면 잡색마(雜色馬) 2,141필을 사서 2운(運-차례)으로 나누어 관원을 시켜 압령(押領)해가지고 요동도사에 보내 교부를 마치고 책(冊)을 만들어 이자(移咨)하여 부(部-병부)에 이르렀다. 이미 사서 요동에 도착한 마필을 삼가 군사에게 지급하여 타게 한 것 외에 원래 남아 있는 말값을 조사해보면 말 2,193필을 사야 할 것인데 지금 2차(次)로 말 2,141필만 사 왔으니 비교해볼 때 52필이 적다. 보내온 배신(陪臣) 설미수(偰眉壽)의 말에 의거하면 원래 남아 있는 물화(物貨) 수량 안에서 저사(紵絲) 928필을, 말 한 필에 저사 3필로 계산하면 말 309필을 사야 할 것이다. (그런데) 지금 바꿔 온 255필 중에 상마(上馬)는 161필이니 말 한 필에 저사 4필을 더 썼다. 이것을 원래 액수와 비교하면 말 54필이 적고, 그 나머지 저사(紵絲), 견포(絹布)로 또 중마(中馬) 2필을 샀으니 실제로는 말 52필이 적은 것이다. 보내온 자문(咨文)에 의거하면 일찍이 전항의 사유를 설명하지 않았으므로 준신(遵信-의거하여 믿음)하기가 어렵다. (그래서) 본관(本官)을 시켜 본국(本國)에 돌아가서 수(數)에 의해 사서, 요동도사에게로 보내 교부하게 하여 군사에게 지급해 타게 해야 하겠으나 마필을 바꾸는 일에 관계되므로 영락(永樂) 원년 8월 26일 아침에 본부관(本部官)이 주본(奏本)을 갖추어 봉천문(奉天門)에 아뢰어 성지(聖旨)를 받들었는데 "이 모자란 말은 면제하라"고 하셨다. 이것을 흠준(欽遵-삼가 준수함)하는 외에 은면(恩免)의 사리(事理)와 관계가 되니 본국(本國)에 자문(咨文)하여

알리는 바이다.'[26]

○ 권근(權近)이 제릉(齊陵)의 비문(碑文)을 올리니 김과(金科)에게 명하여 말했다.

"권근이 제릉의 비문을 지었는데 간혹 한두 자(字)가 상례(常例)와 다른 것이 있다. 모두 내가 직접 본 일들이고 글의 뜻[文義]이 흡족하여 한 번 보면 분명하나[了然] 만일 일의 내용[事實]을 알지 못하고서 읽으면 반드시 세 번은 되풀이한 뒤라야 글 뜻이 통할 것이다."

과를 시켜 근에게 일깨워 말했다.

"이번에 고명(誥命)을 받은 일을 아울러 비문에 싣는 것이 참으로 좋지 않겠는가? 일단 새긴 뒤에는 고치기가 어려우니 마땅히 정승과 함께 잘 다듬은[磨琢] 연후에 내가 마침내 태상왕과 상왕께 받들어 아뢰겠다[奉啓]."

근(近)이 말했다.

"고명을 받은 일은 반드시 비문에 실어야 합니다. 신은 겨우[纔] 초(草)를 잡아서 올린 것일 뿐이니 어찌 감히 이것을 바로 비(碑)에 새기겠습니까?"

을축일(乙丑日-21일)에 상이 영보도량(靈寶道場)[27]을 위한 재계를 해

---

26 사안은 해결됐으나 황제가 은혜를 베푼 일이라 별도로 조선에 전한다는 취지다.

27 『영보경(靈寶經)』의 독송을 주로 하는 의식으로 1265년(원종 6년) 정월에 행해진 것이 가장 오랜 기록이다. 1110년(예종 5년) 송나라에서 2명의 도사가 오고 복원궁(福源宮)이 건립됨에 따라 고려 도교 의례가 중국의 성립도교(成立道教)에 준해 체계화됐는데 이 도량도 그때부터 시작된 것으로 보인다. 도량이라는 이름 때문에 흔히 불교 의례라고 잘못 여겨 왔다. 영보도량은 복원궁, 신격전(神格殿) 등의 도관이나 내전(內殿), 편전(便殿) 등

야 했기 때문에 조회를 받지 않았다.

○ 사간원에서 소를 올려 이권(李睠)을 죄줄 것을 청하니 그것을 따랐다. 소는 대략 이러했다.

'전조(前朝-고려)가 원(元)나라를 섬긴 이후 매번 사명(使命)을 받들고 오는 환관(宦官)의 청으로 인해 관작(官爵)을 함부로 주어[濫授] 명기(名器-조정의 벼슬제도)가 더럽혀지고 어지러워졌습니다. (그런데) 아조(我朝-조선)에서는 이런 폐단을 철저히 고쳐[痛革] 명확하게 금령(禁令)이 있어 그 때문에 오직 사신(使臣)의 족친(族親)만 어쩔 수 없이 벼슬을 제배하고 족친이 아니고서 요행으로 관작을 얻은 자는 없었습니다. 근래에[乃者=近者] 사신 배정(裵整)이 평양(平壤)에 이르렀을 때 소윤(少尹) 이권이 반인(伴人) 이영택(李永澤)과 김사(金辭) 등을 정에게 비밀히 부탁해[囑] 족친에 섞어 넣어 모두 부사정(副司正)²⁸을 받았습니다. 정이 말하기를 "영택과 김사는 평양소윤 이권의 청이다"라고 했습니다. 권(睠)이 국법[邦憲]을 두려워하지 않고 공공연하게 청탁해 나라의 명기를 어지럽혔습니다. 또 인신(人臣)은 의리상으로 사사로이 사귀지 않는 법인데 마침내 (명나라) 조정 사신과 사사로이 서로 통하여 그 욕심을 이루었습니다[濟=成]. 바라건대 유사로 하여금 국문하게 하여 죄목에 맞게 처벌해야 합니다[科斷].'

에서 설행(設行)됐으며, 10월(맹동(孟冬))의 항례적 성격(恒例的性格)이 짙다. 설행 목적은 한마디로 왕실의 기복(祈福)이지만 구체적으로는 천재지변이나 병혁(兵革) 등을 기양(祈禳)함으로써 사직의 안태(安泰)를 도모하는 데 있었다. 조선시대에 영보초(靈寶醮)라는 이름으로 바뀌어 행해짐으로써 성격이 바뀌었다가 폐지됐다.

28 조선시대 오위(五衛)에 둔 종7품(從七品) 서반 무관직(武官職)이다.

그것을 윤허했다. 간원에서 헌부에 이문(移文)하여 헌부에서 아전을 평양에 보내니 권이 서울로 도망쳤다. 헌부에서 이를 알고 죄줄 것을 청하니 명하여 순금사에 내렸다.

○ 설미수가 여지(荔枝)[29] 및 종려다래[棕櫚]와 발라(字羅)[30]를 올렸다.
_{종청}

정묘일(丁卯日-23일)에 상이 태상전에 조회하여 헌수하고 극진히 즐겼다.

경오일(庚午日-26일)에 달이 태미성(太微星)에 들어갔다.

○ 최인계(崔仁桂)가 하엽록(荷葉綠)[31]을 바쳤는데 중국에서 나는 것과 차이가 없었다. 인계가 처음으로 만든 것이다.

신미일(辛未日-27일)에 (중국) 조정 사신 황엄(黃儼)·박신(朴信), 한림대조(翰林待詔) 왕연령(王延齡), 홍려시 행인(鴻臚寺行人) 최영(崔榮)이 (도성에) 이르렀는데 (상의) 면복(冕服)과 태상왕의 표리(表裏-겉감과 안감)와 중궁의 관복(冠服)과 원자의 서책(書冊)을 싸 가지고

---

29 중국 남부의 아열대 지역이 원산인 과일이다.

30 고급 비단의 일종이다.

31 단청(丹靑)의 원료인 오채(五采)의 하나다. 녹색의 염료로 연잎에서 채취했다. 원래 중국에서 수입했으나 이때 최인계(崔仁桂)가 중국에서 생산되는 것과 동일한 것을 황해도(黃海道) 해주(海州) 동쪽 청태암(靑笞庵)에서 생산하여 사용하기 시작했다.

왔다. 산붕(山棚)[32]과 결채(結綵),[33] 나례(儺禮)[34]를 베풀었으며 상이 백관을 거느리고 서교(西郊)에서 맞이해 경덕궁(敬德宮)에 이르러 내려준 것들을 받았다. 예(禮)를 마치고 엄(儼)이 내전(內殿)에 들어가서 정비(靜妃)에게 관복을 전하고 나오니 상이 예를 행하고 태평관에 가서 잔치를 베풀었다. 예부 자문은 이러했다.

'삼가 황제의 명에 따라서[欽依=欽遵] 조선 국왕과 왕부(王父-태상왕)에게 주는 단필(段匹), 서적 등의 물건과 중궁 전하에게 선물로 내려주는 왕비 관복과 예물을 흠차내관(欽差內官), 태감(太監), 황엄(黃儼) 등에게 교부하여 싸 가지고 가게 하고 관례에 따라 본국(本國-조선)에 이자(移咨)해서 알려 시행하라.

국왕의 관복(冠服) 1부(副), 향조추사 구류 평천관(香皂皺紗九旒平天冠) 1정(頂) 안에 현색 소저사(玄色素紵絲) 겉[表]과 대홍 소저사(大紅素紵絲) 속[裏], 평천관판(平天冠板) 1편(片), 옥항(玉桁) 1근(根), 오색산호 옥류주(五色珊瑚玉旒珠)와 담주(膽珠) 모두 166과(顆) 안에 홍(紅)이 36과, 백(白)이 36과, 창(蒼)이 36과, 황(黃)이 36과, 흑(黑)이 18과, 청백 담주(青白膽珠) 4과다. 금사건(金事件) 1부(副) 모두 80개 건(箇件) 안에 금잠(金簪) 1지(枝), 금규화(金葵花) 대소(大小) 6개(箇), 금지(金池) 대소 2개, 금정(金釘)과 마황탑정(螞蝗搭釘) 58개, 금도(金條) 13조(條), 대홍 숙사선도(大紅熟絲線條) 1부(副), 대홍 소

---

32 고려시대부터 조선시대에 걸쳐 산대잡극이 연희될 때 진설한 장식 무대를 말한다.

33 임금의 행차나 중국의 칙사(勅使)를 맞이할 때에 색실, 색종이, 색헝겁 등을 누각(樓閣), 교량, 동네 어귀 등에 내걸어 오색(五色)으로 아름답게 장식하던 일을 가리킨다.

34 귀신을 쫓아내는 종교 의례 중 하나다.

선라 유주대(大紅素線羅旒珠袋) 2개(箇)다.[35] 구장 견지사 곤복(九章絹地紗袞服) 1투(套) 안에 심청 장화 곤복(深青粧花袞服) 1건(件), 백소 중단(白素中單) 1건【심청 장화 불령 연변 전(深青粧花黻領沿邊全)】,[36] 훈색 장화 전후상(薰色粧花前後裳) 1건, 훈색 장화 폐슬(薰色粧花蔽膝) 1건(件)【상대 옥구 오색선도 전(上帶玉鉤五色線條全)】, 훈색 장화 금수(薰色粧花錦綬) 1건, 훈색 장화 패대(薰色粧花佩帶) 1부(副)【상대 금구 옥정당 전(上帶金鉤玉玎璫全)】, 홍백 대대(紅白大帶) 1조(條)【청숙사 선조조 전(青熟絲線組條全)】, 옥규(玉圭) 1지(枝)【대홍 소저사 협규대 전(大紅素紵絲夾圭袋全)】, 대홍 저사석(大紅紵絲舃) 1쌍(雙)【상대 소사선 도(上帶素絲線條) 청숙사선 결저(青熟絲線結底)】, 대홍 소릉면오(大紅素

---

35 이상은 면류관을 꾸미는 요소들이다. 면류관(冕旒冠)은 국왕이나 세자, 왕세손이 천지, 종묘, 사직, 선농에 제사할 때, 그리고 정조(正朝)와 동지, 성절(聖節)에 대례복으로 면복을 입을 때 사용했다. 문헌에서는 흔히 '면[冕]' 또는 '평천관(平天冠)'으로도 기록되었는데 『국조오례의서례』권1「제복도설(祭服圖說)」에는 '면'으로 소개되어 있고 『조선왕조실록』이나 『상방정례(尙方定例)』 등에는 '평천관'으로 기록돼 있다. 면류관은 모자 위에 편평한 판을 올려놓은 형상으로 여러 구성물로 이뤄져 있다. 관모의 지붕에 해당하는 면판(冕版)과 면판의 앞뒤로 늘어지는 구슬 끈인 유(旒), 머리에 쓰는 관체(冠體) 부분, 면판과 관체를 연결해주는 옥량(玉梁), 비녀인 옥잠도(玉簪導), 면의 옆면에 달린 검은 끈 현담(玄紞)과 그 끈에 달린 옥진(玉瑱), 그리고 관체의 양옆에 달아서 왼쪽 비녀에 감아 턱밑을 지나 오른쪽 비녀에 감아 맺은 후 아래로 늘어뜨리는 한 가닥의 붉은 끈[朱組]으로 구성된다. 면류관은 착용자의 신분에 따라 면판의 앞뒤로 늘어뜨리는 면류의 수와 길이, 구슬의 개수와 사용하는 구슬의 색상 수가 달랐다. 황제는 십이류면(十二旒冕)을 사용했는데 칠채(七采) 12옥(玉)이 특징이다. 즉 각 줄[旒]마다 황(黃), 적(赤), 청(青), 백(白), 흑(黑), 홍(紅), 녹(綠)의 일곱 가지 색상의 옥을 12개씩 앞뒤로 각각 사용했다. 그에 반해 국왕은 구류면(九旒冕)을 사용했는데 각 줄마다 주(朱), 백(白), 창(蒼), 황(黃), 흑(黑) 오채(五采)의 구슬 9개씩을 앞뒤로 각각 사용했다. 면류의 길이는 황제와 국왕 모두 9촌(九寸)이다. 왕세자는 팔류면(八旒冕)을 사용했는데 주색과 백색, 창색의 삼채(三采) 구슬 8개를 앞뒤로 각각 사용했다. 그리고 왕세손은 칠류면(七旒冕)을 사용했는데 삼채 구슬 7개씩을 앞뒤로 각각 사용했다.

36 전(全)이란 심청 장화 불령 연변만 있으면 다 갖춰진다는 뜻이다. 이하도 똑같다.

綾縣襖) 1쌍(雙), 대홍 평라협포복(大紅平羅夾包袱) 2조(條), 대홍 유견 포복(大紅油絹包袱) 1조(條), 천홍 포과전(茜紅包裹氈) 3조(條)다. 금단(錦段)·저사(紵絲)·사라(紗羅) 모두 16필(匹) 안에 금(錦) 2단(段), 금저사(金紵絲) 2필, 소저사(素紵絲) 4필, 직금라(織錦羅) 2필, 소라(素羅) 2필, 직금사(織金紗) 2필, 소사(素紗) 2필이다.

『원사(元史)』[37] 1부(部), 『십팔사략(十八史略)』, 『산당고색(山堂考索)』,[38] 『제신주의(諸臣奏議)』, 『대학연의(大學衍義)』, 『춘추회통(春秋會通)』, 『진서산독서기(眞西山讀書記)』,[39] 『주자성서(朱子成書)』 각 1부(部)다.

왕부(王父)의 금단(金段)·저사(紵絲)·사라(紗羅) 모두 10필 내에

---

37 중국 원나라 왕조의 역사를 기록한 정사로 이십사사(二十四史) 중의 하나다. 편찬자는 명(明)의 송렴, 고계 등이며, 본기 47권, 표 8권, 지 58권, 열전 97권, 합계 210권으로 구성된 기전체 역사서다. 편찬 연대는 1369년(명 홍무 3년)이며 이 역사에 수록된 연대는 몽골 제국 칭기즈칸 당시의 1206년부터 순제 토곤 테무르가 통치한 1367년까지를 다루고 있다.

38 송(宋)나라 장여우(章如愚)가 지은 책으로 전집(前集) 66권, 후집(後集) 65권, 속집(續集) 56권, 별집(別集) 25권으로 구성돼 있는 일종의 백과사전이다.

39 앞에 언급한 『대학연의(大學衍義)』와 더불어 송나라 정치가이자 학자인 진덕수(眞德秀, 1178~1235년)가 쓴 유학 개념에 관한 책이다. 진덕수는 호는 서산(西山)이고 시호는 문충(文忠)이다. 일설에는 원래 성이 신(愼)이었는데, 효종(孝宗)의 조신(趙眘)의 이름을 피해 고쳤다고도 한다. 1199년(영종(寧宗) 경원(慶元)) 5년 진사(進士)가 되고, 1205년(개희(開禧) 원년) 박학굉사과(博學宏詞科)에 합격했다. 이종(理宗) 때 예부시랑(禮部侍郎)에 발탁돼 직학사원(直學士院)에 올랐다. 사미원(史彌遠)이 그를 꺼려 탄핵을 받고 파직됐다. 나중에 천주(泉州)와 복주(福州)의 지주(知州)를 지냈다. 1234년(단평(端平) 원년) 입조해 호부상서(戶部尙書)에 오르고, 한림학사(翰林學士)와 지제고(知制誥)가 됐다. 다음 해 참지정사(參知政事)에 이르렀는데 얼마 뒤 죽었다. 강직하기로 유명해 조정에서 명성이 자자했다. 시정(時政)에 대해 자주 건의했고 주소(奏疏)는 수십만 자에 이르렀다. 그의 대표작 『대학연의(大學衍義)』는 주희의 『대학장구(大學章句)』에 비견한다는 평을 들었다. 그 밖의 저서에 『당서고의(唐書考疑)』와 『문장정종(文章正宗)』, 『서산갑을고(西山甲乙稿)』, 『서산문집(西山文集)』 등이 있다.

금저사 2필, 소저사 2필, 직금라 1필, 소라 2필, 직금사 1필, 소사 2필이다. 왕비의 관복(冠服) 1부(部), 주취 칠적관(珠翠七翟冠) 1정(頂), 결자 전(結子全), 상대 각양 진주(上帶各樣珍珠) 4,260과(顆) 안에 두양대주(頭樣大珠) 14과, 대양주(大樣珠) 47과, 일양주(一樣珠) 350과, 이양주(二樣珠) 858과, 삼양주(三樣珠) 1,235과, 오양주(五樣珠) 420과, 팔양주(八樣珠) 720과, 구양주(九樣珠) 616과다. 금사건(金事件) 1부(副) 안에 유사금적(鸞絲金翟) 1대(對), 금잠(金簪) 1대, 유사보전화(鸞絲寶鈿花) 9개(箇)다. 포취사건(鋪翠事件) 안에 정운(頂雲) 1좌(座), 대소 운자(大小雲子) 11개(箇), 빈운(鬢雲) 2개, 모란엽(牧丹葉) 36엽(葉), 양화빈(穰花鬢) 2개, 적미(翟尾) 7개, 구권(口圈) 1부(副), 화심제(花心蒂) 2부(副), 점취발산(點翠撥山) 1좌(座), 조추사 관태(皂皺紗冠胎) 1정(頂), 대홍 평라관조(大紅平羅冠罩) 1개(箇), 남청 숙견 관록(藍青熟絹冠盝) 1개, 대홍 평라 소금 협복(大紅平羅銷金夾袱) 1조(條), 이주 홍칠 성관록갑(二硃紅漆盛冠盝匣) 1개(箇), 주홍칠 법복갑(硃紅漆法服匣) 1좌, 선도 쇄약 정교 전(線條鎖鑰釘鉸全), 범홍 유성 법복갑(凡紅油盛法服匣) 1개, 쇄약 전(鎖鑰全-자물쇠)이다. 각색 소저사 의복 하피(各色素紵絲衣服霞帔) 등 4건 안에 대홍 소저사 협대삼(大紅素紵絲夾大衫) 1건, 복청 소저사 협원령(福青素紵絲夾圓領) 1건, 청소 저사수 적계 하피(青素紵絲綏翟雞霞帔) 1부, 삽화 금추두(鈒花金墜頭) 1개다. 금단 저사라(金段紵紗羅) 모두 10필 안에 금저사 2필, 소저사 2필, 직금라 1필, 소라 2필, 직금사 1필, 소사 2필이다.'

임신일(壬申日-28일)에 상이 관포(冠袍)를 입고 하례를 받았다. 의

정부에서 백관을 거느리고 전(箋)⁴⁰을 받들어 하례한 것이다.

○ 태상왕이 태평관에 가서 황제가 내려준 선물을 받았다.

○ 상이 태평관에 가서 사신에게 잔치를 베풀었다.

계유일(癸酉日-29일)에 원자가 태평관에 나아가 사신에게 예를 행했다[行禮].
행례

○ 정비(靜妃)가 관복을 입고 명의 대궐을 바라보고[望闕] 은혜에
망궐
감사하는 인사를 올렸다. 상이 황엄 등을 대궐로 청해 내전(內殿)으
로 인도해 들어가서 경연청(經筵廳)에서 향연을 베풀었다. 정비를 위
해 잔치를 베풀었기 때문이다. 황엄이 상에게 야자 표주박[椰瓢]을
야표
바쳤다.

○ (충청도) 보령감무(保寧監務) 임지의(林之義)를 파직했다. 간원에
서 지의(之義)의 세계(世系-족보)가 분명치 못하고, 또 가죽을 다루
는 기술자였기 때문에 청하여 파면시킨 것이다.

갑술일(甲戌日-30일)에 경상도 도관찰사 남재(南在)가 시무(時務)
몇 가지 조목을 정부(政府-의정부)에 보고했다. 그중 하나다.

"도내(道內)의 방어가 허술한 것은 장대하고 용맹한 군사가 모두
서울에 시위(侍衛)하기 때문입니다. 청컨대 시위에서 풀어 선군(船軍)
에 채워 넣어야 합니다."

---

40 나라에 길사나 흉사가 있을 때 신하가 임금에게 또는 임금이 그 어버이의 수하(壽賀)에
써 올리던 사륙체(四六體)의 글이다. 사륙체는 한문체의 하나로 네 글자와 여섯 글자를
기본으로 해 대구법(對句法)을 쓰는 문장체다.

정부에서 계문(啓聞)하여 시위 500명을 줄였다. 또 하나다.

"육지로 운반하는 폐단을 백성들이 모두 힘겨워하니 청컨대 전과 같이 수로로 수운해야 합니다."

또 하나다.

"창고의 전조(田租)를 쌀로 바친 이래로 백성들이 운반하기에 지치고, 또 이 도(道)는 포(布)를 바치기는 쉬우나 쌀을 바치기는 어렵사오니 청컨대 전과 같이 포(布)를 거두게 해야 합니다."

두 가지 모두 들어주지 않았다.

○ (일본의) 비전주(肥前州) 준주태수(駿州太守) 원원규(源圓珪)가 사람을 시켜 예물을 바치고, 잡혀갔던 (우리) 백성들을 돌려보내고 도적질을 금할 뜻을 전해왔다.

○ (경상도) 초계군지사(草溪郡知事) 김무(金畝)를 파면했다. 이해 여름에 몹시 가물어 농사를 실패해 거리의 백성들이 근심하고 탄식하니 중외(中外)에 금주령(禁酒令)이 매우 엄했다. 남원부사(南原府使) 정역(鄭易, ?~1425년)[41]이 초계(草溪)에 이르니 무(畝)가 잔치를 베풀어 위로했는데 몹시 취해 옷과 갓을 벗어버리고 스스로 거문고를 타고 춤을 추었다. 간원에서 이를 듣고 감사(監司)에게 이문(移文)하니

---

41 1383년(고려 우왕 9년) 태종 이방원(李芳遠)과 함께 문과에 급제하여 친밀한 사이가 되었다. 좌정언, 교주도안렴부사(交州道按廉副使), 사헌부 지평 등을 역임했고 1411년(태종 11년)에 한성부윤으로 정조부사(正朝副使)가 되어 명나라에 다녀와서 다음 해 대사헌이 됐다. 1414년 충청도 관찰사로 나갔다가 이듬해 예조와 형조의 판서를 지내고 1416년 대제학을 거쳐 호조판서가 됐다. 1419년(세종 1년)에 의정부 좌찬성, 다음 해에 호조판서를 거쳐 대제학이 됐다. 그는 사림의 중망(重望)으로 4조(朝)를 섬기는 데 한결같았고, 내외의 자손 수십 명에 복록을 겸비했으나 더욱 스스로 겸손했다고 한다.

감사가 탄핵하여 파면시킨 것이다.

○ (강원도) 안협감무(安峽監務) 김흥조(金興祚), (경기도) 승령감무(僧嶺監務) 강성안(姜成雁), 통진감무(通津監務) 이치(李薔), 과천감무(果川監務) 김진(金晉), (강원도) 흡곡현령(歙谷縣令) 안기(安紀)를 파면했다. 흥조(興祚) 등이 그 직임(職任)을 이겨내지 못하므로[不勝] 정부에서 신문(申聞)하여 파면시켰다. 헌사에서 상서사(尙瑞司)[42]에 이문해 천거한 자를 물었다. 천거된 자가 적합한 사람이 아니면 죄가 천거한 자[擧主]에게 미치는 영(令)이 있었기 때문이다.

---

42 고려 때 정방(政房)이 없어지면서 생겨난 것으로 조선 때는 인사권은 없이 제배(除拜), 부인(符印) 등 인사 절차를 관장하는 아문이었다.

乙巳朔 命金瞻詳定蒐狩薦廟之儀. 上召掌令李灌言曰: "前日
을사 삭 명 김첨 상정 수수 천묘 지의 상소 장령 이관 언왈 전일

爾等以田獵爲不可. 然則人君不可以田獵乎?" 灌對曰: "臣等
이등 이 전렵 위 불가 연즉 인군 불가이 전렵 호 관 대왈 신등

所以爲不可者 以將告廟而行耳 非謂人君不可田狩也." 上曰:
소이위 불가 자 이장 고묘 이행 이 비위 인군 불가 전수 야 상왈

"然則爲宗廟而田狩 非禮文之所載乎? 天子下大綏 諸侯下小綏
연즉 위종묘 이 전수 비 예문 지 소재 호 천자 하 대수 제후 하 소수

上殺充籩豆 下殺充賓客 何爲而言也. 且予非生於九重者也. 雖
상살 충 변두 하살 충 빈객 하위 이 언야 차여 비생 어 구중 자야 수

粗習詩書 偶得儒者之名 實武家之子孫也. 自幼專事馳騁田獵 及
조습 시서 우득 유자 지명 실 무가 지 자손 야 자유 전사 치빙 전렵 급

今居是位 無事可爲. 嘗覽經史 誠有味也 未嘗一日釋卷 此近臣
금거 시위 무사 가위 상람 경사 성 유미 야 미상 일일 석권 차 근신

之所共知. 但其宴安之暇 豈無遊觀之志乎? 日者聞郊外鴻雁多
지 소공지 단기 연안 지가 기무 유관 지지 호 일자 문 교외 홍안 다

至 時宜放鷹. 予謂此不可備儀仗而行 亦不可以數騎晝行 乃曉
지 시의 방응 여위 차 불가 비 의장 이행 역 불가이 수기 주행 내효

出放鷹而還. 爾等與諫院相繼上疏 卽依所申. 大抵予之田狩 慰
출 방응 이환 이등 여 간원 상계 상소 즉 의 소신 대저 여지 전수 위

幽寂耳. 爾等讀古人之書 講之必熟 豈不知無逸之書乎?"
유적 이 이등 독 고인 지서 강지 필숙 기 부지 무일 지서 호

遂親執大學衍義示灌 俾讀之. 灌不能句讀 上曰: "久不覽則誠
수 친집 대학연의 시관 비독지 관 불능 구두 상왈 구 불람 즉 성

未易讀 然大義可解也." 乃捻出遊觀所以養其氣體之節 自讀之
미이 독 연 대의 가해 야 내 염출 유관 소이 양기 기체 지절 자독지

曰: "此固禁其田獵之辭? 古人亦且不禁 特不可過逸耳. 予有
왈 차고 금기 전렵 지사 고인 역차 불금 특 불가 과일 이 여유

過逸乎哉? 有則第言之." 灌不能對. 上曰: "今日之言 非與爾詰
과일 호재 유즉 제언지 관 불능 대 상왈 금일 지언 비여 이힐

乃言志也." 灌曰: "臣等亦非止殿下之田也. 以將告廟 亦畏陵坎
내 언지 야 관왈 신등 역 비지 전하 지전 야 이장 고묘 역 외 능감

392

之崎嶇也.”上曰:“然. 灌退可矣.”上曰:“灌也 誠非怯者也.”乃
지 기구 야　상왈　연 관퇴가의　상왈　관야 성비겁자야　내

命金瞻 金科等曰:“明考文獻通考帝王蒐狩之禮以聞.”科對曰:
명 김첨 김과 등왈　명고 문헌통고 제왕 수수 지례이문　과대왈

“殿下將有事于宗廟 而卒不果者 以臺諫進諫之失 然外人皆謂
전하 장 유사 우 종묘 이 졸 불과 자 이 대간 진간 지실 연 외인 개위

殿下必有田獵之心. 今使臣等 講明蒐狩之禮 臣以爲不可.”上曰:
전하 필유 전렵 지심 금 사 신등 강명 수수 지례 신 이위 불가　상왈

“前日南幸之時 予若放鷹於齋戒七日之內 則臺諫之言是矣 乃
전일 남행 지시 여약 방응 어 재계 칠일 지내 즉 대간 지언 시의 내

不知予心而諫之. 然言君之失 乃其職也 且其心豈以爲妄諫哉!
부지 여심 이 간지 연 언 군지실 내 기직 야 차 기심 기 이위 망간 재

故予置而不論. 今使汝等講考蒐狩之禮者 前日臺諫以予爲非 故
고 여치이불론 금 사 여등 강고 수수 지례 자 전일 대간 이여위비 고

予欲知其禮而已 汝何逆探而言乎!”問瞻曰:“爾等掌詳定禮制矣
여 욕지 기례 이이 여하 역탐 이언 호　문첨왈　이등 장 상정 예제 의

至於蒐狩薦廟之儀 何不詳定乎?”瞻對曰:“四時之祭 皆當豫獵
지어 수수 천묘 지의 하불 상정 호　첨대왈　사시 지제 개당 예렵

以薦 豈可方祭而獵乎?”上曰:“爾其詳定.”
이천 기가 방제 이렵 호　상왈　이기 상정

　丁未 倭船五隻寇豆毛浦 虜射官二人 焚兵船五隻 萬戶及軍人
　정미 왜선 오척구 두모포　노 사관 이인 분 병선 오척　만호 급 군인

皆泅而逸.
개 수 이일

　蹢躅華.
　척촉 화

　司諫院請代言等之罪. 左正言朴濟詣闕啓曰:“前日 上將有事
　사간원 청 대언 등 지죄　좌정언 박제 예궐 계왈　전일 상 장유사

于宗廟 大駕已動 代言等以喉舌之任 不及侍衛 請問其罪.”上曰:
우 종묘 대가 이동 대언 등 이 후설 지임 불급 시위 청문 기죄　상왈

“動駕太早 故不及到. 勿論.”
동가 태조 고 불급 도 물론

　己酉 鏡城城告成. 遣大護軍李愉 賜醞于都巡問使及察理使 仍
　기유 경성 성고성 견 대호군 이유 사온우 도순문사 급 찰리사 잉

賜愉毛冠襦衣.
사 유 모관 유의

　壬子 雨雹.
　임자 우박

　日本國使二十餘人 率我被虜人一百三十名來 仍獻土物.
　일본국 사 이십 여인 솔아 피로인 일백 삼십 명래 잉헌 토물

癸丑 宴河崙于淸和亭. 崙謁告自晉陽還也.
계축 연 하륜 우 청화정 륜 알고 자 진양 환야

倭寇甘北浦 燒戰艦三艘 殺軍人十二. 千戶盧允落水游而出 遣
왜구 감북포 소 전함 삼소 살 군인 십이 천호 노윤 낙수 유이출 견

大護軍金端案之.
대호군 김단 안지

甲寅 熒惑犯月.
갑인 형혹 범월

日本使僧雪菴等十餘人 來獻土物. 雪菴作詩以獻.
일본 사 승 설암 등 십 여인 내헌 토물 설암 작시 이헌

乙卯 沈霧.
을묘 침무

上朝太上殿獻壽. 以是日太上王誕晨也.① 特宥中外杖罪以下
상 조 태상전 헌수 이 시일 태상왕 탄신 야 특유 중외 장죄 이하

又命還給檜巖寺 般若殿及神巖寺田. 從太上王之志也.
우 명 환급 회암사 반야전 급 신암사 전 종 태상왕 지지 야

講武于海州 率三軍次于金郊 臺諫刑曹各一員扈從. 初 使
강무 우 해주 솔 삼군 차 우 금교 대간 형조 각 일원 호종 초 사

朴錫命傳旨曰: "將幸海州 以講武事. 侍衛用軍士 毋令臺諫各司
박석명 전지 왈 장 행 해주 이 강무 사 시위 용 군사 무령 대간 각사

扈從. 古者 人君講武 或至數旬 予豈效之? 將以是月十一日動駕
호종 고자 인군 강무 혹 지 수순 여 기 효지 장 이 시월 십일 일 동가

一旬而還." 趙英茂曰: "臺諫之隨駕久矣 何以除之? 上雖除之 彼
일순 이환 조영무 왈 대간 지 수가 구의 하이 제지 상 수 제지 피

豈不欲扈從!" 李叔蕃曰: "旣曰講武 雖臺諫扈從 復何言乎? 雖
기 불욕 호종 이숙번 왈 기왈 강무 수 대간 호종 부 하언 호 수

不率行 彼必欲從." 不聽. 司諫院上疏: '今刈穫未畢 願依古者
불 솔행 피필 욕종 불청 사간원 상소 금 예확 미필 원 의 고자

四時之田 以仲冬講武.' 上召左司諫安魯生命之曰: "講武之法 曾
사시 지 전 이 중동 강무 상 소 좌사간 안노생 명지 왈 강무 지법 증

立於上王之時 惟春秋兩等而已. 視古制四時之田 猶未備 然於
입 어 상왕 지시 유 춘추 양등 이이 시 고제 사시 지 전 유 미비 연어

兩時 猶慮其弊 秋則待刈穫已畢 氣候不寒之時 乃用十月 可謂酌
양시 유려 기폐 추 즉 대 예확 이필 기후 불한 지시 내용 시월 가위 작

古今而無弊矣. 今曰: '依古制四時之田' 若然則春二月夏五月秋
고금 이 무폐 의 금왈 의 고제 사시 지 전 약 연즉 춘 이월 하 오월 추

八月冬十一月也. 十月而曰刈穫未畢 則其於八月 刈穫已畢乎?
팔월 동 십일 월 야 시월 이왈 예확 미필 즉 기어 팔월 예확 이필 호

五月其無禾穀踏損之弊乎? 十一月則軍馬寒凍." 魯生曰: "古者
오월 기 무 화곡 답손 지 폐 호 십일 월 즉 군마 한동 노생 왈 고자

中國有苑囿 故於夏秋亦行之.”上曰: “有苑囿 則行於四時. 我國
<small>중국유 원유 고어하추역행지 상왈 유원유 즉행어사시 아국</small>

無苑囿 爾等欲予行四時之田 何也? 卿等又謂欲享太廟 率爾而
<small>무원유 이등욕여행사시지전 하야 경등우위욕향태묘 솔이이</small>

還 予其無故而還乎? 誤書君之過失 垂之後世 何也? 如有可言
<small>환 여기무고이환호 오서군지과실 수지후세 하야 여유가언</small>

之事 詣闕直言 其不可乎?”左右政丞 使舍人李薈詣闕請曰:
<small>지사 예궐직언 기불가호 좌우정승 사사인이회예궐청왈</small>

“講武行幸 臣二人皆不扈從 於義不可.”上曰: “上王講武時 左右
<small>강무행행 신이인개불호종 어의불가 상왈 상왕강무시 좌우</small>

政丞皆不扈從.”司憲府詣闕 請臺諫刑曹隨駕 崙亦請曰: “臺諫
<small>정승개불호종 사헌부예궐 청대간형조수가 륜역청왈 대간</small>

殿下左右之臣也. 所以繩愆糾謬 保養君德 不可斯須離也. 又況
<small>전하좌우지신야 소이승건규류 보양군덕 불가사수리야 우황</small>

師行之際 如有濫行者 誰能禁之?”上曰: “可.”卽命臺諫刑曹各
<small>사행지제 여유남행자 수능금지 상왈 가 즉명대간형조각</small>

一員侍從.
<small>일원 시종</small>

丙辰 霧.
<small>병진 무</small>

次于平州. 命判承樞府事趙英茂曰: “今日之事 正欲講武 宜
<small>차우평주 명판승추부사조영무왈 금일지사 정욕강무 의</small>

整飭行伍 以嚴軍令. 如有亂越馳騖者 豈君臣講武之禮乎? 予當
<small>정칙항오 이엄군령 여유난월치무자 기군신강무지례호 여당</small>

訊之 有司存②焉.”
<small>신지 유사존 언</small>

獻獐二口于太上殿.
<small>헌장이구우 태상전</small>

丁巳 朝 大霧.
<small>정사 조 대무</small>

射獐二.
<small>사장 이</small>

戊午 駕次海州 射獐一狐一.
<small>무오 가차해주 사장일호일</small>

計稟使通事元閔生來啓曰: “朝廷使臣內官黃儼 翰林待詔
<small>계품사 통사 원민생 래계왈 조정 사신 내관 황엄 한림 대조</small>

王延齡 行人崔榮 還鄉內臣朱允端等 齎殿下冕服 中宮冠服
<small>왕연령 행인 최영 환향내신 주윤단 등 재전하 면복 중궁 관복</small>

太上王表裏 元子書册而來.”上喜 勞之 賜馬一匹. 扈駕大小臣僚
<small>태상왕 표리 원자서책이래 상희 노지 사마일필 호가대소 신료</small>

皆賀. 卽遣驪城君閔無疾 爲接伴使.
_{개 하 즉 견 여성군 민무질 위 접반사}

己未 射獐二 墜馬不傷.
_{기미 사 장 이 추마 불상}

庚申 還次延安府 命趙英茂 率諸軍獵於白州 天神山. 軍士有
_{경신 환차 연안부 명 조영무 솔 제군 렵 어 백주 천신산 군사 유}

因射獸 誤中人而死者.
_{인 사수 오중 인 이 사자}

有氣靑紅 圓如盤 對日.
_{유 기 청홍 원 여 반 대일}

壬戌 霧.
_{임술 무}

至自海州 三府設享于金郊.
_{지자 해주 삼부 설향 우 금교}

遼東都司咨文至. 逃軍林答剌爾 林同等推刷還送事也.
_{요동 도사 자문 지 도군 임답랄이 임동 등 추쇄 환송 사야}

癸亥 命禮曹追諡故尙書李挺. 李佇爲其祖挺請諡. 上以③命
_{계해 명 예조 추시 고 상서 이정 이저 위 기조 정 청시 상 이 명}

禮曹 且曰: "挺儒也 宜諡文字." 司諫院上疏 略曰:
_{예조 차왈 정 유야 의시 문자 사간원 상소 약왈}

'當代之臣 位省宰者歿 則以公論記實德賜諡 以垂勸戒. 非
_{당대 지신 위성재 자몰 즉 이 공론 기 실덕 사시 이수 권계 비}

省宰與異代臣子 雖子孫有功 不得追贈 是古制也. 今李挺身歿
_{성재 여 이대 신자 수 자손 유공 부득 추증 시 고제 야 금 이정 신몰}

已久 且前代之臣 職止於刑部尙書 今欲追贈 不合古制 然其
_{이구 차 전대 지신 직 지어 형부 상서 금욕 추증 불합 고제 연기}

子孫有功王室 故特下旨 不拘古制 姑且追諡. 願自今 位至省宰
_{자손 유공 왕실 고 특 하지 불구 고제 고차 추시 원 자금 위지 성재}

及功臣外 其餘臣子 一依古制 毋令追諡.'
_{급 공신 외 기여 신자 일의 고제 무령 추시}

禮曹及奉常寺以爲: "挺雖出身文科 然不可得諡以文者也." 佇
_{예조 급 봉상시 이위 정 수 출신 문과 연 불가 득시 이문 자야 저}

復請於上 得諡文簡 人皆非之.
_{부청 어상 득시 문간 인개 비지}

甲子 霧.
_{갑자 무}

計稟使兵曹典書偰眉壽 回自京師 上召問中國安危.
_{계품사 병조 전서 설미수 회자 경사 상 소문 중국 안위}

眉壽齎兵部咨來. 咨曰:
_{미수 재 병부 자래 자왈}

396

'洪武三十四年 六月內 差太僕寺少卿祝孟獻等官 將紵絲 布絹
홍무 삼십 사 년 육월 내 차 태복시 소경 축맹헌 등 관 장저사 포견

等物 前往朝鮮國 易換馬一萬匹. 除先已買到馬匹外 有本國存留
등물 전 왕 조선국 역환 마 일만 필 제 선 이 매도 마필 외 유 본국 존류

未買馬紵絲 布絹等物 該買馬二千一百九十三匹. 已經具奏 移咨
미매 마 저사 포견 등물 해 매 마 이천 일백 구십 삼 필 이 경 구주 이자

本國 買完送付遼東都司交割 給軍騎操去後 今準本國咨 開買到
본국 매 완 송부 요동 도사 교할 급 군기 조 거 후 금 준 본국 자 개 매도

雜色馬二千一百四十一匹 分作二運 差官管送遼東都司交割了當
잡색 마 이천 일백 사십 일 필 분작 이운 차관 관송 요동 도사 교할 료당

造册移咨到部. 除已買到遼東馬匹 欽依給軍騎操外 查得元存留
조책 이자 도부 제 이 매도 요동 마필 흠 의 급 군기 조 외 사 득 원 존류

馬價 買馬二千一百九十三匹 今二次止買到馬二千一百四十一匹
마가 매 마 이천 일백 구십 삼 필 금 이차 지 매도 마 이천 일백 사십 일 필

比少買馬五十二匹. 審據差陪臣偰眉壽供稱: "元存留物貨數內紵
비 소 매 마 오십 이 필 심 거 차 배신 설미수 공칭 원 존류 물화 수 내 저

絲九百二十八匹 原計每馬一匹紵絲三匹 該馬三百九匹. 今易換
사 구백 이십 팔 필 원 계 매 마 일필 저사 삼 필 해 마 삼백 구 필 금 역환

到二百五十五匹內 上馬一百六十一匹 每馬一匹用過紵絲四匹.
도 이백 오십 오 필 내 상마 일백 육십 일 필 매 마 일필 용 과 저사 사 필

以此比元額小馬五十四匹外 餘剩紵絲絹布 又輳買中馬二匹 實
이차 비 원액 소마 오십 사 필 외 여잉 저사 견포 우 주매 중마 이 필 실

小馬五十二匹." 據供緣來文內 不曾聲說 前項緣由 難以準信. 合
소마 오십 이 필 거 공 연 내문 내 부증 성설 전항 연유 난이 준신 합

令本官回還 仍行本國照數買完 就解遼東都司交割 發軍騎操.
령 본관 회환 잉 행 본국 조수 매완 취 해 요동 도사 교할 발군 기조

係干易換馬匹 永樂元年八月二十六日早 本部官具本 於奉天門
계 간 역환 마필 영락 원년 팔월 이십 육 일 조 본부 관 구본 어 봉천문

奏奉聖旨: "這小的馬免了." 欽此 除欽遵外 係干恩免事理 合咨
주 봉 성지 저 소적 마 면료 흠차 제 흠준 외 계 간 은면 사리 합자

本國知會.'
본국 지회

　權近進齊陵碑文 上命金科曰: "權近作齊陵碑文 間有一二字
권근 진 제릉 비문 상 명 김과 왈 권근 작 제릉 비문 간 유 일이 자

異於常例. 皆我親見之事 文義浹洽 一見了然 若不知事實而讀
이 어 상례 개 아 친견 지사 문의 협흡 일견 요연 약 부지 사실 이 독

則必三復而後 文義可通." 使科諭近曰: "今受誥命之事 並載於
즉 필 삼복 이후 문의 가통 사 과 유 근 왈 금 수 고명 지사 병재 어

碑 不亦可乎? 旣刻則難改 宜與政丞磨琢 然後予乃奉啓太上王
비 불역 가호 기 각 즉 난개 의 여 정승 마탁 연후 여 내 봉계 태상왕

上王也." 近曰: "受誥命 須載於碑. 臣纔立草進呈耳 何敢以此遽
刻于碑乎?"

乙丑 上以靈寶道場齋戒 不受朝.

司諫院上疏請李睍罪 從之. 疏略曰:

'前朝自事元以後 每因奉使宦官之請 濫授官爵 名器瀆亂.

我朝痛革斯弊 明有禁令 故惟使臣族親 不得已而拜爵 未有非

族而僥倖者. 乃者使臣裵整之至平壤也 少尹李睍 以伴人李永澤

金辭等密囑之 混於族親 皆受副司正. 整云: "永澤 金辭 乃平壤

少尹李睍之請也." 睍不畏邦憲 公然請托 以亂名器. 且人臣義無

私交 乃與朝廷使臣 私相交通 以濟其欲. 願令攸司鞫問科斷.'

允之. 諫院移文憲府 憲府遣吏至平壤 睍逃至京. 憲府知之

請罪 命下巡禁司.

偰眉壽進荔枝及櫻䭏 孛羅.

丁卯 上朝太上殿 獻壽極懽.

庚午 月入太微.

崔仁桂進荷葉綠 與中國所産無異.④ 仁桂始造也.

辛未 朝廷使臣黃儼 朴信 翰林待詔王延齡 鴻臚寺行人崔榮至

齎冕服及太上王表裏 中宮冠服 元子書冊而來. 設山棚結綵儺禮

上率百官 迎于西郊 至敬德宮受賜. 禮畢儼入內 傳冠服于靜妃出

上行禮 如太平館設宴 禮部咨曰:

'欽依給賜朝鮮國王幷王父段匹書籍等件及中宮殿下賞賜
흠의 급사 조선 국왕 병 왕부 단필 서적 등건 급 중궁 전하 상사

王妃冠服禮物 除交付欽差內官太監黃儼等齎去外 理合移咨
왕비 관복 예물 제 교부 흠차 내관 태감 황엄 등 재거 외 이합 이자

本國 知會施行. 國王冠服一副 香皂皺紗九旒平天冠一頂 內
본국 지회 시행 국왕 관복 일부 향조 추사 구류 평천관 일정 내

玄色素紵絲表 大紅素紵絲裏 平天冠板一片 玉桁一根 五色珊瑚
현색 소저사 표 대홍 소저사 리 평천관 판 일편 옥항 일근 오색 산호

玉旒珠幷膽珠共一百六十六顆內 紅三十六顆 白三十六顆 蒼
옥류주 병 담주 공 일백 육십 육 과 내 홍 삼십 육 과 백 삼십 육 과 창

三十六顆 黃三十六顆 黑一十八顆 靑白膽珠四顆. 金事件一副
삼십 육 과 황 삼십 육 과 흑 일 십 팔 과 청백 담주 사 과 금사건 일부

共八十箇件內 金簪一枝 金葵花大小六箇 金池大小二箇 金釘
공 팔십 개 건 내 금잠 일지 금규화 대소 육개 금지 대소 이개 금정

幷螞蝗搭釘五十八箇 金條一十三條 大紅熟絲線條一副 大紅
병 마황 탑정 오십 팔개 금조 일십 삼조 대홍 숙사 선조 일부 대홍

素線羅旒珠袋二箇. 九章絹地紗袞服一套內 深靑粧花袞服一件
소선라 류주대 이 개 구장 견지사 곤복 일투 내 심청 장화 곤복 일건

白素中單一件【深靑粧花黻領沿邊全】薰色粧花前後裳一件 薰色
백소 중단 일건 심청 장화 불령 연변 전 훈색 장화 전후상 일건 훈색

粧花蔽膝一件【上帶玉鉤五色線條全】薰色粧花錦綬一件 薰色
장화 폐슬 일건 상대 옥구 오색 선조 전 훈색 장화 금수 일건 훈색

粧花佩帶一副【上帶金鉤玉玎璫全】紅白大帶一條【靑熟絲線組條
장화 패대 일부 상대 금구 옥정당 전 홍백 대대 일조 청숙 사선 조조

全】玉圭一枝【大紅素紵絲夾圭袋全】大紅紵絲舃一雙【上帶素絲
전 옥규 일지 대홍 소저사 협규대 전 대홍 저사석 일쌍 상대 소사

線條靑熟絲線結底】大紅素綾縣襪一雙 大紅平羅夾包袱二條 大紅
선조 청숙 사선 결저 대홍 소릉 면오 일쌍 대홍 평라 협포복 이조 대홍

油絹包袱一條 茜紅包裹氈三條. 錦段 紵絲 紗羅共一十六匹內
유견 포복 일조 천홍 포과전 삼조 금단 저사 사라 공 일십 육 필 내

錦二段 金紵絲二匹 素紵絲四匹 織錦羅二匹 素羅二匹 織金紗二
금 이단 금 저사 이필 소 저사 사필 직 금라 이필 소라 이필 직 금사 이

匹 素紗二匹.
필 소사 이필

元史一部 十八史略 山堂考索 諸臣奏議 大學衍義 春秋會通
원사 일부 십팔사략 산당고색 제신주의 대학연의 춘추회통

眞西山讀書記 朱子成書 各一部.
진서산 독서기 주자성서 각 일부

王父金段 紵絲 紗羅共一十匹內 金紵絲二匹 素紵絲二匹 織
왕부 금단 저사 사라 공 일십 팔 내 금 저사 이필 소저사 이필 직

金羅一匹 素羅二匹 織金紗一匹 素紗二匹. 王妃冠服一部 珠翠
금라 일필 소라 이필 직 금사 일필 소사 이필 왕비 관복 일부 주취

七翟冠一頂 結子全 上帶各樣珍珠四千二百六十顆內 頭樣
칠적관 일정 결자 전 상대 각양 진주 사천 이백 육십 과 내 두양

大珠一十四顆 大樣珠 四十七顆 一樣珠三百五十顆 二樣珠
대주 일 십사 과 대양 주 사십 칠과 일양 주 삼백 오십 과 이양 주

八百五十八顆 三樣珠一千二百三十五顆 五樣珠四百二十顆 八樣
팔백 오십 팔과 삼양 주 일천 이백 삼십 오과 오양 주 사백 이십 과 팔양

珠七百二十顆 九樣珠六百一十六顆.
주 칠백 이십 과 구양 주 육백 일십 육과

金事件一部內 鑾絲金翟一對 金簪一對 鑾絲寶鈿花九箇. 鋪翠
금 사건 일부 내 유사 금적 일대 금잠 일대 유사 보전화 구 개 포취

事件內 頂雲一座 大小雲子一十一箇 鬢雲二箇 牧丹葉三十六
사건 내 정운 일좌 대소 운자 일십 일개 빈운 이개 목단 엽 삼십 육

葉 穰花鬢二箇 翟尾七箇 口圈一副 花心蒂二副 點翠撥山一座
엽 양화 빈 이개 적미 칠개 구권 일부 화심 체 이부 점취 발산 일좌

皂皺紗冠胎一頂 大紅平羅冠罩一箇 藍靑熟絹冠盝一箇 大紅
조추 사관 태 일정 대홍 평라 관조 일개 남청 숙견 관록 일개 대홍

平羅銷金夾袱一條 二硃紅漆盛冠盝匣一箇 朱紅漆法服匣一座
평라 소금 협복 일조 이주 홍칠 성관 록 갑 일개 주홍 칠 법복 갑 일좌

線條鎖鑰釘鉸全, 凡紅油盛法服匣一箇 鎖鑰全. 各色素紵絲衣服
선조 쇄약 정교 전 범 홍유 성 법복 갑 일개 쇄약 전 각색 소 저사 의복

霞帔等項四件內 大紅素紵絲夾大衫一件 福靑素紵絲夾圓領
하피 등항 사건 내 대홍 소 저사 협대삼 일건 복청 소 저사 협원령

一件 靑素紵絲綏翟雞霞帔一副 釵花金墜頭一箇. 金段紵紗羅共
일건 청소 저사 수 적계 하피 일부 삼화 금추두 일개 금단 저사라 공

一十四內 金紵絲二匹 素紵絲二匹 織金羅一匹 素羅二匹 織金紗
일십 팔내 금 저사 이필 소 저사 이필 직 금라 일필 소라 이필 직 금사

一匹 素紗二匹.'
일필 소사 이필

壬申 上服冠袍受賀 議政府率百官奉箋稱賀也.
임신 상복 관포 수하 의정부 솔 백관 봉전 칭하 야

太上王如太平館受賜.
태상왕 여 태평관 수사

上如太平館 宴使臣.
상 여 태평관 연 사신

癸酉 元子詣太平館 行禮于使臣.
계유 원자 예 태평관 행례 우 사신

靜妃服冠服 望闕謝恩. 上請黃儼等于闕 引入內 享于經筵廳.
정비 복 관복 망궐 사은 상청 황엄 등 우궐 인입 내 향 우 경연청

爲靜妃設宴也. 黃儼獻椰瓢于上.

保寧監務林之義罷. 諫院以⑤之義世係不明 且是攻皮之工 請
罷之.

甲戌 慶尙道都觀察使南在 以時務數條報政府. 其一: "道內
防禦之虛疎 以壯勇之士 皆侍衛于京故也. 請除之 以充船軍."
政府啓聞 除侍衛五百. 其一: "陸轉之弊 民皆苦之 請依舊漕運."
其一: "倉庫田租 自納米以來 民困於轉輸 且此道納布易納米難
請依舊收布." 皆不聽.

肥前州 駿州太守源圓珪 使人獻禮物 發還被擄人口 達禁賊之
意.

罷知草溪郡事金畝. 是年夏旱失農 閭閻愁嘆 中外禁酒之令
甚嚴. 南原府使鄭易至草溪 畝設宴慰之 大醉脫衣去帽 自彈自
舞. 諫院聞之 移文監司 監司劾罷之.

罷安峽監務金興祚 僧嶺監務姜成雁 通津監務李蓄 果川監務
金晉 歙谷縣令安紀. 興祚等不勝其任 政府申聞罷之. 憲司移文
尙瑞司 問其薦者. 以有所擧非人罪及擧主之令也.

| 원문 읽기를 위한 도움말 |

① 以是日太上王誕晨也. '以~也'의 구문으로 '왜냐하면 ~때문이다'라는 뜻
이다.

② 有司存焉. 기존의 번역은 存을 그냥 '있다'로 옮겨 문장의 흐름이 통하지
유사 존 언   존

않는다. 여기서 存은 存問이라고 할 때의 存으로 어떤 사정을 깊이 알아
존   존문   존

본다는 뜻이다.

③ 上以命禮曹. 여기서 以는 앞의 문장 내용 전체를 받는다. 즉 '~한 내용
상 이 명 예조   이

을 갖고서' 예조에게 명을 내렸다는 뜻이다.

④ 與中國所産無異. 與는 뒤에 있는 異와 연결된다. '~와 차이가 없다'는 말
여 중국 소산 무이 여   이

이다.

⑤ 諫院以之義世係不明. 이때 以는 이어지는 내용들을 다 받아서 그런 것
간원 이 지의 세계 불명   이

들을 이유로 어떤 조치를 취했다는 말이 된다.

태종 3년 계미년
11월

十一月

을해일(乙亥日-1일) 초하루에 (명나라) 조정 사신 한첩목아(韓帖木
兒)와 고향에 돌아오는[還鄉]¹ 환관 주윤단(朱允端)이 왔다. 나이가
어리고 냄새가 나지 않는 화자(火者-환관) 60명을 뽑아 보내라는 선
유(宣諭)²가 있었다. 상이 교외(郊外)에서 맞이해 대궐에 이르러 잔치
를 베풀었다.

○ 사헌장령 김여지(金汝知)를 순금사에 내려보냈다. 이날 새벽에
장차 어가가 출발하려 하니 사헌부가 각사(各司)보다 먼저 길 옆에
[道左] 시립(侍立)하고 있는데 승추부 판사 조영무가 말을 타고 그냥
지나가니 헌사가 탄핵해 (조영무에게) 죄줄 것을 청했다. 상이 영무를
불러 말에서 내리지 않은 까닭을 물으니 영무가 대답했다.

"신이 대궐로 나아오는데 날이 아직 밝지 않아 미처 헌사가 길 옆
에 서 있는 것을 알지 못했습니다."

상이 화가 나 여지를 불러 명하여 말했다.

"일을 맡은 자[所司]는 밤이 되면 햇불을 좌우에 밝혀 사람들을
벽제(辟除)하는 것이 옳다. 이미 그렇게 하지는 못해놓고서 사신을

---

1 조선인 출신이라는 뜻이다.
2 임금의 유지(諭旨)나 훈유(訓諭)를 백성에게 널리 알려 공포(公布)하는 글이다.

영접해야 하는 날을 맞아 군사를 거느리고 있는 대신[3]을 경솔히 탄핵했으니 이것은 무슨 뜻인가?"

곧바로 영무에게 가서 일을 보도록[視事] 명하고 여지를 가두었다. 이에 대사헌 이첨(李詹), 집의 조휴(趙休), 지평 최견(崔蠲)·이제(李悌) 등은 모두 집에서 대죄(待罪)했다.[4]

○ (여진에서) 귀화한 사람[向化人] 동보화(童甫化)가 와서 매를 바쳤다.

○ 주윤단(朱允端)에게 집 한 채[區]와 노비 8구(口)를 내려주고 월봉(月俸)을 지급했다.

병자일(丙子日-2일)에 상이 친히 (명나라에) 바칠[進獻] 말들을 살펴보고 드디어 태평관에 가서 사신들에게 잔치를 베풀었다. 상이 근신에게 말했다.

"내가 황엄에게 묻기를 '황제께서 어찌하여 내게 두텁게 하기를 이처럼 지극히 하시는가?'라고 하자 엄이 말하기를 '새로 보위(寶位)에 오르시고서 천하의 제후(諸侯)들 중에 와서 조회하는 이가 없었는데 오직 조선만이 상상(上相-고위 재상)을 보내 진하(進賀)했기에 제(帝)께서 그 충성스러움을 아름답게 여기시어 이 때문에 두텁게 대하는 것입니다'라고 했다. 좌정승(하륜)이 일찍이 말하기를 '이와 같

---

3 승추부는 군사를 담당하는 곳이다.
4 죄인(罪人)이 자신의 잘못에 대해 처벌(處罰)을 기다린다는 뜻이다. 그 밖에 뜻이 바뀌어 관리가 해당 관직에 있는 것을 겸손하게 일컫는 말로도 쓰였다.

은 때에 신이 모름지기 조회하여 하례해야 합니다'라고 하고서 행역
(行役-사신 가는 일)의 수고로움을 꺼리지 않고 드디어 갔었으니 이
는 정승의 공이다. 엄의 말을 반드시 정승에게 알리도록 하라."

○ 진헌(進獻)하는 방물(方物)[5]을 봉하여 싸는[封裹] 법을 정했다.
봉과
의정부에서 아뢰었다.

"지금부터는 진헌하는 방물을 봉하여 쌀 때 의정부 정승, 승추부
판사, 사헌부 대사헌, 대언사 지신사(代言司知申事)[6] 일동이 고찰하
게 하고 그것을 항식(恒式)[7]으로 삼아야 합니다."

그것을 따랐다.

정축일(丁丑日-3일)에 비가 약간 내렸다.

○ 명하여 김여지를 집으로 갈 수 있게 풀어주었다.

5　명나라에 파견되는 사신이 가지고 가는 방물은 유분각전(有分各廛)이 전담해 현물로 납
공했다. 동지, 정조(正朝), 성절(聖節) 등 삼절사행(三節使行)의 연례 방물과 사은, 주청(奏
請), 심양행문안(瀋陽行問安), 진향(進香), 진위(進尉), 진주(陳奏) 등 사절의 별사(別使) 방
물이 있었다. 그 가운데에서도 명나라의 황제, 황후, 황태후, 황태자에게 보내는 물품과
수량이 손꼽혔다. 이 물품은 육의전에서 도맡아 공납했다. 일부 내용을 보면 ① 연례 방
물: 황세저포(黃細苧布) 56필, 백세저포(白細苧布) 232필, 홍세저포(紅細苧布) 72필, 황세
면주(黃細綿紬) 76필, 백세면주(白細綿紬) 160필, 자세면주(紫細綿紬) 154필, 백면지(白綿
紙) 5,050권이다. ② 별사 방물: 황세저포 54필, 백세저포 282필, 홍세저포 48필, 황세면
포 44필, 백세면주 278필, 자세면주 88필, 백지 1만 3120권, 전복 44첩(貼), 팔대어(八大
魚-문어) 54마리, 대구 420마리, 해삼 412근, 홍합 410근, 해대(海帶-다시마) 416근, 광어
311마리다. 이와 같은 공물에 대해 명나라에서는 대가로 포(布), 전(錢)을 지급했는데 세
면주 세저포 1필에 하지목(下地木) 8필이었다. 이를 환산해보면 각색 저포의 대가로 하지
목 6,172필, 각색 세면주의 대가로 하지목 7,200필, 백지의 대가로 쌀 1만 2,019석(하지목
6,010필에 해당), 각종 어물의 대가로 2,095냥 6전을 지불했다. 지방의 감사(監司)나 수령
(守令)이 임금에게 바친 지방 토산물도 방물이라 한다.
6　대언사는 뒤에 승정원, 지신사는 도승지로 바뀌게 된다.
7　일정한 규정을 말한다.

○사신 왕연령(王延齡)이 대궐에 찾아왔다. 전날의 잔치를 사례하기 위함이었다. 상이 숙취[宿醒=宿醉]가 풀리지 않았기에 만나볼 수 없었다.

○(동북면) 함주(咸州-함흥) 사람 홍원기(洪原奇)가 와서 흰 매[白鷹]를 바치니 솜과 베[縣布]를 내려주었다.

무인일(戊寅日-4일)에 진리(陳理, ?~1408년)[8]에게 노비 1구(口)와 쌀, 콩을 내려주었다.

○고(故) 세자 이방석(李芳碩)의 빈(嬪) 심씨(沈氏, ?~?)[9]에게 쌀과 콩을 내려주었다.

기묘일(己卯日-5일)에 비가 약간 내렸다. 간방(艮方)[10]에 무지개가 나타났고 달이 토성(土星)을 범했다.

---

8 중국 양산(梁山) 사람으로 세칭 진왕(陳王)이라 불렸다. 부친은 안남국(安南國)의 왕 진우량(陳友諒)으로 원나라 말기에 주원장(朱元璋)과 파양호(鄱陽湖)에서 싸우다 전사했고, 진리(陳理)는 무창(武昌)으로 도망갔다 항복했다. 이후 명 태조(太祖) 주원장이 한가하게 살라며 고려로 보냈다. 조선조로 들어와 생활이 어려워졌는데 태조 이성계(李成桂)가 순덕후(順德侯)에 봉하고 전지(田地)를 하사했다. 조부는 진보재(陳普材), 아들로 진명선(陳明善)이 있다. 임피 진씨(臨陂陳氏)의 시조 진여안(陳汝安)이 진리(陳理)의 아들이라고 하나 『태종실록』 18년 8월 23일 조에 진리(陳理)의 처 이씨(李氏)가 유일한 자식인 진명선(陳明善)이 유후사(留後司)에 갇혀 있다며 선처를 호소하는 상언(上言)이 있고 졸기에도 진명선(陳明善)만이 아들로 기록돼 있다.

9 태조(太祖)의 8남인 의안대군(宜安大君) 방석의 아내다. 현빈 심씨(賢嬪沈氏)로 불린다. 부친은 심효생(沈孝生)이며 모친은 유습의 딸이다. 태조 3년 세자인 의안대군 이방석에게 시집와서 태조 6년 9월에 현빈(賢嬪)에 봉해졌다. 그러나 1차 왕자의 난 때 남편 방석이 이복형 이방원 세력에게 피살돼 불행한 삶을 살아야 했다.

10 동북쪽이다.

○ 황엄(黃儼), 박신(朴信), 왕연령(王延齡), 최영(崔榮) 등에게 각각 옷 1습(襲)과 가죽신, 삿갓을 갖춰[具] 내려주었다.
구

○ 태상왕이 사신을 초청해 덕수궁(德壽宮)에서 잔치를 베풀었다 [享=宴].
향 연

경진일(庚辰日-6일)에 경연에 나아가 황제로부터 하사받은 『십팔사략(十八史略)』을 보았다.

○ 황엄 등이 동교(東郊)에서 사냥하니 삼부(三府)가 숭인문(崇仁門) 밖에서 맞아 위로했다[迎慰].
영위

○ 요동도사가 우리나라에서 도망친 종 원만(原萬) 등 5명을 돌려보냈다. 원만 등은 의주(義州)의 종이었다. 말 4필과 함께 통사(通事) 김룡(金龍)에게 딸려 돌려보냈다.

신사일(辛巳日-7일)에 여흥부원군 민제(閔霽)에게 명을 내려 그의 집에 사신들을 초청해 잔치를 열게 했다.

임오일(壬午日-8일)에 의정부 지사 겸 사헌부 대사헌 이첨(李詹)이 전(箋-짧은 글)을 올려 사직했다. 애초에 헌부에서 조영무를 탄핵할 때에 첨(詹)과 토의하지 않았는데 죄를 청할 때에는 첨이 이에 참여했다. 김여지(金汝知)가 갇히니 다른 사람들은 모두 혐의를 피해 출근하지 않았는데 첨이 말했다.

"처음에 참여하지 않았으니 (나야) 무슨 죄가 있는가?"

그러고는 정부에 출근했다. (헌부) 장령(掌令) 이관(李灌)은 일찍이 시마복(緦麻服)을 입고 있었기 때문에[11] 이때에야 비로소 출근해 첨을 탄핵하여 말했다.

"처음에는 비록 참여하지 않았다 해도 결국에는 토의에 참여했다. 다른 사람은 다 혐의를 피하는데 혼자서만 피혐하지 않는 것은 무엇인가?"

그 때문에 첨이 면직을 청한 것이다.

○좌정승 하륜을 불러 들어오게 해 만나보았다. 륜이 일찍이 병으로 휴가 중이었는데[告病] 몸을 일으켜 대궐에 나오니 상이 그와 더불어 한(漢)나라 무제(武帝)[12]와 선제(宣帝)[13]의 얻고 잃음[得失][14]을 논하다가 말이 대명황제(大明皇帝)에게 미치자 이렇게 말했다.

"일찍 일어나고 밤늦게 자는 것은 옛날 (뛰어난) 제왕(帝王)의 도리다. (그런데 명나라 황제가) 4경(更)[15]에 일어나고 중야(中夜-한밤중)

---

11 시마복은 3개월복으로 가까운 친족의 상을 당했다는 뜻이다.

12 경제(景帝)의 열한 번째 아들로 시호는 세종(世宗)이다. 재위기간 동안 추은령(推恩令)을 내려 제후왕(諸侯王)들에게 땅을 나눠 자제들에게 주고 후(侯)로 삼게 하여 제후국의 세력을 약화시켰다. 즉위하자 권신들을 면직시키고 어질고 겸손한 선비를 등용해 관리의 자질을 향상시켰다. 오경박사(五經博士)를 두어 유학에 중점을 두고 기원전 127년(천삭(天朔) 2년)부터 왕국을 분봉(分封)하여 중앙집권화를 마무리했다.

13 무제의 아들인 할아버지 여태자(戾太子) 유거(劉據)가 무고(巫蠱)의 일에 걸려 자살하고 부모가 모두 해를 당하자 민간에서 길러졌다. 이 때문에 민심의 동정을 잘 알았다. 소제(昭帝)가 죽자 곽광(霍光)이 창읍왕(昌邑王) 유하(劉賀)를 영입했지만 얼마 뒤 황음(荒淫)하다는 이유로 폐위하고 그를 맞아 옹립했다. 즉위한 뒤 통치에 마음을 쏟아 현능(賢能)한 사람을 기용하고 이치(吏治)를 중시하여 패도(霸道)와 왕도(王道)를 적절하게 사용해 명실상부한 정치를 꾀했다. 또 서역도위(西域徒尉)를 두어 변방의 방위를 강화하고, 서역 지방의 생산을 발전시키도록 했다.

14 정치의 공과와 장단을 뜻한다.

15 하룻밤을 초경(初更), 2경(更), 3경, 4경, 5경 등 다섯으로 나눈 것인데 4경이면 이른 아침이다.

에 자는 것은 어찌 본받을 바이겠는가?"

또 (여진족인) 올적합(兀狄哈), 올량합(兀良哈), 오도리(吾都里) 등의 일을 논하면서 말했다.

"경성(鏡城)과 경원(慶源)에 성(城)이 없어서는 안 된다."

계미일(癸未日-9일)에 조대림(趙大臨)을 평녕군(平寧君), 민무휼(閔無恤)을 여원군(驪原君), 이첨(李詹)을 예문관 대제학(藝文館大提學), 이문화(李文和)를 대사헌(大司憲)으로 삼았다.[16]

○상이 직접 (명나라에) 진헌할 말들을 살펴보았다.

갑신일(甲申日-10일)에 종친들이 (상에게) 헌수했다.

을유일(乙酉日-11일)에 끊어진 무지개[斷虹]가 갑방(甲方)[17]에 나타 났다. 밤에 큰비가 내리고 천둥과 번개가 쳤다.

병술일(丙戌日-12일)에 우정승 성석린(成石璘)이 사신들을 자기 집 으로 초청해 잔치를 베풀었다.

무자일(戊子日-14일)에 사신 왕연령(王延齡)과 최영(崔榮)이 대궐에

---

16 이첨에 대한 문책이 포함된 인사조치다.

17 24방위의 하나로 정동쪽에서부터 북쪽으로 15도 되는 방위를 중심으로 한 15도 각도 안의 방위를 말한다.

와서 돌아갈 것을 고하니 상이 정전(正殿)에 맞아들여 다례(茶禮)를 거행했다.

○ 이날 밤 건방(乾方)[18]에서 우레가 쳤는데 이튿날도 같았다.

기축일(己丑日-15일)에 사평 좌사(司平左使) 이빈(李彬)과 여원군(驪原君) 민무휼(閔無恤)을 보내 경사(京師)에 가게 했다. 은혜에 감사하고[謝恩] 겸하여 종계(宗系)를 분명하게 가리려는[辨明][19] 주본(奏本)
사은   변명

---

18 정북쪽과 정서쪽 사이의 한가운데를 중심으로 한 15노 각도 안의 방위를 말한다.

19 이 일을 하는 사신을 종계변무사(宗系辨誣使)라고 했는데 그것은 향후 200년 동안 명나라와의 사이에 중대한 외교 문제가 된다. 고려 말 1390년(공양왕 2년) 이성계의 정적이던 윤이(尹彝)·이초(李初)가 명나라로 도망가서 이성계를 타도하려는 목적으로 공양왕이 고려 왕실의 후손이 아니고 이성계의 인척이라 한 적이 있다. 이때 윤이 등은 이들이 공모해 명나라를 치려고 한다면서 이성계의 가계에 관해 고려의 권신 이인임(李仁任)의 후손이라고 했다.

그 뒤 명나라는 이 이야기를 믿고 그 내용을 명나라의 『태조실록』과 『대명회전(大明會典)』에 그대로 기록했다. 조선에서 이러한 종계(宗系)의 기록이 잘못되었다는 사실을 알게 된 것은 1394년(태조 3년) 4월이었다. 이때 명나라 사신이 와서 조선 연안의 백성들이 해적 활동을 하고 있다고 항의했다. 그런데 그들의 압송을 요구하는 항의문에 '고려배신 이인임지사성계금명단자운운(高麗陪臣李仁任之嗣成桂今名旦者云云-고려의 신하 이인임의 후손인 성계의 지금의 이름을 단이라 하는 등)'한 내용이 있었던 것이다.

조선 태조에 관한 종계 오기(宗系誤記)는 표면적으로 명나라와는 무관한 일이었다. 그렇지만 건국 직후의 조선으로서는 왕통의 합법성이나 왕권 확립에 매우 중요한 문제였다. 그러나 명나라에서는 종계 문제를 계기로 이성계를 무시하고 의심했다. 더구나 이인임은 우왕 때의 권신으로 이성계의 정적이었다. 그런데 이성계가 그의 후사라는 것은 가장 모욕적인 말로서 도저히 용납될 수 없는 사항이었다. 그리하여 이 문제는 이후 양국 간에 매우 심각한 외교 문제가 됐다. 그래서 조선 측에서는 그해 6월 명나라의 사신 황영기(黃永奇)의 귀국 편에 변명주문(辨明奏文)을 지어 사실의 잘못된 점을 지적해 보냈다. 그 내용은 태조 이성계의 가계 22대를 간략하게 기록하고 태조 즉위의 정당한 이유에 대해 밝히면서 이인임의 불법적인 행위를 상세히 알렸다.

그러나 명나라에서는 별다른 반응이 없었다. 오히려 1402년(태종 2년) 1월 성절사 장온(張溫)의 귀국 복명 속에 명 태조의 유훈 가운데 조선왕의 가계는 이인임의 후손이라고 기록돼 있다고 해 지난번의 변명이 헛되었음을 알게 됐다. 하지만 조선에서는 곧바로 사신을 파견하지 않았다. 그 이유는 당시 명나라는 2대 건문제(建文帝)와 3대 성조(成祖)

412

을 올리기 위함이었다. 주본은 이러했다.

'홍무(洪武) 35년[20] 정월 초8일에 배신(陪臣) 조온(趙溫, 1347~1417년)[21]이 경사(京師)에서 돌아와 말하기를 "조훈조장(祖訓條章) 내에 적혀 있기를 '신(臣)【방원(芳遠)】의 종계(宗系)가 이인임(李仁任, ?~1388년)[22]의 후손이다'라고 했다"고 했습니다. 이를 듣고서 두렵고 무너져 내리는 마음 이루 다할 수 없습니다. 홍무(洪武) 27년(1394년) 4월 25일에 흠차내사(欽差內史) 황영기(黃永奇) 등이 해악

사이에 황제위의 계승 문제로 내란 중에 있었으므로 변무(辨誣)의 시기가 적합하지 않았기 때문이다. 그러던 중 이듬해 4월 고명(誥命)과 인신(印信)의 문제가 해결되고 이어 10월에 면복(冕服) 등을 받아와 명나라와의 관계가 안정됐다. 이에 조선 조정은 이때 사은사 이빈(李彬)을 파견하면서 종계변무의 임무를 겸하도록 한 것이다. 그러나 이 문제는 결국 선조 때에 가서야 해결된다.

20 홍무 연호는 1398년(홍무 31년) 태조가 사망하면서 그의 손자인 혜제(惠帝)가 황위를 이어받아 이듬해 '건문(建文)'으로 개원하기 전까지 사용되었다. 그런데 태조의 넷째 아들로 제3대 황제인 영락제(永樂帝) 성조(成祖)가 정난(靖難)의 변(變)을 통해 1402년 황위에 오른 후 혜제의 즉위를 인정하지 않는다는 증거로 건문의 연호를 폐지했다. 대신 이 기간을 태조의 연호인 홍무로 표기했는데 홍무 32년(1399년)부터 35년(1402년)까지가 바로 이때다. 그러다가 명나라 제13대 황제인 만력제(萬曆帝) 신종(神宗)이 건문 연호를 다시 복원했다. 따라서 홍무 35년은 1402년 건문 4년을 가리킨다.

21 고려 말 이성계(李成桂)의 신진 세력에 참여해 1392년 조선 개국에 공을 세워 개국공신 2등에 책록되고 한천군(漢川君)에 봉해졌다. 1398년 1차 왕자의 난 때 친군위도진무(親軍衛都鎭撫)로서 이방원(李芳遠)을 도와 공을 세워 정사공신(定社功臣) 2등에 책록되고 1400년(정종 2년) 2차 왕자의 난 때에는 문하부 참찬사(門下府參贊事)로서 방간(芳幹) 등의 군사를 평정했다.

22 성주(星州) 이씨다. 1368년 좌시중(左侍中)을 거쳐 이듬해 수문하시중(守門下侍中)이 되고 그해 서북면 도통사(西北面都統使)가 되어 원나라의 동녕부(東寧府)를 정벌하고 광평부원군(廣平府院君)에 책봉됐다. 1374년 공민왕이 살해되어 후사(後嗣) 문제가 일어나자 태후(太后)와 경복흥(慶復興)의 주장을 꺾고 우왕(禑王)을 추대했다. 정권을 잡고 친원정책(親元政策)을 취해 친명파(親明派)를 추방한 후에 지윤(池奫), 임견미(林堅味), 염흥방(廉興邦) 등 충복들을 요직에 앉히고 매관매직을 하는 등 전횡을 일삼았다. 1386년 좌시중이 됐다가 노환으로 사직했고 1388년 최영(崔瑩), 이성계(李成桂) 등에 의해 경산부(京山府-星州)에 안치(安置)됐다가 곧 사망했다.

(海嶽), 산천(山川) 등의 신령에게 고하는 축문(祝文)을 받들고 왔는데 축문 중에 '고려(高麗) 배신(陪臣) 이인임의 후사(後嗣)【이성계(李成桂)】'라는 말이 포함돼 있었습니다. (그래서) 삼가 살피건대 신의 아비는 이미 일찍이 주본(奏本)을 갖춰 아뢰었습니다. (그런데) 신이 지금 조훈조장 안에 그대로 기록되어 있다는 사실을 들어서 알게 되니 두렵고 황망하기가 그지없습니다.

가만히 생각건대 신의 아비의 선세(先世)는 본래 조선의 유종(遺種-오랜 종족)입니다. 신의 23대조(二十三代祖)【이한(李翰)[23]】에 이르러 신라(新羅)에서 벼슬해 사공(司空)이 되었고, 신라가 망하게 됨에 이한(李翰)의 6대손(六代孫)【이긍휴(李兢休)】가 고려(高麗)에 들어왔으며,【이긍휴(李兢休)】의 13대손(十三代孫)【이안사(李安社)】가 전 원나라[前元]에 벼슬했는데 이분이 신의 아비【단(旦)】, 예전 이름 이성계(李成桂)의 고조(高祖)입니다. 원나라 말년에 이르러 군사가 일어나자 할아비【이자춘(李子春)】가 도로 고려로 왔는데 신의 아비가 거칠게나마 무재(武才)를 익혔으므로 항오(行伍-군대)에 두었습니다. 공민왕(恭愍王)이 아들이 없어 총신(寵臣) 신돈(辛旽)의 자식 우(禑)를 데려다가 몰래 궁중에서 길러 자기 자식이라고 칭했는데 공민왕이 죽은 뒤에 이인임이 우를 세워 후사(後嗣)로 삼았습니다. 신의 아비는 공민왕 때로부터 위성(僞姓-가짜 왕씨) 우에 이르기까지 16년 동안 조심하고[小心] 근신했습니다. 우의 말년에 신의 아비를 문하시중(門下侍中-영의정)으로 삼았습니다. 또 시중 최영(崔瑩)이 있었는데 배우

---

23 전주 이씨의 시조로 불린다.

지 못하고 제 마음대로 도리를 어겨[不學狂悖] 우를 아첨하여 섬기
며[諂事] 딸을 바쳐 왕비로 삼게 하고 국정을 제 마음대로 하여[專擅
=顓斷] 헛되이 사려(師旅-군사)를 일으켜 여러 장수를 보내 요동(遼
東)으로 향하고자 하여 군대가 압록강에 이르렀습니다. 신의 아비
도 그때에 부장(副將)이 되어 역시 그 파견되던 중에 생각하기를 "상
국(上國-명나라)에 죄를 얻는 것보다는 차라리 위성(僞姓)에게 죄를
얻어서 한쪽 방면을 편안히 하겠다"고 했습니다. 마침내 여러 장수
와 더불어 의견을 합쳐 군대를 돌려[回軍] 왕씨(王氏)의 후손인 정
창군(定昌君) 요(瑤, 1345~1394년)[24]를 세웠습니다. 인임 등은 위성
(僞姓)을 속여 세웠다고 죄를 논하여 내쫓고, 우와 그의 아들 창(昌),
그리고 영(瑩-최영)은 모두 주살당했습니다. 요(瑤) 또한 불의(不義)
하여 나라 사람들이 신의 아비를 권지국사(權知國事)[25]로 추대하자
곧 그 과정을 갖춰 주문했습니다. 이에 삼가 태조 고황제(太祖高皇
帝)의 명을 받아서 국왕이 되었고 국호를 바꿔줌과 동시에 신의 아

---

24 공양왕을 가리킨다. 1389년 이성계(李成桂), 심덕부(沈德符) 등에 의해 창왕이 폐위되자
    왕위에 올랐다. 즉위 후 이성계 일파의 압력과 간섭을 받아 우왕을 강릉에서, 창왕을 강
    화에서 각각 살해했다. 재위 3년 동안 정치, 경제, 교육, 문화 등 사회 전반에 걸친 몇 차
    례의 제도 개편을 단행했다. 그러나 그것은 이성계 등 신진 사대부들의 자기 세력 부식을
    위한 사회개혁일 뿐이었다. 그리고 조준(趙浚)의 건의로 과전법을 실시해 녹제와 전제를
    개혁했는데 이것은 신흥 세력의 경제적 기반이 됐다. 또 인물추고도감(人物推考都監)을
    두어 노비 결송법을 정했다. 이해 이성계 일파를 반대한 정몽주(鄭夢周)가 살해되자 정세
    는 이성계의 독무대가 됐다. 이에 조준, 정도전(鄭道傳), 남은(南誾) 등은 이성계를 왕으로
    추대했다. 이로써 공양왕은 폐위됐고 고려왕조는 끝났다. 1392년 조선이 건국되자 원주
    로 유배됐다가 간성군(杆城郡)으로 추방되면서 공양군(恭讓君)으로 강등됐고 1394년 삼
    척부(三陟府)로 옮겨졌다가 그곳에서 살해됐다.
25 임시 임금이라는 뜻이다. 국호도 조선이 아니라 여전히 고려였다. 명나라로부터 고명을
    받지 못했기 때문이다.

비【이성계(李成桂)】를 개명【단(旦)】해주셨습니다. 또 인임(仁任)의 증조(曾祖) 장경(長庚)은 본국의 경산부(京山府) 아전이고 할아비는 정당문학(政堂文學) 조년(兆年)이며, 아비는 동지밀직(同知密直) 포(褒)이고, 인임의 아들은 전 대호군(大護軍) 환(瓛), 고공좌랑(考功佐郎) 민(珉)이온데 일찍이 고려에 벼슬했고, 사위인 승녕부 판사 강서(姜筮, 1347~1424년)²⁶와 상주목사(尙州牧使) 권집경(權執經)은 현재 본조(本朝-조선)에 벼슬하고 있사오니 신의 종계(宗系)와는 각각 다릅니다. 엎드려 바라옵건대 성자(聖慈-폐하)께서 굽어살피시어 신의 종계를 고쳐 기록할 수 있게 해주시면 한 나라가 매우 다행이겠습니다. 삼가 갖춰 주문(奏聞)합니다.'

○ 연성군(蓮城君) 김정경(金定卿, 1345~1419년)²⁷을 (명나라에) 보내 정삭(正朔)을 하례하고[賀正] 겸하여 3년 만에 한 번씩 바치는 종마(種馬) 50필을 바쳤다.

○ 사신 왕연령(王延齡)과 최영(崔榮)이 돌아가니 상이 선의문(宣義門) 밖에서 전송했다. 작별에 임해 모의(毛衣-털옷), 모관(毛冠-털모

26　1382년(우왕 8년) 화척(禾尺-화전민)들이 왜구로 가장해 영해군에 침입하여 관청과 민가를 불사르자 전 밀직부사로서 판밀직 임성미(林成味)와 함께 이를 평정했다. 1403년(태종 3년) 한성부 판사가 되었으며 1416년 의정부 찬성사로 벼슬길에서 물러났다.

27　조선 개국 후 삼군절도사를 거쳐 이조전서를 지냈는데 인사관리를 잘했다고 한다. 1396년(태조 5년) 예빈시 판사(禮賓寺判事)가 돼 전라도와 충청도 각지의 성을 수축하고 군비를 점검하는 한편 병선(兵船)의 허실을 조사했다. 1400년 방간(芳幹)의 난이 일어나자 한성부윤으로서 방원(芳遠)에 협력해 이를 진압, 좌명공신 4등에 책록되고, 연성군(蓮城君)에 봉해졌다. 그 뒤 공안부윤(恭安府尹)이 되었는데 병을 핑계로 명나라의 사행을 회피하여 대간의 탄핵을 받기도 했다. 1404년(태종 4년) 좌군도총제, 1408년 개성부유후(開城府留後)를 역임하고, 1410년 성절사로 명나라에 다녀왔다. 용맹하고 매사에 적극적이었으나 재물을 좋아해 사람들로부터 비난을 받았다.

자)과 가죽신을 이별의 선물[贐行]로 주었으나 두 사람 다 받지 않
_{신행}
았다. 상이 말했다.

"노상(路上)에서 추위를 막고 중국의 따뜻한 땅에 들어가서 그것
을 버리면 무슨 상관이겠소[何害]? 지금 날씨[天氣]가 매우 춥고 갈
_{하해} _{천기}
길이 아주 먼데, 만일 받지 않고 돌아간다면 어찌 내 마음이 편안하
겠소? 감히 인사(人事)를 위한 것이 아니라[28] 그저 주인으로서의 성
의(誠意)라오."

최영이 대답했다.

"경사(京師)에서 출발할 때 추위를 막을 옷을 이미 넉넉히 준비했
습니다. 또 제(帝)께서 복명(復命)하는 것이 추운 때에 있을 줄 아시
고 추위를 막을 옷을 참으로 많이 내려주셨으니 무얼 반드시 그것
을 받겠습니까? 주인의 성의는 이미 잘 알았습니다."

모름지기 선물로 주는 물건을 안마(鞍馬) 외에는 받지 않았다. 삼
부(三府)가 연령(延齡) 등을 서보통(西普通)에서 전송하니 연령이 우
정승 성석린(成石璘)에게 말했다.

"공(公)은 반드시 이색(李穡, 1328~1396년)[29]을 알 것이오. 이색 같은

---

28 일과 관련된 민원이나 부탁이 아니라는 뜻이다.

29 1341년(충혜왕 복위 2년)에 진사(進士)가 되고 1348년(충목왕 4년) 원나라에 가서 국자감
(國子監)의 생원(生員)이 돼 성리학을 연구했다. 1351년(충정왕 3년) 아버지상을 당해 귀
국했다. 1352년(공민왕 1년) 전제(田制)의 개혁, 국방 계획, 교육의 진흥, 불교의 억제 등
당면한 여러 정책의 시정개혁에 관한 건의문을 올렸다. 이듬해 향시(鄕試)와 정동행성(征
東行省)의 향시에 1등으로 합격해 서장관(書狀官)이 됐다. 원나라에 가서 1354년 제과(制
科)의 회시(會試)에 1등, 전시(殿試)에 2등으로 합격해 원나라에서 응봉 한림문자 승사랑
동지제고 겸 국사원편수관(應奉翰林文字承事郎同知制誥兼國史院編修官)을 지냈다. 귀국
해 전리정랑 겸 사관편수관 지제교 겸예문응교(典理正郎兼史館編修官知製教兼藝文應教),
중서사인(中書舍人) 등을 역임했다. 이듬해 원나라에 가서 한림원에 등용됐으며 다음 해

분은 중원(中原)에도 한두 사람에 지나지 못하오. 중원 사람이라고 어찌 다 조선 사람 같겠소?[30] 조선은 외국(外國)으로 볼 수가 없소."

경인일(庚寅日-16일)에 응방인(鷹房人) 16명을 뽑아 정액(定額-정원)을 삼고 나머지는 모두 없앴다.

신묘일(辛卯日-17일)에 해가 질 때 해의 북쪽에 붉은 기운[赤氣]이 감돌았고 바깥쪽은 청색(靑色)이었다.

○ 황임이 회암사(檜巖寺)에 놀러가니 삼부(三府)와 지신사 박석명에게 명해 동교(東郊)에서 전송하게 했다.

임진일(壬辰日-18일)에 일포(日抱)[31]가 나타나 해의 안은 푸르고 밖은 붉었다.

○ 사간원에서 소(疏)를 올렸다. 소는 대략 이러했다.

귀국해 이부시랑 한림직학사 겸 사관편수관 지제교 겸병부낭중(吏部侍郎翰林直學士兼史館編修官知製敎兼兵部郎中)이 돼 인사 행정을 주관하고 개혁을 건의해 정방(政房)을 폐지하게 했다. 1357년 우간의대부(右諫議大夫)가 돼 유학에 의거한 삼년상 제도를 건의해 시행하도록 했다. 이어 추밀원우부승선(樞密院右副承宣), 지공부사(知工部事), 지예부사(知禮部事) 등을 지내고 1361년 홍건적의 침입으로 왕이 남행할 때 호종해 1등공신이 됐다. 그 뒤 좌승선(左承宣), 지병부사(知兵部事), 우대언(右代言), 지군부사사(知軍簿司事), 동지춘추관사(同知春秋館事), 보문각(寶文閣)과 예관(禮官)의 대제학(大提學) 및 개성부 판사 등을 지냈다. 그의 명성은 이 무렵 중국에서도 자자했다.

30 은근히 조선 사람을 깔보는 시선이 깔려 있는 발언이다. 그러나 뒤에 이어지는 발언에서 다시 높여준다.

31 해의 가장자리에 반원형(半圓形)의 햇무리가 진 현상을 말한다.

'선왕(先王)의 예(禮)[32]가 본부인과 첩[嫡妾]의 나뉨을 엄격하게 한
것은 큰 윤리[大倫]를 밝혀 집안의 도리를 바로잡기 위함입니다. 그
래서 (공자께서는) 『춘추(春秋)』에 (노나라) 혜공(惠公)이 중자(仲子)를
부인(夫人)으로 삼은 것을 기롱하여[譏=譏弄] 후세에 경계를 남겼고
제나라 환공(齊桓公)의 맹서에 "첩(妾)을 아내[妻]로 삼지 말라"고 함
으로써 명확하게 금지하는 바를 훤히 드러냈습니다. 지금 의안대군
(義安大君) 화(和-이화)의 첩 매화(梅花)는 본래 관기(官妓)로서 이름
이 악적(樂籍)[33]에 올라 있었는데 요행히 천역(賤役)을 면하고 심지어
분수에 넘치게[濫] 옹주(翁主)의 칭호를 받았으니 이미 본부인과 첩
의 나뉨을 잃었습니다. 또 부마(駙馬) 평녕군(平寧君) 조대림(趙大臨)
의 길례(吉禮) 때 종실(宗室) 명부(命婦)[34]와 척리(戚里-왕실 친족)의
여러 부인이 모두 그 집에 모였을 때 마침내 천첩(賤妾)으로서 오만
하게[傲然] 종친 명부의 위에 앉아 이름을 어지럽히고 분수를 어겼
습니다. 바라건대 전하께서 특별히 (이 사안을) 헌사(憲司)에 내리시
어 (매화의) 작첩(爵牒)을 거두고, 참람되게 분수를 뛰어넘은 죄[僭踰

___

32 상투적인 표현으로 옛 뛰어난 임금들이 제정한 예법이라는 말이다.
33 조선시대 궁중 음악인의 인적 사항 관련 문서로 장악원(掌樂院)이 관리했다.
34 본인의 타고난 신분이나 딸이 왕비가 된 경우, 자신의 공로 및 남편이 종친(宗親)이거나
   문무관의 관리가 되었을 때는 그의 품계에 따른 합당한 봉호를 내린다. 이러한 여인들을
   통칭해 명부라 한다. 봉작을 받은 부인은 내명부(內命婦)와 외명부(外命婦)로 구분됐다.
   내명부는 조선시대 궁중 내에서 봉직하던 정1품 빈(嬪)부터 종4품 숙원(淑媛)까지의 내
   관인 후궁과 정5품 상궁(尙宮)부터 종9품 주변궁(奏變宮)까지의 궁인 계층을 말한다. 외
   명부는 종류가 다양하다. 왕의 유모인 봉보부인(奉保夫人)은 종1품, 왕비의 어머니 부부인
   (府夫人)은 정1품, 왕의 딸들인 공주·옹주는 품계를 초월한 지존한 신분이다. 종친의 부
   인은 정1품 부부인부터 정6품 순인(順人)까지이며, 문무관들의 부인은 정1품 정경부인(貞
   敬夫人)부터 종9품 유인(儒人)까지다.

之罪]를 다스리며 본역(本役-본래 맡은 일)을 정함으로써 본부인과
첩의 나눔을 엄격하게 해야 합니다.'

상이 화를 내며 박석명(朴錫命)에게 일러 말했다.

"궁방(宮房)의 모임을 내가 다 보았는데 매화는 항상 종친의 아래
에 있었다. (그런데) 지금에야 군이 이를 말하는 것은 어째서인가?"

(그러고 나서 사간원) 장무(掌務-실무 담당자)인 헌납 정안지(鄭安止)
에게 물었다.

"종친 명부의 모임을 네가 알 수 있는 일이 아니거늘 너에게 말해
준 사람이 누구인가?"

대답했다.

"신들은 전하의 눈과 귀가 되는 관리[耳目之官]입니다. 전하께서는
단지 말의 옳고 그름만을 살피셔야지 말한 사람이 누구인지를 물으
실 필요는 없습니다."

상이 말했다.

"내가 만일 끝까지 캐면[窮詰] 네가 어찌 감히 숨기겠느냐! 나는
다만 아직은 그냥 넘어간다."

또 물었다.

"의안(義安)은 본부인을 잃었으니[喪] 매화를 맞아들인 것은 참으
로 의리에 해치지 않는다. 그래서 태상왕께서 작(爵)을 봉해주셨던
것이다. 또 의안은 일찍이 여러 차례 내게 충성을 다했는데 그가 아
끼는 첩을 빼앗아 본래의 관기로 돌려 정역(定役)함이 옳으냐?"

대답했다.

"본역(本役)으로 돌리는 것은 사람의 정리(情理)에는 마땅치 않으

나 법으로 보자면 그렇습니다."

상이 말했다.

"이미 정리에 마땅치 않다면서 나더러는 그렇게 하라는 것이냐? 너희는 행할 수 있는 것을 갖고서 말을 해야지, 만일 어떤 일이 행할 수 없는 것이라면 구차스럽게 그것을 말해서는 안 될 것이다."

계사일(癸巳日-19일)에 짙은 안개[大霧=濃霧]가 꼈다.
　　　　　　　　　　　　　　　　대무　농무

갑오일(甲午日-20일)에 사간원에서 시무(時務)에 관한 여러 조목을 올렸다. 소는 대략 이러했다.

'하나, 『경제육전(經濟六典)』 일관(一款-한 조항) 안[內]에 "무릇 토지를 받은 대소 인원(大小人員)이 장죄(杖罪)를 범해 사첩(謝牒)[35]을 회수당한 자는 그 토지를 다른 사람이 신고하여 그것을 넘겨받는 것을 허락한다"고 하여 이미 분명한 법령이 있습니다. 지난해 동북면(東北面)의 변란[36] 때 박문숭(朴文崇), 허형(許衡)의 무리가 용서할 수 없는 죄를 짓고서도 다행히 큰 은혜를 입어 이미 결장(決杖)하여 유배 보냈으니 그 직첩(職牒)과 토전(土田)을 참으로 마땅히 회수해야 합니다. (그런데) 지금까지도 그 이름이 죄적(罪籍)에 있으면서 직첩과 토전은 오히려 계속해서 예전 그대로 있으니 전제(田制)에 어긋남이 있을 뿐만 아니라 실로 왕법(王法)에 있어서 토죄(討罪)하는 뜻에

35　직첩(職牒)과 같은 말이다.
36　조사의의 난을 가리킨다.

부합하지 않습니다. 바라건대 유사(攸司)로 하여금 상항(上項)의 사람과 무릇 난(亂)에 참여한 무리들의 직첩과 토전을 빼앗아 시위(侍衛)하면서 공로가 있는 사람에게 주도록 해야 합니다.

하나, 엎드려 보건대 전조(前朝-고려)의 신료들이 억지로[勒=强] 본관(本貫)의 주군(州郡)으로 하여금 관가의 노비와 장정(壯丁)을 뽑아 보내게 해 선상(選上)³⁷이라 부르고 인구수(人口數)를 많이 차지하여 [多占] 사사로이 그 집에서 역사(役事)시켰습니다. 국가에서 일찍이 금령(禁令)이 있었는데 근래에 이를 받들어 시행하는 것이 소홀하여 폐단이 다시 전과 같아졌습니다. 이 때문에 여러 도의 주군에서 사역시킬 관천(官賤-관노)이 없어 날로 일처리가 엉망이 되고 있습니다. 바라건대 형조(刑曹)로 하여금 공신(功臣)의 하사받은 노비를 제외하고 선상(選上)이라고 칭하는 노비는 모두 다 잡아들여[推刷] 본역(本役)으로 돌리고, 임금이 내려주신 것이 아닌데도 임의로 관민(官民)을 역사에 동원하는 자는 엄격하게 규찰(糾察)하여 다스려야 합니다.

하나, 6시(六寺)³⁸ 7감(七監)³⁹의 판사(判事) 이하를 품등(品等)에

---

37 각 관아에서 사역시키기 위해 지방의 관노비를 중앙에 뽑아 올리는 제도를 가리킨다. 조선시대의 선상은 서울에 머무는 기간을 기준으로 크게 두 가지로 나뉘었다. 하나는 선상노비로, 중앙 각 관서의 잡역에 종사할 노비의 십중팔구가 지방에 살았으므로 이들을 7번 교대로 경중(京中)에 입역시켰다. 즉 한 사람이 3년마다 6개월 동안 경중에 입역했고, 봉족(奉足) 2명이 주어져 이들에게서 면포와 정포 각 1필을 거뒀다.

38 태상시(太常寺, 典儀寺), 종정시(宗正寺, 宗簿寺), 위위시(衛尉寺), 태복시(太僕寺, 司僕寺), 예빈시(禮賓寺), 사농시(司農寺, 典農寺)를 가리킨다.

39 태부감(太府監-내부시(內府寺)), 소부감(小府監-소부시(小府寺)), 장작감(將作監-선공시(繕工寺)), 사재감(司宰監-사재시(司宰寺)), 군기감(軍器監-사기시(司器寺)), 사천감(司天監-서운관(書雲觀)), 태의감(太醫監-전의시(典醫寺))을 가리킨다.

따라 액수(額數-정원)를 정해 직사(職事)로 책임을 지우고, 또 겸판사(兼判事)를 두어 통솔케 한 것은 본래 상하(上下)가 서로 응하고 체통(體統)이 서로 유지되어 여러 가지 일을 성취시키고자 한 것입니다. (그런데) 지금은 한 사(司)에 겸판사가 혹 3~4인에서 5~6인까지 되어 다만 그 사(司)의 노예만을 거느리고 다니고 사(司)의 공무(公務)에 이르러서는 전연 무슨 일인지 알지 못하며 또 구사(丘史)[40]가 많다는 이유로 시키는 일도 없습니다. 바라건대 이제부터 상항(上項)의 시(寺)·감(監)에 각각 겸판사 두 사람을 두어 체통을 세우되 영구히 항식(恒式)[成式]으로 삼아야 합니다.

하나, 국가가 사대(事大)한 이래로 무릇 대소 신료들 중에 사명(使命-사신의 명)을 받들어 중국(中國)에 가는 자는 으레 행장(行裝)을 준비할 돈과 곡식을 주고, 혹은 특별히 내려주는 물품[別賜]이 있어 그 사신 행차를 위로하고 있으니 사신을 우대하는 것이 지극합니다. (그런데) 요즘에는 사신이 행차하여 서북면(西北面)에 이르면 도순문사(都巡問使)와 각 고을의 수령들이 모물(毛物-털이나 물건)을 추렴하여 혹은 투혜(套鞋-짚신)·모욕(毛褥-털요)·모의(毛衣)·모관(毛冠)을 만들고, 혹은 도검(刀劍)과 패물(佩物)을 만들어 갖추지 않는 것이 없어 행자(行資-행차 밑천)를 삼는 바람에 서북의 백성들이 늘 그 폐단에 시달리고 있습니다. 바라건대 이제부터 국가에서 주는 각 물건 이외에 서북면에서 상항과 같이 추렴하여 증여하는 폐단을 일절 모두 금단(禁斷)하게 해야 합니다.'

---

40 종친(宗親)과 공신(功臣)에게 준 구종(驅從-하인)을 가리킨다.

상이 그대로 윤허하고 오직 중국에 가는 사신에게 서북면에서 물품을 증여하는 것은 논하지 말라고 했다.

병신일(丙申日-22일)에 갑사(甲士)들이 신문고를 쳤다. 애초에 봉상주부(奉常注簿) 하연(河演, 1376~1453년)[41]이 갑사 양결(梁潔), 김출(金出) 등에게 희롱하여 말했다.

"갑사가 하는 일은 낮고 더러우며 천하고 창피한데[卑汚賤辱] 어찌
세음(世蔭)[42]의 자제들이 할 일이겠는가?"

두 사람이 그에게 깊이 감정을 품고[深銜] 마침내 동료들[儕輩=
同輩]에게 갖춰 말하니 갑사들이 원망하고 화를 내며 그 까닭을 연
(演)에게 따져 묻고서 그를 협박해 모욕을 주려고 했다. 이날 백관들
이 조회가 끝나고서 흩어지는데 갑사 이천생(李天生) 등 10여 인이
(사헌부) 감찰(監察) 신계삼(辛繼參)을 연으로 잘못 알고 달려가서 그

---

41 정몽주(鄭夢周)의 문인이다. 이때 이후에 집의, 동부대언 등을 역임했다. 태종은 그가 간관
(諫官)으로서 의연한 자세로 일을 말하는 것을 보고 손을 잡고 치하했다고 한다. 세종이
즉위하자 지신사(知申事)가 돼 조심스럽게 일을 처리해 신임을 받아 예조참판, 대사헌을
역임했다. 1423년(세종 5년)에는 대사헌으로서 조계종(曹溪宗) 등 불교 7종파를 선(禪)·교
(敎) 양종(兩宗), 36본산으로 통합하고 혁파된 사원의 토지와 노비는 국가로 환수하고자
하여 채택받았다. 1425년에 경상도 관찰사가 됐고 예조참판을 거쳐 평안도 관찰사가 됐다
가 한때 천안에 유배됐다. 그러나 곧 유배에서 풀려 형조, 병조의 참판을 거쳐 1431년에
대제학이 되고 그 뒤 대사헌, 형조판서, 좌참찬 등 고위 관직을 역임했다. 1437년 의정부
에 들어가서는 판이조사로서 이조의 일을 맡아 공세법(貢稅法-연분9등, 전분6등)을 마련했
으며, 1442년에는 각품의 행수법(行守法)을 제정했다. 1445년에 좌찬성이 돼 70세로서 궤
장(几杖)을 받았다. 이어 우의정 좌의정을 거쳐 1449년에 영의정이 됐다. 영의정으로 있던
1451년(문종 1년)에 문종이 대자암(大慈庵)을 중수하려고 하자 이에 반대하고 치사(致仕-
은퇴)했다. 의정부에 들어간 지 20여 년간 문안에 사알(私謁)을 들이지 않았고 법을 잘 지
켜 승평수문(昇平守文-태평성대에 문치를 지켰다는 뜻)의 재상으로 일컬어졌다.
42 대대로 높은 문벌의 집안을 가리킨다.

를 때렸고 대리(臺吏-사헌부 관리)가 이를 질책하자 이에 그에게도 주먹을 휘둘러 팼다. 계삼이 본부(本府-사헌부)에 고하니 장령 이관(李灌)이 갑사들을 붙잡아 사헌부 관리를 때리고 수행 아전[從吏]을 구타한 까닭을 힐문(詰問)하여 그 공장(供狀)⁴³을 받았다.

이에 갑사 500여 명이 대궐 뜰에 나아와 호소하여 말했다.

"지금 갑사가 감찰을 때렸다는 이유로 붙잡아 묶어두는 일[拘縛]이 너무 심합니다. 궁문을 지키는 조아(爪牙)⁴⁴의 군사를 어찌 이렇게 해야 합니까? 바라건대 끝까지 힐문하여 죄를 주어야 합니다."

상이 사헌부 도리(都吏)⁴⁵와 붙잡힌 갑사를 불러 그 실상을 묻고 명하여 말했다.

"갑사가 사헌부 관리를 능욕(凌辱)한 죄는 내가 마땅히 친히 물을 터이니 다시 신청하지 말라."

그러고는 그 갑사를 내쫓았다. 갑사들이 드디어 신문고를 치니 상이 내관(內官) 노희봉(盧希鳳)에게 명해 다시 묻게 했다. 승추부 경력(經歷)⁴⁶ 황희(黃喜)를 불러 여러 갑사에게 타일러 말하게 했다.

---

43 범죄 사실의 자백서를 가리킨다.

44 손톱과 어금니라는 뜻으로 그 자체로 임금을 호위하는 무사(武士)를 말한다.

45 조선시대 각 관서에 소속된 서리(書吏), 연리(椽吏), 전리(典吏), 영사(令史) 등을 말하는데 그 품계는 7, 8품이다.

46 승추부(承樞府)는 태종 원년(1401년) 7월에 의흥삼군부(義興三軍府)를 고친 이름이다. 갑병(甲兵-군사)에 관한 일을 맡아보았는데 태종 3년(1403년) 6월 삼군도총제부(三軍都摠制府)로 개편되면서 따로 독립했다가 5년(1405년) 1월에 혁파해 병조에 귀속시켰다. 경력은 조선시대 종4품(從四品) 관직으로 초기에 충훈부(忠勳府), 의빈부(儀賓府), 의금부(義禁府), 개성부(開城府), 강화부(江華府), 오위도총부(五衛都摠府), 중추부(中樞府) 등에서 행정 실무를 맡아보았다.

"지금 헌부에서 갑사를 붙잡아 묶어둔 것이 참으로 너무 심하기는 하나 작은 일을 가지고 사헌부를 견책할 수 없기에 묻지 않은 것이다. 너희는 다시는 말하지 말라."

이관을 불러 명하여 말했다.

"네가 갑사가 감찰을 범했다는 이유로 붙잡아 묶어두기를 너무 심하게 했으니 지금부터는 네 마음대로 붙잡아 묶어두지 말라."

얼마 뒤에[未幾] 조영무(趙英茂)가 아뢰어 말했다.

"갑사가 대사헌의 수행 아전과 서로 싸워 모두 헌부를 원망하고 있습니다."

상이 말했다.

"전일에 갑사가 감찰과 서로 싸우고 며칠 뒤에 또 서리(書吏)와 싸웠는데, 어찌 갑사들의 작은 일을 가지고 소사(所司-사헌부)를 꾸짖을 수 있겠는가?"

영무가 말했다.

"갑사들이 떼를 지어[成黨] 고소했습니다."

상이 말했다.

"경은 어째서 이런 말을 하는가? 만일 갑사가 떼를 지어 협박한다면[畏=迫] 나도 또한 협박할 것이다. 그러면 갑사에게는 아무런 도움이 되지 않을 뿐만 아니라 심지어 해가 될 것이다. 갑사가 사헌부의 아전과 서로 싸웠다면 마땅히 둘 다 순금사에 내려 옳고 그름을 가려내야 할 것이다. 내가 듣건대 전일에 갑사들이 하연(河演)의 집을 부수려고 했다 한다. 비록 한 칸의 집이라도 어찌 부술 수가 있는가? 갑사의 잘못이 크다."

영무는 감히 다시 말하지 못했다.

정유일(丁酉日-23일)에 19일(계사일)부터 이날까지 달이 태미 동원(太微東垣)의 위쪽에 있었는데 서로의 간격이 두 척(尺)쯤[許] 되었다.
허

무술일(戊戌日-24일)에 상이 동교(東郊)에 나가서 태감(太監) 황엄(黃儼)에게 잔치를 베풀고 안장 갖춘 말을 선물로 주었다. 엄이 회암사(檜巖寺)에서 돌아왔기 때문이다. 상이 엄에게 말했다.

"우리나라에서 나는 말은 본래 작기 때문에 큰 말을 얻어 제정(帝庭-황제의 조정)에 바치지 못하는 것이 한스럽소. 오늘 (그대가) 다행히 과인(寡人)이 타고 있는 말을 직접 보았으니 (이런) 내 뜻을 (황제에게) 아뢰어주시오."

기해일(己亥日-25일)에 19일(계사일)부터 이날까지 짙은 안개가 꼈다.

신축일(辛丑日-27일)에 사역원 부사(副使) 장유신(張有信)을 보내 만산군(漫散軍-중국에서 도망쳐 온 군인)을 거느리고 요동(遼東)으로 가게 했는데 모두 230명이었다.

○ 송개석(宋介石)에게 장(杖) 100대를 쳐서 (경상도) 합포(合浦-마산)로 유배 보냈다. 애초에 개석이 기생 양대(陽臺)를 좋아했는데 대호군 송거신(宋居信)[47]이 이를 빼앗았다. 개석이 그 분함을 이기지 못

---

47 태종의 측근이자 공신이다.

해 조영무의 집에 익명서(匿名書)를 던져 넣었는데 내용은 이랬다.

'거신이 영무를 죽이고 난을 일으키려 한다.'

영무가 이를 아뢰자 상이 거신을 불러 물었다.

"너를 원수로 여기는 자가 누구냐?"

거신이 말했다.

"기생 때문에 개석이 나를 원수로 여깁니다."

순금사에 명해 개석을 가두고 힐문하게 하니 과연 승복했다. 개석에게는 늙은 어미가 있는데 그 어미가 상에게 아뢰어 말했다.

"큰아들 송개신(宋介臣)[48]은 일찍 죽고 오직 개석(介石)만 남아 있으니 비옵건대 그 죄를 면해주시어 제사라도 잇게 해주소서."

상이 그를 불쌍히 여겨 사형을 면해주었다. 순금사에 명해 말했다.

"개석의 죄는 마땅히 죽을죄에 해당되나 그 어미를 위해 개석을 용서한다. 장(杖)을 쳐서 죽게 하지 말라."

개석은 송문중(宋文中, ?~?)[49]의 아들이다.

---

48 1393년(태조 2년) 조선에서 실시한 첫 번째 문과에서 장원급제했으나 일찍 죽었다.

49 1373년(공민왕 22년) 6월 응거시(應擧試)로 급제하고, 그해 9월 정조사(正朝使)인 밀직부사(密直副使) 주영찬(周英贊)을 따라 명나라에 과거를 보러 가다가 풍랑으로 돌아왔다. 이듬해 다시 밀직부사 장자온(張子溫)을 따라 명나라에 들어가 회시(會試)를 보려고 했으나 도착이 늦어 시험을 보지 못하고 돌아왔다. 상호군(上護軍), 나주목사(羅州牧使) 등을 역임했다. 1389년(고려 공양왕 1년) 상호군 겸 사헌부 집의로 제수됐으나 나주목사 재임 시 청렴하지 못하다는 말이 있었으므로 고신(告身)에 서명을 받지 못했다. 그 뒤 대사성(大司成)을 지냈으며, 1391년에는 일본의 구주절도사(九州節度使) 미나모토(源了浚)가 포로가 된 남녀 68인을 보내준 데 대한 답례로 종부시 판사(宗簿寺判事)로서 보빙사(報聘使)가 되어 일본에 다녀왔다. 1393년(태조 2년) 교서감 판사(校書監判事)로서 전에 태조(太祖)가 잠저(潛邸)에 있을 때 그를 보좌한 공으로 대장군(大將軍) 조경(趙卿)과 함께 상을 받았다. 1396년 풍해도 관찰사(豊海道觀察使)로서 왜구를 물리치는 등 공을 세웠다.

계묘일(癸卯日-29일) 동짓날이었다. 황엄이 대궐에 이르러 하례(賀禮)를 행하니 상이 의례(儀禮)대로 예(禮)를 행했다. 독전관(讀箋官)인 성균사예(成均司藝) 김조(金稠)가 눈이 어두워 제대로 읽지를 못하니 상이 작은 내시[小竪]를 시켜 촛불로 비춰주었으나 역시 읽지
소수
못했다. 지신사 박석명에게 명하여 말했다.

"내가 이미 전문(箋文)을 보았으니 읽지 않아도 좋다."

조(稠)가 황공하여 큰 소리로 읽었으나 겨우[纔] 몇 구절을 읽고
재
끝내지 못했다. 상이 시신(侍臣)에게 일러 말했다.

"그 소리가 높고 맑은 것은 예전 그대로이건만 눈이 어두운 것이 안타깝도다."

대간(臺諫)이 (김조가) 의례를 잃었다[失儀=失禮]고 탄핵했다. 상이
실의   실례
엄과 더불어 임금과 신하가 함께하는 잔치[君臣同宴]를 베풀려 하니
군신 동연
엄이 말하기를 "이날은 일양(一陽)이 바야흐로 동(動)하니 중국에서는 경계하는 날입니다"[50]라고 했다.

사양하고 돌아갔다. 이에 각사에 잔치를 내려주고, 종실과 더불어 별전(別殿)에서 잔치를 벌였다.

○ 얼음이 얼지 않았다. 철쭉[躑躅] 꽃이 피었고 살구[杏] 열매가
척촉   행
맺혔다.

---

50 동지는 음의 기운이 극에 이르는 날이다. 그 후에는 다시 양의 기운이 나오기 시작한다.

乙亥朔 朝廷使臣韓帖木兒 與還鄕宦官朱允端來. 有宣諭 選
을해 삭 조정 사신 한첩목아 여 환향 환관 주윤단 래 유 선유 선

年少無臭氣火者六十名以遣. 上郊迎 至闕設宴.
연소 무 취기 화자 육십 명 이견 상 교영 지궐 설연

下司憲掌令金汝知于巡禁司. 是曉將動駕 司憲府先各司侍立
하 사헌 장령 김여지 우 순금사 시효 장 동가 사헌부 선 각사 시립

道左 判承樞府事趙英茂騎馬而過 憲司劾之請罪. 上召英茂 問
도좌 판 승추부 사 조영무 기마 이과 헌사 핵지 청죄 상소 영무 문

不下馬之故 英茂對曰: "臣之詣闕也 天尙未明 未知憲司立于
불 하마 지고 영무 대왈 신지 예궐 야 천상 미명 미지 헌사 입우

道左" 上怒 召汝知命曰: "爲所司者 夜則設炬 左右辟人可也. 旣
도좌 상 노 소 여지 명왈 위 소사 자 야 즉 설거 좌우 벽인 가야 기

不如是 乃當迎使臣之日 輕劾領兵大臣 是何意乎?" 卽命英茂
불여 시 내당 영 사신 지일 경핵 영병 대신 시 하의 호 즉 명 영무

視事 囚汝知. 於是大司憲李詹 執義趙休 持平崔蠲 李悌等 皆
시사 수 여지 어시 대사헌 이첨 집의 조휴 지평 최견 이제 등 개

待罪于家.
대죄 우가

向化人童甫化來獻鷹.
향화인 동보화 내헌 응

賜朱允端家一區 奴婢八口 給月俸.
사 주윤단 가 일구 노비 팔구 급 월봉

丙子 上親閱進獻馬, 遂如太平館宴使臣. 上語近臣: "予問黃儼
병자 상 친열 진헌 마 수여 태평관 연 사신 상 어 근신 여 문 황엄

曰: '皇帝何以厚我至此極也?' 儼曰: '新登寶位 天下諸侯未有
왈 황제 하이 후아 지차 극야 엄 왈 신등 보위 천하 제후 미유

朝者 獨朝鮮遣上相進賀 帝嘉其忠誠 是以厚之.' 左政丞嘗曰:
조자 독 조선 견 상상 진하 제 가 기 충성 시이 후지 좌정승 상 왈

'如此時 臣須朝賀.' 不憚行役之勞 遂往 是政丞之功也. 儼之言
여차 시 신수 조하 불탄 행역 지로 수왕 시 정승 지공 야 엄지 언

須使政丞知之."
수사 정승 지지

定封裹進獻方物之法. 議政府啓: "自今進獻方物封裹之時

議政府政丞 承樞府判事 司憲府大司憲 代言司知申事 一同

考察 以爲①恒式" 從之.

丁丑 小雨.

命放金汝知于其家.

使臣王延齡至闕. 謝前日之宴也. 上以宿醒未解 不得見.

咸州人洪原奇來獻白鷹 賜緜布.

戊寅 賜陳理奴婢各一口及米豆.

賜故世子芳碩嬪沈氏米豆.

己卯 小雨. 虹見于艮 月犯土星.

贈黃儼 朴信 王延齡 崔榮等各衣一襲 靴 笠具.

太上王請使臣 享于德壽宮.

庚辰 御經筵 覽受賜十八史略.

黃儼等獵于東郊 三府迎慰于崇仁門外.

遼東都司還遣逃奴原萬等五口. 原萬等 義州奴也. 幷馬四匹 付

通事金龍以還.

辛巳 命驪興府院君閔霽 請宴使臣于其第.

壬午 知議政府事 兼 司憲府大司憲李詹 上箋辭. 初 憲府之

劾趙英茂也 不與詹議 及請罪 詹乃與焉. 汝知見囚② 他皆避嫌

不仕 詹曰: "初不與 有何罪焉!" 乃仕政府. 掌令李灌 嘗持緦服

至是始仕 劾詹曰:“始雖不與 終則參議. 他皆避嫌 而獨不避嫌

何也?”故詹請免.

召左政丞河崙入見. 崙嘗告病 起而詣闕 上與論漢武帝宣帝

得失 言及大明皇帝曰:“夙興夜寐 古昔帝王之道. 四更而起

中夜而寐 何所法乎?”又論兀狄哈 兀良哈 吾都里等事而曰:

“鏡城 慶源 不可無城.”

癸未 以趙大臨爲平寧君 閔無恤驪原君 李詹藝文館大提學

李文和大司憲.

上親閱進獻馬.

甲申 宗親獻壽.

乙酉 斷虹見于甲方. 夜 大雨雷電.

丙戌 右政丞成石璘 請宴使臣于其第.

戊子 使臣王延齡 崔榮 至闕告還 上迎入正殿 行茶禮.

是夜 雷動乾方 翌日亦如之.

己丑 遣司平左使李彬 驪原君閔無恤如京師. 謝恩兼進宗系

辨明奏本也. 奏曰:

‘洪武三十五年正月初八日 陪臣趙溫回自京師 說稱:“祖訓

條章內云:‘臣【芳遠】宗系是③李仁任之後.”

聽此不勝兢隕. 照得 洪武二十七年四月二十五日 欽差內史

黃永奇等至 欽捧到告祭海嶽山川等神祝文內節該:“高麗陪臣

李仁任之嗣【成桂】.” 欽此 臣父已曾具本奏聞 臣今聽知祖訓條章
이인임 지사 성계 흠차 신부이증 구본 주문 신금청지 조훈 조장

內 仍然記錄 兢惶無已. 竊念臣父先世 本朝鮮遺種 至臣二十三
내 잉연 기록 긍황 무이 절념 신부선세 본 조선 유종 지신 이십삼

代祖翰 仕新羅爲司空 及新羅亡 翰六代孫【兢休】入高麗.【兢休】
대 조 한 사 신라 위 사공 급 신라 망 한 육대 손 긍휴 입 고려 긍휴

十三代孫【安社】仕于前元 是臣父旦古名【成桂】之高祖. 及元季
십삼 대손 안사 사우 전원 시신부단 고명 성계 지 고조 급 원계

兵興 臣祖【子春】還至高麗 以臣父粗習武才 置之行伍. 恭愍王
병흥 신조 자춘 환지 고려 이신부 조습 무재 치지 행오 공민왕

無子 將寵臣辛旽子禑 陰養宮中 稱爲己子 及恭愍王薨 其臣
무자 장 총신 신돈 자우 음양 궁중 칭위 기자 급 공민왕 홍 기신

李仁任乃立禑爲嗣. 臣父自恭愍王至僞姓禑十六年間 小心謹愼.
이인임 내 립우 위사 신부자 공민왕 지 위성 우 십육 년간 소심 근신

及禑末年 舉臣父爲門下侍中. 繼有侍中崔瑩不學狂悖 諂事禑
급 우 말년 거 신부위 문하시중 계유 시중 최영 불학 광패 첨사 우

納女爲妃 專擅國政 妄興師旅 發遣諸將 欲向遼東 軍至鴨綠江.
납녀 위비 전천 국정 망흥 사려 발견 제장 욕향 요동 군지 압록강

臣父時爲副將 亦在遣中 以爲:“與其得罪上國 寧爲得罪僞姓④
신부시위 부장 역재 견중 이위 여기 득죄 상국 녕위 득죄 위성④

以安一方.” 乃與諸將 合議回軍 立王氏之後定昌君瑤. 以仁任
이 안 일방 내여 제장 합의 회군 입 왕씨 지후 정창군 요 이 인임

等冒立僞姓論罪貶逐: 禑及子昌幷瑩 皆爲所誅. 瑤又不義 國人
등 모립 위성 논죄 폄축 우급 자창 병영 개위 소주 요우 불의 국인

推戴臣父 權知國事 卽具奏聞 欽蒙太祖高皇帝命爲國王 賜改
추대 신부 권지 국사 즉구 주문 흠몽 태조 고황제 명위 국왕 사개

國號 臣父【成桂】始改名旦. 且仁任曾祖長庚 係本國京山府人吏
국호 신부 성계 시 개명 단 차 인임 증조 장경 계 본국 경산부 인리

祖政堂文學兆年 父同知密直褒. 仁任子前大護軍瓛 考功佐郎
조 정당 문학 조년 부 동지 밀직 포 인임 자전 대호군 환 고공 좌랑

珉 曾仕高麗: 壻判承寧府事姜筮 尙州牧使權執經見仕本朝 於
민 증사 고려 서판 승녕부 사 강서 상주 목사 권집경 견사 본조 어

臣宗系各別. 伏望聖慈垂察 令臣宗系 得蒙改錄一國幸甚. 謹具
신 종계 각별 복망 성자 수찰 영신 종계 득몽 개록 일국 행심 근구

奏聞.'
주문

遣蓮城君金定卿賀正 兼獻三年一次種馬五十匹.
견 연성군 김정경 하정 겸헌 삼년 일차 종마 오십 필

使臣王延齡 崔榮還 上餞于宣義門外. 臨別 以毛衣毛冠及靴
사신 왕연령 최영환 상전우 선의문 외 임별 이 모의 모관 급 화

贐行 二人皆不受. 上曰：“路上禦寒 入中國溫和之地 棄之何害!
신행 이인 개 불수 상왈 노상 어한 입 중국 온화 지지 기지 하해

今天氣寒甚 道途遙遠 若不受而歸 何敢安心？ 非敢爲人事 乃
금 천기 한심 도도 요원 약 불수 이귀 하감 안심 비감 위인사 내

主人之誠意也.”崔榮對曰：“發京之時 禦寒之服 旣以備足. 且帝
주인 지 성의 야 최영 대왈 발경 지시 어한 지복 기이 비족 차제

知復命在於寒時 禦寒之衣 亦多賜焉 何必受之？ 主人誠意 已
지 복명 재어 한시 어한 지의 역 다사 언 하필 수지 주인 성의 이

知之矣.” 凡贈遺之物 鞍馬外皆不受. 三府餞延齡等於西普通
지지 의 범 증유 지물 안마 외 개 불수 삼부 전 연령 등 어 서보통

延齡謂右政丞 成石璘曰：“公必知李穡. 如李穡者 中原亦不過
연령 위 우정승 성석린 왈 공 필지 이색 여 이색 자 중원 역 불과

一二. 中原之人 豈盡如朝鮮之人乎？ 朝鮮不可以外國視之也.”
일이 중원 지인 기진 여 조선 지인 호 조선 불가 이 외국 시지 야

庚寅 擇鷹房人十六爲定額 餘皆罷之.
경인 택 응방인 십육 위 정액 여 개 파지

辛卯 日沒時 日北有赤氣外靑.
신묘 일몰 시 일북 유 적기 외청

黃儼遊檜巖寺 命三府及知申事朴錫命餞于東郊.
황엄 유 회암사 명 삼부 급 지신사 박석명 전 우 동교

壬辰 日抱內靑外赤.
임진 일포 내청 외적

司諫院上疏. 疏略曰：
사간원 상소 소 약왈

‘先王之禮 嚴嫡妾之分 所以明大倫而正家道也.⑤ 是以春秋
선왕 지례 엄 적첩 지분 소이 명 대륜 이 정 가도 야 시이 춘추

譏惠公以仲子爲夫人 垂戒後世; 齊桓公之盟 毋以妾爲妻 以著
기 혜공 이 중자 위 부인 수계 후세 제 환공 지맹 무 이첩 위처 이저

明禁. 今者 義安大君和妾梅花 本以官妓 名隸樂籍 幸免賤役
명금 금자 의안대군 화 첩 매화 본 이 관기 명예 악적 행면 천역

又濫受翁主之號 已失嫡妾之分. 且駙馬平寧君趙大臨吉禮之時
우 남수 옹주 지호 이실 적첩 지분 차 부마 평녕군 조대림 길례 지시

宗室命婦 戚里諸婦 咸會其第 乃以⑥賤妾 傲然坐於宗親命婦
종실 명부 척리 제부 함회 기제 내 이 천첩 오연 좌어 종친 명부

之上 亂名犯分. 願殿下特下憲司 收其爵牒 治其僭踰之罪 定其
지상 난명 범분 원 전하 특하 헌사 수 기 작첩 치 기 참유 지죄 정 기

本役 以嚴嫡妾之分.’
본역 이 엄 적첩 지분

上怒 謂朴錫命曰：“宮房之會 予悉見之 梅花每處宗親之下. 今
상노 위 박석명 왈 궁방 지회 여실 견지 매화 매처 종친 지하 금

434

乃以是言之何哉?" 問掌務獻納鄭安止曰: "宗親命婦之會 非爾
내 이시 연지 하재 문 장무 헌납 정안지 왈 종친 명부 지회 비이

所知 與爾言者誰也?" 對曰: "臣等爲殿下耳目之官. 殿下但當察
소지 여이 언자 수야 대왈 신등 위전하 이목 지관 전하 단당 찰

其言之可否 不必問言者是誰." 上曰: "予若窮詰 爾何敢匿! 予
기언 지가부 불필 문 언자 시수 상왈 여약 궁힐 이하감 익 여

姑優之耳." 又問曰: "義安喪嫡妻 對梅花固無害義 太上王因而
고 우지 이 우 문왈 의안 상 적처 대 매화 고 무해 의 태상왕 인이

封爵. 且義安累曾效忠于我 奪其愛妾而還本定役可乎?" 對曰:
봉작 차 의안 누증 효충 우아 탈기 애첩 이환본 정역 가호 대왈

"還其本役 不宜情理 於法則然." 上曰: "既云不宜情理 而欲予
환기 본역 불의 정리 어법 즉연 상왈 기운 불의 정리 이욕 여

爲之耶? 爾等其以可行者言之 若事之不可行者 毋苟言之."
위지 야 이등 기이 가행 자 언지 약 사지 불가 행자 무구 언지

癸巳 大霧.
계사 대무

甲午 司諫院上時務數條. 疏略曰:
갑오 사간원 상 시무 수조 소 약왈

'一 經濟六典一款內 凡受田大小人員犯杖罪 謝牒收取者 其田
일 경제육전 일관 내 범 수전 대소 인원 범 장죄 사첩 수취 자 기전

許人陳告科受 已有著令 年前東北面之變 朴文崇 許衡之徒 以
허인 진고 과수 이유 저령 연전 동북면 지변 박문숭 허형 지도 이

不赦之罪 幸蒙大恩 已曾決杖流配 其職牒土田 固當收取. 今乃
불사 지죄 행몽 대은 이증 결장 유배 기 직첩 토전 고당 수취 금내

名在罪籍 而職牒土田 尙仍其舊 非特有乖於田制 實未合於王法
명재 죄적 이 직첩 토전 상잉 기구 비특 유괴 어 전제 실 미합 어 왕법

討罪之義.⑦ 願令攸司 將上項人及凡與亂之黨 奪其職牒土田 以
토죄 지의 원령 유사 장 상항 인급 범 여란 지당 탈기 직첩 토전 이

給侍衛有勞之人.
급 시위 유로 지인

一 伏見前朝臣僚 勒令本貫州郡 擇官奴婢壯丁 稱爲選上 多占
일 복견 전조 신료 늑령 본관 주군 택 관노비 장정 칭위 선상 다점

口數 私役其家. 國家曾有禁令 近因奉行不謹 弊復如前. 以此
구수 사역 기가 국가 증유 금령 근인 봉행 불근 폐부 여전 이차

諸道州郡 無役使官賤 日就凋廢. 願令刑曹 除功臣受賜奴婢
제도 주군 무 역사 관천 일취 조폐 원령 형조 제 공신 수사 노비

外 其稱選上奴婢 悉皆推刷 以還本役; 其非君賜 而擅役官民者
외 기 칭 선상 노비 실개 추쇄 이환 본역 기비 군사 이천 역 관민 자

痛行糾理.
통행 규리

一 六寺七監判事以下隨品定額 責以職事 又置兼判事 以統攝

之者 本欲上下相承 體統相維 以凝庶績. 今也一司兼判事 或

三四員以至五六 但率其司之奴隷 至於司中公務 漫不知爲何事

且因丘史之衆 無所使令. 願自今 上項寺監 各置兼判事二員 以

立體統 永爲成式.

一 國家自事大以來 凡大小臣僚奉使上國者 例賜治裝錢穀

或有別賜 以勞其行 優使臣至矣. 今者 使臣行至西北面 其

都巡問使與各官守令 抽斂毛物 或作套鞋毛褥毛衣毛冠 或作

刀劍佩物 莫不備具 以爲行資 西北之民 恒受其弊. 願自今 除

國家所給各物外 其西北面上項抽斂贈與之弊 一皆禁斷.'

上允之 唯上朝使臣西北面贈與勿論.

丙申 甲士等擊申聞鼓. 初 奉常主簿河演 戲謂甲士梁潔 金出

等曰:"甲士之職 卑汚賤辱 豈世蔭子弟之所爲乎?"二人深銜之

乃與儕輩具言之. 甲士等怨且怒 欲問其故於演而脅辱之. 是日

百官朝罷而散 甲士李天生等十餘人 誤以監察辛繼參爲演⑧ 走

而觸之 臺吏詰之 乃奮拳而歐之. 繼參告本府 掌令李灌執甲士

詰觸犯所司 歐擊從吏之故 取其供狀 於是甲士五百餘人 詣闕庭

訴曰:"今以甲士觸犯監察之故 拘縛甚劇. 宮門爪牙之士 豈宜

如此! 願窮詰加罪."上召司憲府都吏及其見執甲士 問其狀 命曰:

"甲士凌辱所司之罪 予當親問 毋更申請."乃黜其甲士. 甲士等

遂擊鼓 上命內官盧希鳳更問之. 召承樞府經歷黃喜 諭諸甲士
수 격고　상 명 내관 노희봉 갱 문지　소 승추부 경력 황희 유제 갑사

曰: "今憲府拘縛甲士 固爲已甚 不可以小事 譴責所司 故不問
왈　금 헌부 구박 갑사 고위 이심 불가 이소사 견책 소사 고 불문

也. 爾等勿更言." 召李灌命之曰: "爾以甲士逼觸監察之故 拘縛
야　이등 물갱언　소 이관 명지왈　이 이 갑사 핍촉 감찰 지고 구박

甚劇 今後毋得擅自拘縛也." 未幾趙英茂啓曰: "甲士與大司憲
심극 금후 무득 천자 구박 야　미기 조영무 계왈　갑사 여 대사헌

從吏相鬪 咸怨憲府." 上曰: "前日 甲士與監察相鬪幾日 而又與
종리 상투 함원 헌부　상왈　전일 갑사 여 감찰 상투 기일 이 우여

書吏鬪乎? 豈可以甲士等小事 責所司乎?" 英茂曰: "甲士等成黨
서리 투호 기 가이 갑사 등 소사 책 소사 호　영무 왈　갑사 등 성당

告訴." 上曰: "卿何出此言乎? 若以甲士成黨而畏之 則予亦畏之
고소　상왈　경 하출 차언 호　약 이 갑사 성당 이 외지 즉 여 역 외지

矣. 然則甲士非徒無益 而又害之. 甲士與司憲府吏相鬪 則當俱
의　연즉 갑사 비도 무익 이 우 해지　갑사 여 사헌부 리 상투 즉 당구

下巡禁司 辨是非矣. 予聞前日甲士等 欲破河演之家. 雖一間屋
하 순금사 변시비 의　여문 전일 갑사 등 욕파 하연 지가　수 일간 옥

豈可破乎? 甲士之惡大矣." 英茂不敢復言.
기 가파 호　갑사 지악 대의　영무 불감 부언

丁酉 自癸巳至是日 月在太微東垣上 相隔二尺許.
정유 자 계사 지 시일 월 재 태미 동원 상 상격 이척 허

戊戌 上出東郊 宴太監黃儼 贈鞍馬. 儼自檜巖還也. 上語儼曰:
무술 상 출 동교 연 태감 황엄 증 안마　엄 자 회암 환 야　상 어 엄 왈

"我國所産馬本小 恨不得大馬獻于帝庭. 今日幸親見寡人所騎之
아국 소산 마 본소 한 부득 대마 헌 우 제정　금일 행 친견 과인 소기 지

馬 願奏予意."
마 원주 여의

己亥 自癸巳至是日 沈霧.
기해 자 계사 지 시일 침무

辛丑 遣司譯院副使張有信 押漫散軍赴遼東 凡二百三十名.
신축 견 사역원 부사 장유신 압 만산군 부 요동 범 이백 삼십 명

杖宋介石一百 流于合浦. 初 介石愛妓陽臺 大護軍宋居信
장 송개석 일백 유 우 합포　초 개석 애기 양대 대호군 송거신

奪之 介石不勝其忿 投匿名書于趙英茂之第曰: '居信欲殺英茂
탈지 개석 불승 기분 투 익명서 우 조영무 지 제왈　거신 욕살 영무

以作亂.' 英茂以聞 上召居信問曰: "讎汝者誰?" 居信曰: "以妓
이 작란　영무 이문 상 소 거신 문왈　수 여자 수　거신 왈　이기

故 介石讎我." 命巡禁司囚介石詰之 果服. 介石有老母 聞于上曰:
고 개석 수아　명 순금사 수 개석 힐지 과복　개석 유 노모 문 우상 왈

"長子介臣早死 惟介石在 乞免其罪 以存其祀." 上哀之 免其死.
장자 개신 조사 유개석재 걸면기죄 이존기사 상애지 면기사

命巡禁司曰: "介石之罪當死 爲其母而宥之 勿令因杖致死." 介石
명 순금사 왈 개석 지죄 당사 위기모 이유지 물령 인장 치사 개석

文中之子也.
문중 지자 야

癸卯 冬至. 使臣黃儼至闕行賀禮 上行禮如儀. 讀箋官成均
계묘 동지 사신 황엄 지궐 행 하례 상 행례 여의 독전관 성균

司藝金稠 眼暗不能讀 上命小豎燃燭照之 亦不能. 命知申事
사예 김조 안암 불능 독 상명 소수 연촉 조지 역 불능 명 지신사

朴錫命曰: "予已覽箋矣 不讀可也." 稠惶恐高聲讀之 然纔讀數句
박석명 왈 여 이람 전 의 부독 가야 조 황공 고성 독지 연 재독 수구

而不能畢. 上謂侍臣曰: "其聲之高亮如舊 惜其眼之昏也." 臺諫
이 불능 필 상위 시신 왈 기성 지 고량 여구 석 기안 지혼 야 대간

以失儀劾之. 上欲與儼設君臣同宴 儼曰: "此日一陽方動 中國
이 실의 핵지 상욕 여엄 설 군신 동연 엄왈 차일 일양 방동 중국

所戒之日也." 辭去. 乃賜宴於各司 與宗室宴於別殿.
소계 지일 야 사거 내 사연 어 각사 여 종실 연어 별전

無氷. 蹢躅華 杏實.
무빙 척촉 화 행실

| 원문 읽기를 위한 도움말 |

① 以爲恒式. 여기서는 以가 앞의 내용 전체를 받기 때문에 以爲를 붙여
　이 위 항식　　　　　　　　　　　이
　읽지 않고 以爲로 따로 떼서 읽어야 한다.
　　　　　이 위

② 汝知見囚. 이때 見은 수동형을 만드는 일종의 조동사다. 囚가 '가두다'이
　여지 견수　전　　　　　　　　　　　　　　　　　　　수
　니 見囚는 '갇히다'는 뜻이다.
　　견수

③ 臣【芳遠】宗系是李仁任之後. 여기서 是는 영어의 be동사와 마찬가지로
　신 방원 종계 시 이인임 지후　　　　　　서
　'~이다'라는 뜻이다.

④ 與其得罪上國 寧爲得罪僞姓. 자주 사용되는 구문으로 '與其~寧~'다.
　여기 득죄 상국 녕위 득죄 위성　　　　　　　　　　　여기　녕
　이는 '~하기보다는 차라리 ~하다'라는 뜻이다.

⑤ 所以明大倫而正家道也. '所以~也'는 '~하기 때문이다'라는 구문이다.
　소이 명 대륜 이정 가도 야 소이　야

'以~也'와 비슷하다.

⑥ 乃以賤妾. 여기서 以는 '~로서' 혹은 '~이면서'라는 뜻이다.

⑦ 非特有乖於田制 實未合於王法討罪之義. '非特~實~'은 사실상 '~뿐만 아니라 ~도 또한'이라는 구문과 거의 같다.

⑧ 誤以監察辛繼參爲演. '誤以~爲~'는 '~를 ~로 오인하다'라는 뜻이다.

태종 3년 계미년
윤11월

閏十一月

갑진일(甲辰日-1일) 초하룻날 밤에 북쪽에 엷게 붉은 기운이 있었는데, 길이가 한 길쯤 되었다.

○ 의정부 참찬사 권근(權近)과 예문관 대제학 이첨(李詹)에게 명해 문신(文臣)을 복시(覆試)[1]하는 절차를 상세하게 정했다.

병오일(丙午日-3일) 에 상이 태감 황엄 등을 초청해 별전(別殿)에서 잔치를 열었다. 엄 등이 대궐에 이르러 먼저 비자(妃子)[2]를 뵈온 뒤에 잔치에 나왔다. 상이 원자(元子)를 시켜 잔을 드리니 엄 등이 일어서서 마셨다.

○ 병조전서 설미수(偰眉壽)와 전 호조전서 이현(李玄, ?~1415년)[3]에게 내구마(內廐馬)를 각각 1필씩 내려주었다. 상이 말했다.

---

1 두 번째 시험을 가리킨다.
2 원래는 황제의 후궁을 가리키는데 여기서는 제후의 왕비를 가리키는 것으로 봐야 한다.
3 귀화인의 후손으로 고려 대도로총관(大都路摠官) 백안(伯顏)의 증손(曾孫)이다. 한어(漢語)에 능통해 주로 중국에 사신으로 파견됐다. 1394년(태조 3년) 사역원 부사로 명나라에 다녀왔고, 정종이 즉위하자 통사(通事)의 직함으로 중추원 부사(中樞院副使) 김륙(金陸)과 명나라 서울에 이르러 승습(承襲-왕위 계승)을 허락받은 외교술로 내구마(內廐馬) 1필을 하사받았다. 태종이 즉위하자 사은사(謝恩使) 서장관(書狀官) 안윤시(安允時)와 함께 태종 승습을 이자(移咨-중국과 왕복하는 외교문서를 보냄)한 공으로 안마(鞍馬-안장 갖춘 말)와 밭 50결, 노비 4구를 하사받았다. 1406년 주문사(奏聞使)의 임무를 성공리에 마친 뒤 태종으로부터 임주(林州)를 사향(賜鄕)받았다. 그 뒤 중군총제(中軍摠制), 검교판한성부사(檢校判漢城府事)를 거쳐 1415년(태종 15년) 경승부윤(敬承府尹)으로 있다 죽었다.

"미수 등이 한어(漢語)를 잘해 중국에 왕래하기를 여러 차례 했다. 또 사신을 대접할 때에 노고[勤勞]가 참으로 많았다."
_{근로}

정미일(丁未日-4일)에 박석명이 사신들을 자기 집으로 초청해 잔치를 베풀었다.

○ 전라도에서 복숭아, 자두 그리고 오이가 모두 열매를 맺었다.[4]

무신일(戊申日-5일)에 우박이 내렸다. 혜성이 동북쪽에 나타났다.

기유일(己酉日-6일)에 상이 태평관에 가서 사신에게 잔치를 열었다.

경술일(庚戌日-7일)에 비로소 추웠다.

○ 태상왕이 사신 황엄에게 잔치를 열었다. 엄이 태상전에 와서 돌아간다고 고했기 때문이다.

신해일(辛亥日-8일)에 사신 황엄 등이 돌아가니 상이 서교(西郊)에서 전송했다.

임자일(壬子日-9일)에 천둥이 쳤다. 다음 날도 역시 그랬다.

계축일(癸丑日-10일)에 상이 태상전에 조알하고서 헌수(獻壽)하려

---

4 겨울임에도 날씨가 따뜻했다는 말이다.

했으나 태상왕은 편치 못하다[不豫]며 (헌수는) 사양했다.
_{불예}

갑인일(甲寅日-11일)에 대간(臺諫-사헌부와 사간원)의 관원이 승전
(承傳)⁵하는 규정[式]을 정했다. 사헌부에서 소를 올려 말했다.
_식
'대간은 군상(君上-임금)께 간언하고[諫諍] 백관을 규찰(糾察)하니
_{간쟁}
다른 사(司)와 비할 바가 아닙니다. 전명(傳命)이 있으면 마땅히 전정
(殿庭)에 들어가서 받들고[承] 대언사(代言司-훗날의 승정원)에는 나
_승
아가지 말아야 합니다."

상이 말했다.

"대언사는 선전(宣傳)을 맡고 있는데 도리어 명(命)을 받는 자에게
나아간다면 사리에 어긋남이 있다. (내가) 전(殿)에 앉았을 때가 아
니면 대간의 관원이 대언사에 나아가서 전교(傳敎)를 받도록 하고
[承傳] 이를 상식(常式)[恒式=成式]으로 삼으라."
_{승전}　　　　　　　_{항식}　　_{성식}

을묘일(乙卯日-12일)에 함부림(咸傅霖)을 동북면 도순문사로 삼
았다.

정사일(丁巳日-14일)에 상이 태평관에서 한첩목아(韓帖木兒)에게 잔
치를 베풀었다.

---

5 임금의 뜻이나 명령을 받아 관계관에게 전달하는 일로 승정원(承政院)과 승전색(承傳色)
　　이 담당했다.

무오일(戊午日-15일)에 유은지(柳殷之, 1370~1441년)[6]를 봉주(鳳州)[7]로 유배 보냈다. 사간원에서 소를 올려 말했다.

'임금과 신하의 나뉨은 하늘이 세워주고 땅이 베푼 것과 같아서 어지럽혀서는 안 되는 것입니다. 이미 폐백(幣帛)을 잡고[委質][8] 북면(北面)하여 섬겼으면 그 신하가 된 것입니다. 어찌 신하로서 감히 분수를 범하고 인륜(人倫)을 어지럽히는 일이 있을 수 있겠습니까? 신 등이 가만히 보건대 신씨(辛氏)가 비록 위조(僞朝-거짓 왕조)의 임금이기는 하지만 한 나라에 군림(君臨)하기를 16년 동안이나 했습니다. (그런데) 지금 통례문 판사(通禮門判事) 유은지는 그 작록(爵祿)을 받고 북면하여 그를 섬겼으니 진실로 임금과 신하의 나뉨이 있습니다. 위주(僞主-가짜 임금) 신씨(辛氏)가 일찍이 죽은 문하부 상의사(門下

6 문음으로 벼슬길에 들어섰다. 이조와 병조의 정랑을 역임했고 이때 우왕비 왕씨(王氏)를 처로 삼은 일로 탄핵돼 봉주(鳳州)에 유배됐다. 그 뒤 사면돼 1408년(태종 8년) 장연진 병마사(長淵鎭兵馬使)로 나갔다. 이듬해 풍해도(豊海道) 병마도절제사에 승진했다. 1412년 1월 총제(摠制)로서 개천도감제조(開川都監提調)를 겸했다. 같은 해 7월 의흥부(義興府)를 개혁적으로 없애고 삼군별시위(三軍別侍衛), 응양위절도사(鷹揚衛節度使), 별사금 제조(別司禁提調)를 설치할 때 별사금우변(右邊) 제조에 임명됐다. 1413년 중추부 동지사(中樞府同知事)를 거쳐 1418년(태종 18년) 6월 이전에 총제가 되었다. 1418년(세종 즉위년) 8월 시위 강화를 위해 사도(司導)와 좌(左)·우패(右牌)를 각각 별사엄(別司嚴)과 좌우 금위(禁衛)로 개편할 때 좌금위삼번절제사(左禁衛三番節制使)에 제수되고, 1429년(세종 11년) 이전에 우군도총제(右軍都摠制)에 승진했다. 1436년 딸과 손자가 음행을 자행한 일로 인해 전일의 행실을 추궁받으면서 서흥(瑞興)에 유배됐다. 다음 해에 사면(赦免)되고 1439년 4월에 고신(告身)을 돌려받았으며, 곧 동지중추부사에 서용되었다가 졸했다. 학식이 부족하고 방자한 행동으로 공론을 야기하기도 했다. 그러나 탁월한 무예와 장략으로 장기간 시위군을 지휘하면서 태종과 세종대의 왕권 안정에 기여했다는 평가를 받았다.

7 황해도 은파군과 봉산군 지역의 옛 지명이다.

8 벼슬하는 사람이 예물(禮物)을 바쳐 임금 앞에 두는 것을 말한다. 질(質)은 '지'로도 읽는데 지(質)는 형체로서 자기 몸을 임금에게 맡긴다는 뜻이다. 폐백을 지(贄)라고 한다.

府商議事) 왕흥(王興, ?~?)[9]의 딸을 맞아들여 이를 봉(封)해 비자(妃子)로 삼았습니다. 신씨가 망한 뒤에 은지가 전날의 임금과 신하의 대의(大義)를 돌아보지 않고 그 비(妃) 왕씨(王氏)를 자기의 아내로 삼아 강상(綱常)을 더럽히고 예의(禮義)를 무너트렸습니다. 이는 실로 천지(天地)가 용납할 수 없고, 고금에 용서할 수 없는 것입니다. 또 왕씨는 일찍이 국왕의 비(妃)가 되었으니 비록 부모가 그 실정을 무시하고 시집보내려고 하더라도 마땅히 예(禮)로써 스스로를 지키며[自守] 절개를 잃지 않아서 그 몸을 마쳐야 할 것입니다. (그런데) 도리어 절개를 버리고 남을 따라서 크게 부도(婦道)를 잃었으니 진실로 용서할 수 없습니다. 바라건대 전하께서는 유사(攸司)로 하여금 은지의 직첩을 회수하고, 왕씨와 함께 국문(鞫問)하여 사안에 맞게 결단해서[科斷] 만세에 임금과 신하의 나뉨을 밝히고 신하된 자의 더럽고 어지럽히는 마음을 막아야 합니다.'

상이 이혼[離異]을 명하고 왕씨를 (황해도) 배주(白州-백주)로 유배 보냈다.

○ 의정부 영사 조준(趙浚), 사평부 영사 이거이(李居易), 좌정승 하륜(河崙), 우정승 성석린(成石璘), 승추부 영사 이무(李茂), 사평부 판사 이직(李稷), 승추부 판사 조영무(趙英茂), 의정부 찬성사 이저(李

---

9 1385년(우왕 11년) 딸을 우왕에게 바쳤다. 실은 변안열(邊安烈)의 아들과 성혼시키려 했으나 우왕의 강요에 의해 납비(納妃)한 것이다. 이로 인해 우왕이 그의 집에 머물렀다. 1387년 밀직사 동지사(密直司同知事)에 오르고 다음 해에는 밀직사 지사가 되었으며, 딸은 선비(善妃)에 봉해졌다. 그러나 같은 해 위화도회군(威化島回軍)이 있고 우왕이 퇴위하자 다른 비부(妃父)들과 함께 유배됐다.

佇)를 불러 경연청(經筵廳)에 나아가 정사를 논하고[論事] 술자리를
베풀었다.

○ 한첩목아(韓帖木兒)가 대궐에 나아와 (중국으로) 돌아간다고 고
하니 상이 다례(茶禮)를 거행했다.

경신일(庚申日-17일)에 사신 한첩목아가 돌아갔다. 선발된 화자(火
者)[10] 35명을 거느리고 경사(京師)로 갔다. 상이 서교(西郊)에서 전송
하니 환자(宦者)들이 모두 눈물을 흘리며 울었다.

임술일(壬戌日-19일)에 천둥이 쳤다.

○ 완평군(完平君) 이조(李朝, ?~1408년)[11]를 (황해도) 옹진(甕津)
으로 유배 보냈다. 조(朝)는 본래 광포(狂暴)하여 사람을 시켜 소경
[瞽者] 조만(趙萬)을 불렀으나 오지 않았다고 하여 때려죽였다. 사헌
부에서 핵문(劾問)하고 법대로 논죄하기를 청했으나 상이 친족(親族)
이라는 이유로 다만 직첩(職牒)만 거두고 유배 보냈다. 사헌부에서
다시 청했으나 윤허하지 않았다.

○ 사간원에서 소(疏)를 올려 부·주·군·현(府州郡縣)의 명칭을 정

---

10 조선시대에 명나라에 보내던 열두서너 살부터 열여덟 살쯤까지의 환관(宦官) 후보자를
    가리킨다.

11 이성계의 이복형인 완산군(完山君) 원계(元桂)의 아들이다. 일찍이 남경부소윤을 역임했
    는데 1392년 이성계(李成桂)가 조선을 창업하자 그 조카로서 완평군에 봉해졌다. 1394년
    (태조 3년) 상장군이 돼 진안대군(鎭安大君-태조의 장남 이방우) 소속의 병력을 지휘했다.
    그러나 종친의 권세를 빙자하여 불법을 마음대로 자행해 태조에게 미움을 받았다. 그 뒤
    에도 광포한 행동이 그치지 않아 1401년(태종 1년) 간관들에 의해 탄핵을 받고 양주에
    있는 농장에 위리안치됐었다. 이때 다시 옹진으로 유배됐다.

할 것을 청했다. 소는 대략 이러했다.

'가만히 생각건대 예로부터 제왕(帝王)이 일어나면 반드시 한 시대[一代]의 제도를 세워 한 시대의 눈과 귀를 새롭게 했습니다. 그래서 당(唐)과 우(虞)(의 계승관계)가 비록 빼어난 이[聖=聖人]를 빼어난 이가 이었으나 제도와 문물에 이르러서는 반드시 그때에 맞춰 덜고 보탠[損益] 것은 새것을 취하고 낡은 것을 없애[鼎新革故] 서로 무조건 이어받지[相沿] 않는다는 것을 보여준 것입니다.[12] 옛날에 황제(黃帝)[13]가 처음으로[肇=始] 주(州)를 나누는 제도를 베풀었고 순(舜)임금이 천하를 나누어 12주(州)로 만들었으며 우왕(禹王)[14]이 다시 9주(州)로 만들었습니다. 삼대(三代-하·은·주) 이래로 당(唐)나라와 송(宋)나라에 이르기까지 비록 연혁(沿革)은 같지 않으나 주·부·군·현의 이름에는 질서정연하게[秩然] 차례가 있었습니다.

---

12 당(唐)은 요(堯)임금, 우(虞)는 순(舜)임금이다. 두 사람 다 빼어난 임금이지만 각자의 시대가 다르기 때문에 순임금은 새로운 제도와 문물을 갖춰야 했다는 뜻이다.

13 헌원의 언덕에서 살아 헌원씨(軒轅氏)라고도 한다. 또 유웅(有熊)에 국도를 정한 까닭에 유웅씨(有熊氏)로도 일컬어진다. 소전(少典)의 아들이다. 염제(炎帝) 때 제후들 사이에 분쟁이 일어나자 병사들에게 무기 사용법을 가르쳐 판천(阪泉)들에서 함귀(咸歸)를 물리쳐 해결했고, 배와 수레를 고안해 교통을 편리하게 했다. 당시 지남거(指南車)를 만들어 탁록(涿鹿)의 벌판에서 치우(蚩尤)를 쳐서 평정하자 제후들이 천자로 받들어 신농씨(神農氏) 뒤를 잇게 됐다. 토덕(土德)의 서기(瑞氣)가 있다고 해서 황제로 일컬어진다. 세상 사람들에게 집을 짓고 배와 수레를 만들었으며, 양잠과 직면(織綿)을 가르쳤고, 간지법(干支法)과 역산(曆算)·문자를 발명하고, 음률을 제정하며, 의약품을 알려주었다고 한다.

14 사마천의 『사기(史記)』 「하본기(夏本記)」에 따르면 전욱(顓頊)의 손자이며 곤(鯀)의 아들이다. 요(堯)임금의 치세에 대홍수가 발생해 섭정하던 순(舜)이 그에게 치수(治水)를 명령했다. 13년 동안 노심초사(勞心焦思)한 끝에 치수 사업에 성공해 천하를 9주(州)로 나누고 공부(貢賦)를 정했다. 순이 죽자 인망(人望)을 모은 그가 제위를 계승했는데 나라 이름을 '하(夏-크다)'로 고치고 안읍(安邑)에 도읍했다. 치세(治世) 10년 만에 회계(會稽)에서 죽자 제후(諸侯)의 추대로 아들 계(啓)가 천자가 됐는데 이때부터 천자 자리를 세습화하여 하왕조가 시작됐다.

전조(前朝-고려)의 성대한 시절에는 3유수(留守)[15] 8목(牧)[16] 4도호부(都護府)[17]를 두고 그 군(郡)과 현(縣)은 각각 그 땅에서 가까운 것을 기준으로 해서 큰 고을[巨邑]에 나누어 예속시켰기 때문에 충분히 그 정령(政令)을 행할 수 있었고 백성들은 번거롭고 가혹한 폐단에 시달리지 않았습니다. 쇠퇴기[衰季]에 이르러 권간(權奸)이 정치를 제 마음대로 하여[擅政=顓政] 법령(法令)이 폐기되고 느슨해져 모든 주나 군이 혹은 한 재상(宰相)이 정권을 잡거나[執政], 혹은 환시(宦寺)가 중국 조정[天庭]에 입시(入侍)했다가 사명(使命)을 받들고 환향(還鄉)하거나,[18] 혹은 중이 왕사(王師)나 국사(國師)가 되면 반드시 말하기를 "아무 고을[某邑]은 내가 태어난 땅이다"라고 하여 권세(權勢)를 타고서 요구하고 청하여[干請] 혹은 부곡(部曲)[19]을 올려서 감

---

15 고려시대는 서경(평양), 동경(경주), 남경(한양) 등 3경에 3품 이상 관직으로 정원은 각각 1명씩 두었다. 유수사(留守使) 혹은 서경유수지사(西京留守知事) 등으로도 불렸다. 987년 (성종 6년)에 경주대도독부를 동경유수(東京留守)로 개편하면서 처음 두었고 995년 동경과 서경에 유수를 두었다. 1012년(현종 3년) 동경유수를 경주방어사로 개편하면서 폐지했다가 1030년에 다시 동경유수를 두었다. 1067년(문종 21년) 양주(楊州-한양)를 남경유수로 개편해 서경, 동경, 남경 등 3경 체제를 마련하고 유수를 두었다.

16 광주목(廣州牧), 충주목(忠州牧), 청주목(清州牧), 전주목(全州牧), 나주목(羅州牧), 상주목(尙州牧), 진주목(晉州牧), 황주목(黃州牧)이다.

17 안동도호부(安東都護府), 안서도호부(安西都護府), 안남도호부(安南都護府), 안북도호부(安北都護府)다. 도호부는 도보다는 작고 목보다는 큰 행정단위다.

18 고려 사람으로 중국에 들어가 환관이 된 사람이 사신이 되어 고려에 돌아오는 것을 말한다. 조선시대에도 이런 경우가 많았다.

19 고려시대는 부곡 이외에도 소(所), 처(處), 장(莊) 등 특수한 집단이 전국적으로 분포돼 있었다. 이들 집단을 통틀어 흔히 부곡제라 하며, 고려시대 군현제의 하부구조로 존재했다. 고려시대 부곡 집단은 대체로 신라 말 고려 초에 후삼국 통합 전쟁의 와중에서 집중적으로 형성됐다.

무(監務)[20]로 만들고, 혹은 군과 현을 올려서 주로 만들었습니다. 이로 말미암아[由是=是故] 군과 현의 이름이 날로 뛰어오르는 바람에[超昇] 토지의 넓고 좁은 것과 인민의 많고 적은 것이 그 이름에 맞지 않게 되었습니다[不稱]. 또 주·부·군·현은 각각 정해진 이름이 있는데 혹은 주를 부라 칭하고 혹은 현을 주라 칭하여 명기(名器)가 뒤엉켜 뒤죽박죽이 됐습니다[混淆].

(그런데) 지금에 이르러서도 여전히 낡은 폐습[舊弊]을 이어받아 환시(宦寺)로서 사명(使命)을 받들고 오는 자가 다시 요구하고 청하는 바가 있어 (경상도) 청산(靑山)은 상주(尙州)의 관할 지역 안[任內]에 있는데 별도로 감무가 됐고, (전라도) 보안(保安)은 감무인데 승격하여 현령이 됐으며, (충청도) 괴주(槐州)는 감무인데 승격하여 지주(知州)가 됐고, (전라도) 김제(金堤)는 현령인데 승격하여 지군(知郡)이 됐으며, (충청도) 임주(林州)는 주인데 승격하여 부관(府官)이 됐습니다. 또 지금 환자(宦者) 35인이 중국[朝廷]에 갔으니 (그들 중에 누가) 만일 후일에 사명을 받들고 돌아오면 역시 반드시 청(請)이 있을 것입니다. 만일 그들의 말을 다 따른다면 폐단은 이루 다 말할 수 없을 것입니다. 옛적에 한 고조(漢高祖)가 패읍(沛邑)에서 자랐고, (후한을 세운) 광무제(光武帝)[21]가 용릉(舂陵)에서 일어났으나 패읍이나 용릉을 승격시켜 무슨 주(州), 무슨 군(郡)으로 만들었다는 말은 듣지 못했습니다. 어찌 오로지 본국(本國)만이 한 재상과 한 사신을 위

---

20 고려시대 작은 현을 감무라 불렀고 그 책임자를 감무라고도 했다.
21 한나라 황위를 찬탈한 왕망을 꺾고 후한을 세웠다.

해 주현(州縣)의 이름과 실상[名實]을 가벼이 고칠 수 있겠습니까? 무릇 작은 고을[小邑]의 명칭을 높이기만 해도 그 폐단이 한 가지가 아닙니다. 토지가 좁은 것은 그 땅을 보태자고 청하고, 인민(人民)이 적은 것은 백성을 보태자고 청해 늠록(廩祿)과 아봉(衙俸)[22] 또한 모두 증가되어 토지와 인민이 서로 침해당하고 깎여나가[侵削] 서로서로 탄식하고 원망하며 소송이 끊이질 않습니다.

바라건대 전하께서는 여러 도의 주·부의 제도를 밝혀 그 연역을 마땅히 헤아려 주·부·군·현의 명호(名號)와 등급(等級)을 한결같이 이 장(狀) 뒤에 아뢴 바와 같이 하소서. 3유수부(留守府)는 1등(等)으로 하고, 5대도호부(大都護府)와 10주목(州牧)은 2등으로 하며, 20부관(府官)은 3등으로 하고, 그 나머지 부·주·군은 모두 군(郡)으로 고쳐서 지군사(知郡事)[23]라 칭하고 4등(等)으로 해야 합니다. 현령(縣令)과 감무(監務)는 모두 현으로 삼아 지현사(知縣事)라 칭하고 5등으로 해야 합니다. 문자로 서로 소통하는 정식(程式)과 늠급, 아봉의 수량은 한결같이 『경제육전(經濟六典)』의 사례에 입각해 항상 목(牧)에 대해서만 주(州)라 칭하고, 부(府)와 군(郡)에 대해서는 모두 주(州)라고 칭하지 말아서 주·부·군·현으로 하여금 각각 정한 이름이 있게 하여 훤하게 질서를 갖춰 큰 것으로 작은 것을 부리고 아래의 것으로 위의 것을 받들게 하면 저절로 통속(統屬-계통)이 있어 정령(政令)이 제대로 시행될 것입니다. 장차 상항(上項)에서 언급

---

22 둘 다 녹봉이나 급료를 뜻한다.
23 군의 일을 맡아본다는 뜻이다. 지(知)는 일을 맡아본다[掌=司]는 뜻이다.

한 사신(使臣)의 요구와 요청[干請]으로 인해 명호(名號)를 차례를 뛰
어넘어 올린 것은 모두 예전대로 되돌리고, 지금부터 밝게 한 시대의
제도를 세워 비록 후비(后妃)의 고향과 사신, 재상, 왕사, 국사가 나
온 땅이라 하더라도 모두 예전 그대로 하여 명호(名號)를 더하지 말
아야 할 것입니다. 모든 군·현이 감히 조령(條令)을 준수하지 않은
채 권력에 붙고 의탁하여 어지러이 요구하고 간청하는 자가 있으면
엄하게 규찰함으로써 한 시대의 눈과 귀를 새롭게 하여 영원히 만세
의 규범이 되게 해야 합니다.

완산(完山-전주), 평양(平壤), 계림(雞林-경주)을 3유수(留守)로 삼
아야 합니다. 이 3부(府)는 모두 예전 임금의 도읍이니 마땅히 유수
라고 칭해야 합니다. 의주(義州)는 의순(義順)으로 고치고, 안주(安
州)는 안흥(安興)으로 고치고, 길주(吉州)는 길안(吉安)으로 고치고,
강릉(江陵)은 예전대로 하고, 제주(濟州)는 탐라(耽羅)로 고쳐 5대
도호부(大都護府)[24]로 삼아야 합니다. 이 5부(府)는 모두 국경의 큰
진영[巨鎭]이니 마땅히 도호부라고 칭해 군민(軍民)의 책임을 겸하여
맡게 해야 합니다.[25] 해주(海州), 광주(廣州), 충주(忠州), 청주(淸州),

---

24 원래 중국에서 외지를 다스리기 위해 두었던 관서였다. 당나라는 고구려의 옛 땅에 9개
   의 도독부를 두고, 이를 통할하기 위해 평양에 안동대도호부를 설치한 바 있다. 우리나
   라는 1018년(고려 현종 9년) 처음으로 안남(安南-지금의 전주), 안서(安西-지금의 해주), 안
   북(安北-지금의 안주), 안동(安東-지금의 경주)의 4대 도호부를 설치했다. 조선은 건국 초
   부터 안동과 강릉에 두었고 1426년(세종 8년) 함경도의 영흥(永興), 1428년 평안도의 영
   변(寧邊), 1670년(현종 11년) 경상도의 창원에 각각 설치해 조선 후기에는 5개가 있게
   됐다. 안동은 고려 이래 조선까지 줄곧 대도호부로 내려왔고 강릉은 1389년(고려 공양왕
   1년) 대도호부로 승격된 이래 조선 말기까지 존속됐다.
25 관찰사와 절제사를 분리하지 않고 군사 업무와 민간 행정을 겸해서 맡도록 한다는 뜻
   이다.

원주(原州), 나주(羅州), 상주(尙州), 진주(晉州), 성주(星州)의 9주(州)는 모두 예전의 목(牧)으로서 오래되고 큰 것이니 마땅히 예전대로 해야 합니다. 안동대도호부(安東大都護府)는 복주목(福州牧)으로 고쳐야 합니다. 이 부(府)는 봉강(封疆)의 경계나 병융(兵戎)의 땅도 아니니 마땅히 목(牧)으로 불러야 합니다. 양주(楊州)는 양원(楊原)으로 고치고, 김해(金海)·영해(寧海)·남원(南原)·순천(順天)·강화(江華)·연안(延安)·여흥(驪興)·경원(慶源)·강계(江界)·이성(泥城)의 12부(府)는 명칭을 그대로 하고, 공주(公州)는 공산(公山)으로 고치고, 홍주(洪州-홍성)는 안평(安平)으로 고치고, 광주(光州)는 화평(化平)으로 고치고, 황주(黃州)는 제안(齊安)으로 고치고, 함주(咸州)는 함녕(咸寧)으로 고치고, 정주(定州)는 정원(定源)으로 고치고, 청주(靑州-북청)는 청해(靑海)로 고쳐야 합니다. 위의 일곱 주는 모두 신설(新設)한 목이니 마땅히 강등하여 부로 만들어야 합니다. 밀성군(密城郡)은 승격하여 밀양부(密陽府)로 삼아야 합니다. 이 부는 땅이 넓고 사람이 많아서 실로 경상도의 큰 고을[巨邑]이니 마땅히 승격하여 부로 삼아야 합니다.

그 나머지 장신(狀申-장을 통해 올리다)한 것 이외에 예전에 주(州)나 부(府)라고 일컫던 것은 토지와 인민이 모두 상항의 주나 부의 사례에 미치지 못하니 고쳐서 군으로 삼아 지군사(知郡事)라 칭해야 합니다. 현령(縣令)·감무(監務)는 전조(前朝-고려) 말년에 모두 부사(府史)[26]나

---

26 고려시대와 조선시대 도호부(都護府)나 도독부(都督府) 따위의 지방관아에 딸려 실무를 맡아 처리하던 하급 말단 서기(書記)를 가리킨다.

서도(胥徒)²⁷와 같은 용렬한 무리들[闒茸之徒]이 제수를 받았습니다.

_{탑용 지 도}

그래서 지금의 조정 선비[朝士]들은 그 이름을 익히 들어 수령(守

_{조사}

令)을 제수할 때면 모두 다 싫어합니다. 지금 마땅히 전례를 고쳐 현

(縣)을 만들어 현사(縣事)라 칭하여 그 이름을 새롭게 해야 합니다.'

명하여 의정부에 내려서 두 부(府)와 함께 의견을 일치시킨[同議]

_{동의}

다음 아뢰게 했다. 사헌부에서 좌사간 안노생(安魯生) 등을 탄핵

했다. 올린 소는 다음과 같다.

'간관은 군상(君上)의 허물과 잘못[過失], 시정(時政)의 얻고 잃음

_{과실}

[得失]을 규간(規諫)²⁸하고 고핵(考覈)²⁹하는 것이 직무입니다. 주·부·

_{득실}

군·현(州府郡縣)의 관품(官品)을 올리고 내리며, 관호(官號)를 변경하

고 고치는 것은 마땅히 위로부터 나와 정부(政府-의정부)에 내려서

토지의 넓고 좁은 것과 인민의 많고 적은 것을 토의하고 정해서 마

침내 시행하는 것입니다. (그런데) 지금 안노생 등이 자기들 마음대로

상정(詳定)하여 몽롱(曚曨)하게 보고했으니 (신하된 자의) 분수를 뛰

어넘었고[僭分] (간관으로서의) 직임을 어그러뜨렸습니다[乖任]. 청하

_{참분} _{괴임}

건대 직첩(職牒)을 거두고 국문하여 죄를 논해야 합니다.'

삼부(三府)에 내려 토의하여 보고하도록 했다. 삼부에서 의견을 같

이하여 이렇게 말했다[以爲].

_{이위}

"사헌부에서 간관 노생 등이 무릇[將] 주·부의 관호(官號)를 마음

_장

---

27 부사와 거의 같은 말단 서기다.

28 간언의 한 종류로 사리를 말하여 간(諫)하는 것을 뜻한다.

29 사실을 고찰하여 자세히 밝혀낸다는 뜻이다. 핵실(覈實)이라고도 한다.

대로 상정한 것이 분수를 뛰어넘었고 직임을 어그러트렸다 하여 직첩을 거두고 국문하여 죄를 논하기를 청했습니다. (그러나) 간관이란 임금의 일거수일투족[擧措]과 국가의 평안과 근심거리[休戚]에 대해 감히 말하지 않는 바가 있어서는 안 되고 그 말이 비록 사안에 적중하지 않더라도[不中] 진실로 너그러이 용납하는 것입니다[優容]. 관호의 차등(差等)을 의논하여 나누고 정한 것이 비록 분수를 뛰어넘었으나 직첩을 거두고[收職] 국문하는 것은 실로 지나치다 할 것입니다. 대간(臺諫)의 관원의 경우 공죄(公罪)를 범한 자가 있으면 마땅히 그 한 사람만을 핵문(劾問)하여 (임금의) 뜻을 받는 것이 이미 영전(令典-아름다운 법전)으로 되어 있습니다. (그런데) 지금 헌부(憲府)에서 간관을 모조리 탄핵했으니 참으로 마땅함을 잃었습니다[失當]."

상이 헌부에서 논하기를 청한 바[請論]는 지나침이 있어 유사(攸司-해당 부서)의 마땅함[義]에 어긋남이 있다 하여 모두 파직했다. 좌사간 안노생 등도 역시 마땅하지 못한 일[不當]을 했다 하여 모두 지방으로 좌천시켰다. 좌정승 하륜이 아뢰어 말했다.

"간관은 임금의 일거수일투족과 국가의 평안과 근심거리에 대해 곧게 말하지[直言] 않을 수 없으니 그 말이 비록 사안에 적중하지 않더라도 죄를 가할 수는 없습니다. (그런데) 지금 전하께서 헌사의 청으로 인해 간관에게 죄를 가하시면 후세 사람들이 전하를 어떻다 하겠습니까?"

상이 말했다.

"판하(判下-임금이 판단하여 내린 것)한 것을 하루도 안 돼 곧바로[輒] 고치는 것은 불가하다."

륜이 말했다.

"허물을 알면 즉시 고치는 것[知過則改=過則勿憚改], 이것은 임금
의 큰 임금다움[大德]이요, (허물임을) 알고서도 고치지 않는 것[知而
不改], 이것은 임금의 큰 잘못[大不善]입니다. 한(漢)나라에서 장차
6국(六國)을 봉(封)하려고 하여 이미 인(印-신분 인증 도장)을 만들었
는데 장량(張良, ?~기원전 186년)[30]이 '불가하다'고 말하자 고제(高帝-
유방)가 곧바로 고치니 사책(史冊)은 이를 기록하여 지금까지 전하고
있습니다. 바라건대 전하께서는 간관에게 죄를 주어서는 안 됩니다."

그러나 가까이에서 모시는[近侍] 신하들이 모두 간관이 잘못했다
하기 때문에 상은 윤허하지 않았다.

○ 경상도 도관찰사 남재(南在)에게 궁온(宮醞-왕실의 술)을 내려주
었다. 상이 재(在)가 금령(禁令)으로 인해 술을 마시지 못하고 일에
부지런하다는 말을 듣고 그가 병이 날까 염려하여 그 때문에 술을
내려주었다. 그리고 명을 내렸다.

"이제부터 복약(服藥)하는 데는 술을 쓰라."

---

30 자는 자방(子房)이고 시호는 문성(文成)이다. 할아버지와 아버지가 연이어 한(韓)나라의
재상을 지냈다. 진(秦)나라가 조국 한나라를 멸망시키자 자객을 시켜 박랑사(博浪沙)에서
진시황을 암살하려 했지만 실패했다. 그 후 성명을 고치고 하비(下邳) 땅으로 달아나 살
았는데 흙다리 위에서 황석공(黃石公)이란 노인을 만나 태공망(太公望)의 병서(兵書) 『태
공병법(太公兵法)』을 전수받았다고 한다. 기원전 209년(진 2세 원년) 무리를 모아 진승(陳
勝)의 반란에 호응했다. 나중에 유방(劉邦)의 모신(謀臣)이 되었다. 유방이 군대를 이끌고
함양(咸陽)에 진군했을 때 번쾌(樊噲)와 함께 유방에게 궁실의 부고(府庫)를 봉하고 패상
(覇上)으로 철군할 것을 권했다. 홍문연(鴻門宴)에서 기지를 발휘해 유방을 위기에서 구
해냈다. 초한(楚漢) 전쟁 때 여섯 나라가 공존할 수 없음을 제시하여 영포(英布)와 팽월
(彭越)과 연대하고 한신(韓信)을 등용하는 등 계책을 올렸다. 또 항우(項羽)를 공격해 완
전히 궤멸시킬 것을 건의했는데 모두 유방이 채택했다. 기원전 201년(고조 6년) 유후(留
侯)에 봉해졌다.

병인일(丙寅日-23일)에 우정승 성석린(成石璘)에게 담비 갖옷[貂裘]초구을 내려주었다. 석린이 대궐에 나아와 포주(抱州-포천)에 소분(掃墳)³¹하기를 청하니 상이 허락하여 인견(引見)하고서 술자리를 베풀고 갖옷을 내려주었다. 석린이 경계하여 말했다.

"상께서 귀 밝고 눈 밝은 자품[聰明之資]총명 지 자으로 좋은 도리를 듣기 좋아하시니 신 등은 기쁘게 생각합니다. 그러나 처음에는 부지런히 하다가도 끝에 가서 게으르게 되면[始勤終怠],³²시근 종태 다움[德]덕은 반드시 이루어지지 않는 것이니 청컨대 게을리해서는 안 될 것입니다[毋怠=無逸].무태 무일 상께서 청단(聽斷)하심이 귀신과 같으니 참소(讒訴)하는 말이 나올 데가 없는데 그럼에도 참소하고 아첨하는 사람[讒諂]참 첨은 옳고 그름을 바꿔서 어지럽히고[變亂]변란 틈을 보아서[見隙]견극 나아오니 청컨대 이를 조심해야 합니다."

상이 박석명 등에게 말했다.

"너희는 기억해야 할 것이다. 『상서(尙書)-서경』 일부(一部)는 진실로 그때의 임금과 신하가 서로 경계한 말일 것이야!"

김과(金科)가 말했다.

"그렇습니다."

상이 말했다.

---

31 경사스러운 일이 있을 때 조상의 무덤에 가서 제사지내는 일을 말한다.

32 『서경(書經)』「우서(虞書)」'대우모(大禹謨)'에 대한 풀이에 등장하는 말이다. "처음에는 부지런히 하다가도 끝에 가서 게을러지는 것은 사람의 평범한 마음이니 편안히 지낸 것이 이미 오래되어 게으른 마음이 반드시 생겨나면 이미 이룬 공업을 오래토록 보존하지 못할까 두렵다."

"이제서야 『서경(書經)』의 글맛이 좋다는 것을 더욱 잘 알겠도다."

○ 승추부 영사 이무(李茂)에게 구마(廐馬) 한 필과 표리(表裏-겉감과 안감)를 내려주었다. 장차 사위를 맞아들인다[納婿]는 말을 들었기 때문이다.
_{납서}

○ 전 삼사우복야(三司右僕射) 이염(李恬)[33]이 졸했다.

○ 삼부(三府)에서 주·부·군·현(州府郡縣)의 토지의 넓고 좁은 것과 사람 및 물자의 많고 적은 것을 상정(詳定)할 것을 청했다. 사간원의 청으로 인한 것이다. 상이 말했다.

"잠시 후일(後日)을 기다리라."

○ 하륜을 불러 국사에 대해 의견을 나눴다[議].
_의

기사일(己巳日-26일)에 예조좌랑 권보(權堡)와 김훈(金訓)을 순금사에 가뒀다. 이염(李恬)의 죽음을 곧바로 보고하여 조회를 정지하지 [停朝] 않았기 때문이다. 3일을 넘겨 풀어주었다.
_{정조}

경오일(庚午日-27일)에 최유경(崔有慶)을 대사헌, 맹사성(孟思誠) 권

---

33 조선 건국 후에 정당문학(政堂文學)으로 개국원종공신(開國原從功臣)에 녹훈됐다. 사은사(謝恩使)로 공민왕의 금인(金印)을 변환하기 위해 명나라에 다녀왔다. 그러나 명나라 태조를 만날 때 예를 잃어 조빙(朝聘-중국과의 통교)을 못 하게 한 죄로 파직됐다. 1394년(태조 3년) 다시 등용돼 심덕부(沈德符)와 함께 신도궁궐조성도감(新都宮闕造成都監)의 판사가 됐다. 이듬해 예문춘추관 태학사로 궁궐에 말을 탄 채로 드나들었다는 탄핵을 받아 파직당했다. 1398년 신궁을 축조하는 제조관(提調官)이 됐고, 이어 삼사우복야(三司右僕射)에 이르렀다. 1차 왕자의 난 때 정도전(鄭道傳)의 일파로 몰려 순군옥에 갇혔다가 흥덕진(興德鎭)에 충군(充軍)됐으며 이듬해 풀려나왔다. 1400년(정종 2년) 이덕시(李德時)와 더불어 덕궁(德宮)에 있던 상왕(上王-태조)을 자주 찾아가 잡언(雜言)을 함부로 하여 춘주(春州-춘천)에 유배됐다가 그곳에서 죽었다.

진(權軫)을 좌우 사간대부, 강서(姜筮)를 한성부 판사, 이숙번(李叔蕃)
을 의정부 지사로 삼았다.

　임신일(壬申日-29일)에 사헌부에서 소를 올려 중외(中外)의 관리가
오결(誤決)하거나 탐오(貪汚)한 자는 비록 사유(赦宥-사면)를 거쳤다
하더라도 추핵(追劾)³⁴하는 법을 세울 것을 청하니 그것을 따랐다.
소는 대략 이러했다.

　'중외의 관리가 혹은 은혜와 원수[恩讎=恩怨]를 끼고, 혹은 권세
(權勢)에 아부하여 그른 것을 알면서도 오결하여 원통함과 억울함
[冤抑]을 더해 화기(和氣-조화로운 기운)를 상하게 한 자와, 혹은 빈객
(賓客)으로 인해 혹은 공부(貢賦)로 인해 함부로 취(取)하고 지나치
게 거두어 탐오하고 불법(不法)하게 백성의 재산을 좀먹은[蠹] 자는
비록 사유를 거쳤다 해도 추핵(追劾)하는 법을 엄격하게 시행해야
합니다[痛行].'

　의정부에서 소를 올려 각사(各司)에서 공해전(公廨田)³⁵의 소출을
달마다 사평부에 보고하게 하자고 청하니 그것을 따랐다. 소는 대략
이러했다.

　'각사의 토지는 대개 좌기(坐起-근무)하는 날의 점심(點心)과 종이,
붓, 먹 등의 일을 대비하기 위한 것입니다. (그런데) 관원이 기꺼이 절

---

34 뒤에라도 사실을 확인해 처벌하는 것을 말한다.
35 고려시대와 조선시대 때 시행된 토지제도다. 중앙과 지방 관청의 경비를 충당키 위해 마
　련한 토지다.

약하여 쓰지 않아 뒤에 오는 신관(新官)이 쓸 것[所資用]이 없어 전
청(傳請)³⁶을 면치 못하고 있습니다. 지금부터는 1년 동안의 수입의
수량을 사평부에 보고하고 또 매월 쓰는 수량을 보고하게 하되, 전
과 같이 낭비하여 쓰는 자는 강제로 징수하여[生徵=白徵] 수량에 채
워 넣어야 합니다.'

---

36 해당 물품의 재고에 여유가 있는 관청에서 빌려 사용하는 것을 말한다.

甲辰朔 夜 北方有淡赤氣 長丈許.

갑진 삭 야 북방유 담적기 장장 허

命參贊議政府事權近 藝文館大提學李詹 詳定覆試文科程式.

명 참찬 의정부 사 권근 예문관 대제학 이첨 상정 복시 문과 정식

丙午 上請太監黃儼等 宴于別殿. 儼等至闕 先見妃子而後赴宴.

병오 상청 태감 황엄 등 연우 별전 엄등 지궐 선현 비자 이후 부연

上使元子獻爵 儼等立飮.

상 사 원자 헌작 엄 등 입음

賜兵曹典書偰眉壽 前戶曹典書李玄內廐馬各一匹. 上曰:

사 병조 전서 설미수 전 호조 전서 이현 내구마 각 일필 상왈

"眉壽等能漢語 故往來中國數矣. 且使臣相接之際 勤勞亦多."

미수 등능 한어 고 왕래 중국 수의 차 사신 상접 지제 근로 역다

丁未 朴錫命請使臣于其第 設宴.

정미 박석명 청 사신 우 기제 설연

全羅道桃李及瓜皆實.

전라도 도 이 급 과 개 실

戊申 雨雹. 彗星見于東北.

무신 우박 혜성 견우 동북

己酉 上如太平館 宴使臣.

기유 상여 태평관 연 사신

庚戌 始寒.

경술 시 한

太上王宴使臣黃儼. 儼至太上殿告還也.

태상왕 연 사신 황엄 엄지 태상전 고환 야

辛亥 使臣黃儼等還 上餞于西郊.

신해 사신 황엄 등환 상전우 서교

壬子 雷. 明日亦如之.

임자 뇌 명일 역 여지

癸丑 上朝太上殿欲獻壽 太上以不豫辭.

계축 상조 태상전 욕 헌수 태상 이 불예 사

甲寅 定臺諫官承傳之式. 司憲府上疏言:

갑인 정 대간 관 승전 지식 사헌부 상소 언

‘臺諫諫諍君上 糾察百官 非他司比. 有傳命則宜入殿庭而承

母就代言司.’

上曰:“代言司掌宣傳 反就承命者 有違於理. 非坐殿之時 則

臺諫員就代言司承傳 以爲常式”

乙卯 以咸傳霖爲東北面都巡問使.

丁巳 上宴韓帖木兒于太平館.

戊午 流柳殷之于鳳州. 司諫院上疏言:

‘君臣之分 猶天建地設 不可亂也. 旣以委質 北面事之 則爲

其臣子矣. 豈可以臣子 而敢有犯分亂倫之事哉? 臣等竊見辛氏

雖僞朝之主 君臨一國 十有六年矣. 今判通禮門事柳殷之 受其

爵祿 北面事之 固有君臣之分也. 僞主辛氏曾納卒商議門下府事

王興之女 封爲妃子. 及辛氏之亡 殷之不顧前日君臣大義 以其妃

王氏 爲己之妻 瀆亂綱常 敗壞禮義. 此實天地之所不容 古今之

所不救也. 且王氏嘗爲國王之妃 雖父母欲奪其情而嫁之 當以禮

自守 不失其節 以終其身. 顧乃其節從人 大失婦道 亦不可赦. 願

殿下 令攸司收殷之職牒 並王氏鞫問科斷 以明萬世君臣之分 以

杜臣子瀆亂之心.’

上命離異 流王氏于白州.

召領議政府事趙浚 領司平府事李居易 左政丞河崙 右政丞

成石璘 領承樞府事李茂 判司平府事李稷 判承樞府事趙英茂

贊成事李佇 御經筵廳 論事置酒.
찬성사 이저 어 경연청 논사 치주

韓帖木兒詣闕告還 上行茶禮.
한첩목아 예궐 고환 상행 다례

庚申 使臣韓帖木兒還. 率被選火者三十五人而赴京也. 上餞于
경신 사신 한첩목아 환 솔 피선 화자 삼십 오인 이 부경 야 상전 우

西郊 宦者等皆涕泣.
서교 환자 등개 체읍

壬戌 雷.
임술 뇌

流完平君李朝于瓮津. 朝素狂暴 使人招瞽者趙萬 不至 杖殺
유 완평군 이조 우 옹진 조소 광포 사인 초 고자 조만 부지 장살

之. 司憲府劾問 請如法論 上以親故① 止收其職而流之. 司憲府
지 사헌부 핵문 청 여법 논 상이 친고 지수 기직 이 유지 사헌부

再請 不允.
재청 불윤

司諫院上疏 請定府州郡縣之號. 疏略曰:
사간원 상소 청정 부주군현 지호 소 약왈

'竊惟自古帝王之興 必建一代之制度 以新一代之耳目 故唐虞
절유 자고 제왕 지흥 필건 일대 지 제도 이신 일대 지 이목 고 당우

雖以聖繼聖 至於制度文爲 必因時損益者 所以鼎新革故 示不
수이 성계성 지어 제도 문위 필 인시 손익 자 소이 정신 혁고 시불

相沿也. 昔者 黃帝肇設分州之制 舜分天下爲十二州 禹復爲九州.
상연 야 석자 황제 조설 분주 지제 순분 천하 위 십이 주 우 부위 구주

三代以降至于唐宋 雖其沿革不同 然而州府郡縣之號 秩然有序.
삼대 이강 저우 당송 수기 연혁 부동 연이 주부군현 지호 질연 유서

前朝盛時 置三留守八牧四都護府 其郡縣各以其地之附近
전조 성시 치삼 유수 팔목사 도호부 기 군현 각이 기지 지 부근

分隸巨邑 足以行其政令 民不見其煩苛之弊. 及其衰季 權奸
분예 거읍 족이 행기 정령 민 불견 기 번가 지폐 급기 쇠계 권간

擅政 法令廢弛 凡州若郡 或有一相執政 或宦侍入侍天庭 奉使
천정 법령 페이 범주 약군 혹유 일상 집정 혹 환시 입시 천정 봉사

還鄉 或有僧爲王師國師 必曰: "某邑 予所生之地." 乘勢干請 或
환향 혹유 승위 왕사 국사 필왈 모읍 여 소생 지지 승세 간청 혹

以部曲而陞爲監務 或以郡縣而陞爲州. 由是郡縣之號 日就超昇
이 부곡 이 승위 감무 혹이 군현 이 승위 주 유시 군현 지호 일취 초승

土地廣狹 人民多少 不稱其名. 且州府郡縣 各有定名 或以州而
토지 광협 인민 다소 불칭 기명 차 주부군현 각유 정명 혹이 주 이

稱府 或以縣而稱州 名器混淆.
칭부 혹이 현 이 칭주 명기 혼효

今也尙循舊弊 宦侍奉使者 復有干請 靑山以尙州任內 而別爲

監務; 保安以監務 而陞爲縣令; 槐州以監務 而陞爲知州; 金堤以

縣令 而陞爲知郡; 林州以州 而陞爲府官. 且今宦者三十五人赴

朝廷 儻②於後日 奉使而還 則亦必有請. 若盡從其言 則弊有不可

勝言者. 昔者 漢祖生於沛邑 光武起於春陵 未聞陞沛邑 春陵爲

某州某郡. 豈獨本國爲一宰相一使臣 輕改州縣之名實哉! 夫以

小邑而加號 其弊非一. 土地之狹者 則請益其地 人民之少者 則

請益其民 廩祿衙俸 亦皆增益 土地人民 相見侵削 互相咨怨

訴訟不已.

　願殿下明諸道州府之制 量宜沿革 州府郡縣 名號等級 一如狀

後所申. 三留守府爲一等 五大都護府 十州牧爲二等 二十府官

爲三等 其餘府州郡 皆改爲郡 稱知郡事爲四等 縣令監務皆爲縣

稱知縣事爲五等. 其文字相通之式 廩給衙俸之數 一依經濟六典

之例 每於牧但稱州 於府及郡 俱不稱州 使州府郡縣 各有定名

粲然有序 大以使小 下以承上 則自有統屬 而政令行矣. 將上項因

使臣干請 超陞名號者 悉復其舊 自今明立一代之制 雖后妃之鄕

與使臣宰相王師國師所出之地 幷仍其舊 毋得加號. 凡郡縣敢有

不遵條令 夤緣附托 亂雜干請者 痛行糾理 以新一代之耳目 永

爲萬世之規範.

　完山 平壤 雞林爲三留守. 右件三府 皆古王者之都 當以留守

稱之. 義州改義順 安州改安興 吉州改吉安 江陵仍舊 濟州改
칭지　의주 개 의순　안씨 개 안흥　길주 개 길안　강릉 잉구　제주 개

耽羅 爲五大都護府. 右件五府 皆封疆巨鎭 當以都護府稱之
탐라 위 오 대도호부　우건 오부 개 봉강 거진 당 이 도호부 칭지

兼掌軍民之任. 海州 廣州 忠州 淸州 原州 羅州 尙州 晋州
겸장 군민 지임　해주 광주 충주 청주 원주 나주 상주 진주

星州右件九州 皆古牧之久且大者 當仍其舊.
성주 우건 구주 개 고 목 지 구 차 대 자 당 잉 기 구

　安東大都護府改福州牧. 右府非封疆之界 兵戎之地 當以牧
　안동 대도호부 개 복주목 우 부 비 봉강 지 계 병융 지 지 당 이 목

稱之. 楊州改楊原. 金海 寧海 南原 順天 江華 延安 驪興 慶源
칭지 양주 개 양원 김해 영해 남원 순천 강화 연안 여흥 경원

江界 泥城右十二府仍號. 公州改公山 洪州改安平 光州改化平
강계 이성 우 십이부 잉호 공주 개 공산 홍주 개 안평 광주 개 화평

黃州改齊安 咸州改咸寧 定州改定源 靑州改靑海. 右件七州 皆
황주 개 제안 함주 개 함녕 정주 개 정원 청주 개 청해 우건 칠주 개

新設之牧 當降爲府. 密城郡陞爲密陽府. 右府地廣人稠 實慶尙
신설 지목 당 강 위 부 밀성군 승위 밀양부 우 부 지광 인조 실 경상

之巨邑 當陞爲府.
지 거읍 당 승위 부

　其餘狀申外古稱州府者 土地人民 皆不及上項州府例 改爲郡
　기여 장신 외 고 칭 주부 자 토지 인민 개 불급 상항 주부 예 개위군

稱知郡事. 縣令監務 在前朝之季 皆府史胥徒闒茸之徒所得除授.
칭 지군사 현령 감무 재 전조 지계 개 부사 서도 탑용 지도 소득 제수

今之朝士 習聞其號 當守令除授之時 率皆厭之. 今當例改爲縣
금지 조사 습문 기호 당 수령 제수 지시 솔개 염지 금당 예 개위현

稱縣事以新其號.'
칭 현사 이 신 기호

　命下議政府 與二府同議以聞. 司憲府劾左司諫安魯生等. 上疏
　명하 의정부 여 이부 동의 이문 사헌부 핵 좌사간 안노생 등 상소

曰:
왈

　'諫官於君上過失 時政得失 規諫考覈 職也. 至於州府郡縣
　간관 어 군상 과실 시정 득실 규간 고핵 직야 지어 주부 군현

升降官品更改官號 當自上出 下 於政府 土地廣狹 人物多少
승강 관품 갱개 관호 당 자상출 하 어 정부 토지 광협 인물 다소

議定乃行. 今魯生等 擅自詳定 朦朧申聞 僭於臣子之分 乖於
의정 내행 금 노생 등 천자 상정 몽롱 신문 참 어 신자 지분 괴 어

諫官之任. 請收職牒 鞫問論罪.
간관 지임 청수 직첩 국문 논죄

下三府議聞. 三府同議以爲: "司憲府以諫官魯生等 將州府
官號 擅自詳定 僭分乖任 請收職牒鞫問論罪. 諫官者 人君擧措
國家休戚無不敢言 言雖不中 亦且優容. 官號差等 議論分定 雖
僭於分 收職鞫問 實爲過當. 臺諫員有犯公罪者 當該一員 劾問
取旨 已有令典. 今憲府盡劾諫官 亦爲失當."

上以憲司請論過當 有乖攸司之義 皆罷其職; 左司諫安魯生等
亦爲不當 幷左遷于外. 左政丞河崙啓曰: "諫官於人主擧措 國家
休戚 無不直言 言雖不中 不可加罪. 今殿下因憲司之請 加罪
諫官 則後世謂殿下何?" 上曰: "判下終日 輒改之不可." 崙曰:
"知過則改 是人君之大德, 知而不改 是人君之大不善也. 漢將封
六國 已鑄印 張良曰: '不可.'高帝卽改之 史册書之 傳之至今.
願殿下勿罪諫官." 然近侍之臣 皆以諫官爲非 故上不允.

賜宮醞于慶尙道都觀察使南在. 上聞在因禁令不飮勤事 慮其
生病 故賜之 仍命自今服藥用酒.

丙寅 賜右政丞成石璘貂裘. 石璘詣闕請掃墳於抱州 上許之
引見設酌賜裘. 石璘進戒曰: "上以聰明之資 樂聞善道 臣等喜之.
然始勤終怠 德必不成 請毋怠. 上聽斷如神 讒言無自而進 然
讒諂之人 變亂是非 見隙而進 請愼之." 上謂朴錫命等曰: "汝等
識之. 尙書一部 亦其時君臣相戒之言乎!" 金科曰: "然." 上曰:
"而今而後 益知書之有味矣."

賜領承樞府事李茂廐馬一匹及表裏. 聞其將納壻也.
사영 승추부 사 이무 구마 일필 급 표리 문기 장 납서 야

前三司右僕射李恬卒.
전 삼사 우복야 이염 졸

三府請詳定州府郡縣土地廣狹人物多少. 因司諫院之請也.③ 上
삼부 청 상정 주부 군현 토지 광협 인물 다소 인 사간원 지 청 야 상

曰: "姑待後日."
왈 고 대 후일

召河崙議國事.
소 하륜 의 국사

己巳 囚禮曹佐郎權堡 金訓于巡禁司. 以李恬之卒 不卽啓聞
기사 수 예조 좌랑 권보 김훈 우 순금사 이 이염 지 졸 부즉 계문

停朝故也. 越三日放之.
정조 고야 월 삼일 방지

庚午 以崔有慶爲大司憲 孟思誠 權軫左右司諫大夫 姜筮判
경오 이 최유경 위 대사헌 맹사성 권진 좌우 사간 대부 강서 판

漢城府事 李叔蕃知議政府事.
한성부 사 이숙번 지 의정부 사

壬申 司憲府上疏 請立中外官吏誤決及貪汚者 雖經赦宥追劾
임신 사헌부 상소 청립 중외 관리 오결 급 탐오 자 수경 사유 추핵

之法 從之. 疏略曰:
지 법 종지 소 약왈

'中外官吏 或挾恩讎 或媚權勢 知非誤決 以增冤抑 致傷和氣
중외 관리 혹 협 은수 혹 미 권세 지비 오결 이증 원억 치상 화기

者 或因賓客 或因貢賦 橫取過斂 貪汚不法 以蠹民財者 雖經
자 혹인 빈객 혹인 공부 횡취 과렴 탐오 불법 이두 민재 자 수경

赦宥 痛行追劾.
사유 통행 추핵

議政府上疏 請令各司 將公廨田之出 月報司平府 從之. 疏
의정부 상소 청령 각사 장 공해전 지 출 월보 사평부 종지 소

略曰:
약왈

'各司之田 蓋以備坐起日點心及紙地筆墨等事也. 官員不肯
각사 지전 개 이비 좌기 일 점심 급 지지 필묵 등사 야 관원 불긍

節用 新官後至者 無所資用 未免傳請. 今後以一年所入之數 報
절용 신관 후지 자 무 소자용 미면 전청 금후 이 일년 소입 지 수 보

司平府 又將每月所用之數報之 如前費用者 生徵充數.
사평부 우 장 매월 소용 지 수 보지 여전 비용 자 생징 충수

468

| 원문 읽기를 위한 도움말 |

① 上以親故. '以~故'는 '~라는 이유 때문에'라는 뜻이다. 자주 사용되는
　상 이 친 고　이 고
표현이다.

② 儻於後日. 儻은 '혹시', '갑자기', '만약에' 등의 뜻이 있어 그냥 '만약에'
　당 어 후 일　당
를 뜻하는 若이나 如 등과는 조금 차이가 있다. 그래서 '혹시 ~하기라도
　　　　　약　　　여
한다면' 정도로 강하게 옮기는 것이 좋다.

③ 因司諫院之請也. '以~也'는 ~자리에 문장이 들어가지만 '因~也'는 구
　인 사간원 지 청 야　이 야　　　　　　　　　　　　　인 야
(句)가 들어간다. 뜻은 둘 다 '왜냐하면 ~때문이다'이다.

469　원문 | 태종 3년 계미년 윤11월

태종 3년 계미년
12월

十二月

갑술일(甲戌日-1일) 초하루에 대신이 죽으면 예조에 부음을 알리는 [訃告=訃報] 법을 세웠다. 예조의 청을 따른 것이다. 만일 대신이 도성 밖에 있을 경우 그 (대신이 재직했던) 관(官)에서 전보(傳報)하는 것을 허락해 일정한 법식[恒式=成式]으로 삼았다.[1]

○ 좌정승 하륜과 우정승 성석린이 모두 사직했으나 윤허하지 않았다. 이튿날 석린이 다시 사직을 청했으나 또 윤허하지 않았다.[2]

을해일(乙亥日-2일)에 건성사(乾聖寺)[3]에서 제석재(帝釋齋)[4]를 베풀었다. 명을 빌기 위함[乞命]이었다.[5]

---

1 윤11월 26일 지방에 유배 갔던 이염이 죽었을 때 제대로 보고가 이뤄지지 않아 예조 관리가 처벌을 당한 것을 계기로 제도적 대안을 마련한 것이다.
2 이런 경우는 내부적으로 중대한 문제가 발생한 것으로 추론해볼 수 있다.
3 경기도 개성시 송악산에 있던 절로 921년(고려 태조 4년) 창건됐으며 역대 임금들이 자주 찾았다.
4 불교의 제석천을 신앙 대상으로 하여 올리는 종교의식이다. 제석천은 본래 인도 베다 신화의 선신(善神)이었는데 불교에서 불법의 수호신이며 전투신이다. 적군을 항복시킬 뿐만 아니라 아군의 용기를 북돋아주는 신통력을 발휘한다고 믿어졌기 때문에 국가에 변란이 있거나 외침을 받을 때 제석천을 신앙하는 재를 올리거나 도량(道場)을 설치했다.
5 철저한 반(反)불교론자인 태종이 제석재를 지내고 전날 하륜과 성석린이 사직서를 내는 등의 일을 통해 조정에 심상치 않은 일이 일어났음을 추론해볼 수 있다. 이런 흐름은 계속 이어진다.

정축일(丁丑日-4일)에 사평부 판사 이직(李稷)이 사직했으나 윤허하지 않았다.

기묘일(己卯日-6일)에 삼공신(三功臣)이 무일전(無逸殿)에서 헌수(獻壽)하고, 중궁이 삼공신의 명부(命婦-부인)와 더불어 내전(內殿)에서 잔치를 열었다.

경진일(庚辰日-7일)에 왜적이 전라도 낙안포(樂安浦)에 쳐들어와 만호 임원룡(任原龍)을 잡아가고 병선(兵船) 4척을 불태웠다. 군인으로 피살된 자가 86명이고 바다에서 헤엄쳐서 살아난 자가 185명이었다.

갑신일(甲申日-11일)에 조영무(趙英茂)를 대광보국 숭록대부(大匡輔國崇祿大夫-정1품) 승추부 판사 겸 병조전서, 박은(朴訔)[6]을 승추부

6 1394년(태조 3년) 영주지사(永州知事)로 있을 때 태조의 방원(芳遠)에게 충성할 것을 약
   속했다. 1397년 사헌시사(司憲侍史)를 거쳐 이듬해 발생한 무인정사(戊寅靖社), 즉 1차 왕
   자의 난 때 춘주지사(春州知事-춘천지사)로서 방원의 집권을 위해 지방 군사를 동원했다.
   1400년(정종 2년) 형조지사(刑曹知事)로 있을 때 발생한 2차 왕자의 난에서도 방원을 도
   와 공을 세웠다. 1401년 태종의 즉위 후 중용되어 형조, 호조, 병조, 이조의 4조 전서(典
   書)를 두루 역임하고 좌명공신(佐命功臣) 3등으로 반남군(潘南君)에 봉해졌다. 그 뒤 강
   원도 도관찰출척사, 한성부윤, 승추부 제학을 역임하고, 1406년(태종 6년) 전라도 관찰사
   로 있을 때는 제주도의 동불(銅佛)을 구하러 온 명나라 사신을 예의로 잘 접대해 칭송을
   받았다. 이듬해 진향사(進香使)로서 명나라에 다녀온 뒤 의정부 참지사 겸 사헌부 대사
   헌에 올랐다. 이어 형조판서에 옮겼다가 1409년에는 서북면 도순문찰리사 겸 평양부윤
   으로 평양성 축성을 마쳤다. 1412년에는 관향인 반남이 나주에 속하자 금천군(錦川君)으
   로 개봉됐으며 겸판의용순금사사(兼判義勇巡禁司事)가 되어 옥무(獄務)에서 신장(訊杖)
   의 사용 횟수를 1차 30인으로 정해 합리적인 형정제도를 시행했다. 1414년 이조판서 때
   에는 고공(考功-인사고과)의 행정제도를 개선했다. 1416년 47세의 나이로 우의정이 되어
   소년입각(少年入閣)의 예에 들었으며, 이어 부원군으로 진봉되고 좌의정 겸 판이조사에

제학(提學), 최용소(崔龍蘇, ?~1422년)를 좌군총제(左軍摠制), 유정현 (柳廷顯, 1355~1426년)[7]을 승녕부윤(承寧府尹), 김한로(金漢老)를 이 조전서(吏曹典書), 이원(李原)을 평양부윤(平壤府尹) 겸 병마도절제사 로 삼았다.[8]

○ 계림부윤(鷄林府尹) 유관(柳觀)[9]을 그 고향 문화(文化)로, 신사 근(申斯近)과 문귀(文貴)를 (동북면) 함주(咸州-함흥)로 유배 보냈다.

올랐다. 충녕대군(忠寧大君)이 세자로 책봉될 무렵부터 심온(沈溫)과 대립해 1418년(세 종 즉위년) 심온의 옥사 때에는 심온의 반대 입장에서 관여했다는 세평을 듣고 있다. 1421년 병으로 좌의정을 사직하고 이듬해에 죽었다.

7 병조전서(兵曹典書), 완산부윤을 지내고, 1404년(태종 4년)에 전라도 관찰사, 중군동지총 제(中軍同知摠制), 1409년에 한성부 판사를 거쳐 1410년에 형조판서로 승진했다. 계속해 서 예조판서, 서북면 도순문찰리사(西北面都巡問察理使), 평양부윤, 대사헌, 이조판서, 병 조판서 등 요직을 거친 뒤 1416년에는 좌의정이 됐으며 얼마 지나지 않아 영의정에 임명 됐다. 1419년(세종 1년) 대마도를 정벌할 때에는 삼군도통사에 임명되었고, 1426년에 다 시 좌의정에 임명됐으나 신병을 이유로 사퇴하고, 이로부터 4일 만에 세상을 떠났다. 그 는 순탄한 관직 생활을 보낸 인물이다. 성품은 무척 과단성이 있고 또한 검소, 근면했다 고 한다. 그래서 일을 처리함에 있어서도 이치를 따지고, 옳은 일을 주장할 때에는 조금 도 꺼리지 않았다고 한다. 태종이 양녕대군의 세자위를 폐할 때 누구도 감히 말을 꺼내 지 못했으나 그는 먼저 뛰어난 이를 세자로 책봉해야 한다고 택현론(擇賢論)을 주창했다.

8 태종 후반기의 정치를 이끌 박은과 유정현이 전면에 등장했다는 점에서 의미 있는 인 사다. 그리고 병권을 최측근들에게 맡긴 것도 이번 인사의 특징이다.

9 그 뒤 풀려나와 1405년 전라도 도관찰사를 지내고, 이듬해 예문관 대제학을 거쳐 공안 부 판사(恭安府判事)로 정조사가 되어 명나라에 다녀왔다. 이어 세자좌빈객(世子左賓客) 을 거쳐 형조판서로 병서습독 제조(兵書習讀提調)를 겸했고, 1409년 예문관 대제학으로 춘추관 지사(春秋館知事)를 겸했으며, 이듬해 『태조실록』 편찬을 주관했다. 그 뒤 참찬, 찬성 등을 역임하고 1418년(세종 즉위년) 다시 대제학으로 경연지사(經筵知事)를 겸하고, 이어 중군도총제부 판사(中軍都摠制府判事) 등을 거쳐 1421년 다시 대제학으로 궤장(几 杖)을 하사받았다. 1423년 춘추관 지사로『고려사』 개수의 명을 받고 이듬해 우의정에 승진하여 『고려사』를 수교(讐校-다른 것과 비교해 교정함)해 올렸다. 1425년 벼슬을 사직 했으나 허락받지 못했고, 81세가 된 이듬해 우의정으로 치사(致仕)했다. 세종 때 청백리 에 녹선됐다. 학문과 문장이 뛰어났다. 한번은 장마로 집에 비가 줄줄 새자 우산을 받쳐 들고서 부인에게 "우산이 없는 집은 어떻게 할 것인가?"라고 말했다는 일화가 전한다. 뒤 에 이름을 유관(柳寬)으로 고쳤다.

애초에 전 소감(少監) 도희(都熙)가 사람들과 함께 노비 문제를 형조(刑曹)에 송사하여 이기지 못하자 전서(典書) 이사영(李士穎)을 원망해 마침내 이렇게 말했다.

"예전에 사영(士穎)은 안동부사(安東府使)로 있고, 이발(李潑)은 상주목사(尙州牧使)로 있었다. 그때 두 사람이 공모해 군사를 일으켜 난(亂)을 꾸미려 했다."

어떤 사람이 이 말을 듣고서 호조정랑 신사근과 종부판관(宗簿判官) 문귀에게 말했다. 상이 보고를 받고서 사근 등에게 물으니, 사근이 말하기를 "도희의 밀은 믿을 만한 것이 못 되어 감히 아뢰지 못했습니다"라고 했다.

상이 말했다.

"이런 일은 마땅히 나에게 고하면 내가 밝게 결단해야 하는 것이다. 그런데 너희는 이를 알고서도 고하지 않았으니 실로 죄가 있다 할 것이다."

그들을 희와 함께 가두었다. 순금사에서 국문하니 도희가 말했다.

"계림 기관(鷄林記官) 주인(朱仁) 등 세 사람이 모의(謀議)에 참여했는데 부윤 유관이 이를 막았습니다. 내 말이 만약 거짓이라면 마땅히 곧바로 나를 베고, 내 말이 만약 믿을 만하다면 조선 만세(朝鮮萬世)의 공신(功臣)이 될 것입니다."

순금사 대호군 김단(金端)이 주인(朱仁) 등 세 사람을 잡아오게 해 희(熙)와 대질을 시켰더니[對辨=對質] 실은 희가 지어낸 말[造言]이었다. 유관도 (계림에서) 올라와 스스로 변명했으나 상은 이 일이 종사(宗社)에 관계되는 것인데도 즉시 위에 고하지 않았다 하여 관(觀)

을 순금사에 내렸다가 유배 보냈다.

무자일(戊子日-15일)에 경상도와 전라도 각 포구의 병선을 점검해 해당 조문에 따라 처벌하는[科罪] 법을 세웠다. 의정부에서 교지를 받았는데 다음과 같았다.

'경상도와 전라도 각 포구의 병선들이 여러 차례 왜적의 침입을 받아 인명(人命)이 살해됐다. 사람을 골라서 보내 각 도의 전함(戰艦), 군기(軍器), 화약의 부실함과 군인의 입역(立役)을 궐(闕)한 것, 노약한 사람으로 수를 갖춘 경우를 점검하여 도관찰사 수령관(首領官)과 각 도의 수령을 법률에 따라[照律] 논죄(論罪)하라. 또 군인과 병기가 일제히 공격하고 수비할 수 없는 경우에는 도절제사(都節制使) 수령관(首領官) 및 첨절제사(僉節制使) 이하 군관(軍官)을 논죄하라. 선군(船軍-해군)은 한결같이 사헌부가 받은 교지에 입각해 각호(各戶)의 인구 전지(田地)의 다소(多少) 및 장약(壯弱)을 분간하여 장실(壯實)한 자는 군기와 화약을 주고, 둔전(屯田)과 번염(燔鹽-소금 굽는 일) 등의 일은 한결같이 본부(本府-사헌부)가 받은 교지에 따르고, 병선은 아침에 갔다가 저녁에 돌아올 수 있는 곳에 정박하는 것 이외에 그대로 인습하여 폐단을 일으키는 것은 율(律)에 의해 논죄하라. 지금부터는 병선의 제반 일에 대해 온 마음을 써서 완벽하게 대비하지 않는 경우에는 도관찰사와 절제사를 모두 다 논죄하라.'

경인일(庚寅日-17일)에 상이 태상전에 조알했다. 상이 헌수하려 하자 태상왕이 말했다.

"이제부터 술과 고기는 먹지 않겠다."

차(茶) 한 사발[椀]을 마시고 끝났다.
완

신묘일(辛卯日-18일)에 달이 태미성을 범했다.

○ 왜적이 전라도에 쳐들어와 전함(戰艦) 5척을 빼앗아 갔다.

○ 셋째 딸 경안궁주(慶安宮主)¹⁰를 권규(權跬, 1393~1421년)¹¹에
게 시집보냈다[適=下嫁]. 규(跬)는 근(近)의 아들이다.
  적   하가

○ 진하사(進賀使) 조견(趙狷)¹²이 경사(京師)에서 돌아왔다.

갑오일(甲午日-21일)에 왕륜사(王輪寺)¹³의 진흙불상[泥佛]과 흥국사
(興國寺)¹⁴의 금불상[金人]이 땀을 흘렸다.
           이불
             금인

경자일(庚子日-27일)에 상이 직접 인소전(仁昭殿)에 제사를 지내고

---

10 왕녀에 대해 궁주라 칭한 것은 고려 태조 때 신명태후(神明太后) 소생의 왕녀를 흥방궁
   주(興芳宮主)라 부른 것이 그 시초인데 고려 전 시기에 걸쳐 지속됐고 조선 초에도 이어
   지다가 공주와 옹주로 나눠서 부르게 된다.

11 이 혼례로 길천군(吉川君)에 봉해졌다. 1407년 호분위상호군(虎賁衛上護軍)을 거쳐 이듬
   해 겸우군도총제(兼右軍都摠制)가 됐다. 1413년 명나라 성조(成祖)의 동정을 탐문하기 위
   해 의정부 지사 여칭(呂稱)과 함께 명나라에 가서 성조로부터 구마(廐馬) 3필, 견단(絹段)
   각각 8필씩을 하사받고 돌아왔다. 1418년에 의용위절제사(義勇衛節制使)가 됐다. 1421년
   29세에 죽자 3일 동안 조회를 중지했다. 품성이 온후하고 매우 겸손했다.

12 조준의 동생이다.

13 개성시 송악산(松岳山) 동남쪽 기슭 고려동(高麗洞) 죽선대(竹仙臺) 입구에 있던 사찰
   이다. 고려 태조 2년(918년)에 세운 십찰(十刹) 중의 하나로 몽골의 병란으로 불타버린
   뒤 충렬왕 원년(1275년) 제상궁(堤上宮)을 폐하고 오대사(五大寺)를 중수할 때 이 절도
   중건했다고 한다.

14 개경에 있던 사찰로 고려의 대표적인 절이다.

드디어[遂] 상왕전에 나아가 술자리를 베풀고 극진히 즐겼다.

신축일(辛丑日-28일)에 강릉부(江陵府)에 지진(地震)이 일어났는데 (진동이) 원주(原州)까지 미쳤다.

임인일(壬寅日-29일)에 상이 태상전에 조알했다.

조용(趙庸, ?~1424년)¹⁵을 검교한성윤(檢校漢城尹) 겸 성균대사성 (兼成均大司成)으로 삼았다. 성균생원(成均生員) 60여 명의 청(請)을 따른 것이다.

---

15 공양왕 즉위년에 시학(侍學), 1390년(공양왕 2년) 정월에 전농시승(典農寺丞), 4월에 지평 (持平)이 됐는데, 윤이(尹彝)·이초(李初)의 당(黨) 중에서 유배 가지 않은 우현보(禹玄寶), 권중화(權仲和), 장하(張夏), 경보(慶補) 등을 탄핵해 유배 보내게 했다. 1392년 7월에 사 예로서 왕이 당시 실권을 잡고 있던 이성계(李成桂)와 맹세하려고 할 때 그 초(草)를 잡 아 이방원(李芳遠)과 함께 초고(草稿)를 바쳤다. 조선 건국 초기에는 병으로 성균좨주를 사임하고 보주(甫州)에서 자제들을 교육했다. 1398년(태조 7년) 7월에 간의대부로 발탁되 고 9월에 우간의로서 이조전서(吏曹典書) 이첨(李詹), 전지선주사(前知善州事) 정이오(鄭 以吾)와 함께 경사(經史)에 기재된 임금의 마음가짐과 정치에 관계되는 것만을 찬집하여 상절(詳節)을 만들어 바쳤다. 1401년(태종 1년) 5월에 경연시강관(經筵侍講官), 다음 해 2월 대사성으로서 생원시의 시관(試官)이 됐다. 1402년 7월에 좌사간, 그리고 이때에 성 균생원 60인의 요청으로 검교한성윤 겸 성균대사성에 제수됐다. 1406년 9월에 다시 우 부빈객(右副賓客), 1409년 8월에 검교판한성부사(檢校判漢城府事) 우빈객, 다음 해 4월에 겸대사성을 제수받았다. 1414년 8월 예문관 대제학이 됐으며 다음 해 정월에 성절사(聖 節使)로서 명나라에 다녀왔다. 1415년 12월에 예조판서가 되고, 1417년 5월에 다시 예문 관 대제학, 다음 해 정월에 우군도총제가 됐다. 그해 4월에 예문관 대제학, 세자좌빈객, 행성균대사성이 되었다. 1421년(세종 3년) 8월에는 검교의정부찬성으로서 전(田) 30결과 미두(米豆) 20석(石)을 하사받았고, 다음 해 6월에 우군도총제판부사로 치사(致仕)했다.

甲戌朔 立大臣之卒 訃告禮曹之法. 從禮曹之請也. 若大臣在外
者 許告其官傳報 以爲恒式.

左政丞河崙 右政丞成石璘皆辭. 不允. 翼日 石璘復請辭. 又
不允.

乙亥 設帝釋齋於乾聖寺. 乞命也.

丁丑 判司平府事李稷辭. 不允.

己卯 三功臣獻壽於無逸殿. 中宮與三功臣命婦 宴於內殿.

庚辰 倭寇全羅道樂安浦 獲萬戶任原龍 火兵船四艘. 軍人被殺
者八十六 浮水而生者一百八十五.

甲申 以趙英茂爲大匡輔國崇祿大夫判承樞府事兼兵曹典書
朴訔承樞府提學 崔龍蘇左軍摠制 柳廷顯承寧府尹 金漢老吏曹
典書 李原平壤府尹兼兵馬都節制使.

流雞林府尹柳觀于其鄉文化 申斯近 文貴于咸州. 初 前少監
都熙 與人訟奴婢于刑曹 不勝 怨典書李士穎 乃言: "昔士穎牧
安東 李潑牧尙州. 二人共謀 將動兵爲亂." 有人聞之 言於戶曹
正郎申斯近 宗簿判官文貴. 上聞之 問斯近等 斯近曰: "熙之言

不足信 不敢以聞." 上曰:"如此之事 宜告於我 我當明斷. 汝等知
부족 신 불감 이문 상왈 여차 지사 의고 어아 아당 명단 여등 지

而不告 實有罪焉." 幷熙而囚之. 巡禁司鞫之 都熙曰:"雞林記官
이 불고 실유죄 언 병희 이 수지 순금사 국지 도희 왈 계림 기관

朱仁等三人與謀 府尹柳觀禁之. 我言若虛 宣卽斬我 我若信 則
주인 등 삼인 여모 부윤 유관 금지 아언 약허 선즉 참아 아약 신 즉

爲朝鮮萬世之功臣矣." 巡禁司大護軍金端執朱仁等三人來 與熙
위 조선 만세 지 공신 의 순금사 대호군 김단 집 주인 등 삼인 래 여희

對辨 實熙之造言也. 柳觀亦上來自明 上以事關宗社而不卽上告
대변 실 희지 조언 야 유관 역 상래 자명 상이사 관 종사 이 부즉 상고

下關于巡禁司而流之.
하 관우 순금사 이 유지

戊子 立慶尙 全羅各浦兵船點檢科罪之法. 議政府受判:
무자 입 경상 전라 각포 병선 점검 과죄 지법 의정부 수판

'慶尙 全羅道各浦兵船 屢被倭侵 致殺人命. 擇人差遣 點檢
경상 전라도 각포 병선 누 피 왜침 치살 인명 택인 차견 점검

各道軍艦軍器火藥不實及軍人闕立者① 以老弱備數者 都觀察使
각도 군함 군기 화약 부실 급 군인 궐립 자 이 노약 비수 자 도관찰사

首領官及各道守令 照律論罪; 軍人兵器一齊攻守不能者
수령관 급 각도 수령 조율 논죄 군인 병기 일제 공수 불능 자

都節制使首領官及僉節制使以下軍官論罪. 其船軍 一依司憲府
도절제사 수령관 급 첨절제사 이하 군관 논죄 기 선군 일의 사헌부

受判 各戶人口田地多少及壯弱分揀 其壯實者 給軍器火藥; 其
수판 각호 인구 전지 다소 급 장약 분간 기 장실 자 급 군기 화약 기

屯田燔鹽等事 一依本府受判 兵船泊立朝往夕還之地外 因循
둔전 번염 등사 일의 본부 수판 병선 박립 조왕 석환 지지 외 인순

作弊者 依律論罪. 今後兵船諸事 不爲用心完備者 都觀察使
작폐 자 의율 논죄 금후 병선 제사 불위 용심 완비 자 도관찰사

節制使 竝皆論罪.
절제사 병개 논죄

庚寅 上朝太上殿. 上欲獻壽 太上王曰:"自今不飮酒食肉."
경인 상조 태상전 상욕 헌수 태상왕 왈 자금 불 음주 식육

飮茶一椀而止.
음다 일완 이지

辛卯 月犯太微.
신묘 월범 태미

倭寇全羅道 奪戰艦五艘.
왜구 전라도 탈 전함 오소

以第三女慶安宮主 適權跬. 跬 近之子也.
이 제삼녀 경안 궁주 적 권규 규 근 지자 야

進賀使趙狷回自京師.
진하사 조견 회자 경사

甲午 王輪寺泥佛 興國寺金人汗.
갑오 왕륜사 이불 홍국사 금인 한

庚子 上親祭于仁昭殿 遂詣上王殿 置酒極懽.
경자 상 친제 우 인소전 수 예 상왕전 치주 극환

辛丑 江陵府地震 至于原州.
신축 강릉부 지진 지우 원주

壬寅 上朝太上殿.
임인 상 조 태상전

以趙庸爲檢校漢城尹兼成均大司成. 從成均生員六十餘人之請
이 조용 위 검교 한성 윤 겸 성균 대사성 종 성균 생원 육십 여인 지 청

也.
야

| 원문 읽기를 위한 도움말 |

① 點檢各道軍艦軍器火藥不實及軍人闕立者. '~者'는 '~할 경우에'라는 뜻
점검 각도 군함 군기 화약 부실 급 군인 궐입 자 자
이다.

482

KI신서 7057

이한우의 태종실록 재위 3년

1판 1쇄 인쇄 2017년 7월 5일
1판 1쇄 발행 2017년 7월 17일

옮긴이 이한우
펴낸이 김영곤
펴낸곳 (주)북이십일 21세기북스

인문기획팀장 정지은 **책임편집** 윤홍 **교정교열** 주태진
디자인 표지 씨디자인: 조혁준 함지은 김하얀 이수빈 **본문** 제이알컴 이수정
출판사업본부장 신승철 **영업본부장** 신우섭
출판영업팀 이경희 이은혜 권오권 홍태형
출판마케팅팀 김홍선 배상현 신혜진 박수미
프로모션팀 김한성 심재진 최성환 김주희 김선영 정지은
홍보기획팀 이혜연 최수아 박혜림 문소라 전효은 백세희 김솔이
제휴마케팅팀 류승은
제작팀 이영민

출판등록 2000년 5월 6일 제406-2003-061호
주소 (10881) 경기도 파주시 회동길 201(문발동)
대표전화 031-955-2100 **팩스** 031-955-2151 **이메일** book21@book21.co.kr
페이스북 facebook.com/21cbooks **블로그** b.book21.com
인스타그램 instagram.com/21cbooks **홈페이지** www.book21.com

ⓒ 이한우, 2017

ISBN 978-89-509-7104-5 04900
          978-89-509-7105-2 (세트)